# Der Schwabenspiegel

Bibliografische Information Der Deutschen Bibliothek
Die Deutsche Bibliothek verzeichnet diese Publikation in der
Deutschen Nationalbibliografie; detaillierte bibliografische Daten
sind im Internet über http://dnb.ddb.de abrufbar.
ISBN 3-89639-460-6

© Wißner-Verlag, Augsburg 2004

Das Werk und seine Teile sind urheberrechtlich geschützt.
Jede Verwertung in anderen als den gesetzlich zulässigen Fällen
bedarf deshalb der vorherigen schriftlichen Einwilligung des
Verlags.

# Der Schwabenspiegel

Jahrbuch für Literatur, Sprache und Spiel
Herausgegeben vom Archiv für Literatur aus Schwaben
Heft 4/5 – 2004

*Erarbeitet von Hans Wellmann
in Verbindung mit Iris Knöpfle und Rosmarie Mair*

*Redaktion: Rosmarie Mair*

*Inhalt*

Vorwort. *Hans Wellmann* _____ 8
Sprachwissenschaft, Kulturwissenschaft: »A cultural turn«?
*Hans Wellmann* _____ 12

HISTORISCHE NOTIZEN
Der Schwabenspiegel: Wort, Sache und Begriff. *Hans Wellmann* _____ 20

LITERARISCHE WETTBEWERBE 2003 UND 2004
Eine Übersicht über die Ergebnisse der Literaturwettbewerbe.
*Iris Knöpfle* _____ 25

Der Preis von Schwaben. Die Einsendungen zum
3. Literaturwettbewerb. *Michael Friedrichs* _____ 30

Der Literaturpreis von Bayerisch-Schwaben – Auf dem Weg zur
Institution. *Jürgen Eder* _____ 33

NEUE PROSA – AUS DEN LITERATURWETTBEWERBEN
Weltraumlegos der Kindheit oder Salingers Fänger im Roggen in
der Hallertau. *Roland Scheerer* _____ 37
– Laudatio auf den Träger des 1. Preises von 2003 Roland
  Scheerer. *Siegert Kittel* _____ 52

Schwarze Schafe. *Finn-Ole Heinrich* _____ 53
– Laudatio auf den Träger des 2. Preises von 2003
  Finn-Ole Heinrich. *Stefanie Geiger* _____ 83
– Interview mit Finn-Ole Heinrich. *Susanne Berendonk u. a.* _____ 84

Auf den Dächern. *Gabriele Bärtels* _____ 89

Betrachtungen einer Leuchtstoffröhre. *Thomas Reiner* _____ 97
– Laudatio auf den Träger des 1. Preises von 2004. *Nicole Zöller* ____ 119
– Thomas Reiner – Träger des Literaturpreises der Stadt
  Augsburg 2003 und des Bayerisch-Schwäbischen
  Literaturpreises 2004. *Iris Knöpfle* _____ 120

AUS DEM SCHÜLERWETTBEWERB 2003
Aus dem Sterben eines Taugenichts. *Tobias Krüger* _____ 123
– Laudatio auf den Träger des 1. Preises Tobias Krüger.
  *Florian Schmid* _____ 131

Grün. Vielfältig. Beitrag der *Schreibwerkstatt 2003* des
Maria-Theresia-Gymnasiums Augsburg _____ 134

## LYRIK

Das »Schwabenlied« des mittelalterlichen Dichters und Sängers
Ulrich von Winterstetten. *Hans Wellmann* ___141

Mein liebstes Brecht-Gedicht:
- Ausgewählt von Volker Braun, Walter Jens, Fritz Rudolf Fries,
  Christa Wolf, Siegfried Unseld, Klaus Schlesinger, Hermann
  Kant, Elisabeth Borchers, Peter Härtling ___144
- Ausgewählt von Paul Wengert, Jürgen Hillesheim, Kurt
  Idrizovic, Andrea Bartl ___158
- »An die Nachgeborenen« – Und Enzensbergers »weiterung« ___162

Lyrik: Neue Gedichte
Gedichte von *Hellmut Seiler* ___166

Gedichte von *Alois Sailer* mit Zeichnungen von *Helmut C. Walter* ___169

Gedichte von *Erich Pfefferlen* ___172

## BERICHTE

Der Workshop »Literatur und Kritik«. *Susanne Berendonk u. a.* ___174

Literaturlandschaft Schwaben 2004 – ein Rückblick. *Iris Knöpfle* ___183

Ulrich von (Unter)t(h)ürheim. *Klaus Vogelgsang* ___185

Christoph von Schmid zum 150. Todestag. *Helmut Gier* ___187

## PORTRAITS

Hans Magnus Enzensberger wird 75
Auszüge aus den Ausstellungstafeln. *Nicoline Hortzitz* ___193
Ein Gesprächs- und Reflexionsraum, der Länder und Zeiten
verbindet. *Ulrich Hohoff* ___214
Das harmlose Gedicht in der Aktentasche des Deutschlehrers.
*Jürgen Eder* ___217
»Ich tue das, was ich will …«. *Florian Eisele u. a.* ___223
Im Rückblick. *Hans Wellmann* ___227

Ein Memminger in Straßburg. Über Christoph Schorer.
*Ernst T. Mader* ___234

Sprachlicher Purismus aus Patriotismus. *Hans Wellmann* ___239

Sophie von la Roche. *Iris Knöpfle* ___241

Ludwig Aurbacher. *Alois Epple* ___248
mit der Textprobe »Als die Sieben Schwaben nach Augsburg
kamen« ___257

Johanne von Gemmingen – Sie lebte mit den Musen.
*Gerhard Kaiser* ___260
mit der Textprobe »Nocturno« ___263

Erzählen wider das Vergessen: W. G. Sebald. *Anneliese Teutsch* ____269

Das Literarische Quartett 1993. Über W. G. Sebalds Roman
»Die Ausgewanderten« ____290

Nachruf auf Reinhard Baumgart. *Rosmarie Mair* ____293

## LITERATUR UND KRITIK
Literaturkritik und Literaturwissenschaft. *Michael Klein* ____298

## LITERARISCHER FÜHRER DURCH SCHWABEN
Michel de Montaigne auf Reisen. *Rosmarie Mair* ____313

Die Gruppe 47 in Großholzleute im Allgäu. *Rosmarie Mair* ____320

## THEATER
Kleine Geschichte der Augsburger Puppenkiste.
*Michaela Schwegler* ____326

Vom Glanz einer Ära. Das Schauspiel am Theater Augsburg.
*Klaus Vogelgsang und Christian Hofrichter* ____334

## ESSAY
Alles Verbrecher? Zu Figuren Brechts. *Andrea Bartl* ____337

Der Totentanz zu Babenhausen und seine Vertonung durch
Otto Jochum. *Rosmarie Mair* ____358

Der Totentanz im Scherenschnitt. *Hans Wellmann* ____368

## NACHLASSFORSCHUNG
Arthur Maximilian Millers Roman »Der Herr mit den
drei Ringen«. *Iris Knöpfle* ____371

Zusammenspiel von Wort und Klang: Arthur M. Miller und
Otto Jochum. *Rosmarie Mair* ____381

Die Freundschaft zwischen Arthur M. Miller und
Gertrud von le Fort. *Daniel Winiger* ____387

## AUS EINEM VORLASS UND EINEM NACHLASS
Kayas Weihnachtswunsch. *Robert Naegele* ____399

Die Krippenlegende. *Walter Fick* ____401

Das Märchen von den Schönen. *Walter Fick* ____403

## REZENSIONEN
Enfant perdu? Von wegen! H. M. Enzensbergers jüngster
Gedichtband. *Jürgen Eder* ____412

»Schwäbische Literaturgeschichte« von Hans Pörnbacher.
*Jürgen Eder und Klaus Vogelgsang* ____419

Erste Berührung – Bleibende Begegnung. Josy Meidinger (2001). *Eleonore Lorenz* ___428

Peter Dempfs Mozart-Roman. *Marion Hahn* ___431

**SPRACHE**
Zweierlei Füß – Über Hochdeutsch und Dialekt. *Martin Walser* ___435

Dringend gefragt: Mehr Selbstbewusstsein – Der schwierige Stand des Schwäbisch-Alemannischen in Bayern. *Manfred Renn* ___441

Das Wörterbuch von Bayerisch-Schwaben. *Brigitte Schwarz* ___449

**AUSSTELLUNGEN DES ARCHIVS**
Arthur Maximilian Miller in der Literaturlandschaft Bayerns. *Bezirkstagspräsident Jürgen Reichert* ___455

Die Wanderausstellung A. M. Miller (Zeitungsberichte Memmingen, Bobingen) ___457

Die Ausstellung über Hans Magnus Enzensberger (Zeitungsbericht Allgäuer Zeitung) ___462

**PRESSESCHAU**
Allmende. Iris Knöpfle ___464

Peter Dörfler in Waal ___465

Irseer Pegasus 2003.– »Vom Eros und von den Düften …« ___468

»Wunder in Worte gefasst« – der Bayerisch–Schwäbische Literaturpreis ___469

Christoph von Schmid in Augsburg – Zum 150. Todestag ___470

**LITERARISCHE RÄTSEL**
(1) Wie heißt die junge Fürstäbtissin im Roman »Der liebe Augustin« von H. W. Geißler? ___473

(2) Welcher Roman der Autorin Irma Krauß wird hier gesucht? ___474

Auflösung des literarischen Rätsels aus dem Jahrbuch 3 (2002) ___475

**RÜCKBLICK**
Schwerpunkte der Bände Schwabenspiegel 1/2000, 2/2001 und 3/2002 ___476

# Vorwort

*von Hans Wellmann*

Nach einer längeren Pause erscheint jetzt der neue »Schwabenspiegel« – in doppeltem Umfang. Die Beiträge, die für die Jahrbücher 2003 und 2004 bestimmt waren, haben wir zu einem einzigen – dicken – Bündel geschnürt. Es war diesmal leider nicht anders möglich, hat überdies die Kosten der Herstellung gesenkt und den Vertrieb erleichtert.
Dieser Band hat die gleiche Größe, aber den doppelten Umfang seiner Vorgänger; er ist auch ähnlich aufgebaut:
Im Mittelpunkt steht ein großer deutscher Schriftsteller, dessen Leben und Werk gewürdigt wird: Hans Magnus Enzensberger. Die Ausstellung, die wir über ihn gemacht haben, und das Seminar im Sommer 2004 in Edelstetten (die »Seminare auf dem Schloss« haben nun schon Tradition) werden in diesem Heft durch mehrere Beiträge dokumentiert. Im »Schwabenspiegel 3/2002« war es Martin Walser, der im Zentrum des Interesses stand, er kommt auch in diesem »Schwabenspiegel« zu Wort. Der Anlass für die intensive Beschäftigung war in beiden Fällen der 75. Geburtstag der Dichter.
Andere Beiträge stellen Autoren der Region vor, die wenig oder jedenfalls weniger bekannt sind. Zu ihnen gehört der Romanautor Winfried G. M. Sebald (vgl.: »Der Schwabenspiegel« 3/2002, Seite 107ff.). Seine literarische Bedeutung wurde erst in den letzten Jahren erkannt. Er ist in Wertach (Allgäu) zur Welt gekommen, hat dort seine Jugend verbracht, seine literarische Aktivität aber erst in England zu voller Blüte entfaltet. Dort, an der Universität Norwich, hat er bis zu seinem frühen Tod im Alter von 55 Jahren als Dozent für Literatur gearbeitet.
Weitere Beiträge erinnern an Autoren, die für die Geschichte der deutschen Literatur in Schwaben interessant geworden sind. Die Rückschau beginnt in diesem Band im Mittelalter – bei den Sängern Ulrich von Winterstetten und Ulrich von Türheim. Unter den Autoren des 20. Jahrhunderts wird über den

Lehrer und Dichter Arthur Maximilian Miller aus Mindelheim (später Kornau) berichtet, dessen Nachlass uns der Bezirk Schwaben zu diesem Zweck überlassen hatte. Und aus den von uns betreuten Nach- bzw. Vorlässen veröffentlichen wir Kurzprosa von Robert Naegele und Walter Fick.

Schwaben, das ist – sprachlich wie literarisch – ein »Flecklesteppich«, eingespannt zwischen Oberschwaben und Altbayern. Dieses bunte Bild und alle seine Farben zu erfassen, hat uns von Anfang an gereizt.

Die Aufgabe des Archivs haben wir von Beginn an so verstanden: Die Beschäftigung mit überlieferter Literatur hat einen Gegenwartsbezug, schon durch die Art der Betrachtung; durch die gleichzeitige Förderung der Gegenwartsliteratur wächst ihr ein Mehrwert zu. Die literarische Rezeption und die aktuelle Produktion bleiben zusammen im Blick. Dieser Zusammenhang führt dazu, der modernen Schreibforschung besondere Aufmerksamkeit zu schenken. Iris Knöpfle, die Doktorandin unseres Archivs, hat sie deshalb in den Mittelpunkt ihrer wissenschaftlichen Arbeit gestellt. Sie zeigt in ihrem Beitrag, dass der sorgfältig dokumentierte Nachlass Millers dafür besonders günstige Voraussetzungen bietet.

Wie kann man die literarische Produktion nun fördern und etwas für die Gegenwartsliteratur tun? Wir haben es über die Literaturwettbewerbe versucht. Ihre Form ist neu: Aus den Einsendungen werden fünf bzw. sechs ausgewählt, die im festlichen Rahmen des Rokokosaals der Regierung von Schwaben von der Jury vorgestellt und von den Autoren vorgetragen werden. Das Publikum entscheidet. Die schwierige Vorauswahl – aus hunderten von Einsendungen – lag in den letzten beiden Jahren bei einem Buchhändler, einem Literaturwissenschaftler, einem Verlagslektor, einem Journalisten, einer jungen Autorin und ein bis zwei Germanistik-Studentinnen. Der Bayerisch-Schwäbische Literaturpreis hat vielen die Anregung gegeben, zur Feder zu greifen oder schon Geschriebenes aus der Schublade zu holen und vorzustellen. Im Rahmen dieses Bandes konnten nur einige der Erzählungen, die in engster Wahl waren, abgedruckt werden. Exzellent die »Weltraumlegos« von Roland Scheerer und die »Schwarzen Schafe« von Finn-Ole Heinrich, auch »Auf den Dächern« von Gabriele Bärtels (das waren Teilnehmer im Jahr 2003) und »Die Betrachtungen einer Leuchtstoffröhre« unseres diesjährigen Gewinners Thomas Reiner.

Mit dem Schülerpreis verband sich die Absicht, jungen Leuten einen ersten Anstoß zu geben, sie zu motivieren, auf Reize und Anregungen der Welt und der Zeit in ihrer eigenen Sprache zu antworten.

Ob und wieweit diese Initiativen über den Tag hinaus gewirkt haben, ist schwer zu sagen. Nur selten bekommt man so direkte Hinweise darauf wie die folgenden: Die Erzählung, mit der Gerd Berghofer 2002 den zweiten Preis gewonnen hatte, ist anschließend im Druck erschienen. Oder: Eine der Geschichten, mit denen der kleine Maximilian Urie 2002 in Schloss Edelstetten den 1. Preis für junge Schüler (10 bis 13 Jahre) errungen hatte, hat jetzt, zusammen mit einer neuen, noch besseren Geschichte, der Auer-Verlag (Donauwörth) gedruckt.

Diesen Doppelband füllen – wie es im Untertitel unseres Jahrbuchs ('Literatur, Sprache und Spiel') heißt – nicht nur literarische Themen, sondern auch Berichte über das Theater- und Puppenspiel in der Region und Beiträge, die sich mit der gesprochenen Sprache der Region, insbesondere den Mundarten, beschäftigen, die am Lehrstuhl für deutsche Sprache mit großem Aufwand erforscht worden sind. Die Beiträge stammen von Mitarbeitern der Arbeitsstelle, die Prof. Dr. Werner König leitet.

Die Formen der Darstellung wechseln. Sie reichen vom Portrait (Sophie von La Roche, Ludwig Aurbacher u. a.) bis zum literarischen Führer (der nach Großholzleute im Allgäu und an den Bodensee führt), von der Umfrage (zu Gedichten Bert Brechts) bis zum Essay (über den Totentanz oder über Bert Brecht), vom Bericht bis zur literarischen Kritik.

Es geht dabei auch – nicht nur in dem Essay von Michael Klein – um das magische Dreieck, das die Literatur selbst mit der Literaturwissenschaft und der Literaturkritik verbindet. Dieses Verhältnis zwischen Belletristik, Wissenschaft und Publizistik beschäftigt auch die sprachwissenschaftliche Stilforschung.

Die Arbeit des Archivs wurde durch Mittel der Arthur-Maximilian-Miller-Stiftung unterstützt. Dafür schulden wir vor allem den Präsidenten des Bezirkstags, Dr. Georg Simnacher und seinem

Nachfolger Jürgen Reichert, großen Dank. Hinzu kommt die Förderung durch die Universität Augsburg, die uns Räume und auch Mittel – über den Lehrstuhletat für Deutsche Sprachwissenschaft – zur Verfügung gestellt hat. Und die Ausstellung über Hans Magnus Enzensberger wurde nachhaltig durch die Mitarbeiter der Universitätsbibliothek unterstützt. Nicht zuletzt danken wir den beiden engagierten studentischen Hilfskräften Katrin Brunhuber und Michaela Schmid, die mit dazu beitrugen, dass der Schwabenspiegel 2004 noch rechtzeitig unter den Christbaum kommt.

# Sprachwissenschaft, Kulturwissenschaft: »A cultural turn«?

*von Hans Wellmann*

Die Frage, die mir oft gestellt wurde: Welche Brücke ist es, die den Sprachwissenschaftler dahin geführt hat, ein Literaturarchiv zu gründen, Literaturwettbewerbe zu veranstalten, Schüler zu motivieren, sich im kreativen Schreiben zu versuchen, Ausstellungen zur Literatur zu veranstalten? Ist das »the cultural turn«, der in den Geisteswissenschaften »en vogue« ist, wenn die Frage auftaucht:

Was legitimiert unsere Arbeit heute eigentlich noch? Das historische Korpus der Sprach- wie der Literaturwissenschaft hat sich doch gegenüber dem Stand vor 30, 40 Jahren kaum noch erweitert. Es sind doch immer wieder die gleichen, wichtigen Denkmäler schriftlicher Überlieferung, mit denen sich Doktoranden und Habilitanden in ihren wissenschaftlichen Arbeiten beschäftigen, von den ältesten Inschriften und Glossen der althochdeutschen Zeit bis ins 20. Jahrhundert hinein.

Aber es gibt Sammler, die immer neue Quellen erschließen. Zentrale Archive verwalten noch viele ungehobene Schätze; sie präsentieren sie der Öffentlichkeit auch gelegentlich in Ausstellungen. Wer sich von Augsburg aus nach ihnen umsieht, findet viel in seiner Umgebung, vor allem in den öffentlich geförderten Staats-, Universitäts- und Stadtbibliotheken, aber auch, wenn er etwas weiter reist, in dem staatlich finanzierten Deutschen Literaturarchiv Marbach, oder in kleineren Archiven, die es nur dank der Initiative Einzelner gibt, wie das Brenner-Archiv, das Walter Methlagl vor 40 Jahren in Innsbruck aus dem Ficker-Nachlass entwickelt hat und das uns ein Vorbild war.

Aber gerade hier fordert der »methodische Zweifel« (Descartes) den Nachdenkenden wieder dazu heraus, sich zu fragen: Wo bietet dieses Material, bei aller Liebe zum Detail, Einsichten

»von Rang«, Erkenntnisse von überlokaler, überregionaler, überindividueller Bedeutung? Ein kleines Stück Zukunft?
»Denkmäler« der Literatur oder Fragmente von ihnen, die in einen Kanon, in Schulbücher, in eine neue Sprach- oder Literaturgeschichte aufgenommen werden können, findet man hier wie dort nicht mehr. Alle Texte, nach denen die Öffentlichkeit der interessierten Leser verlangt, scheinen schon gedruckt zu sein. Die besten »Stücke« sind sorgfältig ediert, oft auch in ihrer ursprünglichen Fassung dokumentiert. Die Varianten der Bearbeitung, Änderungen der Schreiber und Drucker sind beschrieben. Fast alle Texte, für die sich Lehrer und Leser, Intendanten und Verleger interessieren, liegen in mehrfacher Aufbereitung vor, vom Facsimile bis zur preiswerten Taschenbuchausgabe. Von den großen Autoren des 20. Jahrhunderts, die inzwischen verstorben sind, ist alles bekannt, von Bert Brecht und Thomas Mann, Kurt Tucholsky und Hermann Hesse, Ingeborg Bachmann und Max Frisch, Nelly Sachs und Jurek Becker. Zu ihrem Verständnis führt, wo es sich nicht aus der Lektüre selbst ergibt, eine unübersehbare Zahl von Interpretationen. Wirklich Unübersehbar! Das sieht man schon daran, wie wenige von ihnen in anderen Interpretationen zitiert werden. Die »Rezeptionsästhetik« hat einen Ausweg aus dieser Situation gefunden: Jeder versteht den Text auf seine Weise, jeder also anders, und darin liege gerade das Interessante eines Textes, in seiner Wirkung (nicht in seiner Gestaltung). Deshalb müsse Literatur immer neu interpretiert werden – ad infinitum.
Es herrscht jedenfalls kein Mangel an Handbüchern, Übersichten, Nachschlagewerken, Info-Texten und »Links« zu weiteren Abhandlungen, die darüber Auskunft geben. Dazu gibt es genügend Literatur, in der all das beschrieben und überdacht wird: Bücher über zentrale Begriffe der Beschreibung, Fragen der Auswahl und Darstellungsweise, ganze Wissenschaftsrichtungen, die über die beste Art der Darbietung dieser Texte streiten, was das Zeug hält, mit bissigen Polemiken über die jeweiligen Vorgänger in der Arbeit am gleichen Gegenstand, heute am liebsten mit amerikanischen Vokabeln wie »new philology«.
In der Sprachwissenschaft gibt es ganz ähnliche Tendenzen: Was vor 50 Jahren als neue »inhaltsbezogene« Analyse einer

Sprache und ihrer Texte gelobt wurde, wird heute bekämpft und unter dem Aspekt der 'Kognition' neu erfasst.

In dieser Situation haben Literaturwissenschaftler eine weitere Perspektive entwickelt, um dem Fach »Germanistik« eine neue »Legitimation« zu verschaffen. Ihr Fach soll zur Kulturwissenschaft hin erweitert werden. Daran arbeiten W. Frühwald (1991), W. Barner (1999), W. Haug (1999) und andere. Das Positive daran ist, dass der Blick über die Grenzen des eigenen Faches hinauswandert. Gefordert wird die engere Zusammenarbeit mit anderen Disziplinen.

Genau das haben wir mit der Gründung des »Archiv für Literatur aus Schwaben« auch getan. Es handelt es sich um ein Projekt, das eine solche Öffnung der sprach- und literaturwissenschaftlichen Arbeit erprobt. Unsere Arbeit war dabei der Tradition beider Disziplinen verpflichtet. Im Nachlass des schwäbischen Autors Arthur M. Miller, der zum Grundstock des Archivbestandes wurde, war fast alles erhalten, was für die Lebens- und Werkgeschichte eines Autors von Interesse sein konnte. Er selbst hatte seinerzeit sein Haus in Kornau im Lauf seines Lebens schon in eine Art von Museum verwandelt, in dem nicht nur die Manuskripte und Bücher, Dokumente, Briefe und Zeichnungen, sondern selbst Rechnungen aus Jahrzehnten aufbewahrt worden waren. Ein biographisches Archiv für Fragen der Kulturgeschichte! Die Vielfalt der schriftstellerischen, handwerklichen und gestalterischen Arbeit Millers reicht von Romanen, Stücken, Gedichten (die schönsten in der Mundart!) bis zu Scherenschnitten, Plakaten, Kulissen, und es sind die ganzen Tagebücher und Briefe erhalten. Dieser Nachlass, seine Ordnung, Systematisierung und Erforschung stand am Anfang der Arbeit im Archiv. In Workshops wurden die ersten Ergebnisse vorgestellt und zur Diskussion gestellt, bevor sie veröffentlicht werden sollten. Diese archivarische und philologische Tätigkeit ergab sich schon aus dem Förderzweck der Arthur-Maximilian-Miller-Stiftung.

Sie wurde dann durch andere kulturelle Aktivitäten ergänzt, die zunächst den gleichen Ursprung hatten, aber auch von neuen Zielen bestimmt wurden. Dazu gehörte die Öffentlichkeitsarbeit: Berichte, Vorträge, Seminare, Ausstellungen, Wett-

bewerbe und Lesungen. Die Erforschung einer kulturellen Tradition in Schwaben sollte so mit Anstößen zur Innovation verbunden werden. Und sein zweites: Sie sollte – wie es der Begriff der Kultur sagt – interdisziplinär sein und andere kulturelle Welten einbeziehen, wo es von der Sache her nahe lag.
Dazu gehören:
o   die Literatur der ganzen Region (in Zusammenarbeit mit Dozenten der Deutschen Literaturwissenschaft und der Mediävistik);
o   ihre Sprache (die Dialekte; erforscht von der Arbeitsgruppe »Sprachatlas« mit Prof. König, Dr. Renn, Dr. Funk u. a. am Lehrstuhl für deutsche Sprachwissenschaft);
o   ihre Geschichte (die in den Jahrbüchern des Archivs ausgespart bleibt, weil es einen ganzen Lehrstuhl mit eigenen Publikationsreihen und dazu das 'Haus der Bayerischen Geschichte' in Augsburg gibt);
o   die künstlerische und kunstpädagogische Arbeit, soweit sie sich aus den Scherenschnitten in Millers Nachlass ergab (in Zusammenarbeit mit Frau Dietl vom Lehrstuhl für Kunstpädagogik bei der Ausstellung »Scherenschnitt und Schattenspiel« in Oberschönenfeld);
o   das Laienspiel (auch in Verbindung mit der Universität).

Der kreative Zweig unserer Arbeit wird vor allem in den literarischen Wettbewerben erkennbar – und in den Ausschreibungen, die Schüler zum Schreiben anregen sollten und von zahlreichen Lehrern aktiv unterstützt wurden. Dass auch dies – wenigstens zu Teilen – Erfolg hatte, zeigen die Zeitungsberichte darüber, auch erste Bücher von Teilnehmern.

Das Archiv für Literatur aus Schwaben hat seine – zum Teil eben auch interdisziplinäre – Projektarbeit auf drei Ziele konzentriert:
o   die Beteiligung der Studenten an kulturwissenschaftlicher Praxis, die sich aus der Zusammenarbeit von Literatur- und Sprachwissenschaft mit den Schwerpunkten Stilistik, Interpretation, Archivierung und Nachlass-Forschung ergeben hat, besonders nachhaltig unterstützt vom literaturwissenschaftlichen Kollegen Dr. Eder;
o   die Öffentlichkeitsarbeit, bei der uns Herr Dr. Klimm vom

Bezirk Schwaben geholfen hat, die Zusammenarbeit mit Mitarbeitern der Bibliothek und mit Studenten bei den Ausstellungen; dazu auch populäre Vorträge;
o und die »aktionistische« Komponente dieser kulturellen Arbeit, durch die neue Schriftsteller entdeckt, kreative Talente zum Schreiben angeregt und schließlich auch schon die Schüler dafür gewonnen werden sollten, sich hinzusetzen und selbst Geschichten zu schreiben, ihre rezeptive Einstellung zur Literatur zu überwinden und einfach einmal das schöpferische Schreiben auszuprobieren.

Die Parallelen zum »Kulturgeschichtlichen Praktikum«, das in Österreich seit 40 Jahren das Brenner-Archiv als Modell entwickelt hat, liegen auf der Hand. Diese drei Richtungen werden dort von dem Begründer, Dr. Walter Methlagl, als »archivalischer und editorischer Aspekt«, »monographischer Aspekt« und »infrastruktureller Aspekt« bezeichnet. So hat er es gerade in einem Beitrag zum 40-jahrigen Jubiläum des Brenner-Archivs formuliert, der nur im Manuskript vorliegt.

Um nach 5 Jahren (1999–2004) eine erste Bilanz der kulturellen Arbeit des Archivs für Schwaben vorzulegen, sei anschließend einfach das Wichtigste aufgelistet:

o **Mitarbeit**: Iris Knöpfle, Hans Wellmann; zeitweise Rosmarie Mair, Daniel Winiger, Mathias Donat; vorübergehend als studentische Hilfskräfte Isabella Hopp, Katharina Reiter, Katrin Brunhuber, Michaela Schmid. Sie wurden teilweise aus Mitteln des Bezirks, teilweise aus dem Etat des Lehrstuhls für Deutsche Sprachwissenschaft bezahlt.
o Veranstaltungen in **Kooperation** – Zusammenarbeit mit Frau Wehrle und Herrn Jung vom Bezirk Schwaben und Dozenten der Literaturwissenschaft (Dr. Jürgen Eder, Dr. Andrea Bartl).
o **Archivarbeit**
  o Erfassung, Aufstellung, Systematisierung des Nachlasses von Arthur Maximilian Miller.
  o Transkription interessanter Tagebücher.
  o Ergänzung des Nachlasses (durch Erwin Holzbaur, Mechthild und Armgard Miller).

- neue Nachlässe, die uns überlassen wurden (Walter Fick, Kutzenhausen; Robert Nägele, München; Heinz Schubert, Kempten).
- Texte zeitgenössischer Autoren.
- **Wissenschaftliche Arbeit**
  - Untersuchungen zum Sprachstil und zur Textgenese der Romane Millers (I. Knöpfle; B. Huber)
  - Recherchen zum Laientheater in der schwäbischen Region (R. Mair M.A.; Dr. H.-P. Plocher)
  - Einzelstudien über A. M. Miller, Th. Haecker u. a. (I. Knöpfle, H. Wellmann, D. Winiger, E. Böck).
- **Ausstellungen**
  - »Scherenschnitt und Schattenspiel« (in Oberschönenfeld)
  - Die Wanderausstellung Arthur Maximilian Miller 1901–1992 (17 mal; mit Vorträgen von Prof. Wellmann, Iris Knöpfle, Lesungen von E. Holzbauer)
  - Martin Walser 75 Jahre (3 mal; zuerst in Schloss Edelstetten; mit Referaten Dr. Jürgen Eders, Prof. Dr. Michael Kleins und der Studenten)
  - Hans Magnus Enzensberger 75 Jahre (zuerst in der Universitäts-Bibliothek Augsburg; mit Vorträgen, die in diesem Band abgedruckt sind).
- **Literaturveranstaltungen**
  - »Tagebücher lesen und schreiben« in Schloss Edelstetten (mit Dr. Jürgen Eder, Prof. Dr. Michael Klein)
  - »Die Dichter der Bukowina (mit Dr. Klaus-Dieter Post, Dr. Andrea Bartl, Dr. Jürgen Eder, Prof. Dr. Michael Klein)
  - »Tod eines Kritikers« in Kloster Wettenhausen (mit Dr. Jürgen Eder, Prof. Dr. Michael Klein, Prof. Dr. Thomas Anz)
  - »Martin Walser« in Schloss Edelstetten (mit Dr. Jürgen Eder, Prof. Dr. Michael Klein)
  - »Hans Magnus Enzensberger« in Schloss Edelstetten (mit Dr. Jürgen Eder, Prof. Dr. Michael Klein)

- **Veröffentlichungen**
  - Der Schwabenspiegel. Jahrbuch für Literatur, Sprache und Spiel Bd. 1 (2000)
  - Arthur Maximilian Miller. Als ich meine Hose zum erstenmal offiziell gebrauchte und andere Geschichten; ausgewählt von Margit Wellmann (2000)
  - Jubiläumsschrift Arthur M. Miller (2001)
  - Der Schwabenspiegel. Jahrbuch für Literatur, Sprache und Spiel. Bd. 2 (2001)
  - Der Schwabenspiegel. Jahrbuch für Literatur, Sprache und Spiel Bd. 3 (2002)
  - Der Schwabenspiegel. Jahrbuch für Literatur, Sprache und Spiel Bd. 4, hier zusammen mit Bd. 5 (2003/4) vorgelegt.
- **Lesungen und Preisverleihung**

  Ausschreibung des Bayerisch-Schwäbischen Literaturpreises. Sammlung und Sichtung der Einsendungen durch Iris Knöpfle. Auswahl der Texte, die in die engere Wahl kamen, durch eine besondere Jury. Die Organisation lag bei Iris Knöpfle, die Moderation machte Dr. Andrea Bartl, in ihrer Abwesenheit Iris Knöpfle. Die Resonanz war groß:
  - im Jahr 2002: knapp 300 Einsendungen;
  - 2003: 550 Einsendungen;
  - 2004: nur ca. 50 Einsendungen, nachdem wir die Ausschreibung mit Rücksicht auf wiederholte Anregungen aus der Öffentlichkeit auf die regionale Thematik 'Schwaben' zentriert hatten. Trotz schöner Beiträge (s. u.) kann man dieses Experiment im Rückblick nicht für so gelungen ansehen wie die Wettbewerbe zuvor.
- **Literatur und Schule**
  - Literaturausstellungen in Schulen (s. o.).
  - Schülerwettbewerbe: Sie wurden nach Altersstufen ausgeschrieben, und zwar:
  - (A) für junge Schüler unter 13 Jahren,
  - (B) für Schüler zwischen 13 und 17 Jahren,
  - (C) für Schüler über 17 Jahre.

- Die Jury bestand hier aus Lehrern weiterführender Schulen und einem Dozenten des Faches »Didaktik der deutschen Sprache und Literatur«(Dr. Beer).
- Die Beteiligung war beim ersten Mal gering, schon beim zweiten Mal besser:
2001 (30 Teilnehmer);
2002 (109 Teilnehmer);
2003 (267 Teilnehmer).
2004 wurde der Schülerwettbewerb nicht ausgeschrieben, weil ein Ziel der Aktion erreicht war: Es gab einen gesamtbayerischen Schülerwettbewerb.

Unter den Einsendungen fanden sich sehr interessante Texte, die ein Zeugnis von früher gedanklicher Selbstständigkeit und phantasievoller Kreativität abgegeben haben. Ob solche Wettbewerbe Anstöße zu literarischen Aktivitäten geben, bleibt aber nur in Einzelfällen zu erkennen. Zum Beispiel: Tobias Krüger aus Bobingen war 2001 der erste Preisträger in der Gruppe B gewesen, und 2004 trat er in Bobingen mit einer Lesung aus neuen Texten auf, im Rahmen der Veranstaltungsreihe »Worte mit und ohne Anker« – »Die Literaturlandschaften Bayerns«. Oder: Der kleine Maximilian Urie aus Ellgau hatte 2002 den ersten Preis in der ersten Gruppe (unter 13 Jahre) gewonnen, – und 2004 erscheint zur Überraschung aller ein erstes kleines Büchlein von ihm im Auer Verlag Donauwörth.

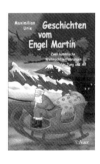

»A cultural turn« in der germanistischen Sprachwissenschaft? Ach nein. Schon ihre Begründer, zu allererst Jacob Grimm, hatten nach literarischen Schätzen geschürft und so unter anderem Märchen, Sagen und mittelalterliche Texte ans Licht der Öffentlichkeit gebracht.

Soweit die Bilanz. Da der Antrag, das Archiv in dieser Form nach meinem Ausscheiden unter neuer Leitung (Dr. Eder) weiterzuführen, vom Kulturausschuss (bisher) abgelehnt wurde, lautet der Schlusssatz einfach:

*Urteilen Sie selbst!*

Historische Notizen

# Der Schwabenspiegel: Wort, Sache und Begriff

*von Hans Wellmann*

*Der »Schwabenspiegel« von 1275*
Ein mittelalterlicher (Rechts-) Text. Warum heißt er »*Spiegel*«?
Das Wort und die Sache sind alt. Handspiegel finden sich schon in frühen germanischen Gräbern aus Nordeuropa als Beigaben der Toten. Bekannt wurden sie hier durch die Römer. Die Spiegel wurden ursprünglich durch den Schliff von Metallplatten hergestellt. Die Ausgrabung von Siedlungen der Römer haben indes in Süddeutschland auch frühe Spiegel aus Glas zu Tage gefördert. Sie waren oft von Zinn unterlegt oder eingefasst. Dieser plan-ebene Spiegel konnte dem, der hineinschaute, sagen, wie er (gerade) aussah.
Wie ein Wasserspiegel zeigte er dem Menschen sein Antlitz – und, soweit er sich selbst kritisch zu betrachten vermochte, auch etwas von »seinem wahren Gesicht«. Jeder wusste dann, worum es ging, wenn ihm einer »*den Spiegel vorhielt*«. Er sollte daraus seine Lehren ziehen.
Das Wort *Spiegel* bezeichnete früh, wie im Lateinischen, aus dem das Wort entlehnt ist, nicht nur diesen verräterischen Gegenstand, sondern auch einen Text, der den Menschen einen Spiegel vorhält und ihnen so klar macht, wie es um sie steht und nach welchen Regeln sich ihr Zusammenleben richtet. Und es bezeichnet das Buch, das angibt, was passiert, wenn sie sich nicht danach richten, und wie solche Verstöße geahndet werden (sollen). Dieser alte *Spiegel* ist geschriebenes Landrecht.
Das erste große deutschsprachige Landrecht hieß – dementsprechend – *Sachsenspiegel*.
In der Vorrede zu dem frühen Werk (um 1230) ist zu lesen:
*spigel der Saxen*
*sal diz buch sin genant*

> *wen de Saxen recht ist hir an bekant,*
> *als an einem spiegele de vrouwen*
> *ir antlitze beschouwen.*

Der *Schwabenspiegel*, ein ähnliches Rechtswerk, folgt dem Beispiel und Vorbild. Der Name orientiert sich an den alten (schon mittelhochdeutschen) Namen *Swâbenlant* und *Swâbenrîche*, die mit lateinisch *Suavus* und *Suebi* verwandt sind. Seine Geltung bezieht sich auf das Gebiet, das in lateinischen Schriften *Suebia* heißt.

Der *Schwabenspiegel* ist offenbar in Augsburg entstanden, vielleicht 50 Jahre nach dem *Sachsenspiegel*. Geschrieben haben ihn Mönche, die auch die *minderen* oder *geringeren Brüder* (*Minoriten*) hießen, weil sie anspruchslos lebten, auf Besitz verzichteten und mit ihren langen braunen Kutten und Sandalen ärmlich wirkten und auch wirken wollten. Sie hatten den Sachsenspiegel in Magdeburg kennen, den Wert seiner Lebenslehre schätzen gelernt und eine Abschrift über Regensburg nach Augsburg gebracht. Dort, im Franziskanerkloster, machten sie sich an die Aufgabe, den Text aus dem hier schwer verständlichen Niederdeutschen in ihr geliebtes Oberdeutsch zu übertragen.

Was im *Schwabenspiegel* über Leben und Recht geschrieben steht, klingt zum Beispiel so:

> *Wie man über tören richten sol.*
> *Uber ainen rechten torn und über ainen sinnelosen man sol auch niemant richten. wem aber si schaden tuont das sol ir vrmunt puezen ob si guet habent*

(nach der Ausgabe von K.A. Eckhardt, Schwabenspiegel Kurzform I und II, Aalen 1974, etwas vereinfacht).

Um eine genaue »Übersetzung« des Sachsenspiegels handelt es sich beim Schwabenspiegel freilich nicht, sondern – wie es für mittelhochdeutsche Texte typisch ist – um die freie Übertragung und gestaltende Umsetzung des Vorbildes. Die Mönche hatten sich Gedanken über diese Vorlage gemacht und sie bearbeitet. Was sich zu direkt auf sächsische Verhältnisse bezog, blieb ausgespart. Und Neues kam hinzu. Vor allem zeigt sich, dass die Darstellung von der franziskanischen Literatur der Zeit und ihrem Geist beeinflusst ist. Sprachlich erinnert manches an die Schriften der großen Prediger Berthold von Regensburg und

David von Augsburg. In den Inhalt sind Kenntnisse von der Gerichts- und Verwaltungspraxis eingeflossen, die sonst aus dem alten Augsburger Stadtrecht bekannt sind.

Erstaunlich ist, wie weit dieses Werk einfach auf dem Weg über Abschriften, also von Hand zu Hand, verbreitet wurde. Inzwischen sind nicht weniger als 311 Handschriften nachgewiesen. Bei ihnen handelt es sich nicht nur um Zeugnisse aus Süddeutschland, sondern auch aus dem Norden, und es gibt auch Übersetzungen ins Französische und Tschechische.

*Der »Schwabenspiegel« von 1838*

Viele der alten Handspiegel waren aber nicht flach und eben, sondern hatten eine leicht gewölbte (konvexe) Form. Sie zeigen ein verkleinertes Bild, das die Konturen des Gesichts verschärft und verzeichnet. So kam es dazu, dass mit dem Wort *Spiegel* später auch Bücher oder Schriften bezeichnet wurden, die – wie z. B. *Narrenspiegel* – ein verschärftes, kritisches Bild von der Wirklichkeit zeigen und zeichnen wollten.

In Augsburg ist dann 1597 der *»Spiegel der Gerechtigkeit«* erschienen, kein juristisches Werk mehr, sondern ein großes Gedicht, und in München etwas später (1605) das Werk *»Speculum peccatorum mortalium. Das ist: spiegel der siben hauptlaster und siben tugenten… nach poetischer Art beschriben«*.

In dieser Tradition steht dann die erste literaturkritische Schrift mit dem Titel *Schwabenspiegel,* so genannt mit Bezug auf die zweite Bedeutung des Wortes *Spiegel* und in Analogie zum Namen des mittelalterlichen Rechtstextes. Verfasst hat sie der aus Düsseldorf nach Augsburg gekommene, für seine wunderschönen Gedichte und spitze Feder berühmte Poet Heinrich Heine, der hier einige Jahre gelebt und als Journalist gearbeitet hat – bei der schon damals bekannten »Augsburger Zeitung«.

Sein *»Schwabenspiegel«* ist ein längerer Aufsatz, in dem sich der Autor zur hochgelobten »schwäbischen Literatur« seiner Zeit, zur Literatur der »Schwäbischen Schule« äußert – in einer ästhetisch und gesellschaftspolitisch begründeten, stellenweise vernichtenden Kritik an den Epigonen der Klassiker. Schon die Selbstbezeichnung *Schule* verweist im Kontext mit literarischer Produktivität auf die Nachahmung. Heine hatte die Schrift für

den Verlag »Hoffmann und Campe« verfasst. Der Artikel war dort aber nicht manuskriptgetreu, sondern gekürzt – und dadurch verzerrt – gedruckt worden. Heine selbst sprach von einem »*mit meinem Namen unterzeichneten*«, im »*Jahrbuch für Literatur abgedruckten Aufsatz*«, der »*im Interesse der darin besprochenen Personagen, durch die heimliche Betriebsamkeit ihrer Wahlverwandten, dergestalt verstümmelt*« sei, »*daß ich die Autorschaft ablehnen muß.*
*Paris, d. 21. Januar 1839. Heinrich Heine.*«
Und er erklärte:
»*In meiner Einfalt glaubte ich anfangs, unter dem Namen schwäbische Schule verstünde man jenen blühenden Wald großer Männer, der dem Boden Schwabens entsprossen, jene Rieseneichen, die bis in den Mittelpunkt der Erde wurzeln und deren Wipfel hinaufragt bis an die Sterne: Schiller, Schelling, Hegel, David Strauß, 'die Hohenstaufen'.*«
»*Und dann kam ich endlich dahinter, von welcher bescheidenen Größe jene Berühmtheiten sind, die sich seitdem als schwäbische Schule aufgetan… und auch Pfeifenquäste von derselben Farbe tragen*«: Gustav Schwab, Justinus Kerner, Karl Mayer u. a.
(Sämtliche Werke. Herausgegeben von Hans Kaufmann. Bd. X München 1964, S. 115–127.)
Die Bezeichnungen *Schwabenspiegel* und *Schwäbische Schule* beziehen sich hier auf die Bedeutung des Wortes *Schwaben* im Kontext seiner Zeit, also auf die Bewohner, die »mit ihrer grösten menge in Würtemberg und einem theile von Baiern« sitzen; »westlich und südlich von ihnen schliessen sich ihre nächsten verwandten die Alamannen an« (Deutsches Wörterbuch von Jacob und Wilhelm Grimm Band 15, herausgegeben 1899 von M. Heyne, Sp. 2143).

*»Der Schwabenspiegel«* – heute.

Das Wort *Schwabenspiegel* wird in unserer Zeit – ohne Bezug auf Heines gleichnamige Schrift und den Inhalt der alten franziskanischen Übertragung des »Sachsenspiegels« gebraucht, um einerseits ein journalistisches Magazin des Bayerischen Rundfunks, das über den Bezirk »Bayerisch Schwaben« berichtet, zu bezeichnen, und andererseits eine wissenschaftliche Wanderausstellung zur Geschichte des alten Schwaben (also mit Einbeziehung des schwäbischen Württemberg (s. u. Anmerkung). Das Wort *Spiegel* spielt hier offensichtlich mit der alten und alltäglichen Bedeutung eines Handspiegels.

Inwieweit sie auch den Inhalt dieses »Jahrbuchs für Literatur, Sprache und Spiel« bestimmt, werden seine Leser selbst sehen. Das Wort *Schwaben* jedenfalls bezieht sich hier – wie beim Rundfunk – im Kern auf den Bereich Schwaben mit der Universitätsstadt Augsburg, wo es entstanden ist. Die Kultur kennt keine Grenzen. Und so kommen von Fall zu Fall – wo es sich anbietet – kulturelle Verbindungen mit der Nachbarschaft zur Sprache, insbesondere die zu Württemberg.

Darin besteht ein grundlegender Unterschied zu der älteren, bedeutenden Zeitschrift »Al(l)mende« – einem »Spiegel« für die Kultur und Geschichte des ganzen alemannischen Sprachraums, der bis in das österreichische Vorarlberg, die deutschsprachige Schweiz und das Elsass hineinreicht. Dies ist ein Spiegel, der von Haus aus vor allem von einer anderen Universitätsstadt, Tübingen, und dem Rundfunkstudio Freiburg aus betrachtet wurde.

Anmerkung: Dass sich neben der weiten auch die enge Bedeutung des Wortes Schwaben eingebürgert hat, bezeugt auf seine Weise auch das repräsentative Werk über die politische, wirtschaftliche und kulturelle Geschichte des Bezirks Schwaben, das jetzt in zweiter Auflage herausgekommen ist: »Geschichte Schwabens bis zum Ausgang des 18. Jahrhunderts«. Handbuch der bayerischen Geschichte. München 2003. Mit ihren 919 Seiten ist sie gegenüber der alten Ausgabe von 1971 auf doppelten Umfang angewachsen. Ihr gegenüber ist das neue Geschichtswerk unter anderem durch einen jetzt 94 Seiten umfassenden Beitrag über die Alamannen (!) erweitert.

LITERARISCHE WETTBEWERBE

# Eine Übersicht über die Ergebnisse der Literaturwettbewerbe

*Bayerisch-Schwäbischer Literaturwettbewerb*
*2003 und 2004*
*von Iris Knöpfle*

Nach dem gelungenen Start des Prosa-Wettbewerbs um den Bayerisch-Schwäbischen Literaturpreis im Jahr 2002 mit der Preisträgerin Benita Berge aus München (siehe »Schwabenspiegel« 3/2002) konnte der Preis auch in den Jahren 2003 und 2004 vergeben werden. Das Preisgeld belief sich auf jeweils 2500 Euro, im Jahr 2003 wurde zusätzlich der mit 1000 Euro dotierte Walter-Fick-Sonderpreis ausgeschrieben.

Über 500 Einsendungen im Jahr 2003 zeigten die positive Resonanz und die zunehmende Bekanntheit des Wettbewerbs, an dem sich Autoren aus der ganzen Bundesrepublik Deutschland und einigen angrenzenden Nachbarländern beteiligten. Eingeladen wurden schließlich sechs Autoren, die ihren Text am 30. Juni 2003 im Rokokofestsaal der Regierung von Schwaben unter Beisein des damaligen Bezirkstagspräsidenten Dr. Georg Simnacher vortrugen.

Nach der Entscheidung des Publikums gewann der Lehramtsanwärter **Roland Scheerer** aus Pfaffenhofen an der Ilm mit seiner Erzählung »Weltraumlegos« den ersten Preis, gefolgt von **Finn-Ole Heinrich** aus Cuxhaven mit seinen »Schwarzen Schafen«, der den Sonderpreis erhielt. Weitere Teilnehmer waren **Gabriele Bärtels** aus Berlin (»Auf den Dächern«), **Verena Carl** aus Hamburg (»Fingerabdrücke«) und die Augsburger **Caroline Rusch** (»Kaff«) und **Stefan Pinternagel** (»Midas«).

*Vier der sechs Teilnehmer an der Endrunde 2003 (v.l.n.r.) Gabriele Bärtels, Caroline Rusch, Verena Carl und Stefan Pinternagel, mit Prof. Wellmann*

*Der glückliche Gewinner 2003, Roland Scheerer, mit Dr. Georg Simnacher und Prof. Hans Wellmann (hinten)*

Einige Veränderungen erfuhr der Wettbewerb im Jahr 2004. Als Programmpunkt der »Literaturlandschaften Schwabens« gab es nun die Auflage, dass der Text thematisch mit der Region in Verbindung stehen sollte, und so waren Prosa-Texte zur »Geschichte oder Gegenwart in Bayerisch-Schwaben« gefordert. Die Zahl der Einsendungen reduzierte sich somit deutlich auf ungefähr 50, wobei die Herkunft des Teilnehmers keine Rolle spielte. Der neue Bezirkstagspräsident Jürgen Reichert konnte den Preis an den jungen Autor **Thomas Reiner** aus Diedorf bei Augsburg für seine Erzählung »Betrachtungen einer Leuchtstoffröhre« verleihen.

*Bezirkstagspräsident Jürgen Reichert und Iris Knöpfle vom Archiv für Literatur aus Schwaben beglückwünschen den Preisträger 2004, Thomas Reiner. (Bild: Müller-Doldi)*

Weitere Finalisten waren **Caroline Rusch** mit ihrem Romankapitel »Stadt-Land-Fluss«, der zur Zeit auf Mallorca lebende Nördlinger **Bernhard Hampp** mit seiner »Riesgeschichte«, **Peter Dempf** mit dem »Burenkasper« und der Gewinner vom vorigen Jahr, **Roland Scheerer**, der unter dem Pseudonym Leo R. Andrescher mit »Nubers Mithräum« angetreten war.

*Die Teilnehmer an der Endrunde 2004 (v.l.n.r.) Peter Dempf, Caroline Rusch, Bernhard Hampp, Thomas Reiner und Roland Scheerer mit Bezirkstagspräsident Jürgen Reichert und Prof. Hans Wellmann. (Bild: Müller-Doldi)*

Zum dritten Mal in Folge veranstaltete das Archiv für Literatur aus Schwaben im Jahr 2003 den Wettbewerb »Schüler schreiben Geschichten«. Daran nahmen insgesamt 267 Schülerinnen und Schüler im Alter von 9 bis 19 Jahren teil und sandten Beiträge zum Thema »Ein Blick bzw. Einblick in meine Welt, z. B. Lebenswelt, Umwelt, Traumwelt« ein. Dieses hatte Dr. Werner Beer, ein ehemaliger Dozent für Didaktik der Deutschen Sprache und Literatur an der Universität Augsburg, gestellt. Nachdem im Jahr 2002 märchenhafte oder phantastische Geschichten gefordert waren, ging es nun also darum, wie es in der Welt der Schüler aussieht bzw. in der Welt, die sie sich vorstellen würden. Diese offene Aufgabenstellung schlug sich dann in den eingegangenen Arbeiten nieder.

Es wurden **drei Altersgruppen** gebildet: die Gruppe C der jüngsten Autoren, die zwischen 10 und 12 Jahre alt sind, Gruppe B als die mittlere Altersgruppe der 13- bis 17-Jährigen und Gruppe A mit den älteren Schülern ab 18 Jahren. In diesen drei Gruppen wurden jeweils 2 Preise ausgeschrieben.

Bei den Jüngsten, die zwischen 10 und 12 Jahre alt sind, gingen 207 Texte ein, bei den Mittleren 52 und bei den Ältesten 11.

- Den Preis der *älteren Schüler* gewann **Tobias Krüger** vom Leonhard-Wagner-Gymnasium Schwabmünchen mit seiner Erzählung »Aus dem Sterben eines Taugenichts oder Stante Pede« vor **Tobias von zur Gathen** vom Solitude Gymnasium Stuttgart mit dem Text »Pretty vacant«.
- Bei der *mittleren Altersgruppe* konnte **Christina Häußler** vom Gymnasium Michlbach mit ihrer Erzählung »Geburt einer Liebe« die Jury überzeugen, gefolgt von **Katharina Glocker** vom Carl-von-Linde-Gymnasium in Kempten mit »Sent from heaven«.
- Bei den *jüngsten Schülern* hatte **Tanja Schenzinger** vom Ringeisen-Gymnasium Ursberg mit ihrer Erzählung »Streng geheim – ein Blick in mein Zimmer« die Nase vorne, den zweiten Platz erreichte **Daniel Diefenthaler** vom Gymnasium Königsbrunn mit dem Text »Ein Sommer mit meinen Meerschweinchen«.

*Die glücklichen Gewinner des Schülerwettbewerbs 2003 (v.l.n.r.): Tanja Schenzinger, Tobias Krüger, Daniel Diefenthaler, Christina Häußler und Katharina Glocker mit Bezirkstagspräsident Dr. Georg Simnacher und Prof. Hans Wellmann.*

# Der Preis von Schwaben

## Die Einsendungen zum 3. Literaturwettbewerb

*von Michael Friedrichs, Mitglied der Jury*

Welchen Wert Literatur hat, darüber kann man lange streiten. Unstrittig ist, dass sie einen Preis hat. Im bayerischen Schwaben ist dies seit gut drei Jahren der Fall.

Angestoßen, organisiert, getragen hat dies das Archiv für Literatur aus Schwaben für den Bezirk Schwaben. Es sprach sich rasch herum, jedes Jahr gab es kleine Pressenotizen in der regionalen oder auch überregionalen Presse, der Internetaustausch florierte.

Jedes Jahr im Vorfeld Überlegungen: Wie schreiben wir aus? Nach mehr als 500 Einsendungen 2003 waren für dieses Jahr Einschränkungen nötig. Es sollte nicht jede/r Schreibende oder Geschriebenhabende einfach nur das Archiv des Rechners anklicken und ausdrucken können. Schwaben wünscht sich spezielle Bemühungen: Schreiben Sie nicht nur, schreiben Sie für uns! Darum diesmal eine thematische Eingrenzung: Es sollte eine Erzählung eingereicht werden, die im Bayerischen Schwaben spielt. Zwar könnte daraufhin theoretisch jemand seine Idylle von »Nordsee« per Suche/Ersetze umschreiben auf »Forggensee«. Das ist aber wenig wahrscheinlich, und selbst das wäre noch mit einer gewissen Zuwendung zur Region verbunden.

Als der Termin verstrichen ist, sind rund 50 Beiträge eingegangen. So kann diesmal jedes von uns sechs Jurymitgliedern alle Einsendungen lesen. Zwei pralle Leitzordner voll. Drei Wochen Zeit, dann bitte fünf Favoriten nennen mit kurzer Begründung. Also los!

Ich führe eine Liste mit knappen Notizen. Als schwierig erweist es sich, als Leser jeden Text in gleicher Grundstimmung zu lesen. Wie kann ich das durchhalten? Wie viele Texte hintereinander weg? Ist es angemessen, im Bus zu lesen? Abends im Sessel? Am Schreibtisch? Es gibt aber auch das Argument der knappen Zeit.

Die Texte selbst, für die Jury anonymisiert, wirken natürlich schon bei der ersten Kontaktaufnahme einer solchen gleichförmigen Grundstimmung entgegen. Gut oder schlecht lesbar, optisch ansprechend oder weniger, mit einem Selbstlob vorweg oder nicht, das macht schon Unterschiede.

Und dann der Titel und der erste Satz. Sie enthalten und verraten so viel über den Text in seiner Gesamtheit, dass man im Verlauf der Lektüre häufig sein erstes impulsives Urteil bestätigt findet und kaum korrigieren muss. Natürlich liest man dennoch bis zum Schluss, es könnte ja selbst noch auf der letzten Seite ein sprachliches Juwel versteckt sein.

Viele Texte sind diesmal heimatkundlich geprägt und insofern vielleicht teilweise einem Missverständnis entsprungen. Wir wollten Literatur, keine Stadtführung. In einigen Texten werden Erzählung und Heimatkunde miteinander verbunden, treten in Dialog, da wird es dann sehr viel interessanter.

Manches ist einfach fad. Manches ist faszinierend. Formale oder inhaltliche Experimente fordern nur selten dazu heraus, nachvollzogen zu werden. Ich gebe Punkte auf meiner Liste, zunächst $\pi$ mal Daumen, im ersten Durchgang.

Die Standard-Angst des Lektors lauert im Hinterkopf: Ein berühmter Literat könnte unter Pseudonym etwas einreichen, und du merkst es nicht. Na gut, wir sind zu sechst in der Jury, darunter mit allen Wassern gewaschene Germanist/inn/en, es wird schon gut gehen.

Nach einer Woche ist es hilfreich, die Titel noch einmal durchzugehen: Von welchen blieb Substanz in der Erinnerung? Das sind meist die besseren. Dann noch einmal ein Durchlauf durch die besseren Einreichungen, ich überprüfe Punktzahlen, sinniere und ändere, lege mich schließlich fest. Fünf Schreibende sollen eingeladen werden für die Lesung vor Publikum, und das Publikum wird entscheiden, wer den Preis erhält.

Bei der Beratung der Jury stellt sich heraus, dass unter den Fünfen, auf die wir uns nach zwei Stunden Diskussion schließlich einigen, drei bekannte Namen sind; einer der Autoren hatte unter Pseudonym eingereicht. Wir haben zumindest diese drei – obwohl anonymisiert – herausgefiltert und für würdig befunden. Drei Punkte für die Jury.

Dann die feierliche Lesung. Eventuelle Sorgen, ein Autor könnte, indem er seinen Fanclub mitbringt, die Publikumsabstimmung zur Farce und zum Heimspiel machen, sind durch umfassende Regelungen für die Stimmkartenvergabe ausgeräumt worden.

Eine Lesung durch den Autor, die Autorin, im vollen Saal mit schwieriger Akustik ist etwas ganz anderes als die stille Lektüre vom Blatt für sich. Zusätzliche und andere Kriterien wirken. Kann sein, die gelesenen Worte rutschen zwischen Mikro und Rednerpult in die erste Reihe, und im Saal ist kaum etwas zu verstehen. Kann sein, dass der Autor seinen Text völlig anders interpretiert als die Jury. So geht es mir diesmal. Der Text, den ich vorzustellen habe (und für den ich, falls er gewinnt, bereits eine kleine Laudatio geschrieben habe), erschien mir von feiner, skurriler Komik. Der Autor aber liest ihn dann mit sachlichem Ernst, und er erzielt weniger Wirkung damit, als ich erwartet hätte. Die Person des Lesenden geht natürlich in die Wirkung und damit in die Wertung ein.

Heute gewinnt schließlich mit klarem Abstand der Autor, auf den sich auch die Jury am leichtesten geeinigt hatte. Der große, junge Mann mit welligen, braunen Haaren und seiner Erzählung von Liebe, Krankheit und einer Leuchtstoffröhre hat das Publikum überzeugt. Hat sein Charme geholfen? Vermutlich ja. Hätte er auch mit einer schlechten Geschichte gewonnen? Gewiss nicht.

Eine Bilanz aus Lektorensicht? Wir finden junge Autoren und sie finden ihr Publikum, das ist sehr erfreulich. Der Anteil junger Wilder ist überraschend gering, auch sehe ich keine, die erkennbar zu schreiben bemüht sind wie bestimmte Stars der Szene. Man schreibt als die oder der man ist. Die meisten Einsendungen stammen aus lechnahem Anbau, wobei die heimischen Erfahrungen manchmal kontrastiert werden mit Reiseerlebnissen. Eine hervorragend geschriebene Schilderung des Surrealismus in Paris hat leider das Thema verfehlt.

Ermutigend bei solchen Wettbewerben ist die Vielzahl von Autoren. Es gibt viele Schreibende, und vielen von ihnen wünscht man auch Lesende. Kann es übrigens sein, dass seit einigen Jahren die Zahl der Leser abnimmt, aber die der Autoren zu? Wenn das so weiterginge, schriebe schließlich jeder sein eigenes Buch, Auflage 1. So wird es nicht kommen. Hör- und Lesemöglichkeiten, wie sie durch den Bayerisch-Schwäbischen Literaturpreis, durch Autorenlesungen und Bibliotheken angeboten werden, wirken der Vereinzelung entgegen und sind wirklich unterstützenswert.

# Der Literaturpreis von Bayerisch-Schwaben: Auf dem Weg zur Institution

*von Jürgen Eder, Mitglied der Jury*

Bertolt Brecht erhielt 1922 den Kleist-Preis – es war die erste Auszeichnung, die dem jungen Augsburger zuteil wurde. Und er brauchte ihn dringend – denn das Leben wie die Kunst waren teuer in jenen Jahren. Heute müsste er nicht mehr auf Preise aus Berlin hoffen – er würde einen Text beim Bayerisch-Schwäbischen Literaturpreis einreichen und hätte wohl keine schlechten Aussichten, ihn zu gewinnen. Wer weiß – vielleicht wird in einigen Jahren einer unserer Preisträger, z. B. anlässlich der Aufnahme in die Deutsche Akademie für Sprache und Dichtung, sich zurückerinnern und sagen: »*Das war der Anfang …*«
Zur Identität einer Region gehört ihre Kultur – als solche wird sie den Menschen »greifbar« und sichtbar. Dies gilt natürlich besonders in Zeiten der Globalisierung, in denen politische und wirtschaftliche Großräume das Gefühl sicherer Zugehörigkeit und Verwurzelung verloren gehen lassen. Kultur darf nicht nur durch den Bildschirm vermittelt werden oder als Großstadtereignis erfahrbar sein, sondern muss mit der unmittelbaren Lebenswelt von Menschen in Verbindung stehen. Sehr viele Regionen in Deutschland haben dies längst erkannt – und deshalb sind die weitaus meisten der über 1000 Literaturpreise in Deutschland regional verwurzelt. Es sind gerade diese Preise, die das wirkliche literarische Leben in unserem Land voranbringen und erhalten; denn die wenigen großen, überregionalen Ehrungen gehen reihum doch immer wieder nur an die

gleichen paar Autoren, die ganz gut auch ohne solche Preise weitermachen könnten. Aber für die vielen Menschen, die ihr Schreiben als wichtiges Mittel verstehen, sich mit ihrer eigenen Geschichte und ihrer Umwelt auseinander zu setzen – für sie ist ein Forum wie der Bayerisch-Schwäbische Literaturpreis eine bedeutende Einrichtung. Gerade in schwierigen Zeiten wie diesen ist Kommunikation notwendiger denn je – sich selbst zu befragen, sich auszudrücken und mit anderen ins Gespräch zu kommen. Auf diesem Wege können Isolation, Resignation, Passivität und das wachsende Gefühl von Ohnmacht Platz machen für das Gefühl, an den Entwicklungen beteiligt zu sein. Ein Literatur-Preis ist – so verstanden – die Bereitschaft, diese Bedürfnisse anzuerkennen und ihnen Öffentlichkeit zu verschaffen.

Wenn man sich die Teilnehmer- und Zuschauerresonanz der ersten beiden Ausschreibungen ansieht, dann wird klar, dass es hier nicht um einen kleinen Kreis von Enthusiasten geht, nicht darum, ein paar »arme Poeten« aus ihren Dachstuben zu erlösen.

Fast 1000 Einsendungen und Hunderte von Zuschauern bedeuten ja nur die s i c h t b a r e  Seite einer solchen Veranstaltung; wie viele Menschen aus dem jeweiligen Umfeld (Familien, Freunde usw.) der Beteiligten miteinbezogen sind, lässt sich nur ahnen. – Eine Teilnehmerin in der Auswahlrunde 2002, Magdalena Spiske aus Bad Wörishofen, hat davon eindrücklich erzählt.

Die Teilnehmer kamen nicht nur aus allen Himmelsrichtungen, sondern auch aus allen Generationen und sozialen Schichten. Erfahrungen und Erinnerungen, die natürlich verbunden waren mit der eigenen Herkunft und Heimat, wurden von 20-Jährigen ebenso aufgeschrieben wie von 80-Jährigen – dies ist so etwas wie *oral history* im besten und konkretesten Sinn. Vom Politiker bis zum Schüler, vom Arzt bis zur Hausfrau reichte die Skala der Einsender, die sich diesem Literatur-Wettbewerb ausgesetzt haben und jede bzw. jeder von ihnen hat dies als willkommene Möglichkeit erlebt, mit den eigenen Gedanken an die Öffentlichkeit zu gehen. Sie alle hoffen auf die Fortsetzung dieser Möglichkeit – und deshalb erreichen uns jeden Tag neue Anfragen, ob der Preis auch im nächsten Jahr wieder ausgeschrieben wird.

Der Bayerisch-Schwäbische Literaturpreis hat im vergangenen Jahr außerdem schon erfreulichen »Zuwachs« bekommen: erstmals wurde aus privaten Mitteln der *Walter-Fick-Preis* vergeben.

*Der Gewinner des Walter-Fick-Preises 2003, Finn Ole Heinrich mit der Witwe des Schriftstellers, Frau Reinhild Fick.*

Unter einem noblen Dach wie dem Bezirk Schwaben dürfte es auch in Zukunft möglich sein, weitere private Sponsoren zu gewinnen. Ohne eine solche Anbindung freilich wird dies wohl aus verschiedensten Gründen unmöglich sein.

Durch die enge Zusammenarbeit von Prof. Wellmann und dem Bezirk ist dieser Preis auch zu einem Symbol für die Kooperation zwischen der Region und ihrer Universität geworden. Studierende dieser Hochschule, von denen ja bekanntlich die meisten aus dem Raum Bayerisch-Schwaben kommen, haben sich als Schreibende wie Zuschauer beteiligt – im letzten Jahr sogar unmittelbar an der Organisation und Durchführung mitgewirkt. Damit ist ihnen das ermöglicht worden, was doch alle Welt fordert: Überführung von Theorie in Praxis. Diese Gemeinsamkeit wird auch in Zukunft erhalten bleiben und die Studierenden »ihre« Region so unmittelbar erleben lassen, wie das nur denkbar ist.

Die reiche Literaturlandschaft Bayerisch-Schwaben, die immer wieder große Schriftsteller wie Enzensberger, Fassbinder, Sebald, Köpf, Miller u.v.a. hervorgebracht hat, kann durch ihren Preis mithelfen, dass Literatur hier auch in Zukunft eine feste Heimstatt hat. Der Preis ist ein bedeutsames Zeichen für die Verbundenheit mit dem Kulturraum Bayerisch-Schwaben – und zugleich eine Einladung an die literarische Welt, sich in ihm zu Hause zu fühlen!

NEUE PROSA AUS DEN LITERATURWETTBEWERBEN

# Weltraumlegos der Kindheit oder Salingers Fänger im Roggen in der Hallertau

*von Roland Scheerer*

1.
Mitte August 1981 warf ich Bleiziffer auf der Steininsel mit aller Wucht ein Seeigelskelett an den Kopf, das jemand heraufgetaucht und auf den Felsen gelegt hatte: Seeigelsplitter flogen herum. Bleiziffer rannte heulend über den jetzt, bei Niedrigwasser, frei liegenden Übergang von der Felseninsel zum Nacktstrand hinüber, um sich an seine Mutter zu kletten. Mama winkte mich energisch ans Festland: »Du gehst sofort zu dem Jungen hin und sagst Entschuldigung.«
Ich wollte nicht, Mama packte mich und sagte zu Bleiziffers Mutter: »Guten Tag, mein Sohn hat Ihrem Kind gerade einen Seeigel an den Kopf geschmissen.«
Sie schubste mich vor: »Na los, Karl!«
Auf die Weise lernte ich ihn kennen: Ich studierte angestrengt das Farbspiel der Kieselsteine auf dem Strand und die vertrockneten, um die Kiesel gewickelten Algen, hielt Bleiziffer schließlich die Hand hin und sagte: »Tschuldigung.« Bleiziffer guckte verheult in den Kies und nahm die Hand für eine Sekunde, mit der anderen hielt er sich theatralisch den Hinterkopf an der Stelle, wo ihn der Seeigel erwischt hatte. Da waren unsere Mütter praktisch schon im Gespräch: »Ach aus Rottenegg? Nee, die Welt ist klein.«
Eine MI-8 hämmerte über die Bucht, es gab nämlich einen Stützpunkt in der Nähe, hinter dem Pinienwald, aber Mama wollte mit mir nie zu dem Stützpunkt gehen, sondern immer nur nackt auf dem Kies ein Buch lesen, während ich mich kaum ins Wasser traute, wegen dem Quallenjahr. Bleiziffer und ich

sahen dem Hubschrauber nach. Der Hubschrauberwind trocknete Bleiziffers Tränen, und da, in dem Moment, als das Wasser sich nicht mehr kräuselte und die MI-8 hinter dem Pinienkamm verschwand, wussten wir, dass wir Freunde waren. Wahrscheinlich beobachteten sie von Hubschraubern aus die Frauen auf dem Nacktstrand.

*Pinaceæ: Eine etwa 80 Arten umfassende Gattung. Mit ihren langen Nadeln holt die Pinie das Wasser der Passatwinde aus der Luft.* Kalbsmedaillons mit Pinien (heiß, zärtlich, kraftvoll); so gehts: Olivenöl in einer Pfanne erhitzen und die Filets darin etwa drei Minuten von beiden Seiten rosa braten. Tomaten, Pinienkerne, Kapern, Schalotten, Knoblauch und die Kräuter im Bratfett anbraten. *Pinien säumen die endlosen Felsstrände mit kristallklarem Wasser, die immer wieder von traumhaften Kiesbuchten unterbrochen werden.* DIE HOTEL- UND FERIENANLAGEN ERSTRECKEN SICH ENTLANG VIELER KLEINER BUCHTEN, DIE ÜBER VERSCHIEDENE KIES- UND FELSSTRÄNDE VERFÜGEN UND VON PINIEN UMGEBEN SIND. *Das Hotel Pinija liegt am Kap der kleinen, mit Pinien bewaldeten Halbinsel. Disco – Aqua Club (schalldichte Anlage im Pinienwald ca. 2 min. vom Hotel gelegen) Mai – Oktober täglich geöffnet, Sommerbühne und Kaffeebar.*

In diesem Hotel wohnte Bleiziffer mit seiner Mutter. Ich fand das schwach, dass mein Vater einfach mit den *Unterlagen* zu Hause blieb und mich mit Mama allein wegließ. Aber bei Bleiziffer stellte sich heraus, dass er überhaupt keinen Vater hatte! Bleiziffer fand Väter blöd. So eine Sichtweise war mir neu, aber es beruhigte mich, denn dann war es für ihn auch nicht schlimm, und wir konnten ganz normal über alles reden. Während wir auf Streifzügen große Pinienzapfen suchten – Bleiziffer hieß übrigens Marcus –, besprachen sich unsere Mütter zweimal grillend im Schatten auf der Terrasse vor dem Appartementhaus der Frau Aćimović, in Sichtweite des grünblaukarierten Haifisches, der DOBRODOŠLI sagte. »Ja, wenn wir so nah – Mensch, da könnten die zwei ja ma miteinander spielen, das wär toll.« Fand Mama auch. Und beide hatten jemand gefunden, bei dem sie ihren Jungen mal abladen konnten.

Bleiziffer verließ schon nach drei Tagen das Hotel *Pinija*, sie fuhren nach Hause. Ich hatte in der Stadt, in der *Robna Kuća*, an

einer Glastheke mit Kleinzeug wie Aufklebern, Kugelschreibern und Notizkalendern so lange gequengelt, bis Mama sich von der beschürzten Verkäuferin ein bestimmtes Aufnähabzeichen geben ließ, wobei sie sich wieder mal überhaupt nicht vorstellen konnte, was ich mit dem Kram wollte, und mir lieber ein lackiertes Holzeselchen gekauft hätte. Als vor dem Hotel Pinija die Taschen und Koffer in den Bus von *Yugotours* geräumt wurden, gab ich Bleiziffer das Abzeichen. Auf dem Abzeichen zwei üppige Getreidebüschel, roter Stern, ein Haufen Fackeln, und ein blaues Schriftband: »*29 · IX · 1943*«.
Bleiziffer sah mir nur in die Augen und sagte: »Cool.«
Ich nickte, spannte bedeutungsvoll die Lippen an und tat, als verstünde ich, was er damit meinte. Dann hatte ich mich kurz nicht unter Kontrolle: Die Unterlippe rutschte mir nach vorn, so dass Bleiziffer bemerken musste, dass ich es doch nicht verstanden hatte. Bevor sich die Yugotours-Bustür schloss, rief Mama:
»Also, Gertrud, dein Marcus ist bei uns *jederzeit* willkommen.«

2.

*Endmontage eines Starfighters* stand unter dem Bild in der *Großen Enzyklopädie der Technik* meiner Eltern, Band III. Ich fragte mich wieso, und ob diese Starfighter nur montags gebaut wurden, oder ob es immer Montag war, wenn einer fertig wurde. Man sah die vorlackierten Flugzeugrümpfe unter Gittergestellen in der Lockheed-Halle in Greenville, South Carolina. Bleiziffer verstand es im Grunde auch nicht, er vermutete, dass jemand die Aufnahme vielleicht zufällig an einem Montag gemacht hatte, und zwar an einem Endmontag, als der Starfighter schon fast fertig war. Denn hätten sie ein Bild von einem Anfangsmontag genommen, da hätte man nur unzusammengesetzte Einzelteile gesehen, und keiner hätte dann gewusst, um was es eigentlich geht. Ich muss zugeben, dass mir das einleuchtete. Gemeinsam blätterten wir uns durch: Sowjetische Staudämme wurden uns nähergebracht, Satellitenantennen, Spiegelteleskope. Auch ein Kernkraftwerk, wobei Bleiziffer und ich uns nicht einig waren, ob sie nicht die Abbildung vertauscht hatten, weil man eigentlich ein Schwimmbad sah, aber Bleiziffer bestand

darauf: »Das Schwimmbad *ist* das Kernkraftwerk, du Doofi.«
Noch Jahre später träumte ich manchmal, dass das Köschinger Freibad auch ein Kernkraftwerk war. Bei den Duschen gab es eine Klappe im Boden, durch die man zu dem geheimen Kraftwerk hinunterstieg.
Bleiziffers Mutter hatte ihn tatsächlich schon drei Tage nach unserer Rückkehr vorbeigebracht, weil sie irgendwas unternahm. Wir saßen in Parleiten mit dem Technikbuch im Garten, tranken Himbeercefrisch und zählten die Starfighter am Himmel. Papa hatte gesagt, dass das alles Erprobungsflüge waren und sie dabei alles Mögliche ausprobierten. Ich war enttäuscht, weil ich mich fragte, wann sie dann *richtig* flogen – nein, keine Rede davon, dass ich mir einen Krieg gewünscht hätte, obwohl der Herr Bachhuber Wunderdinge von Süßigkeiten verteilenden Amerikanern erzählte und es toll gewesen sein musste – nein, Krieg, das nicht, aber wenn *alles* Erprobungsflüge waren, dann hieß das, dass kein einziger echter Flug dabei war. Vielleicht war doch von Zeit zu Zeit ein echter Flug dabei, oder sah man das von unten, dass es nicht so war?
Wir hörten Nachrichten aus einem Radio-Cassettenrecorder von *Privileg*. Irgendetwas hatte sich geändert, denn von dem Kater war jetzt immer seltener die Rede, obwohl er doch immer der Wichtigste gewesen und *jedesmal* in den Nachrichten vorgekommen war, und ich hatte es gut gefunden, dass da auch Tiere vorkamen, oder Leute mit Tiernamen. Der Bundeskanzler Schmidt war immer noch sehr wichtig, kam immer noch vor. Aber der *Allerwichtigste* war nach wie vor der *Ferner*: Ferner sagte der Abgeordnete… Ferner der Bundeskanzler… Ferner würden die Supermächte… *Ferner, so Kater*.
Ein Marienkäfer setzte sich auf die Cefrischdose, deren Inhalt mindestens haltbar gewesen wäre bis Ende: *10–1982*. Wenn dieser Inhalt nicht schon im Verlauf des Rests dieser Sommerferien sukzessive, gehäufteesslöffelweise in einer Glaskanne mit kalkreichem Leitungswasser aufgelöst, Glas für Glas in einem Zug hinuntergestürzt, und meist an einem bestimmten Platz hinter der Gartenhecke, zwischen einem dichtstehenden Brennnesselgebüsch und einem Weißdorn, perlend auf den immen-

sen Blättern einer verwilderten Herkulesstaude wieder ausgeschieden worden wäre.

Als ich im September in die Dritte kam, freute ich mich, auch wenn ich Bleiziffer jetzt viel seltener sah, weil er von Rottenegg aus in eine andere Schule ging. Ich freute mich, weil Herr Bachhuber wieder von den Amerikanern erzählte, wie sie rumfuhren und nett waren und Sachen verteilten. Ich mochte es aber nicht, wenn Herr Bachhuber selber versuchte, wie die Amerikaner zu sein: Er tat dann hinter dem Rücken ein Gummibärchen in eine schwitzige, gerötete Faust, und man musste raten, in welche: rechts oder links. Es war ein Glücksspiel, und wenn man Pech hatte, musste man das Gummibärchen essen, Herr Bachhuber hatte kein Verständnis für die Ausrede, man wolle es sich für später aufheben. Er wollte nicht, dass unsere Taschen verklebten.

Natürlich könnte man sagen: Brežnev hätte damals eine SS-20 in das spitze Türmchen der Parleitener Dorfkapelle jagen können, und es wäre alles vorbei gewesen, das Privilegradio hätte die sägenden, webenden Synthesizer der achtziger Jahre über eine schwarzverkohlte Strahlenwüste ohne Leben geschickt, oder wie man sich das vorstellt, jedenfalls, so lange die Monozellen noch Kraft gaben. Oder dass das Funkhaus in München zuerst getroffen worden wäre, dann hätte das Radio in der Wüste geschwiegen. Nun hat Brežnev es aber nicht getan, und es wurde Herbst, ein Herbst, in dem wir im Feilenforst zwei Parasolpilze knickten und Bucheckern holten, die wir zum Förster brachten.

Zu Weihnachten bekam Bleiziffer einen Wellensittich von seiner Mutter. Ihre Freundin Juliane aus Celle, Bürgerin der Freien Republik Wendland, hatte nach der Räumung der Bohrstelle 1004 in Gorleben zuerst ein trauriges Lied gesungen und dann beschlossen, die BRD zu verlassen, wegzufahren, zusammen mit Gerhard, einem Typen aus der Schweiz, der diese *Longo Maï*-Landkommunen mit aufgezogen hatte und damit zuerst reich geworden, dann ausgestiegen oder rausgeflogen war.

Und weil Gertruds Freundin Juliane den Wellensittich dorthin, nach Griechenland, an einen See in der Gegend von Kastoria, nicht mitnehmen konnte, landete er am Ende bei Bleiziffer in

Rottenegg. Bleiziffers Mutter behauptete, Marcus habe doch einmal den Wunsch nach einem Vogel geäußert, was Bleiziffer ab etwa Mitte Februar zuerst zaghaft, dann immer heftiger bestritt.

3.

In Poznań, in der Gołębia, das heißt Taubengasse, gibt es dieses kleine Wohnzimmercafé, *Gołębnik*, das heißt Taubenschlag. Wir haben heute fünf Grad, es ist der achte April, mein Geburtstag. Das *Gołębnik* kann man höchstens mit dem *Loch Camelot* in Krakau vergleichen: Cafés, in denen man ganze Nachmittage, ganze Tage allein verbringen möchte, nur mit einem Buch, dessen Farblithographien man sich ansieht:

*Fauna Germanica*
*Die Käfer des Deutschen Reiches*
*IV. Band*

Und mit Erinnerungen im Kopf, die man gerne niederschriebe. Erinnerungen für eine Welt ohne Bleiziffer. An eine Welt mit Bleiziffer, von dem mir nur dieser Echinoide blieb…

Gestern bin ich aus Warschau gekommen, wo es nur zu diesem am Ende peinlichen Behelfsabschied von Mirka gereicht hat. Und von Waldek natürlich, der die ganze Zeit dabei war. Ich fuhr auf der E 30 bis Koło hinter einem Audi 80 her, den jemand gebraucht aus Deutschland importiert hatte, weil hinten noch das Bekenntnis dran war:

SPANIEN JA – CORRIDA NEIN DANKE!

Ich habe im Kofferraum dreieinhalb Kartons antiquarische Bücher, die werde ich die nächsten Tage nach Deutschland bringen. Den Rest kann sich Dobromiła selber holen, das ist ihre Sache. Ich hoffe, dass der Zoll mich in Ruhe lässt. Und dass der Wagen mitmacht, mein Gott, in Polen gibt's doch keinen ADAC, wenn dir der Auspuff runterfällt irgendwo zwischen Poznań und, was weiß ich, Trzciel (um nur mal einen Ortsnamen zu verwenden, bei dem die westlichen businesspeople unterwegs nach Warschau in ihren Mercedessen ratlos die Schultern zucken)? Ist übrigens nur eine einzige Silbe, dieses Trzciel. Mirka hat ja tatsächlich Wunder an mir vollbracht in der kurzen Zeit. Wie lang war es? An die fünf Monate: Ich kann alles ausspre-

chen und Nutella und Nudeln kaufen gehen und viele Sachen verstehen, ich will ja nicht überheblich sein, aber in fünf Monaten mehr Polnisch zu lernen als ich mit Mirka, das kann ich mir nicht vorstellen.
Am Nachbartisch sagt jemand: »Well, I don't think it's possible to build a network like this.«
Um ehrlich zu sein, ich habe keine Ahnung, wie das berechnet wird: Zoll. Beziehungsweise, angeblich darf man nichts ausführen, was älter als 1945 ist, und es ist mir auch immer noch nicht klar, ob eher die Polen aufpassen, dass man, was weiß ich, keine Kulturgüter außer Landes schafft – aber was können sie mit den ollen deutschen Büchern wollen? – oder ob ich eher dem deutschen Staat schade, wenn ich hier irgend etwas günstig bekomme. Vielleicht sollte es mich interessieren, aber es interessiert mich nun einmal nicht. Ich denke, dass sie mich durchfahren lassen, und wenn nicht, dann bin ich schließlich Student. Wofür ist man denn eingeschrieben? Dann sind das Sachen, die ich privat für die Abschlussarbeit brauche, das habe ich nicht gewusst. Die vom Zoll haben doch nicht studiert, die können sich gar nicht vorstellen, welche Mengen an Büchern man da durchackern muss, beziehungsweise muss man das Material ja erstmal sichten, und wenn sich am Ende herausstellt, dass es doch zu nichts nütze ist – ist es dann meine Schuld?
Ich bestelle einen großen Kaffee mit Milch.


4.
Dieses Wort, ständig war man damit konfrontiert: *gefälligst*. Marcus solle gefälligst für den Vogel sorgen, sagte Frau Bleiziffer, sie könne nicht mit ansehen, wie Hrubesch verwahrlose. Hrubesch hatte bei der Juliane in Celle Vinceremos geheißen, aber Bleiziffer hatte ihn umgetauft. Wenn es schon sein Vogel war, dann wollte er wenigstens den Name bestimmen.
Ich konnte es Bleiziffer nachfühlen, denn bei Mama war es im Grunde dasselbe: Seit die Sawitzki-Brüder mir ihre Albino-Farbmaus aufgeschwatzt hatten, musste ich es mir selber täglich anhören: *gefälligst*. Und: *Verantwortung für das Tier*. Jede Zoohandlung würde den Peezi gebraucht als Schlangenfutter zurücknehmen, ich hatte die Wahl.

Seit einiger Zeit war es Papa, der mich mit dem Granada zu Bleiziffers fuhr. Seit er ständig zum Baumarkt musste, weil jedesmal noch zwei Hohlraumschalterdosen fehlten und Klemmleisten, oder er sich um vier Fliesen verschätzt hatte, oder bei den nachgekauften die Schattierung nicht stimmte – da lag es für ihn auf dem Weg. Diesmal hatte ich den Peezi mit. Papa fand nichts dabei; wenn es ihn interessiert hätte, hätte er sich gefreut, dass ich mich wieder mit der Maus beschäftigte.
Bleiziffers' Terrasse lag im Sonnenlicht. Papa ließ sich ins Haus bitten und bekam von Bleiziffers Mutter einen Kaffee, bevor er wieder fuhr, und während wir auf der Terrasse das Panzerquartett mischten. Bleiziffer hatte am Wochenende zuvor ein Spiel vorgeschlagen und dabei so getan, als ginge es um das *Spielen*, und nicht um Hrubesch, inklusive Käfig. Hrubesch sei gewissermaßen bloß irgendein Einsatz, weil man eben einen Einsatz brauchte, damit es auch spannend wurde. Natürlich wusste ich, dass Bleiziffer alles dransetzen würde, Hrubesch zu verlieren. Da ich die Gelegenheit als Chance begriff, hatte ich Peezi gesetzt, Peezi gegen Hrubesch. Mit dem *Merkava*, dem *Leopard*, und einem unförmigen amerikanischen Transportungetüm von 38 Mann Besatzung vernichtete mich Bleiziffer, der eine unglaubliche Strähne hatte, in einer Umfassungsschlacht ohne Beispiel: In dem Moment, als er mir meine letzte Karte, ein leicht gepanzertes japanisches Spähfahrzeug, abnahm, womit er sein fünftes der angesetzten neun Spiele gewann – da war es klar, dass der Peezi in Rottenegg blieb, und Bleiziffer hat es auch nicht getröstet, wenn ich ihm sagte, er könne ihn jederzeit gebraucht in einer Zoohandlung als Schlangenfutter abgeben, wenn es ihm zuviel würde, das sei jetzt seine Entscheidung. Vielleicht habe ich sogar von *Verantwortung* gesprochen.
Als wir den Peezi ins Haus brachten, damit Bleiziffer ein schattiges Plätzchen für ihn suchen konnte, so dass Bleiziffers Mutter die Maus nicht sofort sah, war Papa schon wieder da. Er saß vor einem Kaffee in der Küche mit ihr und rauchte: Die hätten, äh, die Fliesen wieder nicht dagehabt. Er musste in einer Woche nochmal hin. Ich protestierte, weil ausgemacht war, dass ich zwei Stunden bei Bleiziffer bleiben konnte, und Papa gab nach: Dann wolle er mal nicht so sein, er werde sich so lange im Gar-

ten umgucken. Und während der Peezi im Vogelkäfig Hrubesch kennen lernte, dabei selbst aber vollständig ignoriert wurde, führte Bleiziffers Mutter meinen Vater durch Reseden und schwefelgelbe Nachtkerzen. Durch Rittersporn, Schafgarbe und Japan-Anemonen folgte er, blieb vorm giftigen Eisenhut stehen, ließ sich Feuer geben und zeigte auf Sonnenblumen. Mensch, mein Vater rauchte plötzlich Zigaretten, oder wie?
Auf der Heimfahrt fragte Papa im Granada: »Wo hast du denn die Maus, den Peezi, gelassen?« –
»Hab' ich Bleiziffer geliehen.«
»Pass mal auf, Karl, das muss nicht sein, dass du der Mama sagst, dass ich 'ne Zigarette geraucht hab, okay? Die mag das Rauchen nicht, und ich rauch ja an sich auch nicht? Einverstanden?«
»Mama wird Ärger machen wegen Peezi, weil ich ihn Bleiziffer geliehen hab.«
»Ach, die soll sich nicht so, du bist doch alt genug, Karl.«
So wurden wir stillschweigend handelseins. Und *wie* er mich verteidigt hat, weil Mama natürlich ausflippte: »Ein Unding sondergleichen, ein *Lebewesen* zu verleihen!« Papa führte an, erstens, dass ich alt genug war, wobei ich ihm Recht gab, zweitens, Verantwortung könne man dem Kind nicht eintrichtern, da müsse es selber dahinterkommen, was ich bestätigte, und drittens, er habe damals in Bad Endbach selber einen Hasen gehabt, den habe er in letzter Minute noch Balzers Otto geliehen, und das sei damals sehr wohl ein Zeichen von Verantwortungsbewusstsein gewesen, als Papas Opa schon mit dem alten, wurmlöchrigen, gedrechselten Tischbein in der Hand und einem Jagdmesser am Gürtel über den Hof in Richtung Hasenstall schlurfte.
Was Hrubesch angeht, so hat er es Bleiziffer nicht verziehen, dass der ihn beim Spiel hatte verlieren wollen. Bleiziffer machte sich Sorgen, weil Hrubesch seit einer Woche nicht mehr sang, nicht mehr fraß. Peezi, den wir, hilflos, Samstag darauf zu Hrubeschs Aufheiterung abermals als Clown in den Vogelkäfig schickten, wurde missachtet wie zuvor.
Frau Bleiziffer sagte, die Maus passe nicht in Hrubeschs Beuteschema, woher übrigens die Maus komme? »So, deine ist das, Karl. Ich hoffe, die nimmst du dann wieder mit.«

Ich verschwieg auch hier, dass es sich um eine Dauerleihgabe handelte.
Es geschah kurz vor dem Halbzeitpfiff. »Er ist tot«, sagte ich.
»Tot?«, fragte Bleiziffer.
Fünfzehnhundert Kilometer westlich, in Elche, lag El Salvador im Finalrundenspiel der Gruppe C vor fünfzehntausend Zahlenden gegen Belgien seit Ludo Coecks Treffer in der neunzehnten Minute mit 0:1 hinten – verdient musste man sagen, da das Team von Mauricio Rodriguez im Mittelfeld eigentlich gar nicht da war und Jean Marie Pfaff im belgischen Tor sich zu Tode langweilte. Da hatte es im Käfig gepiepst, aber nicht Hrubesch war es, der überraschend die Stimme wiederfand, sondern Peezi, vor Schreck, weil Hrubesch unvermittelt von der Stange herunter und offensichtlich von oben auf ihn draufgefallen war. Hrubesch, wie er nun mit den Krallen nach oben im Staub lag und von der Dauerleihgabe vorsichtig beschnüffelt wurde: mausetot.
Die zweite Halbzeit brachte an sich wenig Spannendes, auch wenn Rodriguez für Osorto, ja genau, der Mann mit der Zwölf, der in der ersten Hälfte Gelb gesehen hatte, und das war noch milde! – Miguel Angel Diaz brachte: Der riss es nicht heraus, und die Belgier ließen es nun auch, ihrem Wesen nach, gemächlicher angehen, sparten Kräfte für das Spiel gegen Ungarn am Dienstag. Und so konnte Bleiziffer ein Buch über Pyramiden hervorholen, weil es nun um Grabbeigaben gehen musste: Es sollte etwas sein, das Hrubesch im Jenseits brauchen konnte. Der Rest vom Kraftfutter. Darauf würden wir ihn betten, obwohl er letztens das Hungern vorgezogen hatte. Die *Airfix*-Schachtel der Hurricane von Lieutenant Gleed, 87. Jagdstaffel, Exeter, Mai 1940, Maßstab 1:72, war ein würdiger Sarg, fast zu schade, fand Bleiziffer einen Moment lang, dann dämmerte ihm aber seine Mitschuld an Hrubeschs Los, und Bleiziffer hörte auf, knauserig zu sein, er legte sogar noch freiwillig einen vierfarbigen Wechselkugelschreiber mit ins Grab, obwohl die türkise Mine noch schrieb, während ich in den doppelten Paninibildchen von *España '82* kramte und Oleg Blochin (CCCP) zu Hrubeschs Uschebti und Reisebegleiter machte.
In Elche tat sich nichts mehr. Jean Marie Pfaff blieb einmal mehr

unbezwungen. El Salvador würde, selbst bei einem hypothetischen Sieg über Argentinien am Mittwoch in Alicante, in jedem Fall wegen des Torverhältnisses ausscheiden, war man doch von Ungarn am Dienstag mit 1:10 gedemütigt worden, wobei wir heute, rückblickend, wissen, dass es den Ungarn auch nichts genützt hat und dass sie, glücklos, gleichfalls nach der ersten Runde, nach Sopron, Győr, Esztergom, in die Große und in die Kleine Magyarische Tiefebene zurückströmten.

Während sich in Elche nichts mehr tat, musste Tesafilm eine Mumienbinde mimen, denn Frau Bleiziffer weigerte sich standhaft, unseretwegen den Autoverbandskasten anzubrechen, nicht zu reden von ihren Vorwürfen, Bleiziffer habe Hrubesch *eingehen* lassen, er sei *in keiner Weise* reif, sie sei bitter enttäuscht, *bitter*. Bleiziffer drückte mir, wegen dieser Anschuldigungen verstimmt, wortlos eine Beethacke in die Hand, trug die Airfix-Schachtel durch seiner Mutter Rittersporn und Reseden, knickte im Vorbeigehen ein Sonnenblumenblatt, streifte den giftigen Eisenhut, verlor dort, beim Eisenhut, eine einzige Träne, die auf einen Trittstein fiel, zog bei den schwefelgelben Nachtkerzen ein einziges Mal den Rotz hoch und geleitete Hrubesch hinten durch das Gartentor hinaus bis fast zum Wäldchen, blieb dann aber an der Kreuzung zweier Feldwege stehen und bedeutete mir, ein Loch auszuheben: »Da!«

Als er die Schachtel mit Hrubesch und dem Uschebti Oleg Blochin und dem Wechselkugelschreiber hineintat, sagte Bleiziffer, indem er die Stimme seiner Mutter nachmachte:

»*Es war ja für alle Beteiligten eine Erlösung, Marcus.*«

Ich sagte: »Kapier ich nicht.«

Bleiziffer sagte, er kapiere es auch nicht, das sage man so, das gehöre dazu. Dreimal habe es ihm die Mama erklärt beim Marmorkuchen nach der Beerdigung vom Opa, als Bleiziffer überhaupt keine Lust auf Marmorkuchen hatte, dann aber doch traurig zwei Stücke aß, und noch ein Stück Bienenstich, und einen Apfel. Aber kapiert habe er es nicht. Nur dass es dazugehört.

Dass Hrubesch nun tot war, stellte die Sache mit Peezi in ein anderes Licht. Bleiziffer und ich, wir beide haben auf dem Rückweg von Hrubeschs Grab aufgehört, in Peezis weiterer

Gefangenschaft noch irgendeinen Sinn zu erblicken. Bleiziffer fand, man müsse sich das vorstellen, den Schreck, wenn ein toter, hellgrüner Vogel, so groß wie man selbst, von oben auf einen draufstürzt: Es sei ohnehin ein Wunder, dass Peezi den Schock überlebt habe. Welches Recht wir hätten, ihm, nach allem, was er durchgemacht hatte, die Freiheit zu verwehren?
Das Rätselhafte an dem Wort *Weltraumlegos* ist eine feine Doppeldeutigkeit: Das Wort bezeichnet Bausteine, die hier auf der Erde etwas *abbilden*, das als im Weltraum befindlich gedacht ist, wobei aber mitklingt, dass die Steine *selber* sich magischerweise da draußen im Weltraum befänden. Das Wort flimmert unscharf, da sich seine beiden Bedeutungen zugleich ausschließen und nicht ausschließen, je nachdem, ob die Erde als Gegensatz zum Weltraum oder als Teil des Weltraums gedacht wird. Man sagt ja auch: »Von der Erde ins All und zurück.«
Durch ein von uns eigens errichtetes Freiheitstor aus Weltraumlegos entließen wir Peezi am selben Nachmittag feierlich auf einen Trittstein bei der Reseda, von wo aus ihn zunächst das Dunkel zwischen Komposthaufen und Regenwassertonne anzog, er sich dann aber, durch eine Bewegung, ein Knacken im Kompost stark verunsichert, in die Gegenrichtung wandte, dabei zusehends die Zögerlichkeit verlor, durch Mohrrüben und Zwiebeln, die gegenseitig die Schädlinge voneinander fernhalten, auf den Jägerzaun zu und unter dem Jägerzaun durchhuschte. Auf der anderen Seite des Jägerzauns fanden wir ihn, jetzt schon als Fremde, wieder, jetzt fühlte er sich von uns erschreckt und weitergetrieben: Weit hinein in ein Roggenfeld haben wir ihn halb gejagt, halb beschattet, und es hatte etwas Gespenstisches, dass Peezi schnurstracks auf Hrubeschs Grab zustrebte, bis wir ihn endlich, mitten im Roggen, aus den Augen verloren und er auch nicht wiederkam; der Roggen rauschte, leer, von einem Windhauch.
Die Luftwaffe zog Kondensstreifen am Himmel, und am Rand des Wäldchens flatterten Vögel auf, von denen ich mir plötzlich nicht sicher war, ob sie nicht Mäuse fraßen. Wir suchten eine Weile herum, ob er sich nicht noch einmal zeigen würde, oder vielleicht eine andere Maus. Oder ein anderes Tier. Doch wir blieben zu zweit im Roggen allein.

Bei Bleiziffers auf dem Flur stand mein Vater, nur mit einem Badetuch bekleidet, und drückte eilig eine Zigarette in einem Yuccatopf aus. Ich fragte mich wirklich, warum Papa hier duschte, und Papa dachte sich wohl, dass ich mich das fragte. Er zog Luft durch die Zähne ein, wie wenn man sich zusammenreißt, hielt sich den Arm und sagte, er habe sich da, ganz blöd, den Kaffee über den Arm geschüttet, sei ganz voll davon gewesen und habe das abwaschen müssen. Seine Sachen mussten eingeweicht werden. Also, die versauten Stellen, damit man das überhaupt rauskriegt. So was Dummes, wie er jetzt dastehe, ob wir nicht nochmal rausgingen, wir hätten doch mit der Maus gespielt. Er würde uns dann rufen, jetzt sei er extra früher gekommen, aber das werde jetzt noch kurz dauern, wegen dem Hemd.
Ich sagte: »Die Maus ist weggelaufen, wir haben sie gesucht.«
Bleiziffers Mutter kam mit einem Fünfmarkstück: »Dann geht euch doch 'n Eis holen!«
Wir fuhren im Granada heim. Es war ungefähr sieben. Mama stellte ein Brett mit Weichkäse hin und Knäckebrot und schnitt Tomaten. Sie sagte: »Hast du die Maus wieder zurückgebracht, Karl?« –
»Der Papa hat sich bei Bleiziffers einen Kaffee drübergeschüttet.«
»Über's Hemd oder was, Mensch, Roland, hast du dich verbrannt?« Papa sagte, dass es schon wieder ginge, er habe den Fleck gleich rausgewaschen, der sei sogar schon wieder getrocknet. –
»Zeig mal her!«
Und sie fing an, an seinem Hemd rumzumachen.
Vielleicht war es falsch von mir. Vielleicht hätte ich gar nichts sagen sollen. Vielleicht wollte ich nur verhindern, dass sie zum Thema zurückkam und wieder mit Peezi anfing. Vielleicht hatte ich das Gefühl, dass es schade wäre, wenn die Pointe unerzählt bliebe. Jedenfalls sagte ich: »Und dann hat er sich gleich da geduscht.«
Mama sagte in einem eigenartigen, langsamen Tonfall, den ich zum allerersten Mal hörte: »*Du duschst bei Gertrud, Roland?*«

Mama sagte, ziemlich leise: »Gehst du bitte Zähne putzen, Karl.«
Ich wusste nicht, was los war. Die Hölle war los. Mama schrie in der Küche, ich weiß nicht was. Ich lag in meinem Zimmer und versuchte einzuschlafen. Ich erschien in der Küche und sagte, sie sollten aufhören. Fast hätte mich eine fliegende Tomate erwischt. Ich weiß nicht, ob sie mich bemerkten, ich lag oben weiter wach. Da mich Mama in den Morgenstunden weckte, musste ich doch eingeschlafen sein. Es wurde hell, aber man konnte die Sonne noch nicht sehen. Mama packte mich und sagte: »Komm, Karl.«
Die Sonne ging dann im Rückspiegel des Granada auf. An einer Autobahntankstelle bekam ich einen *Siku*-Betonmischer, ohne mir je einen gewünscht, ohne an der Tankstelle auch nur auf einen gezeigt zu haben.
In Saarbrücken stellte uns Tante Ellen mittags eine Erbsensuppe hin. Nachmittags durfte ich England gegen die Tschechoslowakei gucken. Ich wagte ja nichts zu sagen, eigentlich hätte Bleiziffer heute den Tag in Parleiten verbringen sollen, ich fragte mich, ob sie dran gedacht hatten, ihm abzusagen, oder ob Papa ihm irgendwie an der Haustür erklärte, dass ich nicht da war und seine Mutter ihn dann wieder mitnahm. Abends spielte Spanien gegen Jugoslawien 2:1, dann schickten sie mich ins Bett. Als ich wegen der Schule fragte, sagte Mama: »Das geht schon in Ordnung, Karl.« Es klang danach, dass ich morgen nicht hinging.
Saarbrücken war langweilig. Eine ganze Woche blieb ich da. Im Deutsch-Mühlental folgte ich Mama und Ellen, die unaufhörlich redend, schnellen Schrittes Terrassen- und Rosengarten, Schattenhain und Immergrün durchquerten und mich in eine Kleinbahn setzten, von der ich nicht wusste, wohin sie fuhr, und in der ich den *Siku*-Betonmischer liegen ließ.
Und dann, am Sonntag, waren wir wieder zu Hause. Papa hatte einen Riesenstapel *Unterlagen* da, saß im Wohnzimmer, und man durfte ihn nicht stören. Abends machte er sich ein Süppchen. Zum ersten Mal sah ich meinen Vater ein Süppchen machen. Das Süppchen nahm er mit zu den Unterlagen ins Wohnzimmer. Wo es doch immer geheißen hatte, im Wohnzimmer wird nicht gegessen.

Am Morgen sagte ich:

*»Ich will zu Bleiziffer, bringt mich halt bitte hin.«*

Niemand hatte Zeit. Sie brachten mich nie mehr zu Bleiziffer. Und auch Bleiziffer kam nie mehr vorbei. Einmal rief ich an, und er sagte, seine Mutter wolle sich jetzt wieder mehr um ihn kümmern, er wisse nicht, was das heiße.

Es hieß, dass sie ihn nicht mehr vorbeibrachte.

Im Oktober fing ich an zu träumen, dass ich plötzlich aufgewacht sei: Umhertastend, und während sich die Augen an das wenige Licht gewöhnten, stellte ich immer wieder fest, dass ich mich hinter dem schmiedeeisernen Gitter in der düsteren, hallenden Stadtpfarrkirche befand, eingezwängt zwischen dem Gitter und der feuchtkalten Wand, über mir eine mächtige Steinplatte, an der ich mir, beim Versuch, mich aufzusetzen, die Stirn anschlug. Meine Finger spielten mit Knöchelchen, auf denen ich lag; ich wandte den Kopf zur Seite und sah dem fahlen Schädel in die Augenlöcher, in denen golden eingefasste Perlen und Steine schimmerten; von dem Schreck wachte ich auf.

Es war jetzt kein Bleiziffer mehr da, mit dem ich an Nachmittagen zwischen den Feldern von Parleiten oder Rottenegg, mit Feuerzeugen und Streichhölzern im verblühten Wiesenkerbel zündelnd, die Dinge hätte bereden können, die sich in mir zu Albträumen auswuchsen.

# Laudatio auf den Träger des
# 1. Preises von 2003: Roland Scheerer

*von Siegert Kittel*

Da ist ein Bub, Karl, und seine Kindheit Anfang der 80er Jahre. Die Sandkasten-/Strandfreundschaft mit Bleiziffer und deren Ende, welche eigentlich der Beginn eines neuen Lebensabschnittes/einer Erkenntnis ist, was die Buben aber noch nicht erkennen.
Roland Scheerer variiert Salingers »Fänger im Roggen« (das immer noch gelesene Werk behandelt die Pubertät der Romanfigur Holden Caulfield in Ich-erzählter Form und erschien in den 50er Jahren in den USA). Natürlich kann in einer kleinen Erzählung wie dieser der Verweis nur eine Pointe sein, aber sie trifft: »*Wir saßen zu zweit im Roggen allein*« heißt es am Ende des vorletzten Abschnitts der Erzählung. Danach bricht das Chaos aus.
Der Vater Karls geht mit Bleiziffers Mutter ins Bett. Zuhause fliegt das Geschehene auf, weil Karl sich verplappert. Dies unter anderem auch, weil viele Worte der Erwachsenen unverständlich bleiben.
Roland Scheerer erzählt leicht und luftig, überaus glaubwürdig seine Geschichte, welche zurecht unter über 500 Einsendungen herausgezogen wurde und hier zur Entscheidung vorliegt, den Bayerisch-Schwäbischen Literaturpreis zu erringen. Scheerers Mut hat sich gelohnt und, das sei zum Abschluss angemerkt, er hat auch schon etwas in seinem Leben gemacht, was (leider) selten geschieht: Er ging freiwillig für ein Jahr in den Osten nach Polen.
Deshalb sage ich BARZO DZIEKUJE.
Vielen Dank für die Erzählung »Weltraumlegos«!

# Schwarze Schafe

*von Finn-Ole Heinrich*

1.
Wir brauchen keinen Wecker. Die Kälte weckt uns. Sie bestimmt unseren Rhythmus. Kurz bevor die Sonne aufgeht, Stunden, nachdem die letzten Kohlen erfroren sind, ist die Nacht am kältesten. Dann ist es Zeit, aufzustehen.
Dieser Winter ist besonders hart. Der kälteste, den ich erlebt habe.
Heute bin ich der erste, der wach ist. Ich reibe mir den schwarzen Schlaf aus den Augen und wecke Pavel und Dim. Ich mache ein neues Feuer an. Wir haben noch zwei Säcke Kohle hier. Mit meiner noch steifgefrorenen Jacke gehe ich vor die Tür, fülle den alten, zerbeulten Topf mit Schnee und stelle ihn ins Feuer, damit wir Wasser zum Trinken haben.
Es ist dunkel hier in unserem Loch. Die einglasigen Scheiben sind schon vor Jahren eingeworfen worden oder die Kälte hat sie zersungen. Gegen den kalten Wind haben wir Pappen in die alten Steinrahmen gedrückt. Sie halten den Wind und das Licht draußen, die Kälte nicht. So haben wir das warme, noch flackernde Licht der spärlichen Flammen zum Aufstehen, das gleich, wenn die Flammen aufgeben, noch dünner wird, bis es kaum noch sichtbar ist und sich unter einer Rußschicht schlafen legt.
Ich habe Kopfschmerzen und Pavel auch. Zumindest sieht es so aus, denn er verzieht das Gesicht und stöhnt. Dim ist schon wach und sucht unter seinen Decken am Fußende nach Brot. Der Flaum zwischen seiner Nase und seiner Oberlippe glitzert vor Reif. Aus seiner Nase steigt weißer Dunst. Während ich zwei der großen, warmen Steine, die um unsere Feuerstelle herumliegen, unter meine Schlafdecken lege, frage ich Dim, ob ich etwas von seinem Brot haben kann, weil ich meins gestern Abend neben meinem Kopfende vergessen habe. Jetzt ist es gefroren. Du kannst es ja lutschen, grummelt er und gibt mir

die Hälfte seines Brotes. Wie um es wieder gut zu machen, bringe ich ihm den Topf mit dem Tauwasser.

Pavel ist rausgegangen, um zu pinkeln. Ich krieg meinen Schwanz gar nicht zu fassen, ruft er von draußen herein, hoffentlich ist er nicht eingefroren. Wir lachen und kauen und Dim reicht mir den Topf rüber.

Ich reibe mir die Augen, die sich noch zu langsam bewegen, und hole den Bottich mit dem Schafsfett. Ich stelle ihn zwischen Dim und mich. Wir beginnen, uns Gesicht, Hals, Nacken und Hände einzureiben und verteilen das Fett großzügig in den Rissen der aufgesprungenen Haut. Als Pavel kommt und in den Bottich langt, verzieht er sein Gesicht, hält sich die Hand vor den zum O geformten Mund und sagt mit piepsiger Stimme: »Ups, ich hab mir die Hände ja gar nicht gewaschen.«

2.

In der Stadt wohnt ein Mann ohne Namen. Ich habe lange überlegt, wie ich ihn nennen soll. Jetzt heißt er Korsakow-Mann. So, wie der Pfleger ihn nennt.

Fast jedes Mal, wenn ich die Säcke in die Stadt bringe, gehe ich ihn besuchen. Er tut mir Leid und er fasziniert mich.

Er hat kaum Haare auf seinem hohlen Schädel, dafür wachsen sie aus seiner Nase und seinen Ohren. Er ist sogar rasiert, nur aus Nase und Ohren sprießen sie wie Unkraut aus einem gut gedüngten Blumenbeet. Der Korsakow-Mann hat seine Augen immer so weit aufgerissen, als wären sie sein bisheriges Leben lang geschlossen gewesen und nun zum ersten Mal geöffnet. Als wäre alles neu für ihn.

Ich bin neu für ihn, obwohl ich ihn seit langer Zeit fast täglich besuche. Die Türklinke und sein Rasierer sind auch neu für ihn.

3.

Seit Dim und Pavel unseren Unterhändler verprügelt haben, weil er sie beschissen hat, ist das Wegbringen der Säcke meine Sache. Ich mache mich jeden Tag auf, die Bahntrasse entlang, dann südlich, direkt an der *Francuska*, in seinem Kellerloch wartet er auf seine Jungs, die ihn den ganzen Tag beliefern.

Er ist ein reicher Mann. Er lebt von unserer Arbeit. Er muss

nicht arbeiten, weil er Geld hat. Und Boten und ein Telefon. Er sitzt da, auf seinem flachen, gekachelten Ofen und nickt nur, wenn man hereinkommt. Er ist nicht sehr alt, vielleicht vierzig, er hat eine kleine Stirn und seine Augen stehen zu dicht beisammen.
Man stellt die Säcke auf seine Waage, danach in den Lagerraum und lässt sich bezahlen von seinem Buchhalter, der am Tisch bei der Tür sitzt. Ein kräftiger, junger Typ, der eigentlich nicht aussieht, wie jemand, der Buch halten kann. Er ist da, seit Pavel und Dim durchgedreht sind. Pavel sagt: »Siehst du, so schafft man Arbeitsplätze, ich könnte Politiker werden.«
Wenn es gut läuft und wir alle schnell sind, laufe ich bis zu siebenmal am Tag hin und her. Mit einem 25-Kilo Sack Kohle auf dem Rücken. Danach gehe ich in die Stadt, einkaufen und zum Korsakow-Mann. Brot, Aceton, Kerzen, Spiritus, Milch. Manchmal Rübeneintopf von der Frau am *Plac Wolnosci*, die sich jedes Mal freut, mich zu sehen und mir eine Kelle mehr gibt, als ich bezahlt habe.
*Kattowice* ist keine schöne Stadt. Aber wir leben hier. Und nördlich der Bahnlinie gibt es ein paar schöne Straßen. Rund um die *Staromiejska*. Dort gibt es Terrassencafés, Restaurants und Hotels. Unter dem grauen Schleier, den die Minen über die Häuser von *Kattowice* gelegt haben, kann man hier einen Hauch von Schönheit erahnen. Nach dem Einkaufen gehe ich dort manchmal spazieren. So muss Berlin aussehen, nur schöner.

4.
Wir sehen uns nicht oft. Wir haben beide nicht viel Zeit. Von unseren Treffen weiß nur, wer sowieso alles weiß und wer uns sieht.
Wenn wir uns treffen, machen wir die schönsten Dinge, die zwei Menschen in einer Stadt wie dieser machen können. Auf meinen langen Wegen vom Gleis zum Händler und zurück denke ich mir Rätsel für Alina aus. Wenn sie sie löst, darf sie mich treffen, irgendwo, das bestimmt mein Rätsel, und dort habe ich eine Belohnung für sie. Meine Rätsel führen sie durch unsere graue Stadt. Sie muss versteckte Nachrichten finden und Auskünfte von Menschen erfragen, die ich eingebunden habe;

der Rübenfrau zum Beispiel. Dann warte ich im Kino auf sie oder auf dem Dach des Ufos, der riesigen Sporthalle, von der aus wir die Leute bespucken könnten, wenn Alina so etwas täte. Ich suche die schönsten Stellen der Stadt, die man zu kennen glaubt, wenn man nur eine Woche hier wohnt.

5.
»Los Jungs«, sage ich, klatsche in die Hände, die durch die Handschuhe einen dumpfen Ton geben, und spüre, wie die Kälte meine Müdigkeit einfriert. Die beiden grummeln in meinem Rücken und ich gehe schon vor die Tür und strecke mich.
Wir rennen zu den Gleisen, um unser Blut in Bewegung zu bringen. Dim ist immer der erste. Er ist der Jüngste und macht alles zum Wettbewerb.
Wir springen auf die Gleise und fangen an, die Kohlen der letzten Nacht in unsere Säcke zu sammeln. Als wir genug für einen Sack haben, füllen wir um und ich mache mich auf den Weg.
Die anderen werden noch eine Weile weitersammeln, die beiden Säcke an der verabredeten Stelle in der Böschung verstecken und weiter östlich gehen. Dort werden sie auf eine Brücke klettern und auf einen der täglich ungefähr zweihundert Kohlezüge warten. Wenn einer kommt, werden sie aufspringen, was nicht weiter schwierig ist, weil die Züge hier nur mit zwanzig oder dreißig Stundenkilometern passieren. Dann werden sie die Schotten eines Waggons aufreißen und die Kohle mit beiden Händen hinauswerfen. Sie werden abspringen und wieder mit dem Einsammeln beginnen. Bis es zu dunkel wird und sie ein letztes Mal aufspringen und entladen.
Wir sammeln weit draußen vor der Stadt, weil es in der Gegend zu viele Banden gibt. In dieser Stadt, in der richtige Arbeit fehlt, sammeln sie fast alle. Sie kommen mit Autos und sammeln in Kolonnen. Sie haben sich die besten Gebiete aufgeteilt, und weil sie große Gruppen sind mit einer straffen Hierarchie, kann man ihnen nur ausweichen oder sich ihnen anschließen. Wer sich anschließt, muss Dreck fressen und verdient nichts, bis er sich hochgedient hat. Wer ausweicht, muss ständig auf der Hut sein. Sie verlangen Schutzgelder

und sind nicht zimperlich gegen solche, die sich nicht anschließen wollen.

Als ich in der Dämmerung zurückkomme, mit leeren Säcken, dem Rübeneintopf und Brot, machen wir Feuer und trinken die Milch, bevor sie zu fest ist.

Dim sagt: »Ich habe keinen Bock mehr auf die Scheiße«, und träufelt sich Aceton auf einen Lappen. Er steckt ihn in eine Plastiktüte, die er sich vor Mund und Nase hält. Dann inhaliert er.

»Stopp!«, sagt Pavel, »Hör auf!«, nimmt ihm die Tüte weg, sagt noch: »Bevor du wieder kotzt«, und schnüffelt dann selber. Er reicht mir die Tüte rüber.

Dim, der kleine Dim. Wie er jetzt daliegt. Seine Augen starren an die Decke. Gleich fängt er an zu lachen. Ich weiß es. Vorher nehme ich die Tüte noch schnell.

Während Dim in schallendes Gelächter ausbricht, schüttet Pavel Spiritus in eine leere Dose und mischt ihn mit Tauwasser. Er muss mit Dim lachen und weil sich sein Körper so schüttelt, geht Wasser daneben.

Ich lehne mich gegen die rußige Wand. In einiger Entfernung bollert ein Zug dahin, und Dim muss wieder lachen.

Draußen pfeift ein kalter Wind. Die Gesichter meiner Freunde flackern warm auf, im Rhythmus der Flamme. Im Rücken haben sie die Kohlezeichnungen, die wir auf den weiß-grauen Putz geschmiert haben, nackte Frauen überwiegend, hier und da ein Fetzen Berlin oder ein Grundriss unserer Wohnung, die wir haben werden.

Pavel hält mir mit ekelverzerrtem Gesicht den Spiritus hin. Ich nehme einen Schluck. Ich sage: »Der Spiritus macht uns blind.« Dim lacht laut und schreit: »Immer noch besser als tot. Das Wasser macht uns tot, das *Kattowicer* Wasser.«

Ich nicke, trinke noch einen Schluck und gebe die Dose an Dim weiter. In mir steigt eine tagesfremde Genugtuung auf. Freundschaft ist das Wichtigste in meinem Leben und mit Spiritus ist sie noch leichter.

Pavel hat die Augen geschlossen und lächelt leise. Ich weiß, wovon er träumt. Berlin. Wir drei und Berlin. Ich sehe ihm eine Weile zu und stelle mir seine Gedanken vor: Brandenburger Tor, Siegessäule, mein Bruder Lucjan, Fleisch und Arbeit.

Ich sage: »Nur noch zweihundertsiebzig Zloty. Noch ein paar Tage.« Dim lacht los wie ein Bekloppter und Pavel macht die Augen auf, schreit: »Jaaa«, und schmeißt sich auf mich. Wir wälzen uns auf meinem Deckenhaufen, bis wir erschöpft aufeinander liegen bleiben. Bald geht es los. »Es geht los, los, los!«, ruft Pavel gegen die schwarze Decke, die seine Rufe leise erwidert. Er nimmt mich in den Arm und drückt, so fest er kann, bis das Lachen aus uns beiden herausprustet.
»Ich will ficken!«, sagt Dim. Pavel sagt: »Du Romantiker«, und ich muss lachen, Pavel auch, nur Dim nicht.
»Nur weil ihr eure Schwänze nur zum Pissen habt«, sagt Dim. »Ich bin nun mal ein Mann.«
»In Berlin kannst du ficken, da gibt es Frauen für jeden, auch für so hässliche Vögel wie dich«, sage ich. »Mein Bruder hat auch eine.« Dim ist der hübscheste von uns allen. Er weiß es, sonst wäre er jetzt böse. Unsicherheiten machen ihn krank, dann wird er aggressiv und böse. Er hat recht: Pavel und ich, obwohl wir älter sind, sehen noch aus wie Kinder. Dim ist noch eins, aber er sieht aus wie ein Mann, mit seiner sehnigen Muskulatur, seinen hohen Wangenknochen, der klugen Stirn, über die sich eine lange Narbe zieht, bis durch die linke Augenbraue. Dort wachsen keine Haare, aber sie sieht aus wie Schmuck. Er hat wilde, funkelnde Augen. Nur sein Flaum, der ständig gefroren ist, verrät, dass Dim sich diesen Manneskörper übergezogen hat wie ein Einsiedlerkrebs ein fremdes Schneckenhaus.
Wir drei. Wir drei und unser Schwur. Er ist etwas Heiliges. Etwas, das niemand brechen kann. Wir gehören zusammen. Niemand kann uns auseinander bringen. Wir gehören, bleiben und halten. Zusammen.

6.

Der Pfleger ist ein guter Mann. Er lebt mit seinen Patienten. Ich weiß, er nimmt mir zu viel Geld ab. Ich weiß aber auch, dass er es nicht in seine Tasche steckt, sondern in einen alten Laib Brot, mit dem er drei andere Patienten am Leben hält.
Er arbeitet Tag und Nacht. Sein treues Gesicht. Er sieht aus wie ein Vater. Er ist ein Vater ohne Kinder. Ein Gemisch aus krausen grauen und braunen Haaren umrundet seinen Kopf, vom Hin-

terkopf bis zu den vollen Lippen, dazwischen nur die zwei Fellfetzen über den Augen. Ein ruhiger Bär. Die tiefen Augen, die breite Nase, die sicher und ruhig im Gesicht steht wie er im Leben.
Ein guter Mann. Und seine kaputten Kinder, die fast alle älter sind als er.
Er freut sich, mich zu sehen. Sein kleinstes Kind, den Korsakow-Mann habe ich ihm gebracht. Ich habe ihn gefunden und abgegeben.
Wenn ich komme, erzählt er mir Geschichten oder Träume. Dabei geht er oft umher, streicht über die Fensterbank, an einer Wand entlang, er klopft gegen Türen. Dann sagt er: »Das wird einmal werden. Ein Heim mit Pflegepersonal und noch viel mehr.« Ich höre ihm nur selten zu. Ich verliere mich in seinem Gesicht, seiner warmen Stimme. Einmal in der Woche macht er mir Kakao, löst ein Stück Schokolade in einer Tasse heißem Wasser auf und setzt sich mir lächelnd gegenüber.

7.
Hier habe ich sie zum ersten Mal gesehen. Alina. Die ich immer Alicia nennen soll. Sie wohnt in der Nähe der Universität, einer feinen Gegend. Ihre Mutter ist die Angestellte irgendeines Industriellen. Haushälterin und billige Geliebte. Vermutlich. Wie sonst hätte sie die Stelle bekommen sollen. Hier in Kattowice haben zwei von zehn Leuten Arbeit. Auch Alina arbeitet. In einem Hotel für feine Leute.
Nachdem ich sie das erste Mal gesehen hatte, habe ich sie jeden Abend beobachtet, wie sie vom Hotel zu ihrem Haus gelaufen ist. Wochenlang. Habe ihre Schritte gezählt und bin in ihre Fußstapfen getreten, die sie mir im Schnee zurückgelassen hatte.

8.
Pavel sagt: »Jetzt leben wir auf Sparflamme, damit wir bald das große Feuerwerk zünden können.«
Eine einfache Zugfahrt von *Kattowice* nach Berlin kostet pro Person etwa zweihundert Zloty. Das macht sechshundert Zloty. Das ist nicht viel. Nicht, wenn man gut verdient. Das tun wir.

Und auf Sparflamme leben. Das tun wir auch. Für einen Sack Kohle bekommen wir ungefähr sieben Zloty. Das sind nicht einmal neunzig Säcke. Aber wir müssen essen und noch mehr sparen, denn Pavel sagt, es könnte sein, dass wir den Grenzern etwas bezahlen müssen. Er ist sich nicht sicher, aber wir können es uns nicht erlauben, an der Grenze abgewiesen zu werden. Also sparen wir weiter – dreitausend Zloty sind unser Ziel.
Schon lange bekommen wir nur noch vier Zloty pro Sack. Zumindest sage ich das meinen Jungs. Ich muss das Geld für den Korsakow-Mann sparen. Sechzehn Zloty pro Tag. Der Pfleger droht, ihn sonst rauszuwerfen. Das würde er nie über das Herz bringen. Aber er muss mir drohen. Ich weiß nicht, wer seine Arbeit bezahlt und seine Ausgaben. Ob es überhaupt jemanden gibt.
Jeder Zloty für den Korsakow-Mann ist eine Minute mit Alina. Jeder Sack, den ich dem Händler in seinen Lagerraum stelle, fährt mich ein Stückchen weiter in die goldene Stadt meines Bruders Lucjan. Hier liegt das Glück auf der Straße, sagt er, und ich glaube ihm, sonst würde ich keine Säcke mehr schleppen, die mir den Blick auf Alicia nehmen.

9.
»Hast du je Freunde gehabt?«, frage ich. Der Korsakow-Mann sieht mich unsicher an. »Jaa«, sagt er dann. »Jaja«. »Mehrere?«, frage ich. »Ja!«, sagt er, »mehrere.«
»Hast du je einen Freund belogen?« – »Ja«, sagt er. Dann schüttelt er den Kopf, sagt: »Nein«, und »Ach, ich weiß doch auch nicht.«
»Ich möchte meine Freunde nicht belügen«, sage ich, »aber ich kann nicht anders. Sonst müsste ich mich selbst belügen. Verstehst du das?« Er sieht mich an und beginnt langsam zu nicken. »Meinst du, dass es dann richtig ist?« Ich weiß nicht, ob er noch überlegen kann. »Verstehst du, was ich sage?«, frage ich ihn. Er sagt: »Ja, ich verstehe!« und sieht mich ernst an. Seine große, knorpelige Nase, aus der die Haare wuchern, stört mich jedes Mal, wenn ich ihn ernste Dinge frage.
»Was weißt du?«, frage ich ihn. »Sind Freunde wichtiger als Frauen?« Er stiert mich an mit seinen starren Augen.

»Wer bin ich?«, frage ich. Da sagt er: »Na ja, das werden wir noch sehen.« Und ich gehe.

10.
Noch küssen wir wie Kinder. Mit geschlossenem Mund; für feuchte Küsse ist es zu kalt, sagt sie und ich freue mich auf den Sommer. Bis dahin zähle ich die zartgefurchten Linien ihrer Lippen.
Gestern hatte ich Hoffnung. Heute ist sie überfroren. Irgendwie ist fremde Luft aus einem anderen Land über unsere Stadt gezogen und es hat begonnen zu tauen. Heute sitzen wir an dem kleinen See an der *Raciborska*. Wir reden nicht, sonst wäre dieser Ort nichts wert. Das Wasser ist zu nichts zu gebrauchen, es gibt keine Tiere hier, selbst die Industrie kann das Wasser nicht mehr verwenden. Aber wenn eine angetaute Eisdecke wieder zufriert, dann beginnt sie zu singen. So sitzen wir in der Böschung und hören den Eisgesang. Dabei halten wir unsere Hände. Ganz fest.
Ich habe ihr noch nicht gesagt, dass ich bald gehen werde. Aber ich glaube, dass sie es ahnt. Wir träumen alle von einem anderen Leben. Ich lebe mit zwei Chaoten in einem Loch. Wir leben nur daraufhin, anders leben zu können. Sie weiß es.
Sie will auch weg. Das weiß ich.
Trotzdem werde ich es ihr bald sagen müssen.

11.
Der letzte Sack für heute steht im Lagerraum. Sieben Säcke. Neunundvierzig Zloty. Zwanzig für Berlin, acht für Essen, sechzehn für den Korsakow-Mann und fünf in meine geheime Kasse, die manchmal für Alina ist und für den Korsakow-Mann in der Zeit, wenn ich in Berlin bin und noch kein Geld schicken kann, dann muss ich mindestens drei Wochen im voraus bezahlen, sagt der Pfleger.
Ich laufe zurück in einem dichten Nebel. Die Straßen sehen aus wie Kanäle für die schneeige Luft. Das Essen in meiner Hand lässt mich schneller laufen. Mein Magen grummelt und ich freue mich auf diesen Abend. Wir können die Tage rückwärts zählen. Noch ungefähr zwei Wochen. Wir haben unser Ziel nah

vor Augen. Wir sparen seit fast einem dreiviertel Jahr. Jetzt haben wir noch zwei Wochen. Zwei Wochen. Ein Feuerwerk.
Als ich in unser Loch komme, rufe ich: »Noch zwei Wochen.« Pavel liegt auf seinen Decken und Dim tobt herum. Er ruft: »Scheiße, verdammte!« und »Diese verdammten Hurensöhne.«
Ich verstehe nicht, was los ist, schmeiße die Säcke in die Ecke und knie ich mich nieder zu Pavel. Ich frage ihn, was mit Dim ist. Pavel grinst mich an und sagt, wir fangen jetzt von vorne an.
Ich verstehe kein Wort oder will es nicht und gucke von Pavel zu Dim, der mit der Faust gegen die Wand schlägt und flucht, und wieder zurück. Pavel nickt und sagt: »Der ganze Scheiß von vorn.«
»Alles weg?«, frage ich. Pavel nickt. Jetzt erst sehe ich, dass er über dem linken Auge blutet und eine Schürfwunde an der Wange hat. »Die Wichser haben uns aufgelauert. Sie meinten, wir können uns nicht drücken. Sie kriegen jeden.« – »Verdammt!«, sage ich. »Ich habe euch gesagt, wir sollen bezahlen«, meint Pavel mit einer ruhigen Stimme. Dim schreit und schlägt herum und ich sage ihm, er soll seine verfluchten Hände heil lassen, wir bräuchten sie noch. Sie haben alles mitgenommen, Nachzahlung plus Zinsen, meinten sie. Pavel muss grinsen. Hätten wir gezahlt, wäre wenigstens etwas geblieben.
»Fuck!«, sage ich leise und schüttle den Kopf. Dann lasse ich mich nach hinten fallen. Auf meinen Hintern. Ich sitze da und spüre keine echte Trauer.
Ich wusste, dass etwas dazwischen kommen würde.
»Kopf hoch, ihr Wichser!«, sagt Pavel, setzt sich auf, schüttet Spiritus in die Dose und sieht uns an. »Berlin verschwindet nicht und Sylvester ist jedes Jahr.«
Es gibt zu viele Banden in dieser Gegend. Zusammen sind sie stark. Sie lauern an jeder Ecke. »Überall ist ihr Gebiet«, sagen sie. Deshalb sammeln wir so weit draußen. Es hilft nichts. Die meisten sind jünger als wir.
Ab jetzt werden wir zahlen.

12.
Das erste Mal in meinem Leben stehe ich vor einem Zahnpasta-

Regal. Zahnpasta erinnert mich an meine Mutter. Das ist lange her. Mein Vater hat sie verprügelt und fortgejagt, als er betrunken war und er sie mit einem anderen im Bett erwischt hat.
Er war immer betrunken. Wahrscheinlich war sie auch immer mit einem anderen im Bett. Wahrscheinlich konnte mein Vater sie gar nicht mehr ficken. Wahrscheinlich war es nicht sein Verstand, der da auf meine Mutter einschlug, sondern die letzten Reste seines Stolzes. Wahrscheinlich.
Ich weiß nicht mehr, wie Zahnpasta schmeckt.
Ich kaufe die billigste und keine Zahnbürste, dafür reicht das Geld nicht mehr. Ich habe die leise Hoffnung, Alina mit einem frischen Atem zu einem feuchten Kuss überreden zu können. Wer weiß, ob wir noch einen gemeinsamen Sommer haben.
Dann will ich wenigstens ihren Geschmack in meiner Erinnerung tragen.
Vor dem Kaufhaus reibe ich meine Zähne mit der weißen Paste ein. Meine Zähne schmecken jetzt nach Kindheit. Ich beiße Schnee aus meiner Hand, schmelze ihn in meinem Mund und spüle die Erinnerungen aus meinem Kopf.
Vor ihrem Hotel warte ich auf Alina. Als sie kommt, umarmen wir uns. Ich drücke meine linke Wange auf ihre rechte und sie kämmt mit ihren Wimpern den Kohlenstaub aus meinen.
Sie zieht mich in den Eingang. »Der Chef ist nicht da«, flüstert sie in mein Ohr. Sie hat meinen Atem noch nicht bemerkt. »Ich zeige dir, wie die Reichen leben.« Ich will es nicht wissen, aber ich folge ihr. In der Küche gibt sie mir Brötchen, Fleisch, Aspik-Eier, einen Apfel. Sie legt den Finger an den Mund und zieht mich weiter.
Wir gehen auf ein Zimmer. Rot-goldene Tapete. Ein großes, weiches Bett, Gardinen, ein Fernseher. Es riecht muffig und nach Tannenimitat aus einer Dose. Sie sagt: »Setz dich.«
Sie lächelt mich an. Ich habe noch nichts gegessen. Erst soll sie meinen Atem bemerken. Warum isst du nichts, fragt sie. Da küsse ich sie. »Für mich?«, fragt sie und öffnet ihre Lippen soweit, dass meine Oberlippe dazwischen Platz findet. Nicht weiter.
»Es ist noch nicht Sommer«, sagt sie. Und lächelt.
Hier also arbeitet sie. Hier schüttelt sie Morgen für Morgen

die Träume der Reichen auf, atmet ihre Nachtwärme, riecht die Geheimnisse fremder Nächte, bereitet ihre Traumbettung neu.

13.
In der Kälte schließen sich die Wunden nicht.
Das Schafsfett macht die offene Haut geschmeidig und Bewegungen sind weniger schmerzhaft. Aber die Haut hat es aufgegeben, die Wunden schließen zu wollen.
Ich habe Angst, dass Dim wahnsinnig wird. Seit Tagen redet er kaum noch. Er ist so verbittert. Er erklärt sein Leid in Halbsätzen: »…dann bring ich sie um. …ich mach sie fertig. …kriegen sie zurück, diese Schweinehuren.«
Pavel sagt: »Das wird schon wieder, so ist Dim nun mal. So war seine Mutter auch schon.«
Dim kommt vom Dorf. Er wohnt erst seit drei Jahren in der Stadt. Er ist alleine hergekommen. Warum, wissen nur wir: Seine Mutter haben sie rasiert, weil sie verrückt ist. Er hat es nicht ertragen. Jeden Tag waren fremde, versoffene Männer in ihrer Wohnung. Halb wollte seine Mutter, halb wurde sie vergewaltigt. Sie haben sie geschlagen. Ab und zu hat Dim auch was abbekommen.
Eigentlich heißt Dim Dimitrios. Das ist ein griechischer Name. »Dims Vater ist Grieche«, sagt seine Mutter. »Der einzige Mann, den sie je geliebt hat«, sagt sie.
Dim spricht nicht ein Wort Griechisch. Er hat seinen Vater nie gesehen. Wahrscheinlich hat seine Mutter ihn auch nie gesehen. Ich weiß es nicht.
Dim macht mir Sorgen.
Sie bringen die Säcke jetzt näher an die Stadt ran, wir kommen schneller voran, machen keine Pausen mehr.
Manchmal treffen wir uns mit vereisten Nasen, Wimpern und Augenbrauen voller Reif. Pavel sagt dann: »Hallo, Bote.« Ich sage: »Hallo, Arbeiter.« Als wäre es ein geheimer Code. Wir wissen nicht, was wir noch mehr reden sollen. Alles ist wieder in die Ferne gerückt. Dann stehen wir da. Zum Grinsen zu müde, mit unseren fettig glänzenden, roten Gesichtern, die nach Schaf riechen. Über uns ein Himmel, den sogar die Vögel

zu hässlich finden, um darin zu fliegen. Unter uns der Schnee von gestern, überdeckt von dem von heute.
Pavels Ehrgeiz und Dims Arbeitswut machen die Treffen mit Alina noch schwerer. Für Alleinsein, wie ich es bisher nannte, ist jetzt keine Zeit mehr. Ich brauche aber Zeit.

14.
Ein Abschied wäre nun noch zu früh.
Ich bin schüchtern. Ich warte mit einer Entscheidung, bis das Leben sie für mich trifft. Ich weiß, was ich will, aber den richtigen Zeitpunkt findet das Leben.
Wochenlang bin ich in ihre Fußstapfen getreten. Bin ihr gefolgt. Ich habe gewartet. Und dann hat sie mich gebraucht: Zwei besoffene Penner haben sie angepöbelt. Da bin ich losgelaufen, habe ihre Hand in meine genommen und sie auf die Wange geküsst und gesagt: »Hier bist du, Schatz.« Nachdem sie mich eine Sekunde lang betrachtet hatte, begriff sie, sagte: »Wo warst du, warum hast du mich nicht abgeholt?« Ich sagte: »Es tut mir leid, ich liebe dich, sei nicht böse.« Dann liefen wir Hand in Hand davon.
Seitdem sind wir zusammen. Fast sieben Monate nun. Im Kopf sogar schon länger.
Alina fragte mich: »Warum hast du das getan?« – »Sei nicht böse«, sagte ich, »ich liebe dich.« – »Wie kannst du mich lieben? Wir sehen uns zum ersten Mal«, sagte sie. Ich sagte: »Nein, ich sehe dich schon seit Wochen, außerdem passt deine Hand sehr gut in meine.« Da lächelte sie und sagte: »Wie heißt du?« – »Marek«, sagte ich. »Und du bist Alina.« – »Alicia!«, verbesserte sie. »Woher weißt du das?«

15.
Damals haben wir den Traum geboren.
Vielleicht ist der Himmel damals an einer Stelle aufgerissen, vielleicht nicht. Wahrscheinlich wünsche ich mir einen Himmel, der sich ein bisschen öffnet, zu einem Tag, an dem das Leben einen Sinn bekommt.
Wir kannten uns schon seit Jahren, hingen immer miteinander rum. Was haben wir gemacht? Die Dinge geklaut, die wir

brauchten, Mutproben, ein, zwei Brüche, geschnüffelt und gesoffen und vor allem, 'rumgehangen.
Dann hat die Idee von Berlin und einem besseren Leben uns aufgerafft. Jetzt arbeiten wir im kalten Rhythmus gegen den grauen Stumpfsinn und haben ein Ziel, das uns eint.
Früher gehörten wir zusammen, weil wir nichts Besseres hatten, nichts Besseres wussten, jetzt gehören wir zusammen, weil wir an das Gleiche glauben: an uns.

16.
Es ist nichts kaputt gegangen.
Wir machen so weiter wie bisher. Wir schaffen das. Abend für Abend sitzen wir noch immer zusammen. Hier sind wir gestrandet. Unsere beschädigten Kindheiten haben uns hergespült. Wir akzeptieren das. Wir starten etwas später. Wir akzeptieren das. Wir sitzen noch immer so da, nicken uns verschwörerisch zu mit unseren Spiritus-Mischungen in der Hand. Pavel kann noch immer verschmitzt lachen und Witze machen. Dim hat sich wieder eingekriegt.
Es geht weiter.

17.
Ich frage den Korsakow-Mann, ob er noch träumt. Er sagt: »Muss ja«, und, »ich weiß nicht so recht, das kann ich im Augenblick gar nicht so richtig sagen.« Ich sage, dass ich träume. Sogar wenn ich wach bin. Immer. Dass man träumen muss; zumindest hier. Der Korsakow-Mann nickt, als würde er verstehen, was ich sage.
Ich sage: »Ich bin Marek, ich träume, kannst du dir das merken.« Er nickt. Ich sage: »Erzähl mir von früher. Hast du früher geträumt?« Er strengt sich an, zieht die Brauen zusammen, die Augen bleiben weit geöffnet. Sein Gesicht sieht aus wie eine Maske, die Nasenhaare wackeln hin und her. »Da war doch was«, sagt er. »Das war doch schon immer so.«
Ich mische ihm Spiritus mit Wasser und setze mich auf sein Bett. »Hast du heute schon gegessen?«, frage ich. »Ich weiß nicht«, antwortet er und ich weiß nicht warum, aber die weit aufgerissenen Augen gucken nun traurig.

Ich sage: »Sie haben uns überfallen. Wir haben so lange gespart und sie haben uns alles weggenommen, hörst du?« – »Ja«, sagt er, das Glas am Mund. »Jaja, überfallen, alles weggenommen.« »Unser Geld,« sage ich, »für Berlin. Jetzt muss ich wieder von vorne anfangen. Auch mit Träumen.« »Jaja«, sagt er.
Ich frage ihn: »Wer bin ich?« Er sagt: »Das wird schon wieder«, und: »Das kann ich im Moment nicht so genau sagen.«

18.
Ich habe ein Rätsel für Alina. Eines dieser Rätsel. Sie muss auf die monströse Betonbrücke, die Bahnhof und Marktplatz verbindet, dort findet sie den ersten Hinweis mit Kreide, der sie auf den jüdischen Friedhof führt und danach zur Rübenfrau. Ich hoffe, sie gibt Alina nicht einen Hinweis mehr, als sie soll. Die Rübenfrau mit ihrem Lächeln.
Die kleine Alina im *Kattowicer* Schneegestöber. Ich stelle sie mir vor, wie sie durch die grauen Straßen läuft, vorbei an den modernen, immerleeren Veranstaltungshallen, die unsere großen, schnurgeraden Straßen säumen. Wie empfangsbereite Frauen, die niemand will. Die hässlichen *Kattowicer* Huren.
Alina in der Kälte, ihre Freude, ihr Lachen, ihr Eifer. Über ihr der Himmel, der sich auf der Straße verliert, im Schneematschgrau.
Beim alten Bahnhof erwarte ich sie. Als sie kommt, ist sie ganz aufgeregt, will wissen, was wir machen. Ich lege den Zeigefinger an den Mund, nehme ihre Hand und gehe los.
In der alten U-Bahn sitzen wir im dritten Waggon ganz vorn. Wir machen eine Schneekugelfahrt: zwischen den Waggons wirbelt der lose Schnee, der auf dem Dach liegt, bei jedem Anfahren hin und her – wie in einer Schneekugel.
Ich kaufe keine Fahrkarten, dafür zwei Lollies für später und ein Eis, das wir uns teilen, weil ich glaube, dass Menschen in Schneekugeln sich von Eis und Lollies ernähren.
Und wieder sitzen wir so da, drücken unsere Hände fest, sind glücklich, weil wir uns glücklich denken. Heimlich denken wir uns fort. Weg von diesem Ort, diesen Problemen. Vielleicht auch weg von dieser Zeit. Ich weiß es nicht.
»Er schlägt meine Mutter«, sagt Alina. Ich sehe sie an und sage:

»So etwas gibt es nicht in einer Schneekugel.« Sie sieht mich fest an und sagt: »Gestern hat sie gesagt, nimm doch Alina.« Ihre großen, klaren Augen weinen. Ich habe für einen kurzen Augenblick Angst, dass sie einfrieren könnten. Ich antworte: »Hör auf, wir sind in einer Schneekugel, hier gibt es so was nicht.« Sie sieht mich weiter an, ihre Lider zucken nicht. Dann hebt sie ihren Pullover, ihr Bauch ist blau und grün. Sie sagt: »Er schlägt nicht ins Gesicht, sonst würde ich meine Arbeit verlieren und könnte kein Geld mehr für ihn verdienen.« Ich frage, ob sie einen Lollie möchte. Sie schüttelt den Kopf. Sie sieht mich an und wartet. Dann sagt sie: »Kann ich bei euch wohnen?«

19.
Als ich in unser Loch komme, grinst Pavel mich an und sagt: »Und, hast du dir schon eine Strumpfhose gekauft?« Dim kommt angelaufen und zerrt an meiner Hose herum. »Lass mal sehen, zeig schon, du Weib!«, zischt er, »Ich will deine Muschi sehen.« Er rotzt mir vor die Füße. Ich wehre ihn halbherzig ab und sehe Pavel an, der mich noch immer grinsend mustert. Dann dreht er sich um und wirft die Zahnpastatube vor meine Füße. Dim hört auf, an mir herumzuzerren und stößt mich und keift. »Na, wo ist der Lippenstift? Krieg ich nächstesmal auch weiches Klopapier zum Arschabwischen?« Ich bin überrascht und weiß nicht genau, was ich machen soll. Ich sage: »Wieso schnüffelt ihr in …« »Wieso sagst du uns nicht, was du mit unserem Geld machst?«, unterbricht Pavel mich. Er grinst nicht mehr, er stiert aus weit geöffneten Augen drohend, mit geblähten Nüstern. »Es gibt einen Schwur, ein Versprechen. Du hättest es nur sagen brauchen!«
Ich schäme mich. Ich fühle mich beschissen, dreckig. Ich stehe da. Ertappt. Erwischt. Und das vor meinen Freunden.
Ich habe sie betrogen.

20.
»Ich kann auch Kohlen schleppen!«, sagt sie und heult und schluckt. Ich kann sie nicht ansehen. Ich weiß nicht, was ich sagen soll.
»Es geht nicht!«, sage ich schließlich. »Warum denn nicht?«, will

sie wissen. »Es geht einfach nicht!«, brülle ich, »schnallst du das denn nicht?« – »Dann prügelt er mich tot, meine Mutter hat mich freigegeben«, sagt sie. »Übertreib nicht!«, sage ich. »Ich habe Angst!«, sagt sie. »Ich auch«, flüstere ich und nehme sie in den Arm. »Es tut mir Leid, aber es geht nicht. Das kann ich nicht machen.«
»Warum denn nur nicht?«, wimmert sie in einer Melodie, die sich mir im Kopf festsingt. »Warum denn nur nicht?!«
»Meine Freunde würden das nicht verstehen«, sage ich nach einiger Zeit. »Was sind denn das für Freunde?«, fragt sie. »Meine«, antworte ich und stehe auf, »die besten.« – »Und wieso verstehen dich deine besten Freunde nicht?« – »Hör auf!«, schreie ich. »Hör auf. So ist es nicht. Wir haben eine Abmachung. Wir drei und nur wir drei. Ich habe schon viel zu lang gelogen.«

21.
Ich habe mich entschlossen, ihn vorzuführen. Vielleicht ist es mein schlechtes Gewissen, aber das ist mir jetzt scheißegal. Wir müssen etwas zusammen machen. Irgendetwas, und das ist jetzt genau das Richtige.
»Kommt, Jungs, heute zeige ich euch was.« – »Dürfen wir endlich deine Muschi sehen?«, ruft Pavel und die beiden krümmen sich vor Lachen. »Wollt ihr jetzt mitkommen oder wollt ihr lieber beschissene Witze machen und abhängen?«, frage ich gereizt. Seit Tagen muss ich mir diese Scheiße anhören. Wegen einer verdammten Tube Zahnpasta. Nur um einmal meine Oberlippe zwischen Alinas Lippen schieben zu können.
Ich weiß, dass das nur die halbe Wahrheit ist.
»Kommt ihr?!«, rufe ich noch mal. »Ja, Mann, immer mit der Ruhe.« – »Was machen wir denn?«, will Pavel wissen. Ich lächle in den kalten Wind und gehe voraus. Der Schnee knirscht unter meinen Schuhen. »So was habt ihr noch nicht gesehen!«, sage ich bestimmt. Sie holen auf und löchern mich: »Was denn, was denn?«
Ich gebe ihnen mein Geheimnis und sie mir ihr Vertrauen zurück – ich halte das für einen fairen Deal.

22.
»Wenn du mich mitnimmst, kannst du alles mit mir machen!«
Sie sieht mich flehend an. »Ich gehöre dir.« – »Hör auf damit!«, antworte ich. »Ich will das nicht.« – »Meine Mutter hat mich verraten. Soll er mich doch schlagen, aber ihr kann ich nicht mehr in die Augen sehen.« Wenn ich sie sehe, zittern meine Knie, meine Ohren schlagen Alarm, ich habe das Gefühl, ich müsste auf Glasscherben kauen. »Hör auf!«, antworte ich. »Hör auf.« – »Liebst du mich denn nicht?«
Ich drehe mich um zu ihr, nehme sie in den Arm, flüstere leise in ihr Ohr: »Natürlich, natürlich liebe ich dich, meine Alina.« Ihre feuchten Lippen suchen hektisch die meinen. Ihr Mund steht offen. Ihre heiße Zunge fährt lieblos in meinem Mund umher.
Ich drücke sie von mir.

23.
Da stehen wir. Was wird der Pfleger denken. Er wird mich hassen. Oder er wird mich verstehen. Aber wie sollte er. Er weiß ja nicht, warum ich den Korsakow-Mann, den er jeden Tag pflegt, zur Schau stelle. Er wird vor mir stehen. Er wird uns stumm zur Tür führen, aufschließen. Dann wird er mich noch einmal ansehen. Er wird nicht einmal den Kopf schütteln, sondern mich nur aus seinen tiefen Augen ansehen. Und ich werde mich fragen, aus welch niederen Motiven ich das Leid dieses alten Mannes ohne Erinnerung zur Schau stelle. Ich werde mein Gewissen beruhigen, indem ich mir sage, »in zwei Minuten wird er nicht einmal mehr wissen, dass wir da waren.«
Dim stößt mich an. Mein Becher mit Spirituswasser schwappt über. »Was ist los? Wolltest du uns diese hässliche Baracke zeigen?« Ich stoße die Tür auf. Ich fange an, Witze zu machen, um in die richtige Stimmung zu kommen.
Der Pfleger steht im Flur. Ich glaube zu sehen, dass seine Augenbrauen sich leicht zueinander hingeschoben haben. Sofort habe ich ein schlechtes Gewissen. »Ich…wir wollten zum Korsakow-Mann.« Hinter mir tuscheln und lachen Pavel und Dim. Der Pfleger sagt nichts, wendet den Blick nicht von mir, nimmt einen Schlüssel und führt uns nach oben.

Als wir im Zimmer stehen, erkläre ich: »Er kann sich nichts merken. Nichts. Fragt ihn irgendetwas.«
Er sitzt auf seinem Bett und lächelt mich an. Ich mache den Anfang. »Wer bin ich?« Der Korsakow-Mann sagt: »Das wird man dann schon noch sehen.« Pavel und Dim sind betrunken, aber sie sagen nichts. Ich habe Angst, dass sie es langweilig finden. Dass mein Plan nicht aufgeht. Da gibt Pavel ihm zu trinken. »Danke heißt das!«, sagt Pavel und sieht uns an. »Ey, du beknackter, alter Penner, danke, verstehst du mich, danke.« Er lächelt Pavel an und trinkt. »Was hat mein Kumpel dir eben gesagt?«, fragt Dim nach einer Weile. Da wird es ruhig. Das alte Männchen auf dem Bett trinkt gierig und sieht an die Wand. »Rede mit mir, du Missgeburt.« Er sieht an die Wand. »Du sollst was sagen, du Penner.« Dim schreit, Pavel lacht, ich lache auch. Dim schlägt ihm mit der Faust auf die Schulter. »Was meinst du, du Penner, kannst du dich morgen erinnern, woher der blaue Fleck kommt?«
Dim ist ein guter Typ. Er ist loyal, treu, aber sein Kopf ist kaputt. Ich lasse ihn machen. Ich bin froh, dass er mich nicht auffordert zuzuschlagen. Zum Beweis. Ich würde es machen.
Sie reden mit ihm, sie verwirren ihn, sie schlagen ihn, sie geben ihm zu trinken. Immer wieder gehen wir raus und wieder rein, spielen neue Szenen, sie sagen, sie wären sein Vater und seine Mutter, sie erzählen, sie wären seine Kinder, sie sagen, sie wären Polizisten, Pavel küsst ihn sogar, denn er ist seine Frau, Dim redet vom Krieg, er sei ein Deutscher in polnischer Gefangenschaft, er erzählt dem Korsakow Mann, er sei ein Mörder, danach, er sei ein Heiliger, ein Kannibale, ein Kinderficker, eine Frau, ein Tier. Ich mache mit.
Der Korsakow-Mann kann sich nicht wehren. Er ist den Geschichten hilflos ausgeliefert, weil er seine eigene in irgendeiner leeren Flasche auf irgendeinem Hinterhof verloren hat. Er nickt bei jedem Satz.
Was ist ein Schokoriegel wert, an den man sich nicht mehr erinnern kann. Ist das Leid von jetzt weniger schlimm, wenn man es in zwei Sekunden vergessen hat, oder ist es doppelt so schlimm, weil sich alle Wahrnehmung auf eben dieses Jetzt konzentriert?

Ich rede mir ein, aus Not gehandelt zu haben. Ich rede mir ein, der alte Mann könnte auch mal etwas für mich tun.
Dann werde ich versuchen zu vergessen. Wie er.

24.
Ich wollte sie abholen, stand vor ihrem Hotel und habe gewartet. Ohne ein Wort zu sagen, hat sie mich hineingezogen. Jetzt liegt sie vor mir, auf dem rotbezogenen Bett. In Unterwäsche. Starrt an die Decke und sieht aus wie gestrandet, fremdgetrieben und hilflos wie zum Mitnehmen. Ich stehe, noch in Jacke, an der Tür, weiß, was sie will, nicht aber, was ich will. Es ist still.
»Schlaf mit mir, bevor er es tut!«, sagt sie ohne mich anzusehen. Sie schluchzt. Ich will irgendetwas sagen, irgendetwas davon, dass ich es so nicht möchte. »Ich möchte wenigstens, dass du der erste bist«, stürzt sie hervor. »Komm her. Setz dich zu mir.«
Ich bleibe noch einen Augenblick stehen, dann gehe ich langsam auf das Bett zu, setze mich neben sie, starre an die Wand. In meinem Rücken richtet sie sich auf, öffnet meine Hose. Wir sehen uns nicht an. Mein Schwanz ist steif. Ihre Hände sind kalt. Sie sagt: »Fick mich, fick mich, bitte, er darf nicht der erste sein!« Ich bin wie ohnmächtig. Ich will nicht, aber ich lege mich auf sie. Sie zieht sich hastig aus. Unbeholfen bohre ich meinen Finger in sie und betrachte ihr Gesicht dabei. Es sieht angestrengt aus, ihr Mund verzieht sich wie der von Pavel, wenn er Spiritus trinkt. Sie murmelt etwas vor sich hin, was ich nicht verstehe. Ich spüre: heute will meine kleine Alina endlich Alicia werden, will sich zur Frau machen, erwachsen werden.
Als ich sie frage, ob sie mich überhaupt liebt, muss ich sofort an Pavel und Dim denken. Ich hoffe, sie werden nie erfahren, dass ich diese Frage gestellt habe.
Sie sagt: »Ja, ja!« und liegt da mit weit auseinandergerissenen Schenkeln. Ich denke, wenn ich mich jetzt aufrichten würde, könnte ich in sie hineinsehen.
Ich fädele meinen Schwanz in sie ein. Es ist eng und warm in ihr. Sie röchelt kurz wie ein krankes Pferd. Ich betrachte weiter ihr Gesicht, Schmerz ist dazu gekommen.
Ich rieche sie. Ich rieche mich. Es riecht süß. Ein oft versteckter

Geruch, unter Schichten von Kleidung und Scham. Jetzt fülle ich mit ihm meine Lungen. Ich kann nicht sagen, ob der Geruch mir gefällt oder missfällt. Ob ich mich davor ekle oder darin schwimmen möchte. Ich weiß nur, dass Ficken so riecht.
Ich habe meinen Geruch noch nicht zu Ende gedacht, da bin ich schon fertig.
Jetzt liegen wir nebeneinander und wissen, dass etwas kaputt gegangen ist. Wir sehen es an einem roten Flecken auf dem roten Tuch. Wir fühlen es an der Kälte des Raumes. Wir riechen es an uns.
Wir weinen kurz, nehmen uns in die Arme und dann gehen wir schnell.
So schnell, wie alles gegangen ist in den letzten Tagen.

25.
Ich kann mich nicht an den Tag meiner Geburt erinnern. Man hat mir erzählt, es sei ein vierzehnter Januar gewesen. Etwa 18 Jahre vor dem heutigen. Ich verlasse mich auf das, was mir Leute erzählt haben, die mir nichts bedeuten. Die es nicht mehr gibt.
Es gab eine Zeit, in der ich überlegt habe, ob wir drei, Pavel, Dim und ich uns gegenseitig neue Namen und Geburtstage geben sollten. Geboren werden und sich taufen lassen. Von Menschen, die man liebt, denen man vertrauen kann. Ich werde nie erfahren, ob der vierzehnte Januar tatsächlich mein Geburtstag ist, deshalb kann ich mir auch einen neuen Geburtstag geben lassen.
Ich habe es nicht getan. Ich hänge an den Resten meiner Vergangenheit. Ich weiß nicht warum. Es ist keine schöne.
In zwei Tagen ist mein Geburtstag.
Der Unterhändler verzieht sein Gesicht zu einem widerwärtigen Lächeln und drückt mir das Geld in die Hand.
Ich gehe in Richtung Ausgang und warte noch einen Moment. Hinter mir die warme Luft. Sie ist es, die mich hier hält und der Gedanke an den langen Rückweg bis zu unserem Loch, in dem wir uns vor dem Frost verstecken. Vom Kalten ins Warme ist leichter als umgekehrt.
Vor der Tür frisst sich ein beißender Wind durch die Straßen, er

jault die Hausecken an und das kalte Licht der vereinzelten Straßenlaternen bellt lautlos zurück.
Unter meiner Mütze schwirren die Gedanken. Was ich machen soll. Was ich machen kann. Meine Schritte verlieren sich im Dunkeln.

26.
Jetzt trägt sie meinen Samen durch die Stadt. In sich. Nach Hause. Ich war in ihr. Ich bin in ihr. Wie sich das anfühlen mag. Ich habe gefickt. Ich wünschte, ich könnte Dim und Pavel davon erzählen. Was ist ein Schokoriegel wert, an den man sich nicht erinnern kann. Was ist ein Fick wert, von dem man seinen besten Freunden nicht erzählen kann.
Wenn man erst mit Geheimnissen anfängt. Das ist die Strafe.

27.
Ich drehe um, gehe noch einmal zum Korsakow-Mann. Ich will mich entschuldigen. Würde er noch gut genug denken können, würde er mich vielleicht fragen, wofür. Er tut es nicht.
Ich sitze neben ihm auf dem Bett. Er sieht mich an mit seinen angstvollen Augen, für die alles neu bleibt. »Was siehst du?«, frage ich ihn. »Dich«, sagt er und ich bin verblüfft über diesen klaren Moment. »Wer bin ich?«, frage ich wie jedes Mal. Er sieht zur Wand, zuckt die Schultern. Ich frage mich, woher er weiß, dass man die Schultern zuckt, wenn man Unwissen zum Ausdruck bringen will. Er sagt: »Ein Junge.« Ich lächle ihn an und frage ihn, warum er die Schultern gezuckt hat, eben. Er sieht mich an und sagt: »Das ist dann eben immer so. Das macht man eben so. Schon früher immer so.«
Als ich ihm erzähle, dass ich eben gefickt habe, haut er mir eine runter und schüttelt den Kopf. Ich lache über das bisschen Schmerz und freue mich über die Reaktion. Ich sage: »Ich verstehe sie nicht. Vor einer Woche wollte sie noch küssen wie ein Kind, heute wollte sie eine Frau sein. Verstehst du, Alter?« Er nickt. »Ich weiß nicht, was sie mit mir macht. Vielleicht will sie etwas ganz anderes. Sie übertreibt. Sie sagt, ihr Stiefvater würde sie totprügeln, vergewaltigen. Ich weiß nicht, was stimmt. Nichts weiß ich.«

Dann gehe ich.

28.
Vor mir der Bottich mit dem Schafsfett. Gestern habe ich meine Alina nicht gesehen. Sie hat nicht auf mich gewartet. Morgen ist mein Geburtstag.
»Nu mach schon«, sagt Pavel. Ich streiche eine löffelgroße Menge in meine Hand und schiebe den Bottich zu Pavel. Es geht aufwärts. Mein Deal mit dem Korsakow-Mann hat funktioniert. Wir reden über ihn, nicht mehr über meine Muschi. Das ist ein gewaltiger Fortschritt. Wir haben wieder gemeinsame Witze, erzählen uns alle Geschichten zehnmal und denken uns den ganzen Tag über neue aus, dann lachen wir und freuen uns auf den nächsten Besuch.
So lässt es sich einfacher arbeiten. Hoffentlich ist Alina heute da.

29.
Ich warte auf dem Treppenabsatz gegenüber. Sie kommt vor die Tür, bleibt stehen, sieht sich um. Sie wartet. Also stehe ich auf und gehe rüber.
»Hey. Hey«, antwortet sie. »Wo warst du gestern?« frage ich. Sie fängt an zu weinen und ich will es gar nicht mehr wissen.
Ich küsse ihr das Salz von den Wangen, nehme sie an der Hand und sage: »Komm, ich zeig dir was.« Einer mehr oder weniger ist jetzt auch egal.
Sie fährt über meine zerrissene Haut. Ein Wollfaden verfängt sich darin.
»Ich muss weg von zu Hause«, sagt sie. Ich sage: »So etwas hast du noch nicht gesehen.« Und ich freue mich auf ihr Gesicht.
Als wir vor dem alten Korsakow-Mann stehen, erkläre ich ihr alles: »Er kann sich nicht erinnern, nichts behalten.« Sie steht vor ihm, sie sehen sich an. Ihr Gesicht, ohne Regung. Dann fragt sie ihn: »Wie machen Sie das?« Das alte Männchen lächelt sie an, seine Hände hat er unter den Knien auf der Bettkante aufgestützt, die Arme durchgedrückt, die Füße über dem Boden, er wippt hin und her. »Wie vergessen Sie das alles nur?«
Ihre Worte bleiben mir im Ohr. Ich erzähle ihr, dass ich beinahe

jeden Tag hier bin und dass er sich nicht mal an mich erinnert. Sie küsst ihn auf die Stirn und sagt leise: »Lass uns gehen.«
So gehen wir.
»Ein armer Mann, ein glücklicher Mann«, sagt sie. »Er muss an nichts denken, hat nichts, an das er denken kann.«
Sie überlegt. »Wir könnten ihm das schönste Leben von allen machen«, sagt sie. »Wir könnten ihm jeden Tag eine neue wunderschöne Lüge auftischen oder eine alte, das ist ja egal. So kann man hier glücklich werden.« Sie murmelt etwas. Ich glaube, es sollte 'nur so' heißen. Ich frage: »Was?«. Alina dreht den Kopf zu mir, sie lächelt. Sie sagt: »Wir könnten ihn zum König der Welt machen, ihn im Glücksspiel gewinnen lassen und frisch verliebt sein, wir könnten ihm Preise verleihen und ihn alte Freunde wiedertreffen lassen. Er hat die besten Voraussetzungen für das Leben.« Das sagt sie leiser und blickt wieder auf den festgetretenen Schnee.
»Ich muss weg von zu Hause«, sagt sie wieder. Da gebe ich ihr einen Kuss und sage: Bald. Vielleicht.

30.
Vor mir der Bottich mit dem Schafsfett. Mein Geburtstag. Sie haben ihn vergessen. Kein Wort. Oder sie wollen mich strafen.
Wir machen unsere Witzchen. Dann geht es los. Wir rennen zu den Gleisen, fangen an zu sammeln, schütten zusammen, dann mein erster Weg in die Stadt. Die schwarzen, blattlosen Bäume, deren Blätter ich so lange nicht gesehen habe, dass ich vergessen habe, was für Bäume es sind, wiegen sich im kalten Wind, am Autobahnkreuz lässt ein Junge einen Drachen steigen.
Ein ganz normaler Tag: acht mal hin, acht mal zurück, auf dem letzten Weg einkaufen, zum Korsakow-Mann und vor dem Hotel warten. Sie kommt schon wieder nicht.
Ich mache mich auf den Heimweg. Nicht einmal sie hat an meinen Geburtstag gedacht.
Aus unserer Höhle dringt mehr Licht als sonst. Verschwenderisch viel Licht. Es verliert sich ohne Nutzen im schwarzen Schnee.
Als ich die Tür aufmache, sitzen drei Leute herum, verteilt auf unseren Lagern. Pavel, Dim und Alina. Ich möchte sterben.

Pavel und Dim springen auf, nehmen mich in den Arm, gratulieren mir. Ich rieche den Alkohol, den sie getrunken haben. Was zum Teufel macht Alina hier? Wie hat sie das angestellt. Sie hat ihnen scheinbar nichts von uns erzählt, sonst würden sie mich nicht so freundlich empfangen. Was macht sie hier, wie hat sie uns gefunden, warum haben die Jungs sie herein gelassen. Ich sehe sie scharf an. Sie starrt in das Feuer. Meine schöne Alina, die Flammen wärmen ihr Gesicht. Ihr trauriges Gesicht, wie lange habe ich es nicht mehr fröhlich gesehen.
»Warte«, sagt Pavel, »wir haben Geschenke.« Ich freue mich, sie haben es nicht vergessen. Sie wollten mich überraschen. Er holt ein kleines Plastiktütchen hervor. Ich rieche daran. Es ist Gras. Echtes Gras. Ich freue mich. »Aus Holland!«, sagt Dim und boxt mich leicht auf den Arm. Alter! Ich umarme die beiden. Gras ist teuer.
»Und das«, sagt Pavel und zeigt auf Alina, »ist unser zweites Geschenk.« Ich zucke zusammen. Hoffentlich haben sie es nicht gemerkt, ich versuche zu lächeln. Geschenk? Alina?
Sie steht auf und kommt auf mich zu, nimmt mich in den Arm, gibt mir einen Kuss auf die Wange, haucht mir ins Ohr: »Herzlichen Glückwunsch, ich bin Alicia.« Ich fühle meinen Puls in den Ohren.
»Jetzt wird endlich gefickt,« sagt Dim und nickt mir mit freudigen Augen und einem Lächeln zu.
Ich stoße sie weg. Setze mich. Ich bin eiskalt, ich zittere. »Danke, Jungs und ich dachte schon, ihr hättet meinen Geburtstag vergessen.« Sie lachen und hauen sich gegenseitig verbrüdernd auf die Schultern.
Wieder in der Klemme. Das kommt davon, wenn man zwei Leben lebt, zwei Träume träumt. Und die Entfernungen zu klein sind.
Ich ringe mich zu einem Lächeln durch. Erst einmal rauchen wir. »Alles klar«, sagt Pavel mit der spitzen Stimme einer Person, die schon den ganzen Tag auf nichts anderes gewartet hat. Ich freue mich. Sie meinen es so gut mit mir. Pavel holt einen Fetzen Zeitung, leckt ihn ab, bröselt das Gras darauf, blickt immer wieder grinsend zu mir auf. Dreht dann alles zusammen und reicht mir die Tüte. Ich nicke ihm zu, er gibt mir die

Streichholzpackung. Ich fange an zu rauchen. Dann geht die Tüte rum. Auch Alina raucht mit.
Wir reden und lachen viel. Ich habe die Hoffnung, dass die Jungs Alina vergessen.
Als Pavel fragt, wie sie mir gefällt, frage ich, warum sie so ein junges Ding mitgebracht haben. Pavel sagt: »Weil keine Ältere mitgekommen wäre, zumindest nicht für den Preis.« Er sieht zu Dim, sie grinsen sich zu, dann mich an. »Alter«, sagt Pavel, »sie wollte nur ein paar Tage hier pennen und was zu fressen bekommen.«
Ich kann es nicht glauben. Ich starre Alina an, kann es nicht glauben. Sie antwortet nicht auf meine Blicke, stiert wie tot im Raum herum.
Ich frage mich, wie sie sich fühlen muss; hier zu sitzen mit drei Jungen, in einer verkommenen Baracke, die wir nur Loch nennen, die Wände mit Kohlen bemalt, vorwiegend nackte Frauen, und zu wissen, dass sie bezahlt wurde, damit wir an ihr herumprobieren dürfen.
»Geil oder nicht?«, fragt Dim. »Ein paar Tage, Mann.« Ich sehe ihn an, fange vorsichtig an zu nicken, vergewaltige meinen Mund zu einem Grinsen, meine Stimmbänder zu einem 'geil'. Mir ist schlecht.
»Was ist los, Alter?«, sagt Dim. »Du hast Geburtstag, du bist der erste, wir haben sie noch nicht angerührt.«
Dim guckt von Pavel zu mir. Er zögert: »Können wir… zugucken?«
Natürlich nicht, aber würde ein guter Freund so etwas sagen? »Ich…ich weiß nicht«, stottere ich. Pavel ist meine Rettung: »Schon klar, Alter, du bist eben ein Genießer.« Er lächelt. Liebevoll. Er packt Dim an der Schulter und sagt: »Komm schon, wir verpissen uns jetzt für ein Stündchen«, dann dreht er sich zu mir um. »Damit wirst du wohl hinkommen, oder?« Er sagt es, als wüsste er, wie lange eine Stunde dauert und als wüsste er, wie lange man zum Ficken braucht.

31.
»Ich habe dir gesagt, dass ich nicht zu Hause bleiben kann«, sie verteidigt sich. »Aber warum musstest du ausgerechnet hierher

kommen? Mitten unter uns. Was ist das für eine Situation? Wie stellst du dir die nächsten Tage vor?« – »Das ist mir egal!«, sagt sie. »Hätte ich zu Hause bleiben und darauf warten sollen, dass du dein 'vielleicht' irgendwann einlöst? Hätte ich mich weiter vergewaltigen und schlagen lassen sollen?«

»Aber warum hierher, warum nicht irgendwo anders hin?« – »Wohin denn?«, fragt sie. »Wohin hätte ich gehen sollen? Auf der Straße erfrieren? Außerdem wusste ich ja nicht mal, dass es deine Freunde sind, du hast sie mir schließlich nie gezeigt.«

Sie will mich nicht verstehen. Sie versteht nur sich selbst. Sie ist in meine Familie eingezogen und sie wird alles zerstören. Meine Liebe oder meine Freundschaft oder beides. Man kann nicht parallel träumen. Nicht mit nur einem Leben.

»Du wärst also mit jedem mitgegangen, hättest mit jedem geschlafen.« Sie zuckt die Schultern. »Was hättest du gemacht?«, ihre Lippen bewegen sich kaum, sie zittert nicht. Die Gleichgültigkeit sitzt an ihrem Frauenkörper wie ein Kinderpullover. Passt weder in Form, noch in Farbe.

32.

»Und? Hast du's der Alten ordentlich gegeben?«, fragt Pavel, als er den Kopf neugierig durch die Tür steckt.

Wir rauchen, saufen und schnüffeln. Wir feiern. Dim ist ganz versessen darauf, mit Alina zu schlafen. Heute kann ich sie noch beschützen. »Heute«, sage ich, »gehört sie mir.« Und Pavel nickt dazu. Dim akzeptiert es, wie er alles akzeptiert, was Pavel ihm sagt. Pavel, unser Anführer.

Wir schmiegen uns aneinander. Ich kann mir nichts Schöneres vorstellen, als mit Alina unter einer Decke zu schlafen. Es ist eine der wärmsten Nächte, an die ich mich erinnern kann. Heute, heute. Aber was wird morgen? Was wird nur morgen? Ich kann meine Alina nicht teilen. Was soll ich Dim morgen erzählen?

Als die Kälte den Sonnenaufgang ankündigt und an meinem Schlaf rüttelt, zieht sich mein Magen zusammen. Ich habe Angst.

Wir teilen unser Brot. Ich werfe ein paar Kohlen auf das Feuer, mache das Tauwasser. Dim grinst. Er flirtet mit Alina. Ich be-

trachte die rußschwarze Decke. Ich werfe ihm den Bottich mit dem Schafsfett vor die Füße.
Alina kommt mit an die Gleise. Sie bleibt bei den Jungs, in die Stadt kann auch sie nicht mehr gehen.
Auf meinen Wegen zwischen Stadt und Gleis bin ich wie eine Spinne, ich ziehe Gedankenfäden zwischen meinen Orten, baue ein Netz, in dem ich mich selber fange.

33.
Das bin ich: ein Junge unter dem hässlichen *Kattowicer* Himmel, auf der gefrorenen polnischen Erde, zwischen zwei Gegenträumen, in denen ich zu lange geschlafen habe, um sie aufzugeben. Jetzt kollidieren sie. Zerreiben mich, wenn ich nicht auf der Hut bin.
Ich erzähle dem Korsakow-Mann von meinem Unglück. Ich liege auf seinem Schoß und weine.
Ich sage: »Ich habe nur eine Möglichkeit, wenigstens einen Traum zu retten. Du wirst daran leiden müssen.« Er versteht mich ohnehin nicht.
Ich habe Angst, ins Loch zurückzukehren.

34.
»Solange Alicia bei uns ist, haben wir Urlaub«, sagt Pavel. Dim klatscht in die Hände. »Und heute bin ich dran«, ruft er. Ich hasse seine gierigen Augen. Die Vorstellung, dass er meine kleine Alina anfassen wird, fährt mir wie ein Schnellzug von Ohr zu Ohr. Seine groben Hände, seine gierigen Blicke, seine unreinen Gedanken auf meiner Alina, mit ihrer edlen Haut, den großen Augen, dem geschundenen Unterleib.
Wir schnüffeln reihum. Meine Gedanken werden erträglicher. Dann geht es los.
Dim zieht sie aus und lacht dabei. Alina steht da, hilflos, wehrlos, schamhaft. Ich will denken: »Selbst schuld, warum bist du auch hergekommen?«, aber ich kann nicht.
Dann steht sie nackt vor uns. Nackt. Ihre kleinen Brüste, ihr blauer Bauch, das schwarze Dreieck zwischen ihren Beinen. Sie zittert. Als Dim seinen Schwanz auspackt und an ihr reibt, beginnt sie zu wimmern. Er macht sich über sie lustig und beugt

sie vornüber. Er lacht wie verrückt und fährt in sie, dass sie fast umkippt. Sie wehrt sich vorsichtig. Sie ist eine Ausgelieferte, die dem Peiniger keinen Anlass zur Brutalität geben will. »Was ist los?«, schreit Dim, er lacht nicht mehr, »bin ich dir nicht geil genug? Ich zeig dir gleich, wie geil ich bin.« Er drückt ihren Kopf nach unten und zieht ihn an den Haaren in den Nacken. Er stößt wild zu. Ich möchte durchdrehen, aber ich sehe weg.
Sie weint. Er lacht. Der geile Dim.
Ich schreie. »Hör auf, hör auf damit!« Pavel lacht weiter und schreit zurück. »Was ist los? Meinst du, du bist der einzige, der mal ran darf? Meinst du, du kannst es besser?«
Ich stoße ihn weg, Alina fällt auf den Boden. Sie bleibt liegen und schluchzt. Pavel liegt in der Ecke. Er hält sich raus.
»Drehst du durch, du Wichser?« Dim bellt. »Was ist los? Stehst du auf die Kleine?« Er tritt meine Alina mit dem Fuß. Ich warte. Seine Augen auf meinen. Er tritt noch einmal. Und noch einmal. Sie liegt im Dreck, nackt und weint. Ich schlage Dim mit der Faust ins Gesicht. Er fällt um. Pavel steht auf. Ich werfe Alina ihre Sachen hin. »Zieh dich an!« Pavel sieht mich verwirrt an. Er will irgendetwas sagen. Ich antworte vorher: »Dim dreht durch. Sein Kopf funktioniert nicht mehr.«
Dim liegt mit blutiger Nase in der Ecke. Er lacht. Er dreht nicht durch. Er lacht. Dann ruft er: »Na und? Ich hab sie gefickt.«
Wie laut ein Mensch lachen kann.
Wir schlafen unter meiner Decke ein. Alina zittert noch im Schlaf. »Ich mag ihn«, flüstert sie mir zu.

35.
Keiner sagt ein Wort. Die Handgriffe sind mechanisch. Wir sehen uns nicht in die Augen. Ich habe keine Geheimnisse mehr, um die undichten Stellen unserer Freundschaft zu kitten. Nur eines, das alles zum Platzen brächte.
Alina mit den Jungs, ich in die Stadt. Wieder wird die Aufteilung die gleiche sein.
Um sich zu beruhigen, schnüffeln Pavel und Dim heute schon am Morgen. Ich nicht, denn ich brauche einen klaren Kopf, um die Spinnenfäden zu kämmen.
Mit dem ersten Sack auf den Schultern laufe ich los. Der hässli-

che Unterhändler nickt, sein bulliger Buchhalter macht einen Strich. Das ist alles, was er kann.

Mit dem zweiten Sack auf den Schultern geht es wieder Richtung Stadt. Meine Hände bluten, mein Gesicht schmerzt. Ich bin diesen Weg leid. Ich kann die Hügel nicht mehr sehen, nicht die Umrisse der schäbigen Baracken, die die Vorstadt bilden, nicht den immergrauen Himmel, der so eindimensional ist, so einfach wie für einen Idioten, nicht die menschenleeren Straßen, nicht die Schlaglöcher, die sich wie ein Bohrschrauber in den Asphalt, das Souvenir an bessere Zeiten, senken, nicht die vereinzelten falschen Fellmützen, nichts von alldem kann ich mehr sehen. Mir ist schlecht von meinem eigenen Leben.

Zurück zum dritten Sack. Ich suche in der Böschung, finde ihn aber nicht. Ich habe Angst. Entweder hat jemand den Sack gefunden und mitgenommen, was aber unwahrscheinlich ist, so weit draußen, oder Pavel und Dim haben sich über Alina hergemacht, als ich nicht da war.

Ich renne zum Loch, vielleicht erwische ich sie noch.

Ich hatte Recht. Alina sitzt alleine da, sie weint und zittert. Sie sieht fürchterlich aus, ihre Augen sind verquollen, rot und klein. Ich rede auf sie ein. Sie kann nicht sprechen. Was passiert ist?, frage ich. Ich lege meine sanfteste Stimme auf, ich möchte sie beruhigen, nehme sie in den Arm, drücke sie, küsse sie. Nichts zu machen, sie ist völlig außer sich. »Was haben sie mit dir gemacht?«, frage ich. Sie schüttelt den Kopf.

Irgendwann bricht sich ein Wort aus ihrem Gaumen los. »Tot.« Ich verstehe sie nicht, frage nach. »Pavel ist tot. Der Schnellzug nach Krakau hat ihn erwischt.«

Pavel. Mein Freund. Mein Vater. Ich sinke zusammen. Und will nie wieder aufstehen.

Ich frage nicht, wo Dim ist, er ist nicht da.

36.

Wie ich es gesagt habe: Ich habe nur warten müssen. Das Leben hat eine Entscheidung für mich getroffen. Jetzt rauscht die Welt in einem Viereck an mir vorüber. Gegenüber sitzt Alina. Mit einem glücklichen Gesicht.

Zum Abschied hab ich dem Korsakow-Mann erzählt, dass er

einmal mein Vater war, bevor ich seiner geworden bin. Ich habe ihm gesagt, wie er mich einst verlassen hat, so muss ich nun ihn verlassen.

Er hat es sicher bereits vergessen. Auch eine Form der Verlässlichkeit.

Ich konnte dem Pfleger kein Geld da lassen, es reicht grade so eben bis nach Berlin. Ich habe ihm geschworen, dass ich, sobald ich kann, Geld schicken werde. Er hat genickt.

# Laudatio auf den Träger des 2. Preises von 2003: Finn-Ole Heinrich

*von Stefanie Geiger*

Wenn von jungen Autoren die Rede ist, fallen einem vielleicht zunächst einmal Namen ein wie Stuckrad-Barre oder, etwas jünger, Benjamin-Lebert, die irgendwann einmal durch die Medienlandschaft gewandert sind. Dann schießt einem möglicherweise der Begriff 'Popliteratur' durch den Kopf und die Frage, was einem einer sagen kann, der nichts Außergewöhnliches erlebt hat und trotzdem über nichts anderes spricht. Damit man mich nicht falsch versteht: Zu erleben und erzählen gibt es immer viel und in jedem Alter. Aber manchmal versperrt der Narzissmus die Sicht auf Wesentliches.

Marek, Pavel und Dim unterscheiden sich nicht viel von anderen 17- oder 18-jährigen. Sie betrinken sich gemeinsam, reden über Frauen und Sex und die Zukunft. Wer aber am Rande von Kattowice lebt, der hat nicht die Qual, zwischen vielen Möglichkeiten wählen zu müssen, der hat Glück, wenn am Ende überhaupt irgendeine Option übrig bleibt.

Finn-Ole Heinrich erzählt von einer Welt, in der es ums Überleben geht. Eine Welt ohne Zentralheizung, ohne Fernsehen, ohne Clubs, Autos, schicke Klamotten und zelebrierte Langeweile. Das spielt sich in unserer Zeit ab und liegt sozusagen vor der eigenen Haustüre, ist aber trotzdem weit weg. Umso erstaunlicher, mit welcher Einfühlsamkeit der Autor das Andere ins

Blickfeld rückt und dabei Grundlegendes findet. In Kattowice leben Menschen, die gerne anders leben würden, die sich ihre Traumwelt bauen und manchmal, wie der Korsakow-Mann, auch darin verloren gehen. Das klingt dann doch ziemlich vertraut. Kattowice ist überall.
Vielleicht ist es das, was eine gute Geschichte ausmacht: Keine Ich-Photographie, sondern die Suche nach dem Eigenen im Anderen und umgekehrt.
Finn-Ole Heinrich schreibt realistisch und das mit viel Phantasie, spannend, aber nicht auf Kosten seiner Protagonisten, er rüttelt wach, ohne lähmende Betroffenheit zu erzeugen.
Marek wird am Ende dieser Erzählung seinen Weg finden. Ich denke, auch Finn-Ole Heinrich hat seinen Weg gefunden. Ich wünsche ihm auch in Zukunft viel Erfolg dabei.

# »Der Literaturpreis könnte zum Markenzeichen werden!«

*Interview mit dem 2. Preisträger Finn-Ole Heinrich*
*von Susanne Berendonk, Regina Haumann, Verena Knaak, Susanne Löw, Ulf Winkler*

*Finn-Ole Heinrich zog am 28. Juni im Rokokofestsaal der Regierung von Schwaben die Zuschauer in seinen Bann. Der 20-Jährige aus Cuxhaven gewann beim »Bayerisch-Schwäbischen Literaturpreis« den mit 1000 € dotierten 2. Preis mit seiner Erzählung »Schwarze Schafe«.*

*Frage:* Warst du überrascht, unter die letzten sechs Autoren gekommen zu sein?
*Heinrich:* Ja, völlig. Ich hatte die Bewerbung auch schon fast vergessen. Wie immer: Sobald ich meine Bewerbung abschicke, vergesse ich sie. Ist vermutlich so eine Art Selbstschutz, wenn ich die ganze Zeit daumendrückenderweise zu Hause rumsitzen würde, wäre ich ja nur noch bedingt handlungsfähig.
Im Ernst: Ich war völlig aus dem Häuschen!

*Frage:* Wie hast du überhaupt von dem »Bayerisch-Schwäbischen Literaturpreis« erfahren?
*Heinrich:* Über die Website 'www.uschtrin.de'[1]. Da findet man alles.

*Frage:* Es wurden Stimmen laut, dass der Name des Preises irreführend gewesen sei. Einige meinten, der einzusendende Text müsse mit Schwaben in irgendeiner Verbindung stehen. War das für dich auch ein Problem?
*Heinrich:* Nein gar nicht. Verstehe ich auch nicht. Die Ausschreibung war doch eindeutig und in ihr stand nichts von einem Regionalbezug. Der Name ist ein Ding, die Wettbewerbsbedingungen ein zweites.

*Frage:* Wie fandest du den Rahmen der Veranstaltung und dass das Publikum über den Sieger abgestimmt hat?
*Heinrich:* Den Rahmen fand ich okay, nur weiß ich nicht, ob der Rahmen mich okay fand. Es war für mich aufregend, in einer solchen Atmosphäre zu lesen, Rokokofestsaal der Regierung von Schwaben, allein deshalb hatte ich weiche Knie.
Ich bin eigentlich niemand, der auf großes Tamtam steht, aber in diesem Fall fand ich es anregend und das Offizielle, das diese Preisverleihung hatte, hat mir – das gebe ich gern zu – sehr geschmeichelt. Ich habe mich sehr ernstgenommen gefühlt.
Darüber, dass das Publikum über den Sieger entscheidet, war ich zunächst fast schockiert, denn ich wusste ja nicht, wie die Abstimmung vonstatten geht und was die Idee der Juroren dabei ist. Ich war in der letzten Zeit ein recht aktiver Poetry-Slammer und für diesen Rahmen finde ich die Publikumsentscheidung okay, auch Zwischenrufe; ein aufgewecktes, kritisches und zuweilen aggressives Publikum kann da sehr interessant sein. Nun war aber keine Slam-Atmosphäre, jeder hatte eine Stimme, es wurde genau ausgezählt, und das Publikum war, meiner Meinung nach, kein homogenes Stimmvolk, das sich von irgendwelchen Stimmungen mitreißen hat lassen.

---

[1] Anm. d. Red.: Diese Internetseite bietet eine Übersicht über Literaturwettbewerbe.

*Frage:* Wie empfandest du die Zusammensetzung der Jury?
*Heinrich:* Über die Zusammensetzung der Jury habe ich mich nun schon einige Male unterhalten und bei vielen, die viel mit Literatur zu tun haben, hat sie vor allem eins bewirkt: Naserümpfen und 'achso' – was soviel bedeuten sollte, wie: 'Na ja, dann ist dein Erfolg ja doch nur halb so viel wert.' (Du siehst: Arroganz ist weit verbreitet im Literaturbetrieb.) Kann man vielleicht so sehen, es ist bestimmt schwieriger, sich vor sechs ausgewiesenen Literaturkritikern zu behaupten, aber – und das finde ich ganz entscheidend – Literaturwissenschaftler haben auch immer einen bestimmten Blick auf Literatur, der für die Literatur auch sehr, sehr wichtig ist, aber er ist nicht allein entscheidend. Bücher werden nicht nur von L-Wissenschaftlern und schon gar nicht nur wissenschaftlich gelesen. Warum also nicht möglichst viele verschiedene Blickrichtungen auf Texte vereinen, um sie realistischer einschätzen zu können? Ein Buchhändler und ein Vielleser-Student legen andere Maßstäbe an ein Buch an, aber keine minderwertigeren.
Ich finde nicht, dass jeder Preis so verliehen werden sollte, aber ich finde die Öffentlichkeits- und Publikumsorientierung des 'Bayerisch-Schwäbischen Literaturpreises' sehr interessant. Sie könnte ein Markenzeichen werden.

*Frage:* Als es hieß 'Fick-Preis-Gewinner 2003 … Finn Ole Heinrich', wie war es da, deinen Namen zu hören?
*Heinrich:* Großartig natürlich! Meine Freundin hatte mir in der Pause gesagt: 'Du warst zu schnell, dein Auszug war zu lang, es war schwer, dir zu folgen.' Ich habe mir deshalb keine Hoffnungen gemacht, denn dafür waren die anderen zu gut. In der Pause kamen aber auch einige Zuschauer auf mich zu und haben mir sehr schöne Komplimente gemacht, und ich war schon so sehr glücklich. Der Preis war ein absolutes Sahnehäubchen. Wunderschön!

*Frage:* Wie bist du zum literarischen Schreiben gekommen, und wann hast du damit angefangen?
*Heinrich:* Ich denke das Übliche: Lebenskrise und dann schreiben. Ich glaube ich war ungefähr 17 oder 16, als ich die ersten

Versuche unternommen habe. Eine Freundin, Rabea Edel, die schon sehr viel weiter war, hat mich dann ermuntert, an einem Wettbewerb (LiteraturLabor der Stiftung Niedersachsen) teilzunehmen. Das habe ich gemacht, wurde ausgewählt, habe dort sehr viel gelernt. Der Preis, drei Treffen über ein Jahr verteilt, hat mich dann zum Weitermachen animiert.
Ich bin also ein Kind der deutschen Literaturförderung.

*Frage:* Richtig oder falsch: Finn-Ole setzt sich jeden Tag eine Stunde lang hin und schreibt, egal was dabei heraus kommt?
*Heinrich:* Nein, das ist leider völlig falsch. Mir fehlt noch immer die Disziplin. Es ist schon so, dass ich mir jeden Tag irgendwelche Notizen mache, aber ich sitze nicht vor dem Computer und schreibe diszipliniert an einer Sache. Leider. Ich habe es mir aber vorgenommen. Vielleicht kommt das ja mit dem Studium.

*Frage:* Woher kommen deine Ideen für eine Geschichte oder ein Gedicht?
*Heinrich:* Aus meinem Kopf.

*Frage:* Wie entsteht bei dir ein Text? Von der Idee bis zum Schlusswort.
*Heinrich:* Bei längeren Sachen habe ich immer eine Grundidee, die sich über Wochen immer weiter verstrickt mit anderen Konflikten, bis ich sie irgendwann aufschreiben kann. Aber auch beim Schreiben passiert immer noch sehr viel. Ich weiß nicht, ob das professionell ist, aber ich kann's nicht abstellen.

*Frage:* Hast du nun konkrete Pläne, das Schreiben professionell zu machen?
*Heinrich:* Nein, ich weiß auch nicht, ob man das konkret planen kann. Ich fange jetzt erst mal ein Filmstudium in Hannover an. Wenn es mir nicht gefällt, wechsle ich vielleicht nach Hildesheim oder, wenn ich angenommen werden sollte, nach Leipzig zum Deutschen Literaturinstitut. Das wäre dann wohl schon so etwas wie eine konkrete Planung. Aber inwieweit so eine Planung dann von Erfolg gekrönt ist, steht auf einem anderen Blatt.

Ansonsten versuche ich einfach weiterzuschreiben. Hat ja bisher auch so ganz gut geklappt.

*Frage:* Was hältst du von dem Vorwurf, dass vor allem junge Menschen zu wenig lesen und sich zu wenig für Literatur interessieren?
*Heinrich:* Puh, da habe ich ehrlich gesagt gar nicht so den Durchblick. Die meisten, mit denen ich zu tun habe, lesen mehr als ich. Auf Slams hat man vor allem junges Publikum und auch bei Lesungen sind häufig junge Menschen, zumindest, wenn dort auch junge Autoren sind. Insofern kann ich den Vorwurf (wenn es denn überhaupt einer ist) so nicht teilen, andererseits glaube ich nicht, dass diese jungen Menschen repräsentativ sind, dass Lesen alle Gesellschaftsschichten erfasst. Leider. Aber ich will nicht von Dingen reden, von denen ich noch weniger Ahnung habe.

# Auf den Dächern

*von Gabriele Bärtels*

Die menschenverlassene Innenstadt schläft, ihre Fenster sind schwarz, und auf den Dächern, an den Fassaden ihrer klassizistischen Universitätsgebäude, ihrer roten Türme, Renaissance-Kirchen und Museen aus dem 18. Jahrhundert wachen reglose Figuren aus Stein, Alabaster und Bronze.
Der Schein der Straßenlaternen zehn oder zwanzig Meter unter ihnen erreicht sie kaum noch, aber es ist Vollmond und darum glänzen grün angelaufene Rücken von Löwen, die sprungbereit auf einem Vorsprung sitzen, blinken in den Ausbuchtungen der Rathausfassade Speere von seit dreihundert Jahren erstarrten Feldherren auf, steht der dunkle Umriss einer Quadriga auf einem Stadttor, das schon lange keine Grenze mehr markiert, in halber Helligkeit. Ein Laserstrahl, der nächtlich von einem Giebel aus rotiert, huscht über den Himmel und sticht sein Grün in eine Wolke. Auf der Dachkante des Historischen Museums hocken fünfzehn überlebensgroße graue Adler in genau gleichem Abstand voneinander und schauen scharf auf die Parkanlage herab, in der ein großer Springbrunnen steht, oder eigentlich ruht, denn die Fontäne wird nachts abgestellt. Auf dem Grund des Wassers glitzert ein goldenes Mosaik aus Meerestieren. Eine Reihe Gelehrter, jeder auf einer schmalen Säule, blickt vom Landgerichtsgebäude mit leeren Augen auf eine große Straßenkreuzung, vor der ein paar Autos parken, aber ohne zu verkehren. Dahinter beugt sich eine Brücke über einen Fluss, der am Stadtschloss vorbeiführt. Alles steht still, nur eine Ratte rutscht durch das Bild.
Wer weiß, warum es gerade in dieser Nacht geschah, vielleicht war Ostern oder Silvester, oder es ist überhaupt nicht passiert, aber jedenfalls regte sich der Fächer einer Königin, die über dem Hauptportal des Schlosses auf einem steinernen Thron saß, umgeben von Hofdamen, einem Vogelkäfig und einem Wappen, auf dem eine lateinische Jahreszahl aus lauter Buch-

staben neben einer Tulpe stand. Der Wind kann es nicht gewesen sein, der den Fächer der Königin bewegte, denn die Fahne auf dem Dach wehte nicht. Als sie auch noch ihren Fuß vorschob, der beinahe ganz unter ihrem steinernen Rock verborgen war, und ein leises Schlurfen erklang, darauf das Rascheln von Seidenstoff, konnte man nicht mehr von Sinnestäuschung sprechen.

Und gleich darauf breitete der fünfzehnte steinerne Adler ganz rechts auf dem Museum seine Schwingen aus, lockerte sie flatternd, beugte sich leicht nach vorn über den Sims, stieß sich ab, segelte lautlos durch die Nachtluft, schwang sich in ihr empor und landete auf dem Dach des Theaters, auf dessen Ecke ein mit Taubendreck bedeckter Harlekin hockte. Der trug eine Maske vor dem Gesicht, die er jetzt herunternahm, um den riesigen, steinernen Vogel erstaunt zu betrachten, dabei zerriss ein staubiges Spinnennetz, das sich in seiner Armbeuge gebildet hatte.

»Wenn Du schon einmal hier bist«, sagte er in einem altertümlichen Italienisch, »kannst Du mich zu der königlichen Dame dort hinübertragen, die ich schon Jahrhunderte betrachte und täglich schöner finde.«

Der Adler antwortete nicht, er stieß nur einen schreienden Laut aus, der an den Fassaden und Giebeln, Säulen und Vorsprüngen widerhallte. Dann stieg der Harlekin auf seinen Rücken, krallte sich in den grauen Federn fest und flog über den Platz, den Springbrunnen, die Kreuzung, die Brücke hin zum Schloss, hoch auf das Dach, denn auf dem schmalen Sims, auf dem die Königin saß, raschelte und scharrte, konnte der Adler mit dem Harlekin nicht landen.

Beinahe gleichzeitig stießen sich die vierzehn anderen ab und kurvten in verschieden hohen Kreiseln an den Hauswänden hoch über die Dächer, Kuppeln und Türme. Überall, wo ihre Schwingen die Luft aufrührten, begannen sich große und kleine Fassadenfiguren zu bewegen, manche waren nur ein halbes Fabeltier, das den Hals reckte, eine Schlange mit sieben Köpfen, die sich um einen Wanderstab wand, die Büste eines griechischen Philosophen, dessen Vollbart zitterte. Auf dem Schlossplatz schnaubte ein Reiterstandbild, und ein vierzig Zentimeter hoher, eiserner Jugendstilengel, dessen Flügel das Brückengeländer stützten, trat aus dem Gitter heraus auf das Kopfsteinpflaster, hinterließ seinen Ausschnitt, drehte sich aber nicht danach um. In kleinen Schritten strebte er über die Brücke in den Park, auf den Springbrunnen zu. Seine langen Haare endeten in Wellen.

Der Harlekin legte sich bäuchlings auf das Dach des Schlosses und schaute von dort auf die Königin herab, die sich noch immer kühlende Nachtluft zufächelte. Ihre Hofdamen hatten sich schon herumgedreht und waren die Sandsteinwand heruntergeklettert. Dabei hatten sie mit ihren zierlichen Füßchen auf die Köpfe der Vertreter der Zünfte getreten, die eine Etage tiefer ein Band um die Fassade zogen. Einer ließ vor Schmerz seinen Zirkel fallen, der andere senkte seinen Schmiedehammer und lächelte schief. Die Hofdamen entschuldigten sich tuschelnd, rafften ihre Röcke und machten die ersten Schritte auf den Vorplatz, in dessen Mitte das schnaubende Reiterdenkmal stand. Sie liefen noch steif, aber sie kicherten, denn das Pferd war von seinem schwarzen Marmorsockel heruntergesprungen und bockte mit bronzenen Hinterläufen, während der Pickelhelm des Reiters, der ein Kaiser war, hin- und herrutschte.

Der Harlekin spitzte die Lippen und pfiff. Die Königin hob ihr Kinn und entdeckte einen Kopf über der Regenrinne, keine zwei Meter entfernt. Der Harlekin sagte: »Schöne Dame, Sie gefallen mir schon eine Weile.«

Die Königin senkte das Kinn wieder und antwortete: »Ich habe Sie noch nie gesehen.« Sie sprach Französisch, aber das war kein Problem. Dann klappte sie ihren Fächer zu und steckte ihn in ihr Ridikül aus Stein.

Der Harlekin lachte laut, und das Echo tanzte über den Platz. Für einen Augenblick hielten alle Figuren, die sich über Mauervorsprünge und Säulen hoch und heruntertasteten, still und sahen sich nach dem Lachen um. Doch es hatte sich schon in Luft aufgelöst, und so wandten sie sich wieder ab und balancierten die Balustraden entlang. Bald konnte man einen von Autoabgasen schwarz gewordenen Marmordichter, der sich durch ein Buch auswies, auf dem Rand des Springbrunnens neben dem Jugendstilengel sitzen sehen, im Begriff, die Füße ins Wasser zu stecken. Er war aus einem Winkel der Bibliothek herabgestiegen. »Ich wollte schon immer mal baden«, zirpte der Jugendstilengel, »aber nicht im Fluss.« Er sprang vor den Füßen des Dichters in das Becken, und das Mosaik auf dem Grund wurde unscharf und wellte sich golden.

»Sie lügen«, sagte der Harlekin auf die Königin herab: »Wir stehen uns seit Jahren gegenüber.«

»Davon weiß ich nichts«, antwortete sie und griff mit beiden Händen in ihr hochaufgetürmtes Haar.

»Ich komme herunter«, sagte der Harlekin, und in seiner Stimme war ein dunkles Raunen.

»Unterstehen Sie sich«, sprach scharf die Königin. Sie sah nicht, wie er grinste, als sie die Hände wieder in den Schoß legte.

Ihr Blick ging hinaus auf den Schlossplatz, wo es nun von Figuren wimmelte. Zwei Putten hatten sich des Pferdes bemächtigt, das den kaiserlichen Reiter längst abgeworfen hatte, und jagten es über die Kreuzung. Sie hielten direkt auf einen vor der Ampel parkenden, rostigen Renault zu, in dessen Seitenscheibe ein Schild klebte, dass er zu verkaufen stand, aber der Hengst scheute vor dem Hindernis und stieg und wieherte, bis die Putten ihre kleinen Flügel wie Kolibris rotieren lassen mussten, um wenigstens noch die fetten Händchen am Zügel zu halten. Die Königin lachte.

»Ich möchte hinunter«, sagte sie, »warum hilft mir niemand?« Sie sah sich nach ihren Hofdamen um, entdeckte aber nur noch die Vertiefungen, die deren Steinfüße in den schmalen Sims gedrückt hatten. Sie schob das Wappen zur Seite – eine schwere Platte, stand auf, schüttelte ihre Röcke aus, Kiesel und Sand rieselten herab und eine halbverweste Zigarettenkippe. Sie senkte ihren Blick, fünf Meter zum Boden, schwankte, hielt sich an einer Rosette fest. Kein Laut entfuhr ihr.

»Sie sollten lieber zu mir hochkommen«, flüsterte der Harlekin in Bühnenlautstärke. »Sehen Sie die Rosengirlande? Die hängt schon so lange hier zu Ihrer Verzierung. An der können Sie wie an einer Leiter emporsteigen.«

Er sah ihr Gesicht nicht, nur ihren Haarkranz, sie schien ihn nicht gehört zu haben. »Es ist schön hier oben«, lockte er, »glau-

ben Sie mir. Ein herrlicher Ausblick, auch wenn die Dächer momentan etwas in Unordnung sind.«
Ein Wetterhahn flog dicht an seinem Kopf vorbei, und der Harlekin duckte sich.
Die Königin sah hilfesuchend nach ihren Hofdamen und entdeckte sie unten am anderen Ende des Platzes. Die eine legte im Schein einer Laterne dem vom Pferd gefallenen Kaiser ein steingraues Taschentuch auf die Stirn, das sie in eine Pfütze getaucht hatte, die andere stand staunend vor der Ampel und sah zu, wie gelb, rot und grün sich abwechselten. »Sie hat immer gegen die Schlossmauer gucken müssen«, sagte die Königin entschuldigend.
Dann schwieg sie, und auch der Harlekin schwieg, und ein Luftzug regte sich und ließ die Fahne auf dem Schloss hochwehen, und ein Mathematiker, der an der Universität schräg gegenüber klebte, hieb dem Theologen neben sich sein Dreieck über den Kopf. Dabei bröselte etwas Putz herunter.
»Also gut«, sagte die Königin und gab damit zu verstehen, dass sie den Harlekin von jetzt an zur Kenntnis nahm. »Wie soll ich es machen?«
»Einen Fuß nach dem anderen, die Röcke stecken Sie besser hoch.«
Die Königin drehte ihr Gesicht schräg zu dem Kopf, der über der Dachrinne hing. Dazu gesellte sich ein Arm. »Ich werde Sie halten.«
»Aber bitte nicht an den Haaren ziehen«, sprach die Königin von oben herab, was ein Kunststück war. Dann umklammerten ihre Handgelenke die steinige Rosengirlande, die gab etwas nach, doch hielt sie im Großen und Ganzen und schlängelte sich an der Mauer hoch, so dass die Königin ganz bequem emporklettern konnte. Auf dem letzten Meter kam ihr der Harlekin entgegen, griff ihr unter die Schulter, zog sie über die Rinne, den Rand. Dabei riss eine Steinschleife an ihrem Busen, und sie verlor an Haltung, als sie ein Bein über die Kante schwang, doch sie richtete sich gleich wieder auf.
Herrlich war es hier oben, und die Fahne klirrte leise gegen den Mast. Sie blickte über das kiesbedeckte, flache Dach, der Wetterhahn fehlte auf der stuckverzierten Kuppelspitze, die noch

höher lag, als dort, wo sie jetzt standen. Der Harlekin war einen Schritt zurückgetreten und versuchte, etwas Taubendreck von seinem Ärmel zu streifen.

Unten am Brunnen war der Jugendstilengel neben den Füßen des Marmordichters aufgetaucht und hatte ihm verkündet, dass er ab jetzt ein Fisch sein wolle und nie wieder ein Brückenengel, und ob der Dichter wisse, dass an dessen Füßen je zwei Zehen zusammengewachsen seien, was ein Zeichen dafür war, dass er auch ein Meerestier sein musste. Das interessierte den Dichter nicht, dessen Blick lange Zeit auf diese Füße gerichtet gewesen war. Er legte sein Buch zur Seite und sah versonnen zu der Quadriga auf dem Tor hoch, die wie ein Lichtschein vorwärts drängte. Sein Blick wurde von dem grünen Laserstrahl gekreuzt, und er riss erstaunt die Augen auf. Weil der Engel keine Antwort erhielt, tauchte er wieder unter, schlug mit den Flügeln und zog seine langen Haare in Wellen durch das Springbrunnenbecken.

»Erkennen Sie mich nun?« fragte der Harlekin auf Altitalienisch, und die Königin nickte auf Französisch mit dem Kopf. »Tatsächlich«, sagte sie kühl, »Sie sind vom Theater.«

Sie schritten Seite an Seite am Dachfirst entlang, wobei der Kies knirschte und Steinchen über den Rand rollten, aber die trafen die kupfergrünen Löwen nicht, die im Mondschatten der Schlosswand entlangschlichen. Sie kamen von der Orangerie und waren auf Taubenjagd, und sie brüllten nicht, weil sie sie schlafend erwischen wollten.

Der Marmordichter hatte seine Füße aus dem Springbrunnen gezogen und war durch die Parkanlage geschlendert, an einer alabasterweißen Aphrodite vorbei, die sich räkelte, der er aber keinen Blick schenkte. Er sah nun am Historischen Museums hoch, von dem die Adler abgeflogen waren. Ein paar Jagdhunde, die aus dem Relief eines Frieses gestiegen waren, hatten sich des Daches bemächtigt, sie jagten einander über die grauen Schindeln, und wenn sie die Richtung wechselten, sah man sie nur noch als flache Platten.

Aus welchem Jahrhundert sie stammten, fragte sich der Dichter, dessen Leben sich nur um sich selbst gedreht hatte, aber das war schon lange her. Er schlenderte über den Platz auf die Uni-

versität zu, auf der Suche nach einem Gelehrten aus dem Giebel, der ihm diese Frage beantworten konnte.
Die Königin lehnte sich an den Fahnenmast und sah weit über die Stadt. Der Fernsehturm blinkte, und hinter ihm standen Häuser, die das Schloss in der Höhe weit überragten, doch ihre Fassaden waren glatt und gerade und in ihren quadratischen Fenstern brannte elektrisches Licht. »Das war mal mein Zuhause«, sagte sie, und trat mit dem Fuß in den Kies, damit der Harlekin begriff, was sie meinte. »Ich kenne jeden Gang und jeden Saal und jedes Ahnenportrait, und jetzt schaue ich zu, wie viele Menschen Eintritt bezahlen, um durch mein Leben zu laufen.« Sie wandte ihren Kopf nach dem Harlekin, der auf der anderen Seite des Fahnenmastes lehnte, und sie tauschten dicht voreinander Blicke.
»Ich hatte solch ein Zuhause nie«, sagte der Harlekin und sah sie weiter an.
Vom Museum klang Hundekläffen herüber und irgendwo im Park hatte sich eine Gruppe steinerner Musikanten zusammengefunden, ein Gerippe spielte Leier, ein Papst Harfe, ein Feldherr schlug eine Trommel. Eine Hofdame tanzte dazu, aber ein wenig ungeschickt, während die andere noch immer vor der Ampel stand. Der Bronzekaiser ging breitbeinig und mit der Pickelhaube unter dem Arm zu seinem Sockel zurück, schwang sich mühsam hoch, hockte sich in seiner Rüstung in die Mitte des Marmorblocks und hoffte, dass sein Pferd den Weg nach Hause fand.
Die Königin lächelte, und etwas Moos platzte von ihren Wangen ab. »Wollen wir uns lieben?« fragte sie den Harlekin und sah dabei weit weg.
»Wir lieben uns doch schon«, antwortete der Harlekin und griff mit seiner Hand um dem Nacken der Königin. »Es ist das Beste, das man tun kann in dieser Nacht.« Es knirschte, als sie sich umwandte.
Der Mond zog seinen Bogen über die Kuppel des Schlosses, und als der erste Sonnenstrahl den Wetterhahn traf, der sich auf ihrer Spitze quietschend drehte, war doch wohl alles nur eine Sinnestäuschung gewesen, denn die fünfzehn Adler saßen in regelmäßigen Abständen auf dem Historischen Museum, ge-

nauso, wie sie seit seiner Erbauung darauf gesessen hatten, der Kaiser hielt sein Bronzeross stolz zwischen den Beinen, der Dichter lehnte in einem Fassadenwinkel der Bibliothek, sah auf seine Füße, hielt ein Buch in der Hand, und die Hofdamen reichten der Königin auf dem Schlossportal Früchte. Nur auf der Wasseroberfläche des Springbrunnens im Park trieb ein ertrunkener Jugendstilengel aus Eisen, denn er war *doch* kein Fisch und hatte sich beim Tauchen übernommen. Am Morgen fand ihn der Handwerker, der die Fontäne anstellen wollte, auf dem goldenen Mosaikgrund; man schrieb die Tat einem Verrückten zu.

Fünfzig Jahre dauerte es, bis ein Fassadenrestaurator bemerkte, dass der Harlekin auf dem Dach des Theaters einen Fächer in der Hand trug, der aus einer ganz anderen Zeit stammte. Dass dieser Fächer in der Hand der Königin im Schlossportal fehlte, fiel erst zehn Jahre später auf. Ein Kind, das mit einem Fernglas spielte, entdeckte das Loch in der steinernen Hand der Königin. Aber niemand interessierte sich dafür, es war Krieg, das Schloss wurde bald darauf ganz zerstört, und den Harlekin hatte eine Granate getroffen.

# Betrachtung einer Leuchtstoffröhre

*von Thomas Reiner*

Einen kleinen Berg muss man mit dem Auto hinauffahren, um sich Augsburg von Westen aus zu nähern. Man fährt ihn hinauf, die Straße macht einen kleinen Bogen nach links und schon kann man unten, auf einer Ebene, die Stadt erkennen. Sie breitet sich aus wie ein See auf diesem flachen Land, das eingeebnet wurde von den Gletschern der letzten Eiszeit. Aus der Ferne kann man nicht viele markante Gebäude erkennen. Einen großen Turm vielleicht, ein oder zwei interessant aussehende Häuser, vielleicht kann man das Rathaus erahnen. Was einem aber bestimmt auffällt, ist das Zentralklinikum. Ein Moloch, riesig und einschüchternd, gestrichen in graugrüner Farbe, auf allen Seiten durchlöchert durch kleine schwarze Fenster.
Unwillkürlich muss man sich fragen, wie viele Menschen wohl in ihm gefangen sind, wie viele von ihnen um ihre oder die Gesundheit ihrer Freunde, Bekannten und Verwandten bangen.

Einer von ihnen bin ich. Nicht, dass ich krank wäre. Ich meine, eigentlich wäre es mir lieber, ich wäre es. Anstatt zu warten. Ruhig, fast ein wenig apathisch sitze ich auf einem harten Metallstuhl. In einem in sterilem Weiß gestrichenen Gang. Links und rechts von mir stehen weitere Stühle. Alle sind leer. Außer mir ist keiner hier. Der ganze Gang ist leer. Keine Geräusche gibt es, es ist vollständig ruhig.
Mir gegenüber befindet sich eine große, zweiflügelige Stahltür. Matt silbrig glänzt sie, unsympathisch, mit zwei kleinen Fenstern auf Augenhöhe, in die ein Drahtnetz eingeschlossen ist. Die Tür ist der Eingang zu den Operationssälen der Notaufnahme. Geschlossen. Nur Ärzte und Personal dürfen da hinein. Und Anna. Sie darf, sie musste hinein. Der Arzt sagte, er würde bald wiederkommen und mir sagen, wie es ihr geht. Was sie hat und warum sie zusammengebrochen war. Seit mehr als einer

Stunde warte ich. Seit mehr als einer Stunde sitze ich auf dem Metallstuhl vor der Stahltür, in einer Reihe mit anderen leeren Stühlen. Meine Hände sind gefaltet, als ob ich betete, die Finger an einigen Stellen weiß, vom krampfhaften Ineinanderfalten. Sonst ist niemand hier. Es wird auch niemand kommen. Annas Familie lebt zu weit entfernt. Sie sind auf dem Weg, aber sie werden noch Stunden benötigen.
Eigentlich aber ist es nicht ganz ruhig, bemerke ich. Die vielen Leuchtstoffröhren über mir verbreiten ein leises Summen, ein Brummen, ein Hintergrundgeräusch, das man normalerweise gar nicht wahrnimmt.
Wenn man es jedoch einmal bemerkt hat, dann bohrt es sich in das Bewusstsein, dann kann man seine Aufmerksamkeit nicht mehr auf etwas anderes lenken. Das Geräusch beginnt mich unruhig werden zu lassen. Es ist so gleichmäßig, gleichförmig, kontur- und ziellos. Sinnlos.
Leuchtstoffröhren funktionieren ganz einfach. Lange runde Röhren sind es, wie der Name schon sagt, lange runde Röhren mit Metallplatten an beiden Enden. Dazwischen befindet sich Gas. Wenn man den Lichtschalter umlegt, dann werden Elektronen auf eine der Metallplatten gepumpt. Gasatome nehmen die Elektronen auf und geben sie an nächstliegende Gasatome weiter, bis sie schließlich an der anderen Metallplatte ankommen. Bei der Abgabe von Elektronen wird ein Lichtquant erzeugt. Licht. Deswegen leuchten Leuchtstoffröhren. Es liegt an den Elektronen, die von einer Seite der Röhre zur anderen wandern. Ein Impuls erzeugt das Licht. Ein elektrischer Impuls.

Seit vier Jahren kenne ich Anna schon. Eigentlich noch länger. Etwa ein halbes Jahr länger.
Wir waren in einem Biergarten auf der alten Stadtmauer von Augsburg gesessen. Es war eine der letzten warmen Herbstnächte gewesen, und Ralph, Chris und ich hatten es uns in einer Ecke des Biergartens gemütlich gemacht. Die beiden sind wohl meine ältesten Freunde. Wir unterhielten uns über die verschiedenen Studienfächer, die wir jetzt belegen, die Vorteile und Nachteile, als plötzlich jemand »Hey, was machst denn du hier?«, neben mir sagte.

Ich drehte den Kopf. Dort stand ein Kerl mit kurzrasierten schwarzen Haaren, Dreitagebart und nichtssagender Kleidung. Ralph grüßte ihn. »Max!«, sagte er. »Wo kommst denn du her? Dich habe ich ja schon ewig nicht mehr gesehen. Was machst denn du hier?«
Max hatte früher, vor etwa einem Jahr, vielleicht auch vor zwei, neben Ralph gewohnt. Links von ihm stand Anna. Das weiß ich, weil Max sie uns vorstellte.
Sie sah mich an. Es ist nicht leicht, sich daran zu erinnern, was ich dachte, in diesem Moment, als sich unsere Blicke begegneten. Ich weiß nicht einmal, ob ich überhaupt etwas dachte. Wenn ich aber jetzt zurückdenke an diesen Moment, an diesen Augenblick, dann kann ich mich immer noch so genau an ihren Blick erinnern, als ob sie direkt vor mir stünde. Ich war sofort gefangen gewesen.
Kurz darauf waren Chris und ich zum Ausschank gegangen, ein neues Bier holen. Anna und Max hatten sich zu uns an den Tisch gesetzt. »Was wollten sie gleich noch mal zu trinken haben?«, fragte ich Chris.
»Max wollte ein Helles und Anna einen Wein«, meinte Chris. »Ist alles klar bei dir?«
»Natürlich«, sagte ich. »Was sollte auch los sein? Sag mal, wer ist das eigentlich, diese Anna?«
Chris reichte gerade der Kassiererin das Geld für die Getränke. »Ich weiß nicht. Woher auch? Ist wohl seine Freundin.«
»Anna«, meinte ich. »Wie findest du sie?«
Chris brummte. »Ganz nett. Kein schlechter Körper«, er grinste. »Über den Charakter kann ich ja schlecht etwas sagen, wir haben uns ja noch nicht unterhalten.«
»Ihre Augen sind wirklich schön«, sagte ich, »wirklich.«
Ralph und Max unterhielten sich, als wir wiederkamen. Anna sah uns schon von weitem kommen. Sie lächelte mir zu. Ich war ganz sicher, dass sie mir zulächelte. »Danke«, sagte sie, als ich ihr ihren Wein hinstellte.
Wir redeten dann einige kurze Sätze. Oberflächliches, wo ich herkam und was ich in Augsburg machte, was sie hier tat und wie mein Name war. Aber schon nach weniger als einer halben Stunde verschwand sie wieder aus meinem Leben. Sie

und Max gingen. Schön sei es gewesen, sagte Max zu Ralph, ihn mal wieder gesehen zu haben. Und es sei nett gewesen, meinte Anna zu mir, mich kennen gelernt zu haben. Dann war sie weg.

Der Gang im Krankenhaus ist immer noch leer. Das Summen der Leuchtstoffröhren ist allgegenwärtig. Weiter hinten höre ich ein Geräusch. Eine der Lampen erlischt. Kurz darauf geht sie wieder an. Dann wieder aus. Sie wird wohl bald ausgetauscht werden müssen, denke ich.

Nach unserer Begegnung auf der Stadtmauer hatte ich Anna ein halbes Jahr nicht mehr gesehen. Aber ich hatte an sie gedacht. Manchmal, wenn ich einen Moment der Ruhe hatte oder auf einer Party alleine war, mit meinem Drink in der Hand herumstand und mir überlegte, mit wem ich wohl als nächstes reden könnte. An ihre Haare habe ich gedacht, an ihre Stimme und ihre Augen. Und manchmal hatte ich versucht, mir einzureden, dass solche Gedanken sinnlos, oberflächlich wären. Ich kannte sie ja gar nicht. Ich war ihr ein einziges Mal begegnet, zufällig, wir hatten nur diese einigen wenigen Sätze miteinander geredet. Ich wusste eigentlich nichts von ihr.
Ralph und Chris waren wirklich meine ältesten, besten Freunde. Die ganze Schulzeit hatten wir miteinander verbracht. Wir teilten unglaublich viele Jahre schöner, trauriger, bewegender Erinnerungen miteinander. Ohne Zweifel, die beiden wussten mehr von mir als meine Brüder, meine Mutter oder mein Vater. Sie konnten sich an meine erste große Liebe erinnern, meinen ersten Kuss, meinen ersten Liebeskummer. Manchmal, spät abends, wenn wir zu dritt waren, dann begannen wir, uns Anekdoten von früher zu erzählen. Wie Ralph während unseres gemeinsamen Tanzkurses immer von einem Mädchen unserer Klasse regelrecht verfolgt wurde, wie sie mich damals während eines Schulfestes im Januar betrunken im Freien liegend entdeckt hatten, völlig apathisch und überzeugt davon, es sei warm genug, draußen zu schlafen. Oder wie Chris sich damals bei einem Sturz das Wadenbein zertrümmert

hatte und erst zehn Minuten später eingesehen hatte, dass das mit dem Laufen nicht mehr so richtig funktionierte.

Die beiden waren meine besten Freunde. Sie wussten nicht nur mehr über mich, als meine Familie es tat, manchmal glaubte ich, sie wussten mehr über mich, als ich selbst. Das hatte sich auch nicht geändert, als wir nach der Schule getrennte Wege eingeschlagen hatten. Wir studierten verschiedene Dinge, sahen uns bei weitem nicht mehr so häufig wie früher, jeder hatte neue, den anderen fremde Bekannte und Bekanntschaften. Und doch hatte ich niemals das Gefühl gehabt, dass mir jemand anderes näher war als diese beiden.

Es war Nachmittag. Kurz nach zwei Uhr.

Mein Handy klingelte. Ich saß gerade in der Mensa der Universität, trank einen Kaffee und war schlecht gelaunt. Es gab viel zu viele Seminare, Übungen und Vorlesungen, fand ich. Vor allem aber der uferlos erscheinende Katalog der auf die Klausuren zu lernenden Themen ließ mich schaudern.

Das Handy klingelte immer noch. Ich angelte es aus meiner Hosentasche und nahm den Anruf an.

»Ja?«, sagte ich.

Es war Ralph. »Hey, Mann, wie geht's dir so?«, fragte er. »Was machst du denn gerade?«

»Bin in der Uni«, sagte ich. »In der Mensa.«

»Jetzt noch? Ist bei euch noch was los?«

Ich brummelte. »Seminar«, sagte ich, »hat vor etwa zehn Minuten angefangen.«

Ralph lachte. »Solltest dich dann aber ein wenig beeilen«, meinte er.

»Nein«, ich nahm einen Schluck Kaffee und überlegte mir, ob ich ein schlechtes Gewissen haben würde, wenn ich mir jetzt noch eine Zigarette anzündete. Nicht, weil ich dann mein Seminar verpassen würde, sondern wegen wuchernder Tumoren in meinen Lungenflügeln. »Was machst du denn heute Abend?«

»Wollte ich dich gerade fragen«, sagte Ralph, »wir könnten weggehen. Heute ist der Hepcat Club gut.«

Im Hepcat Club war ich noch nie gewesen.

»Ganz im Ernst. Da sollten wir hingehen«, sagte Ralph. »Die haben heute Salsa-Nacht. Mit einer Live-Band.«

Eine Zigarette war schon noch möglich, entschied ich mich. Wegen dieser einen bekam ich bestimmt keinen Lungenkrebs. Salsa mochte ich nicht. Ralph hatte schon immer einen etwas seltsamen Musikgeschmack. Oder ich. Je nachdem.
»Außerdem«, warb Ralph, »machen sie dort die besten Cocktails. Die besten der Welt. Ganz sicher. Vertrau mir. Das wird bestimmt ein exzellenter Abend.«

Schnee lag auf meiner Jacke, hing in meinen Haaren. Meine Hände hatte ich tief in meinen Jackentaschen vergraben. Der Hepcat Club lag in einem Kellergewölbe. Eigentlich war es eine Bar, kein Club, hatte Ralph mir erzählt. Was mich beruhigt hatte, denn ich hatte keine Lust auf Tanzen. Ich stieg eine enge, steinerne Wendeltreppe hinab. Schon von hier oben hörte man die Band spielen. Wenn ich diese Musik den ganzen Abend hören sollte, überlegte ich mir, dann waren die Cocktails besser wirklich gut. Meine von der Kälte unbeweglich gewordenen Finger begannen nach meiner Zigarettenschachtel zu suchen, fanden sie, ich nahm mir eine Zigarette heraus und zündete sie an, während ich mit der Schulter die Tür des Clubs aufdrückte.
Ein angenehmer Schwall warmer, nein, heißer, feuchter Luft hüllte mich ein. Offensichtlich war Ralph nicht der einzige, der Salsa liebte. Er hatte mir wohl nicht die Wahrheit gesagt, denn, wenn das wirklich eine Bar war, dachte ich, dann war es die Überfüllteste, in der ich jemals gewesen war. Und es war zweifelsohne die Bar, in der am meisten getanzt wurde.
Ich nahm einen tiefen Zug aus meiner Zigarette und hielt sie hoch über mich in die Luft, um niemanden zu verbrennen, während ich mich durch all die sich zu der Musik bewegenden Menschen hindurchschob. Zur Bar wollte ich, einen Cocktail trinken. Schmunzelnd realisierte ich, dass ich erst drei, vier Mal in meinem Leben einen Cocktail getrunken hatte. Wenn man einmal von Tequila Sunrise, Piña Colada oder Caipirinha absieht. Der Hepcat Club machte einen sympathischen Eindruck. Die Bar aus dunklem, mattem Holz fügte sich nahtlos in das Kellergewölbe ein. Die Wände und Decken, die vielen Säulen waren nicht gestrichen. Man konnte das Mauerwerk sehen. Es musste sehr alt, hunderte von Jahren alt sein, vermutete ich.

Der Barkeeper war überfordert. Menschen drängten von allen Seiten auf ihn ein, seine Bewegungen waren schnell und hektisch, ein junges Mädchen, eine Bedienung, vermutete ich, versuchte ihn zu unterstützen. Auch sie sah angestrengt aus.
»Ja?«, sah sie mich an, ungeduldig, wartend und in Gedanken doch schon nicht mehr bei mir.
Ich entschied mich für ein Bier. Unkompliziert, schnell, wenn ich wirklich Cocktails probieren wollte, dann konnte ich mit Ralph an einem anderen Tag wiederkommen. Die Bedienung reichte mir ein volles Bierglas, ich gab ihr Geld, meine Zigarette war schon wieder aus. Ich zündete mir eine neue an. Irgendwo hier, in der Menge hinter mir, rhythmisch zur Musik wogend, musste sich Ralph befinden. Ich drehte mich um – und stieß mit ihr zusammen. Sie lächelte, wie sie auch damals gelächelt hatte. Anna.
Auch ich lächelte. Die Welt rückte in den Hintergrund.
Jemand packte mich an der Schulter. Ralph. »Hey, Mann«, sagte er, »wir sind dort vorne. Hast du keinen Cocktail? Magst du die Musik?« Er schob mich von ihr weg. Ich sah ihr nach. Sie mir auch.
»Das war Anna«, sagte ich, »ich habe gerade Anna getroffen.«
»Echt?«, drehte sich Ralph um. »Kann schon sein. Aber Chris ist auch da. Und einige aus meinem Semester«, er führte mich zu einem Tisch und setzte mich zwischen zwei Menschen. »Das ist einer meiner ältesten Freunde«, stellte mich Ralph ihnen vor, »wir hatten schon zusammen im Kindergarten gespielt.«
Anna tanzte. Sie sah mich immer wieder an.
Ich hatte mich nicht gut mit Ralphs Freunden unterhalten. Chris und ich standen nun am Rande der Tanzfläche, an eine der Steinmauern gelehnt.
»Siehst du sie?«, fragte Chris.
»Wen meinst du?«, sagte ich. »Anna?«
Chris nickte. »Sie sieht die ganze Zeit zu uns herüber. Obwohl«, er verzog die Lippen zu einer Grimasse, »ich befürchte, sie meint dich.«
»Denkst du?«, fragte ich.
Chris nickte. Ich zündete mir eine Zigarette an.

Später war sie zu mir herübergekommen. »Wollen wir tanzen?«, hatte sie gesagt.
»Warum nicht?«, antwortete ich. Ich hasste es zu tanzen. »Allerdings wirst du mit mir viel Geduld haben müssen. Ich bewege mich wie eine Holzpuppe. Wollte ich nur sagen, als Warnung. Aber ich werde mich bemühen.«
»Hoffentlich nicht zu sehr«, packte sie mich an der Hand. »Ich tanze auch nicht besser. Komm mit!«
Niemals hatte ich es gemocht, mich zu Musik zu bewegen – bis zu dieser Nacht. Anna hatte gelogen, als sie behauptete, nicht tanzen zu können. Und ich lernte schnell – verglichen mit einer Holzpuppe, versteht sich.
Wir redeten nicht viel miteinander. Es gab auch gar keinen Grund dazu. Wir tanzten. Es gab nichts, was ich mit ihr hätte besprechen wollen. Vielleicht hätte Reden sogar etwas zerbrochen. So, auf diese Weise, verbrachten wir beide die Nacht zusammen, tanzend in dieser Bar, spät war es, wir waren umringt von Menschen und doch ganz und gar alleine, ganz für uns, eingetaucht in farbige, flackernde Lichter, nur wir beide, nur wir.
Die Leuchtstoffröhre geht an und aus, an und aus. Ich kann meinen Blick von ihr nicht mehr abwenden.


In der Biochemie findet aufgrund der Möglichkeit, den genetischen Code zu entschlüsseln, zu reproduzieren und zu manipulieren, eine gewaltige Revolution statt. Vor nicht einmal vierzig Jahren wurde eine einfache Methode zum Klonen als Replikationsmethode zur Untersuchung von Gensequenzen entdeckt. Die PCR, die Polymerase Chain Reaction.
Ich tropfte gerade einige Mikroliter Tag-Polymerase in einen Kolben. Ich klonte. Es war eine Übung. Ich sollte lernen, wie das funktionierte. Im Biochemie-Grundpraktikum. Die Tag-Polymerase wirkt wie eine Art Kopiermaschine, die aus einem Protein ein zweites macht. Dinge, die noch vor so wenigen Jahren gar nicht bekannt waren, wurden heute Biochemie-Studenten in ihrem ersten Jahr beigebracht.
Alles ist erklärbar oder könnte erklärbar sein, wenn man nur genug Zeit investiert, fand ich.
So vieles war in den Laboren der Naturwissenschaftler enthüllt

worden. Die DNA, die Aufgaben und das Aussehen von unzähligen Proteinen, die Funktion von einzelnen Nervenzellen, die sich in unseren Köpfen zu Gehirnen zusammenschließen.
Es war erst vorgestern gewesen, dass ich mit Anna im Hepcat Club getanzt hatte. Ralph hatte mir erzählt, dass sie sich schon vor Monaten von Max getrennt hatte. Und dass er sich an meiner Stelle bei ihr melden würde.
Ich heize meinen Kolben auf 72 Grad Celsius. Das war die optimale Temperatur für die Tag-Polymerase, da wirkte sie am besten. In wenigen Stunden würde ich mein Protein geklont haben. Nun, im Grunde genommen war das nicht ganz richtig. In wenigen Stunden würde ich aus einigen tausend Ausgangsproteinen Milliarden identischer Kopien geschaffen haben.

Die große Stahltür zum Operationssaal öffnet sich. Eine Krankenschwester kommt heraus, eilig, ihre Füße fest und schnell auf den Linoleumboden setzend, fast hastend stürmt sie aus der Tür, will den Gang hinunter.
»Halt«, sage ich. »Halt!«
Sie dreht sich um. Ihr Gesicht ist angespannt, streng, sie scheint erschöpft.
»Wie geht es ihr?«, sage ich.
Die Schwester runzelt die Stirn. »Wie geht es wem?«, fragt sie.
Ich bin verwirrt. »Meiner Anna. Sie wird gerade operiert. Wie geht es ihr?«
»Haben Sie eine Ahnung, wie viele Operationssäle sich hinter dieser Tür befinden?«, meint die Schwester. »Ich weiß gar nichts über Ihre Angehörige. Aber sobald die Operation beendet ist, wird man es Ihnen sagen. Ich bin sicher, ihr geht es gut.« Sie versucht aufmunternd auszusehen. »Bitte entschuldigen Sie«, eilt sie weiter.
Ich widme mich wieder der Leuchtstoffröhre.

Es ist ganz seltsam. Ich weiß nicht, ob es früher auch so war. Jedenfalls ist es mir damals nicht aufgefallen. Wenn ich an meine Kindheit zurückdenke, dann war jeder Sommertag heiß, sonnig und vollständig wolkenlos. Die Schatten sind lang und die Nächte heiß. Ich bin den ganzen Tag draußen, im

Garten oder auch in dem kleinen Waldstück hinter den Äckern, auf denen Maispflanzen wachsen, die größer sind als ich. Im Wald bauten wir damals ein großes Lager aus Ästen, mit vielen dichten Tannenzweigen als Dach, und jeden Abend sitzen meine Eltern auf der Terrasse, nach dem Abendessen, und trinken ein Glas Wein, während sie sich Arm in Arm den Sonnenuntergang ansehen. Jeder Sonnenuntergang war wunderschön und rot.

Im Winter meiner Kindheit liegt immer Schnee, meine roten Wollhandschuhe sind kalt und nass vom vielen Schneeballwerfen, kleine Schneebröckchen haben sich in den Wollfäden gefangen und machen die Handschuhe ungemütlich. Und das Iglu, das wir uns aus großen Schneekugeln zusammengerollt hatten, hatte Platz für mindestens drei von uns, mit seinem Kamin und dem kleinen Schneetisch. Es hielt mindestens ewig, bevor es von der Sonne geschmolzen wurde.

Jetzt war es anders. Der Sommer hat nur noch wenige schöne Tage, nur noch selten sehe ich einen Sonnenuntergang und wenn es schneit, dann ist spätestens mittags der Schnee geschmolzen von den ihn zermalenden Autoreifen und dem Salz, das ihn aufsaugt. Woran das liegt, weiß ich nicht. Vielleicht ist es anders geworden, vielleicht ist das Wetter nicht mehr dasselbe. Aber vielleicht sehe ich auch nicht mehr richtig hin.

Aber manchmal, manchmal hat man einen Augenblick, einen Tag, an dem es anders ist. Das ist dann etwas ganz Besonderes. Ich fühle mich dann wie ein Zuschauer, als ob ich etwas Wunderschönes sehe, etwas, das nicht für mich bestimmt ist, wie ein Tourist auf einem arabischen Markt, man ist da und kann alles beobachten, aber man fühlt sich nicht als Teil seiner Umgebung. Man ist ein Fremder, betrachtet etwas Zerbrechliches und Filigranes und man sollte es auf jeden Fall vermeiden, etwas Unbedachtes und Unüberlegtes zu tun, um nichts zu zerstören.

Anna und ich erlebten einmal so einen Tag. Eine Nacht, genauer gesagt. Es war im Hochsommer gewesen.

Ich hatte im Labor gestanden und mich nach draußen gewünscht. Aber ich musste arbeiten. Alle im Labor hatten sich nach draußen gewünscht. Es war so heiß in unseren schwarzen Schutzhandschuhen und den langen Laborkitteln, dass wir

regelmäßig die Hände mitsamt den Handschuhen in Eiswasser tauchten.
Ich duschte, abends, wieder in meiner Wohnung angekommen, völlig erschöpft. Danach legte ich mich auf mein Bett, döste, ruhte aus.
Es klingelte an der Wohnungstür. Ich schreckte auf und realisierte, dass ich geschlafen hatte. Ich war desorientiert. Nur langsam erinnerte ich mich, dass ich aus dem Labor gekommen war, es war ein heißer Tag gewesen und ich hatte geduscht. Lange konnte ich nicht geschlafen haben. Meine Haare waren noch nass. Es klingelte ein zweites Mal. Ich stand auf, ging zur Tür. »Hallo?«, fragte ich, bevor ich sie öffnete.
Es war Anna. »Ich bin's«, meinte sie.
Etwas mehr als drei Monate war es nun schon her, dass wir uns im Hepcat Club wieder getroffen hatten. Vier Tage danach hatten wir zusammen einen Kaffee getrunken – mehr als drei Stunden waren wir zusammengesessen und hatten geredet, hatten uns unterhalten. Und ich hatte mich in sie verliebt. Nun, im Grunde genommen hatte ich das schon im Hepcat Club getan. Oder vielleicht sogar noch früher. Und auch sie hatte mich von Anfang an gemocht.
Ich machte die Tür auf. »Hey du«, huschte sie in mein Zimmer und schaute an mir hinunter. »Gut siehst du aus.« Sie zog mich zu sich her und küsste mich. »Wir müssen aber trotzdem los. Zieh dir deine Schuhe an.«
»Wieso?«, fragte ich. »Hatten wir denn was ausgemacht?«
»Nein«, grinste Anna schelmisch. »Das schützt dich jedoch trotzdem nicht vor meiner Anwesenheit. Die Schuhe, bitte. Wir fahren picknicken.«
»Jetzt gleich?«, fragte ich.
»Jetzt«, sagte Anna.

Die Lampe flackert immer noch. Manchmal bleibt sie länger aus, mal kürzer. Es war seltsam gewesen, als sie zum ersten Mal erloschen war. Nichts hatte darauf hingedeutet. Sie war plötzlich aus gewesen. Ich denke an Anna, wie sie heute Nachmittag mit mir draußen vor dem Café gesessen war. Ich hatte zwei große Pappbecher Cappuccino in der Hand. Es gab in dem Café

nur Selbstbedienung. Man musste sich innen seine Getränke selbst holen.
Gerade wollte ich Annas Cappuccino vor ihr auf den Tisch stellen.
»Was ist los mit dir?«, fragte ich. Sie sah so seltsam aus.
»Ich weiß nicht«, sagte sie. Sie sah mich an. Gleich darauf verlor sie den Augenkontakt, begann an mir vorbeizuschauen. Ich glaube nicht, dass das Absicht gewesen war. Sie versuchte sich mit den Händen am Tisch abzustützen. Sie verfehlte ihn. Sie verfehlte den Tisch und brach zusammen. Ihr Kopf schlug etwa in dem Augenblick auf den Pflastersteinen vor dem Café auf, in dem ich meine Cappuccinobecher losließ.

Anna hatte mich gedrängt, schnell zu machen. »Sonst ist die Sonne weg, schon bevor wir unser Picknick begonnen haben.« Ich saß im Auto und musterte die Rückbank. Dort befand sich eine tragbare Stereoanlage, ein Picknickkorb, eine große Decke, eine Flasche Wein.
Wir fuhren zum Bismarckturm. Er thronte auf einem Hügel über Augsburg, umgeben von einer kleinen, parkähnlichen Fläche mit einigen Laubbäumen. Eine große Bundesstraße umklammerte den Hügel, leitete hunderte, tausende Autos in die Stadt und wieder hinaus. Ich hatte keine Ahnung, was für Bäume es waren, die in dem Park wuchsen, aber sie machten einen guten Eindruck. Schön sahen sie aus.
Die Sonnenstrahlen wurden schon schwächer, als wir aus dem Auto stiegen, wärmten aber noch immer angenehm die Haut, und Grillen schienen sich überall um uns herum im Gras des Parks und den angrenzenden Feldern versteckt zu haben, es war unmöglich zu sagen, ob es nun drei, vier oder vielleicht vierzig waren.
»Dort können wir es uns bequem machen«, meinte Anna. Sie deutete auf eine Grasfläche vor dem Turm. Sie war von einigen Bäumen umrahmt und doch immer noch in der Sonne liegend. Von dort aus hatte man einen atemberaubenden Blick auf die Stadt. Ihre Gebäude spiegelten sich im untergehenden Licht der Sonne, rötlich fast, was sie wenig fragil wirken ließ.

Ich gab Anna einen innigen Kuss. »Das hast du gut gemacht«, sagte ich. »Wann hattest du die Idee, hierher zu kommen?«
Sie griff in den Picknickkorb und holte zwei Saftgläser daraus hervor. »Weingläser wollte ich nicht mitnehmen«, versuchte sie schuldbewusst auszusehen. »Zu zerbrechlich. Ich hoffe, du trinkst auch aus diesen hier.«
»Niemals!«, behauptete ich. »Hast du einen Korkenzieher dabei?« Sie gab ihn mir. Ich schenkte uns beiden ein.
»Heute Nachmittag«, sagte Anna, »habe ich mir überlegt, dass du auch mal wieder etwas vom Sommer haben könntest. Du warst doch wieder den ganzen Tag im Labor, nicht wahr?«
Ich nickte. Sie deutete mit ihrem Weinglas auf die Aussicht vor uns. »Also«, sagte sie, »entschädigt das ein bisschen?«
»Ein bisschen«, sagte ich.
Wir saßen nebeneinander, ruhig, keiner von uns redete. Wir waren uns so nah. Die Sonne tauchte die Fassaden der vielen unter uns liegenden Häuser mittlerweile in dunkleres, weicheres Licht.
»Was denkst du?«, fragte mich Anna. Sie drückte sich fest an mich.
»Ich weiß nicht«, sagte ich.
Sie setzte sich auf. »Natürlich weißt du das«, sagte sie. »Los, das musst du jetzt sagen.«
Unwillig zog ich die Stirn in Falten.
Jetzt versuchte sie drohend auszusehen. »Du sagst das jetzt«, beharrte sie.
Ich seufzte. »Es macht mich traurig«, sagte ich, »so viele Tage und Wochen dieses Sommers habe ich in der Arbeit verbracht, so oft, immer, habe ich etwas zu tun, eine Aufgabe löst die andere ab, und nie hat man mal einen oder zwei Momente, in denen man nichts zu tun hat, in denen man weiß, was man gemacht, in denen man weiß, was man geschafft hat. Und wenn man weggeht, ins Kino oder einen Club oder eine Bar, dann hat man nur eine kurze Pause, eine Auszeit, dann ist man nur kurz weg, bevor einen viel zu schnell die täglichen Aufgaben wieder gefangen nehmen. Warst du schon mal im Urlaub, Anna, zwei Wochen an einem schönen Strand im Süden, erst mittags aufgestanden und abends bis spät in die Nacht weg?«

Anna nickte.

»Man fühlt sich erholt, man denkt, dass man frei ist, endlich, frei von allem, was zu Hause belastet. Und wenn man dann wiederkommt, glaubt, sich erholt zu haben, dann ist alles wieder ganz anders, sobald man seine Wohnungstür aufgeschlossen hat. Die zwei Wochen haben gar nichts gebracht. Ein Tag zu Hause und das Trugbild ist verschwunden, hat einer Leere Platz gemacht. Am liebsten würde man dann sofort wieder wegfahren. Normalerweise denkt man an solche Sachen nicht. Nur manchmal. Heute. Als ich gerade so dagesessen bin. Siehst du die Straße dort unten? All diese Autos, die beschleunigen und bremsen, unstet, unruhig? Von hier oben kann man sehen, wie es sein muss, dort unten inmitten der Massen zu sein, jeder ist eingebunden in seine eigenen Pflichten, unfähig zu entrinnen.«

»Findest du?«, fragte Anna. »Wie lange haben wir hierher gebraucht? Zwanzig Minuten?« Sie sprang auf , streckte beide Hände weit von sich. »Heute Abend ist es gut, nicht wahr? Hier ist es schön. Deswegen ist es dir doch aufgefallen, dass du dich nicht so einfangen lassen darfst vom Leben der anderen. Du musst dir die Zeit erzwingen.« Sie kniete sich vor mich hin, deutete auf die Autos der Straße. »Hast du gesehen?«, fragte sie. »Sie haben ihre Lichter angemacht. Sieht es nicht wunderbar aus? Rechts die Reihe roter Perlen, sich von uns entfernend und links die weiß leuchtenden, sich uns nährend und dort unten, am Fuß des Hügels verschwindend. Sollen wir unsere Kerzen anmachen?«

»Du hast Kerzen dabei?«

»Aber natürlich«, angelte Anna in ihrem Picknickkorb herum, »sonst sehen wir ja bald gar nichts mehr.« Anna hatte wirklich Kerzen dabei. Ich war erstaunt. Wir errichteten mit ihnen einen kleinen Kreis um unsere Decke herum. Es sah wunderbar aus.

Die Sonne beleuchtete die Gebäude vor uns jetzt in dem intensivsten Rot, das ich jemals in meinem Leben gesehen hatte. Selbst in den Sonnenuntergängen meiner Kindheit taucht kein solch tiefes Rot auf. Ich schenkte uns noch etwas Wein in unsere Saftgläser ein.

»Ist das nicht wunderschön. Als ob alles vor uns in kaltes Feuer getaucht worden wäre. Und wir können es sehen«, sagte Anna.
»Wieso wohl das Sonnenlicht abends rot ist?«
»Das kann man bestimmt erklären«, überlegte ich. »Vielleicht werden am Abend bestimmte Teile des Lichts von der Luft absorbiert. Wahrscheinlich ein ganz einfaches physikalisches Phänomen.«
»Mach mir das jetzt bloß nicht kaputt«, warnte mich Anna, und holte etwas aus dem Picknickkorb. »Hier«, sagte sie. »Ich habe noch ein paar Kuchenstücke mitgebracht. Dachte, du magst sie vielleicht.«
Ich grinste. »Das ist ja unglaublich. Was hast du denn noch alles in diesem Korb versteckt?« Ich probierte den Kuchen. Er war ausgezeichnet.
»Lass dich überraschen«, sagte Anna. »Lass dich überraschen. Was ist denn aus deinem Klon geworden, von dem du mir die ganze Zeit erzählt hast, als wir zusammengekommen sind? Das wollte ich dich schon lange fragen. Hat es geklappt?«
»Das war kein Klon. Ein Klon ist ein dupliziertes, richtiges, eigenständig lebensfähiges Wesen. Wir haben nur ein paar Proteine kopiert. Nennt man auch klonen, war ziemlich lustig. Ist aber viel weniger kompliziert.«
»Aber ist das nicht beängstigend?«, fragte Anna.
»Was soll beängstigend sein? Das Klonen?«
»Ja«, sagte Anna. »Dass man in der Lage ist, so etwas zu kopieren. Ich meine, sie sind so klein und unsichtbar, man kann sie gar nicht sehen, wie sollte man sie kopieren können?«
Ganz leise, eigentlich nicht mehr wahrnehmbar, hörte ich den Lärm der Straße zu uns heraufwehen. »Man hat so viel verstanden in den letzten Jahrzehnten« sagte ich. »So wahnsinnig viel. Wie die DNA funktioniert, wie sie verdoppelt wird, was so viele Proteine für Aufgaben haben. Es ist wie ein Uhrwerk, jede einzelne deiner Zellen, dein Körper, nur mit kleinen Proteinen aus Aminosäuren anstelle großer Zahnräder aus Metall.«
»Ein Uhrwerk«, sagte Anna. Sie holte sich eines der Kuchenstücke.
»Der schmeckt echt gut«, sagte ich und gab ihr einen Kuss auf die Stirn, bevor ich weiterredete. »Es ist schon ein bisschen wie

ein Uhrwerk, unser Körper. Alles spielt ineinander und regelt sich, es ist ein sehr kompliziertes Uhrwerk, zugegeben, aber im Grunde genommen nichts anderes.«

Anna überlegte. »Das ist doch alles gar nicht richtig wahr«, entschied sie. »Überlege mal, wie kompliziert unser Körper arbeitet. Wie schnell er sich den verschiedensten Bedingungen anpassen kann. Er repariert sich selbst, Wunden verheilen, er wächst und kann sich reproduzieren. Ich meine, welche Maschine kann das schon? Wir sind mehr als eine richtige Maschine. Wenn du mir einen Roboter zeigst, der sich selbst fortpflanzen kann, ohne eine Fabrikhalle, dann glaube ich dir vielleicht. Vorher nicht.«

»Du musst mir auch nicht glauben«, meinte ich, Kuchen kauend. »Es ist aber einfach so. Alles in deinem Körper wird gesteuert von winzigen kleinen Proteinen, die wie Schalter wirken. Der Schalter ist an, du krümmst einen Finger, der Schalter ist aus, du entspannst ihn wieder. Es ist alles ganz einfach. Oder eigentlich doch nicht. Ich meine, natürlich ist ein Mensch komplizierter als jeder Roboter der Welt. Aber eigentlich nichts anderes. Komplizierter, weil einfach weiter entwickelt. Seit wie vielen Jahren entwickeln die Menschen Maschinen? Autos und solche Sachen? Einhundertfünfzig Jahre? Sicher nicht viel mehr. Das Leben ist eine Milliarde Jahre alt. Was für ein kompliziertes Auto könnte man schaffen, wenn man die Ingenieure noch, sagen wir, eine Million Jahre lang daran schrauben ließ? Eine Million Jahre, überlege mal. Was für eine unmessbar lange Zeit. Wie jung ist die Geschichte der Menschen? Es ist eine sensationelle Entdeckung, wenn Archäologen Relikte unserer Vorfahren entdecken, die 3500 Jahre alt sind. Nur 3500 Jahre. Es würde ein gutes Auto werden, nicht wahr? Und selbst dann hätten sie nur ein tausendstel der Zeit in die Entwicklung des Autos investiert, die es schon Leben auf unserem Planeten gibt. Und das Leben hat sich immer weiter und weiter entwickelt. Wir Menschen gehorchen genau wie unsere Maschinen denselben Naturgesetzen. Wir sind denselben Schranken unterworfen. Es gibt nicht viel Unterschied, außer in der Komplexität. Wir beide sind Maschinen.«

Anna blickte mich skeptisch an. »Was ist dann mit deinen Gefühlen?«, sagte sie. »Du fühlst doch etwas, nicht wahr? Was ist mit Zuneigung. Was ist mit Liebe? Eine Maschine empfindet keine Zuneigung. Und auch keine Liebe. Wie kannst du also eine Maschine sein? Und«, sie drohte mir mit dem Zeigefinger, »sag jetzt besser nicht, dass du keine Liebe empfinden kannst, junger Mann. Dann hast du nämlich ein Problem, ein großes Problem.«

»Doch«, küsste ich sie, »ich glaube, das kann ich sehr wohl.«

»Also«, meinte sie. »Was ist dann das Problem? Du kannst jemanden lieben. Mein Computer hat mir noch nie seine Liebe gestanden. Deiner?«

»Nein«, sagte ich, »das muss er aber auch gar nicht. Wieso sollte er auch. Das macht überhaupt keinen Sinn. Aber Maschinen können auch etwas empfinden. Auf eine andere Art und Weise natürlich. Blinkt nicht ein Licht an deinem Auto, wenn kein Benzin mehr im Tank ist? Warnt dich nicht eine Anzeige, wenn die Temperatur im Motor zu hoch ist? Bei neueren Modellen wird niedriger Reifendruck angezeigt und lauter solche Dinge. Das Auto weiß, wenn etwas mit ihm nicht in Ordnung ist. Ganz genau wie du, wenn du dir wehgetan hast. Schmerz macht dich darauf aufmerksam, dass du dich verletzt hast, er sagt dir, dass dein Körper nicht mehr so funktioniert, wie er eigentlich sollte. Oder wenn du zu wenig gegessen hast. Dann wird dir das von deinem Körper mitgeteilt. Nicht durch ein leuchtendes Licht, sondern durch Enzyme, die in deinem Hirn ausgeschüttet werden und dadurch deine Empfindungen regeln. Du wirst hungrig. Es ist nichts besonders dabei. Dir werden Probleme mit deinem Körper mitgeteilt, genau wie die Elektronik des Autos dir Probleme mitteilt. Wie gesagt, beim Körper ist es viel komplexer. Aber doch irgendwie dasselbe. Schneidest du dich in den Finger, dann leiten verletzte Nerven in deiner Haut oder deinem Fleisch elektrische Signale in dein Hirn. Elektrische Impulse. Wie in jedem simplen elektronischen Gerät.«

»Aber was ist mit der Liebe?«, beharrte Anna. »Ein Auto empfindet keine Liebe. Und woher kommt sie? Ist das auch nur eines deiner Proteine? Ist Liebe nicht mehr?«

»Es sind viele Proteine«, sagte ich. »Zuneigung wird wohl von einer ganzen Reihe von Faktoren beeinflusst. Und ein Auto empfindet das nicht, weil es das nicht muss. Wieso auch? Ein Auto wird in einer Fabrik gefertigt. Manchmal bin ich traurig, dass ich solche Sachen im Studium gelernt habe. Nicht das mit dem Auto, sondern, dass die Liebe nichts anderes ist als das geschickte Zusammenspiel von ein paar Molekülen. Und ich weiß nicht mehr, wie ich daran glauben soll, dass nicht alles in mir, mein komplettes Dasein durch eine Art komplexes System aus Zahnrädern gesteuert wird.«

»Aber du bist doch etwas«, sagte Anna und sprang wieder auf. Sie stand vor mir, mit mir in diesem Kreis aus Kerzen. »Ich weiß, dass ich etwas bin. Ich fühle es. Dort drin in mir ist etwas, das man nicht mit der Wissenschaft erklären kann.« Sie deutete auf ihr Herz. »In meinem Körper. Da ist etwas, ich spüre es. Du musst das doch auch fühlen. Dort in mir ist meine Seele. Was ist mit deiner?«

»Meine Seele ist in meinem Kopf«, sagte ich. »Dort war sie schon immer. Mein Herz pumpt nur Blut.«

»Deine Seele ist also auch nur eine Maschine?«, grinste Anna. »Ich habe noch nie gehört, dass man sie bei einem toten Menschen gefunden hat. Vielleicht haben sie nur nicht genau genug gesucht. Vielleicht sollten sie bei dir nach einem winzigen Ding in deinem Kopf, in deinem Hirn suchen, an dem dann wahrscheinlich ein noch winzigerer Zettel befestigt ist. 'Seele' würde wahrscheinlich darauf stehen. Was für eine Entdeckung für die Wissenschaft. 'Endlich ist sie gefunden, die Seele!', würden alle Zeitungen schreiben. Was meinst du? Willst du deinen Körper in den Dienst der Wissenschaft, in den Dienst des Ruhmes stellen?«

»Meine Seele ist mein Bewusstsein«, sagte ich, »und mein Bewusstsein wird von meinem Hirn und meinen Hirnzellen, meinen Neuronen, gesteuert. Die Neuronen in meinem Kopf, mein Gehirn, funktioniert mit elektrischen Impulsen. Die einzelnen Zellen kommunizieren dadurch miteinander. Also ist mein Bewusstsein, meine Seele, das, was mich als Mensch ausmacht, das was uns alle als Menschen ausmacht, das Göttliche in mir, mein freier Wille, das alles ist nichts anderes als ein Stromstoß. Ein sehr komplizierter, zugegeben. Aber nichtsdestotrotz nur ein Stromstoß. Er läuft ununterbrochen in unserem Gehirn ab, ohne Pause. Egal, ob wir wach sind oder schlafen. Er existiert trotzdem, egal, ob wir gerade einen Schlag auf den Kopf bekommen haben und ohnmächtig umfallen oder ob uns ein Arzt vor einer Operation in die tiefste Narkose unseres Lebens versetzt hat. Wenn er nicht mehr existiert, dann sind wir tot. In solchen Fällen werden auf Intensivstationen die Maschinen abgestellt. Und willst du wissen, was diesen Stromstoß, diesen Impuls von dem in einer Glühbirne unterscheidet?«

»Ich glaube weder, dass ich deiner Meinung sein noch dass ich sie ernst nehmen werde.«

»Ihn unterscheidet gar nichts. Es ist genau dasselbe. In der Glühbirne werden Elektronen verschoben, in unserem Hirn auch. Hast du dich schon einmal gefragt, ob das Licht einer gewöhnlichen Glühbirne, vielleicht auch ihr Wesen oder ihre Essenz oder wie auch immer man es nennen mag, ob sie irgendwo weiterlebt? Bestimmt nicht. Die Glühbirne ist aus, wenn man den Schalter umlegt. Daran besteht kein Zweifel. Der elektrische Impuls verebbt, das Licht erlischt. Klare Sache. Es besteht aber nur kein Zweifel daran, weil eine Glühbirne so einfach zu durchschauen ist. Wenn wir ein Hirn genau so gut verstehen würden, dann würde niemand mehr nach einer Seele fahnden.«

»Steh auf«, sagte Anna.

»Wieso?«, fragte ich.

Sie ging auf mich zu, nahm meine Hände und zog mich hoch. »Komm zu mir«, sagte sie und schob mich aus meinem Kreis aus Kerzenlicht heraus, hinaus in die Dunkelheit. Dort stellte sie sich vor mich, sah mich aus ihren großen schönen Augen an, die mich immer noch fesselten, wie sie mich gefesselt hatten, als ich sie das erste Mal gesehen hatte. »Schau dich um«, befahl sie. Ich sah mich um. Wir waren auf einem Hügel, und blickten hinunter auf die Silhouette von Augsburg, unter uns die Straße, hinter uns der Bismarckturm, eingefasst von den vielen Bäumen, über uns die Nacht.

»Das ist alles, was du siehst?«, fragte Anna. »Ist das wirklich alles?«

Ich nickte.

»Da ist noch viel mehr«, meinte Anna. »Sieh dir an, wie mächtig

die Steine des Turms zwischen den Bäumen aufragen, dunkel und unbeweglich, während sich die Blätter und Äste der Bäume leicht im Wind wiegen, sieh die vielen Autos dort unten an, in jedem sitzt ein anderer Mensch, in manchen von ihnen mehrere, sie haben alle ihre eigenen Ziele und Pläne, ihr eigenes Leben, zufällig sind sie sich nahe auf einem kleinen Abschnitt der Straße, nur um sich dann wieder voneinander zu entfernen. Ist es nicht faszinierend, sich vorzustellen, wohin sie alle fahren? Was sie bewegt und warum sie jetzt zu dieser Zeit hier sind? Die Häuser Augsburgs, in allen von ihnen brennt Licht. Man kann ihre Umrisse nicht mehr richtig erkennen, die Grenzen zwischen den Gebäuden, man kann nur noch die beleuchteten Fenster ausmachen. Ist es nicht ein Wunder, dass so viele Menschen nebeneinander leben, jeder von ihnen lebt anders, jeder ist anders. Und der Himmel über uns. Sind dir nicht die vielen Sterne aufgefallen? Hier draußen sieht man sie viel besser als im Kerzenkreis. Siehst du die vielen Sterne, siehst du sie?«
Sie schloss mich ganz fest in ihre Arme. »Sind sie nicht schön? Jeder einzelne? Und es gibt so viele von ihnen.«
In diesem Moment beneidete ich Anna. Ich beneidete sie so sehr.

Die Leuchtstoffröhre schaltete sich an und aus. Dann hörte sie auf zu leuchten. Sie war aus.

Anna und ich waren mehr als zwei Jahre zusammengewesen. Es war Frühling draußen, einer der ersten warmen Tage.
»Lass uns Kaffee trinken gehen«, hatte ich sie angerufen. Es war Sonntag. Wir hatten beide nichts zu tun.
»Ja«, sagte sie. »Sollen wir uns am Herkulesbrunnen treffen?«
Eine halbe Stunde später waren wir beide dort. Sie sah so wunderbar aus. Die warmen Sonnenstrahlen ließen ihre Haare leuchten, ihre Augen glänzen.
»Hey, Anna«, sagte ich. »Alles klar bei dir?«
Sie fiel mir um den Hals und küsste mich. »Was sollte denn nicht in Ordnung sein?«

Wir gingen zu einem der Cafés. Und suchten uns einen Platz zwischen den anderen Menschen, die den warmen Frühlingstag nutzen wollten um ein wenig an der Sonne zu sitzen.
»Sollen wir uns hier hinsetzen?«, sagte Anna. Und deutete auf einen der metallenen kleinen runden Tische an der Straße. Hinter uns stand ein großer Totempfahl, aus Holz geschnitzt, ein wenig verblichen sollte er die Aufmerksamkeit Vorbeigehender auf sich ziehen.
»Sicher«, sagte ich. »Was willst du trinken?«
Anna überlegte. »Cappuccino?«, sagte sie. »Willst du ihn holen oder soll ich?«
»Ich hole ihn«, entschied ich und ging hinein. Dort war fast niemand. Alle Tische waren frei, verlassen, bis auf einen oder zwei. Es war eine eigenartig ruhige Stimmung hier, sogar die Musik war leiser als sonst. Nicht nur leiser, sondern auch das Lied selbst war ruhig, es fing mich ein, ließ die Zeit ein wenig langsamer erscheinen. Ein kurzer Moment langsamer Zeit, jedoch trotzdem unaufhaltsam fortfließend.
»Bitte?«, fragte die junge Frau hinter der Theke.
»Einen Cappuccino und«, ich überlegte, »noch einen Cappuccino.«
»Also zwei.«
»Ja«, sagte ich. »Zwei Cappuccino sind gut.«
Als ich wieder ins Freie kam, fand ich, dass Anna ein wenig seltsam aussah. Nicht sofort, natürlich. Sie sah mich ja nicht an, sondern blickte hinaus auf die Straße. Oder vielmehr auf den Tisch. Und sie hatte ihren Kopf so eigenartig schief gelegt. Wie ein Betrunkener, der im Sitzen eingeschlafen ist. Kraftlos hing er auf eine Seite hinab.
Ich ging zum Tisch hin, wollte unsere Getränke auf den Tisch stellen.
»Was ist los mit dir?«, fragte ich.
»Ich weiß nicht«, sagte sie. Sie sah mich an. Gleich darauf verlor sie den Augenkontakt, begann an mir vorbeizuschauen. Ich glaube nicht dass das Absicht gewesen war. Sie versuchte sich mit den Händen am Tisch abzustützen. Sie verfehlte ihn. Sie verfehlte den Tisch und brach zusammen. Ihr Kopf schlug etwa

in dem Augenblick auf den Pflastersteinen vor dem Café auf, in dem ich meine Cappuccinobecher losließ.
Noch immer hallte das Geräusch, das ihr Kopf auf den Steinen gemacht hatte, in mir nach. Gefolgt vom dem der auf den Boden aufprallenden Becher.
Ich kniete mich über sie, versuchte mit ihr zu reden, schüttelte sie, aber sie erkannte mich nicht. Sie sah durch mich hindurch und bewegte ihre Lippen, ohne etwas zu sagen.
Der Krankenwagen kam schnell. Sie haben sie mitgenommen. Ins Zentralklinikum. In die Notaufnahme.

Jetzt sitze ich hier. Die Leuchtstoffröhre ist immer noch aus. Sie ist kaputt, überlegte ich. Die Elektroden, die den Stromfluss ermöglicht haben, müssen kaputt sein. Jetzt fließt kein Strom mehr. Und das Licht ist aus. Es ist weg, das Licht der Leuchtstoffröhre ist erloschen. Es ist verschwunden, hat sich aufgelöst, ist zerstrahlt und nichts davon ist geblieben. Weil die Elektroden kaputt sind. Oder vielleicht auch etwas anderes. Auf jeden Fall konnte sie nicht weiterleuchten, die Lampe. Deswegen ist sie aus. Und nichts ist geblieben außer ein bisschen Metall und Glas. Das Licht ist erloschen.
Ich erinnere mich daran, dass sie geleuchtet hat. Aber vielleicht bilde ich es mir bald nur noch ein, weil ich dann so viele weitere leuchtende Leuchtstoffröhren gesehen habe, dass ich mich nicht mehr an das Leuchten dieser einen erinnern kann.

Ich stehe auf. Gehe hin zu der Lampe, betrachte sie von ganz nah. Ich will sie berühren, die Lampe, stelle mich auf die Zehenspitzen und strecke mich nach ihr. Aber ich kann es nicht. Ich kann sie nicht berühren. Sie ist zu weit weg. Sie ist zu weit oben.

»Entschuldigen Sie«, fragt eine Stimme hinter mir.
Ich drehe mich um. Ein Arzt steht in der schweren Stahltür. Sein Vollbart ist genau wie seine Haare, grau, man kann aber noch erkennen, dass sie einmal tiefschwarz gewesen sein müssen. Die Arme des Arztes hängen nach unten, seine Augen liegen tief in den Höhlen, er sieht erschöpft aus.

»Ja?«, sage ich.
»Gehören Sie zu Anna Doria?«, fragt er.
»Ja«, sage ich.
Der Arzt geht auf mich zu, reicht mir die Hand. »Ich habe Nachricht für Sie ...«

## Laudatio auf den Träger des 1. Preises von 2004: Thomas Reiner

*von Nicole Zöller*

Der Bayerisch-Schwäbische Literaturpreis hat hier im Rokokofestsaal der Regierung von Schwaben zum wiederholten Male einen festlichen und würdigen Rahmen gefunden. Aber nicht nur der prunkvolle Saal, sondern auch das fachkundige Publikum haben diesen Abend sehr gelungen werden lassen. Dies alles ist sicher ganz im Sinne der Arthur-Maximilian-Miller-Stiftung, die es sich zur Aufgabe gemacht hat, das literarische Leben in unserer Region zu fördern. Mit Blick auf die letzten beiden Jahre in der Jury des Bayerisch-Schwäbischen Literaturpreises kann ich behaupten, dass es dieses literarische Leben wert ist.
Das Stichwort 'Wert' lässt mich auf den diesjährigen Preisträger zu sprechen kommen. Thomas Reiner hat mit der »Betrachtung einer Leuchtstoffröhre« ein verwobenes Netz verschiedener Ebenen geschaffen, welches das Interesse des Lesers weckt. Die kühne Novelle verbindet zwei entgegengesetzte Charaktere, den Studenten und Anna. Er repräsentiert die Rationalität und sie die Romantik, den Lebensgenuss, die emotionale Neugier. Eine weitere Ebene wird von der Zeit definiert. Der Schock und die Angst der Gegenwart treffen auf die schönen Erinnerungen der Vergangenheit. Und als letzte Knoten in diesem Netz binden sich die speziellen Errungenschaften der Wissenschaft und das einfache Wunder der Liebe mit ein. Anna, die versuchte, dem Protagonisten den Wert und die Schönheit des Lebens

begreiflich zumachen, muss am Ende um dieses Leben kämpfen. Ob sie diesen Kampf gewinnt?

Man erfährt es nicht. Der brillante Schluss der Novelle weckt die Lust weiterzulesen, weckt Interesse – ein wichtiges Kriterium für gute Literatur. Thomas Reiner schafft es, Gefühle und Gedanken authentisch zu beschreiben. Er wählt Bilder, die einfach und dennoch schön sind. Er schreibt mit Neugier und Begeisterung.

Was ich damit meine, lässt sich vielleicht so erklären: Auf die Frage, warum er gerade Chemie studiert, antwortete er, dass ihn die unzähligen Erkenntnisse der Naturwissenschaft faszinieren und die rasendschnelle immerwährende Entwicklung der Forschung über Menschheit und Welt in so kurzer Zeit. Aber dieser Prozess wird nie enden, denn jede Erkenntnis wirft immer neue Fragen auf.

Dies macht meines Erachtens den diesjährigen Preisträger des Bayerisch-Schwäbischen Literaturpreises aus: Er besitzt die Fähigkeit, die Welt mit einer gewissen Neugier zu betrachten. Dabei kann man etwas Wunderbares, Begeisterndes entdecken, Geheimnisse, die zunächst unscheinbar erschienen. Thomas Reiner kann diese Begeisterung und die alltäglichen Wunder in Worte fassen und ein Interesse für sie wecken.

Mir bleibt nur noch zu sagen:
Herzlichen Glückwunsch Thomas Reiner!

## Thomas Reiner

*Träger des Literaturpreises der Stadt Augsburg 2003 und des Bayerisch-Schwäbischen Literaturpreises 2004*
*von Iris Knöpfle*

»Ich schreibe aus Passion«, sagt Thomas Reiner von sich, der im Alter von 23 Jahren seine erste Erzählung veröffentlichte und damit den Förderpreis der Stadt Augsburg gewann. »Der Weiher« heißt sie und sie soll der Auftakt sein für viele weitere Projekte, die der junge Schriftsteller im Kopf hat. Inspirieren lässt er sich nicht nur von seinem Studium der Chemie, er interessiert sich daneben für philosophische und religiöse Themen. Mit 16 oder 17 Jahren begann er zu schreiben, an den Nachmittagen nach dem Unterricht. Wenn er heute in eine Schule geht, dann, um seinen prämierten Text Schülern vorzulesen.

Wie ist der junge Autor zur Idee des »Weihers« gekommen? In Romano Guardinis Essay »Das Ende der Neuzeit« las er ein Zitat von Goethe, das ihn ansprach. Mit der Idee setzte er sich an den Computer, einen minutiösen Plan hatte er nicht. »Die Feinheiten kamen mir z. T. vor dem Beginn und z. T. während des Schreibens«, sagt er heute. Doch er schrieb nicht zuerst den Anfang des Textes; das erste, was er zu Papier brachte, war die Mitte, der Kern der Erzählung, in dem der kleine den großen Bruder sterben sieht. Den Rahmen dazu verfasste Reiner erst später. Das Thema seiner Erzählung charakterisiert er als den »Platz in der Welt«. Über ein Jahr dauerte die Arbeit, am Ende existierten rund 15 Fassungen vom »Weiher«. Gelöscht wurde keine, so dass der Arbeitsprozess dokumentiert ist. Die letzte Fassung schrieb er, als der Verlag Interesse an der Veröffentlichung bekundet hatte.

*Thomas Reiner*

Nach dem Förderpreis der Stadt Augsburg gewann Reiner nun auch den Bayerisch-Schwäbischen Literaturpreis 2004 des Archivs für Literatur aus Schwaben und des Bezirks Schwaben. Mit seiner Novelle »Betrachtungen einer Leuchtstoffröhre« konnte er Jury und Zuhörer überzeugen.

Er würde gerne mehr Zeit haben zum Schreiben, was sich mit dem Studium aber nicht vereinbaren lässt. Für Thomas Reiner ist das Schreiben nicht mehr und nicht weniger wichtig als die Chemie, trotzdem wollte er mit seinem Studienfach einen bewussten Kontrast setzen zu seinem liebsten Hobby. Neben Erzählungen und Romanen verfasst er auch Lyrik, letzteres bisher jedoch nur für private Zwecke.

Seine neuen Projekte bewegen sich im Bereich der Fragestellung »Wissenschaft und Gott«. Seine Überlegungen zum Ursprung des Lebens sollen Bestandteil einiger neuer Erzählungen werden; der Plan (auf dem Papier) jedenfalls ist schon fertig, auch wenn er sicher einige Änderungen erfahren wird: »Ich weiß ja nicht, wenn ich ein Haus plane, ob nicht ein Naturpark daraus wird«, umreißt Reiner in einer Metapher sein Vorgehen.

Man darf gespannt sein, ob das Schreiben weiterhin Thomas Reiners liebstes Hobby bleibt oder zu seinem Beruf wird.

## Neue Prosa aus dem Schülerwettbewerb

# Aus dem Sterben eines Taugenichts – oder Stante Pede – aber ohne Schuh

*von Tobias Krüger*

## Prolog

*Ich kann nicht umhin, dir, Leser dieser Zeilen, vorab etwas vorwegzunehmen, bis deine Augen und Gedanken in eine Welt abtauchen dürfen, die dir skurril, absurd, grotesk oder am Ende gar real vorkommen mag. Bemerkt habe ich die Abnormität dieser Welt erst, als ich versonnen eine Kuriositätenschau verlassen hatte und mich dann gefragt hatte, wann nun endlich der Ausgang kommen würde. Doch das nur am Rande.*

Eigentlich möchte ich von jemandem erzählen, der sich in seinem natürlichen Lebensraum nicht so ganz zu Hause fühlt. Sein Name ist Jakob Wenzel, aber er weiß nicht warum. Das erklärt allerdings nicht die Frage, wieso er sich in seiner Haut nicht wohl fühlt. Wahrscheinlich, weil er genauso ist wie ich und du und jeder Mensch – nur eben nicht wie die anderen.

*Viel mehr weiß ich nicht über Jakob, aber das ist auch nicht nötig. Denn vielleicht kennst du ihn sogar.*

## Eine Sache mit Hand und Fuß, aber – ohne Schuh

Jakob schwang die Füße aus dem Bett und erinnerte sich, dass er das Bett an die andere Wand schieben wollte, damit er nicht immer mit dem linken Fuß zuerst aufstehen würde.

Während er sich gähnend eine Hand vor den Mund hielt, schlug er mit der anderen nach dem protestierenden Wecker. Jakobs Füße führten unterdessen auf dem Fußboden ein seltsames Ballett auf, in der Hoffnung, auf dem Linoleum eine Stelle zu finden, die nicht so kalt war.

Es war Montag, das konnte man regelrecht fühlen.

»Das Büro wartet«, dachte Jakob. Von ihm aus konnte es warten. Aber der Bus würde nicht warten. Jakob schloss die Augen und rang den kleinen Teufel nieder, der ihn zum Blaumachen animieren wollte. Als er die Augen wieder öffnete, beeilte er sich mit dem Anziehen und ließ das Frühstück aus, denn der Teufelskampf hatte doch etwas länger gedauert.

Noch immer schlaftrunken schlüpfte Jakob in seine Schuhe und hüllte sich in einen dicken Mantel. Es sah nach einem verdammt kalten Tag aus.

Die eisige Böe, die ihm draußen ins Gesicht fuhr, bestätigte seine Befürchtungen hinlänglich. Gestern hatte es geschneit, aber das war Schnee von gestern. Jakob stieg umständlich über die Bananenschale hinweg, die irgendjemand allmorgendlich vor seiner Haustüre platzierte.

Ein ganz normaler Tag. Wenn er nicht sicher gewesen wäre, dass es der gleiche Tag war, hätte er gesagt, es sei derselbe. Doch man soll den Tag nicht vor dem Abend loben.

An der Bushaltestelle rutschte Jakob auf einer Eisfläche aus und hielt sich an einem Ast fest. Auf dem Boden liegend stellte er dann fest, dass es leider kein Ast gewesen war, sondern sein eigener Arm. Knurrend stand er wieder auf und klopfte den Schnee von seinem Mantel. Die weißen Flocken verschwanden im Weiß der Schneedecke. Wie viele Leute hier wohl schon ihren Mantel ausgeschüttelt hatten, dass dort eine so dicke Schneedecke lag?

Von der Faszination auf ein Fahrrad gesetzt wanderte Jakobs Blick über die einzelnen Schneeflocken und blieb an etwas hängen, das im Schnee lag wie ein Schiff im Eismeer.

Ein Schuh – genauer gesagt: *eine Sandale*!

In Jakobs Kopf begann es zu arbeiten: Nun ist eine Sandale an sich ja nichts Ungewöhnliches, aber… eine einzelne, ganz allein? Wer in aller Welt verliert seinen Schuh und merkt es nicht und… wer läuft im Winter mit Sandalen herum?

Kalt, wie es war, würde dieser jemand selbst diesen geringen Schutz schmerzlich vermissen. Jakob hob die Sandale auf und klopfte den Schnee ab. Er musste den Besitzer finden, das war seine Pflicht als Mensch.

Das ist mal wieder typisch Jakob, lieber Leser. Er ist so idealistisch, dass er glatt seine Prinzipien aufgeben würde. Solche Menschen sind wahrlich gefährlich! Wenn sie nicht wären, würde gar niemand bemerken, dass es in der Welt nicht gerecht zugeht. Dann könnten wir alle weiterhin den Schlaf der Sorglosen schlafen, ohne uns um das böse Erwachen zu kümmern, das dem Sandmann gerade in den Hintern tritt.

Als der Bus kam, gab es das übliche Gedränge. Jeder wollte zuerst in den Bus. Es hätte nur noch eines bärtigen Mannes als Busfahrer bedurft, der mit brummiger Stimme über sein Mikrophon ausruft: *Arche Noah, letzter Platz!*

Jakob stieg als letzter ein – immer noch die Sandale in der Hand.

Er wollte gerade den Busfahrer fragen, ob ihm die Sandale gehörte, doch dann sah er, dass der Mann zwei dicke Winterstiefel trug.

»Gehört jemandem diese Sandale?« Die Passagiere sahen alle kurz auf und senkten dann wieder die Köpfe.

»Aber wieso?«, grübelte Jakob. »Hatten sie etwa alle eine Sandale verloren und schämten sich nun dafür? Trauten sie sich nicht, es zu sagen?« Sollte er vielleicht bei jedem nachschauen? Nein. Das war keine gute Idee, sonst würde er eventuell den Mann mit der einen Sandale in Verlegenheit bringen.

Er setzte sich auf einen freien Platz. Nach einer Weile begann er auf dem Sitz unruhig hin- und herzurutschen. Er fühlte sich wirklich nicht wohl hier.

Die Gesichter der Leute um ihn herum schimmerten leicht grün, so als wäre ihnen schlecht, und sie blickten zu Boden, als würde auf allen eine endlos schwere Trübseligkeit lasten. Den Frauen hingen die langen Haare vor das Gesicht, so als wollten sie Tränen dahinter verbergen. Der Blick der Männer war so leer und starr, als wären sie irgendwo weit weg am fernen Kontostand mit den roten Zahlen. Was war nur los? Hatte Jakob irgendein schlimmes Ereignis aus den Nachrichten verpasst? Das hatte er nicht. Es hatte schon alles seine Richtigkeit.

Er sah zu seiner Nachbarin und entdeckte die Quelle der scheinbaren Trübsinnigkeit. Mit den anderen Passagieren verhielt es sich nicht anders. Den Fahrgästen war weder schlecht,

noch waren sie betrübt. Sie starrten alle so fasziniert in ihre Handys, als wäre das widerlich grüne Displayleuchten das Schimmern der Flora des Garten Edens. Aber die Handys waren natürlich die Erklärung für die seltsame Atmosphäre.
War Jakob der einzige Mensch ohne Handy? Ganz offensichtlich. Das erforderte schnelles Handeln. Jakob formte mit den Händen eine streichholzschachtelgroße Kuhle und starrte hinein. Das Grün im Gesicht musste er nicht vortäuschen, weil ihn sowieso niemand bemerkte. An der nächsten Haltestelle stieg Jakob aus.
Jetzt fiel der Schnee in dicken Flocken vom Himmel und bedeckte die frisch geräumten Straßen der Innenstadt. Die wenigen Menschen, die jetzt schon unterwegs waren, eilten schnell vorüber. Zurück blieben nur lange Kolonnen von Fußspuren. Jakob ging an eine Stelle, an der sich besonders viele unterschiedliche Spuren kreuzten, als wäre dort ein menschlicher Wildwechsel.
Das Großstadtvieh Mensch hatte eine Menge interessanter Abdrücke hinterlassen: Winterstiefel, Halbschuhe, Motorradstiefel. Jakob folgte einer Spur von Stöckelschuhen, die direkt auf eine Eisfläche zuführten, wo sie seltsam verwischt waren. Die Spur eines Mountainbikes weckte in Jakob die Assoziation einer Königspython mit Winterreifen. Er schraubte die Winterreifen ab und brachte sich vor der Schlange in Sicherheit.
Als er aufsah, erblickte er einen Bettler, der in einer halbwegs schneegeschützten Türnische auf dem Boden saß. Er trug einen abgewetzten Mantel und eine dicke Mütze, aber seine Füße schützte nichts weiter vor der Kälte, als ein Paar schlampig gestrickte Wollsocken.
Jakob begann zu grübeln. Dem Bettler fehlten beide Schuhe. Seltsam. Sollte Jakob die andere Sandale an der Bushaltestelle übersehen haben? Oder hatte der Bettler einfach die Zweite auch noch weggeworfen, damit es nicht so auffällig aussah?
Er trat an den Mann heran: »Entschuldigung. Haben Sie diese Sandale verloren?«
Ein Paar müder Augen starrte verwirrt auf Jakob. Erst, als er seine Frage wiederholte, bekam er eine Antwort. »Natürlich gehört sie mir. Vielen Dank, dass Sie sie gefunden haben.« Der

Bettler wollte nach der Sandale greifen, doch Jakob zog sie schnell weg.
»Wo ist die andere?« fragte er misstrauisch.
»Welche andere? … Ach so, die andere. Haben Sie sie nicht gefunden?«
»Nein. Aber wenn Sie mir nicht die Zweite zeigen können, glaube ich Ihnen nicht. Die Sandale könnte genauso gut jemand anderem gehören…«
Jakob wollte sich weiter erklären, doch der Bettler hatte sich seine Mütze tiefer ins Gesicht gezogen, um zu schlafen. Ein dumpfes *Schon recht* kam aus dem Mund, dessen Lippen blau waren vor Kälte.
Jakob ging weiter. »Da könnte ja jeder kommen«, dachte er. Aber so leicht ließ er sich nicht linken.
Als er weiterging, kam er an einem Schuhgeschäft vorbei, das *nur* einzelne Schuhe im Schaufenster zum Verkauf bot. Doch Jakob wollte dort nicht nachfragen. Am Ende würde man ihm noch Diebstahl vorwerfen.
Ein kurzer Blick zur Kirchturmuhr sagte ihm, dass es höchste Zeit fürs Büro war. Der Alte war bestimmt schon ungeduldig.
Das war er. Er stand bereits vor Jakobs Bürotür. Sein rechter Fuß tappte auf dem Boden und klopfte den Takt des Walzers der Ungeduld. Leider war es nicht der blanke Fuß, der auf das graue Linoleum schlug, sonst wäre Jakob sein Problem los gewesen. Die Stirn seines Chefs legte sich abwechselnd in Längs- und Querfalten, bis aus dieser Origamikunst eine ausreichend grimmige Miene wurde.
»Wenzel«, keifte der Alte mit der leicht asthmatisch klingenden Stimme, von der er glaubte, dass sie ihm die nötige Autorität verlieh. »Was soll das, Wenzel? Sie sind fast eine halbe Stunde zu spät! Was haben Sie gemacht? Spurenlesen?«
»Jawohl, Herr Direktor«, sagte Jakob, mit der leicht zitternden Stimme, von der er glaubte, dass sie ihm die nötige Unterwürfigkeit verlieh.
»Unsinn, Wenzel, alles Unsinn! Was sind das wieder für Sachen? Und wieso tragen Sie eine einzelne Sandale mit sich herum? Sie sind ein Taugenichts! Zuviel Eichendorff gelesen, was?

Und nun sagen Sie mir gefälligst, weshalb Sie wirklich zu spät kommen!«

»Hab' ich do...« Jakob verstummte, als er sah, wie das Gesicht des Alten mehr als ein gesundes Rot annahm. »Es ist wegen der Sandale, Herr Direktor. Ich habe sie heute morgen an der Bushaltestelle gefunden. Seitdem suche ich verzweifelt den Besitzer. Sie haben nicht zufällig Ihre Sandale ...?«

»Raus«, brüllte der Alte, »Sie sind entlassen. Ihre Naivität stinkt zum Himmel. Ich lasse mich nicht länger von Ihnen an der Nase herumführen.«

Jakob ging. Mit hängenden Schultern. Er war entlassen. Wolken zogen sich am Himmel zusammen. Offenbar stank Jakobs Naivität wirklich bis dorthin. Die Wolken verflossen und verformten sich immer wieder neu. So wie die Schaumkrone in einer Tasse Cappuccino. Eine ziemlich große Tasse war das, der Himmel. Trotzdem, eine Tasse Cappuccino wäre jetzt genau das Richtige; es musste ja keine so große sein.

Wenig später wedelte Jakob mit seinem Mantel den Schnee von einer Parkbank und setzte sich. Der Pappbecher mit Cappuccino in seinen Händen war angenehm warm – ganz im Gegensatz zu der Parkbank. Er nahm einen Schluck. Warm, heiß und süß. Sein Mund ließ ein *Ahh* vernehmen, was soviel heißen sollte wie: »Ich glaube, ich werde hier noch ein Weilchen sitzen. Warum auch nicht? Ich bin gerade entlassen worden. Entlassen aus einem Bürojob, der die Spannungsgrenzen einer Abhandlung von Thomas Mann über das Paläozoikum durchbricht.«

*Das, lieber Leser, ist auch eine von Jakobs Eigenheiten. Er hat einen Hang zu Euphemismen, die er selbst erfindet und selbst glaubt. Aber dieser Optimismus ist es, der ihn am Leben hält. Es ist nämlich viel schlimmer: Thomas Mann liest man nur einmal und stellt ihn ins Regal, aber der Bürojob naht fünf Tage die Woche, zweiundfünfzigmal im Jahr und das ein ganzes Leben lang. Schrecklich, schrecklich!*

*Es war schon früher in der Schule so und jetzt im Büro ist es immer noch so. Tag für Tag das gleiche Wagnis: Man steht auf, verpasst die Abzweigung zum* Leben *und biegt in die Ausfahrt* Alltag *ab, mit dem Ergebnis, dass man in einem Kreisverkehr, also einer Zeitschleife, landet, wo man so lange Karussell fährt, bis einem übel wird und man sich in den Straßengraben erbricht.*

*Jeden Tag das Gleiche. Man steht vor seiner Bürotür wie vor der Höhle des Löwen. Man weiß, was sich dahinter verbirgt. Der Alltag; er lauert hinter der Tür, in der Schublade, unter der fingerdicken Staubschicht, die die Echtheit der Akten besiegelt. Und er schlägt zu, sobald die Türe sich nur ein Stückchen öffnet. Dann gibt es kein Zurück mehr.*
*Auch unser Jakob hat die Einbahnstraße zum Bürokraten nicht verfehlt, doch…*
…Jakob erkannte, dass er es geschafft hatte. Er hatte schwimmen gelernt und sich gegen den Strom geworfen. Unwillkürlich hielt er sich mit einer Hand an der Parkbank fest, so als wollte ihn wirklich ein heftiger Strom davontreiben.
Plötzlich lachte er laut auf. Einige Tauben flatterten vor Schreck auf und hinterließen das, was ihnen die Menschen wert waren – eben das, was Tauben immer als Einziges zurücklassen.
Jakob aber tanzte auf der Straße. Ihm wurde wärmer. Er war frei. Frei wie ein Vogel und das wärmte ihn. Na ja, vielleicht auch die Tatsache, dass er nicht mehr auf der kalten Parkbank saß.
Die Menschen um Jakob herum schüttelten die Köpfe. Sie konnten Jakob nicht verstehen, denn sie hatten alle eine Aktentasche in der Hand und beeilten sich zur Arbeit zu kommen, aus Angst, der Chef könnte sie entlassen. Diese Menschen hatten Angst, das konnte man sehen, doch anstatt davonzurennen, rannten sie ihrer Furcht direkt in die Arme. Jakob lächelte den Menschen zu, doch er erntete nur missbilligende Blicke.
Das heißt, nicht von allen. Ein Mann kam auf Jakob zu: »Schämen Sie sich nicht, so kindisch herumzuhüpfen? Machen Sie sich doch nicht vor allen Leuten lächerlich. Und zügeln Sie gefälligst Ihre infame Fröhlichkeit. Das ist ja zum Kotzen.«
So wie es aussah, war es nicht mehr modern, fröhlich zu sein. Stattdessen mussten *lässig* hängende Mundwinkel und durch besonderes Schlurfen tiefergelegte Schuhe *in* sein.
Schuhe!
Die Sandale. Er musste immer noch den Besitzer finden.
Jakob versuchte durch den Rest des Cappuccinos hindurch auf den Grund des Bechers zu sehen, als wäre dort das Ziel seiner Suche. Dann stürzte er das dunkle Gebräu in seinen Rachen

und hielt den Becher noch eine Weile verkehrt herum, bis auch der letzte Tropfen genossen war. Dabei blickte er zum Himmel. Ein paar einzelne Sonnenstrahlen fielen durch die Wolken und ihm ins Gesicht.
Schließlich schlug Jakob die Richtung ein, in der der nächste Mülleimer für den Pappbecher lag, und setzte seine Suche fort. Die Suche nach der Stelle, wo der Schuh nicht drückt.
Er sprach jeden an, der ihm über den Weg lief, doch egal, wen er fragte; letztendlich kam es immer auf das Gleiche heraus. Auch wenn die meisten Leute verständnislos die Köpfe schüttelten und sich im Weggehen mit dem Finger an selbige tippten, so gab es auch zwei oder vielleicht sogar drei Menschen, die Jakob verstanden – zumindest taten sie so. Trotzdem, niemand vermisste eine Sandale. Eine Sandale, die vom Schnee durchweicht war und Jakobs Finger in der eisigen Kälte zittern ließ.
Mit jeder Antwort war Jakobs Zuversicht geschwunden, wie Schnee im Frühling. Nur beim Schnee wusste man – er kommt im nächsten Winter wieder. Jakob setzte sich auf eine Bank, ohne sich vorher die Mühe zu machen, den Schnee wegzufegen, denn schließlich war Schnee seiner Zuversicht nicht unähnlich. Eine einzelne Träne rann Jakobs Wange hinunter und kitzelte ihn an den Bartstoppeln, so als wollte sie ihn noch einmal aufmuntern. Doch als sie über das Kinn geflossen war, fiel auch sie nach unten und gefror.
Jakob hatte die Stirn in seine Hände gebettet und blickte starr vor sich hin. Leute gingen vorüber, jemand (Jakob konnte nur die Füße sehen) versuchte, Zeitungen zu verkaufen, Autos parkten und fuhren wieder weg, der Schnee füllte sich mit mehr und mehr Spuren und Leute gingen vorüber, immer nur vorüber. Das Bild verschwamm vor Jakobs Augen, als sie sich mit Tränen füllten.
Er war traurig. Warum schaffte er es nicht, den Besitzer zu finden. Es war Jakobs Schuld, wenn dieser Jemand frieren musste. Er schämte sich und vergrub sein Gesicht ganz in den Händen…

# Epilog
*(aber an dieser Geschichte ist ohnehin vieles gelogen)*

*Eine seltsame Geschichte, nicht wahr? Ein seltsamer Mensch, unser Jakob. Aber ich mag ihn. Kein Wunder. Schließlich bin ich genau wie er. Ich sehe die Dinge manchmal etwas seltsam, jedenfalls sagen mir das die anderen, aber mir erscheint es immer ganz logisch. Ich verstehe Jakob. Vielleicht sollten wir alle mal im Kreisverkehr die Richtung wechseln oder im Halteverbot blaumachen.*

*Nur, solltest du dich, lieber Leser, wirklich dazu entschließen, gegen den Strom zu schwimmen, dann sprich nicht mit Treibgut, denn dann gehst du den Bach runter und die Sache fällt ins Wasser.*

*Oh, ich habe etwas vergessen. Die Geschichte ist noch nicht zu Ende. Die Auflösung fehlt noch, nicht wahr, lieber Leser. Sonst wäre das Ganze ja auch viel zu traurig. Jakob hat seine Tränen nicht umsonst vergossen. Sie sind auf den Boden gefallen – auf den Boden der Tatsachen. Die Lösung ist ganz nahe bei Jakob. Doch das siehst du dir lieber selber an. Sieh genau hin…*

*…Na dort! Der Mann auf der Bank. Pass auf, dass du nicht vorübergehst…*

Jakob saß den ganzen Tag auf der Bank. Die Kälte war in seine Kleider gekrochen. Ihm wurde immer kälter und er fühlte sich schläfrig. Es wurde Abend und der Himmel war dunkel. Aber die Wolken hatten sich verzogen und die Sterne einer Winternacht blickten auf die Erde.

Jakob war erfroren. Erfroren, ohne zu merken, dass ihm an seinem linken Fuß eine Sandale fehlte.

Indessen fragte jemand im Himmel, ob ein Engel seine Sandale verloren hätte.

# Laudatio auf den Träger des 1. Preises von 2003: Tobias Krüger

*von Florian Schmid*

Folgender Textausschnitt dürfte Ihnen bekannt vorkommen:
*»Das Rad an meines Vaters Mühle brauste und rauschte schon wieder*

*recht lustig, der Schnee tröpfelte emsig vom Dache, die Sperlinge zwitscherten und tummelten sich dazwischen; ich saß auf der Türschwelle und wischte mir den Schlaf aus den Augen, mir war so recht wohl in dem warmen Sonnenscheine.«*
Soweit der Beginn von Freiherr von Eichendorffs »Aus dem Leben eines Taugenichts«. Eine beneidenswerte, romantische Figur, die mit der Welt so in Fühlung kommt, dass sich ihr gerade wegen ihrer Unbeschwertheit alles zum Guten wendet. *»Nun«, sagte ich, »wenn ich ein Taugenichts bin, so ist's gut, so will ich in die Welt gehen und mein Glück machen.«* Und so geschieht es ja dann auch bekanntlich.
Die Welt in der vorliegenden Erzählung ist jedoch eine abnorme, gleichsam eine nicht enden wollende Kuriositätenschau. Die Welt als ein zwar natürlicher Lebensraum – wo soll man sonst leben –, in der man sich aber nicht so ganz zuhause fühlen kann. Ein naiver, offenherziger und gutmütiger Taugenichts hat hier immer schon verloren. Holt sich der Protagonist bei Eichendorff noch seine Geige, die er recht artig spielte, von der Wand und wandert durch die schöne Frühlingslandschaft, weht dem Taugenichts Jakob der vorliegenden Erzählung an seiner Haustüre eine eisige Böe ins Gesicht; alles, was er erblickt, ist nichts als 'Schnee von gestern' und er muss umständlich über die Bananenschale hinweg steigen, die irgend jemand allmorgendlich vor seiner Haustür platziert.
Was uns hier erzählerisch begegnet, ist nicht einfach eine mehr oder weniger intelligente Persiflage, die sich mit Hilfe eines literarischen Vorbilds profilieren will, sondern die ideenreiche Auseinandersetzung mit einem modernen Lebensgefühl mit Hilfe einer Übertragung und Verfremdung der Eichendorff'schen Figur des Taugenichts.
Von einem auktorialen Erzähler dezent eingeführt, der – erfreulicherweise – weder aufgesetzt belehrend noch penetrant allwissend wirkt, erhält man in der Erzählung »Aus dem Sterben eines Taugenichts« einen Einblick in die tragische Lebenswelt eines eigentlich liebenswerten, aber letztlich hilflosen Kerls. Die Skurrilität dieser Lebenswelt, in der sich die Hauptfigur spiegelt, ist gerade wegen des fast naturalistisch anmutenden Duktus faszinierend. Denn, je genauer und nüchterner das Abnor-

me zur Erscheinung gebracht wird, umso abnormer und treffender erscheint es eben.

Dazwischen immer wieder kommentierende Einsprengsel des auktorialen Erzählers, der den Leser gleichsam an die Hand nimmt, aber ihn nicht einfach überheblich zum Voyeur einer tragisch-minderbemittelten Figur macht, sondern unversehens und erzählerisch geschickt die Möglichkeit des eigenen Spiegelbilds gewährt; hier geht es nicht einfach nur um Jakob – man ist selbst der vom gefühlskalten Leben Überforderte. Und – das kann ich halboffen sagen – : Ich bin mittlerweile mit einigen der regelmäßig für mich bestimmten Bananenschalen vertraut.

Diese Spiegelung geschieht aber – und hier liegt wiederum eine der vielen Qualitäten des Erzählstücks – nicht in der eindimensionalen Art plumper Betroffenheitsliteratur (»Jakob, dir geht's schlecht, soll'n wir drüber reden?!«), sondern in ironischer Brechung; der Erzähler macht sich mitunter lustig über seine Figur, die aber eigentlich nichts weiter will, als ein menschenwürdiges Leben zu führen, und dafür wirbt sie unausgesprochen um Verständnis und Unterstützung.

Doch nicht nur der Leser, auch der Erzähler entdeckt im weiteren Verlauf seine Sympathien für den Taugenichts Jakob Wenzel. Jakob wird nämlich gekündigt, was für einen Taugenichts nichts anderes heißt als: er kann endlich seinem Alltag entfliehen; er fühlt sich frei und hat nun endlich Zeit, den Besitzer der herrenlosen Sandale zu suchen, die er am Morgen neben der Bushaltestelle im Schnee gefunden hat.

Für den Ausstieg aus dem Alltag bewundert der auktoriale Erzähler Jakob; er fühlt sich ihm seelenverwandt. Allerdings schleicht sich hier ein leicht sarkastischer Ton ein, denn der Erzähler kennt das Ende und bald auch der Leser.

Niemand kann Jakob bei der Suche helfen; er erfriert auf einer Parkbank, ohne zu merken und ohne es von Passanten gehört zu haben, dass ihm selbst am Fuß eine Sandale fehlt – und Jakob kommt dahin, wohin er wohl gehört: Jemand fragt im Himmel, ob ein Engel seine Sandale verloren hätte.

*Herzlichen Glückwunsch zu diesem gelungenen Stück Literatur!*

# Grün. Vielfältig.

*Beitrag der Schreibwerkstatt des Maria-Theresia-Gymnasiums*

Und hoch – runter – hoch … dazu rhythmisch abgehackt: SEX – MON – STER – HIN – TER – GIT – TER!
Anna turnte mit, die Arme hoch und runter. Stimme laut und wütend fordernd. Sie versuchte es. Das war ausgeübte Demokratie, so hatte es Moni erklärt. Der Bürger demonstriert medienwirksam gegen ein geradezu skandalöses Unrechtsurteil.
Sie hatte sich ihr neues Sommerkleid – blauer, leichter Stoff, bedruckt mit weißen Margeriten – angezogen. Es war luftig genug für so einen schwülen Tag, der weiße Sticksaum fiel knapp über ihrem Knie. Parallelen zu NS- und DDR-Unrechtsstaat sind augenfällig. Anna sah das, nach ausführlichen Erklärungen Monis, auch so. Sie war hier, als aktive Bürgerin, turnte und schrie. Ganz bei der Sache war sie nicht. Vielmehr machte ihr das Abendessen Gedanken. PU – TE – O – DER - SCHWEINS – GU – LASCH! überlegte sie im Chorus ihrer Mitdemonstrantinnen. Sie hatte es sich angewöhnt, ihrem Mann immer ein warmes, hausgemachtes Abendessen zu servieren, fand ihre Erfüllung in den einfachen häuslichen Tätigkeiten. Sie mochte es; ihre Rolle in der Ehe gefiel ihr, und sie konnte sich problemlos dahin treiben lassen. Fröhlich im neuen Sommerkleid.
Die Frauen um sie herum ordneten sich wieder, kreisten nun, großbuchstabig beschriebene Schilder haltend. Anna hatte noch morgens, bevor sie hierher kamen, Moni bei deren Herstellung geholfen. Wuchtig hatte Moni die Pappe aufgenagelt. Anna schrieb dann, nach Monis Diktat. Sie hatte immer noch die gleiche freundliche, gründliche Klassenbuchschrift. Akribisch bemalte sie nach Monis Angaben die Plakate, setzte auch die ihrer Meinung nach viel zu voluminösen schwarzen Ausrufezeichen dazu. Anna rundete die i-Punkte zum Schluss noch ordentlich mit Filzstift ab. Anschließend war sie, immer dicht bei Moni bleibend hier vor dem Gerichtsgebäude in der Innen-

stadt gelandet. In der U-Bahn hätte sie Moni ein paar Mal beinahe verloren, fand sie aber immer wieder. Über den Köpfen der anderen Leute ragten die Plakatstangen heraus, die Moni geschultert hatte.

Nach ihrer Heirat war alles so wunderschön einfach geworden. Geregelt und stabil. Anna wollte das nicht missen. Dennoch, sie war kein Mauerblümchen, engagierte sich, oder eher, Moni engagierte sie. Aber sie war auch erst von den anderen Frauen ihres Montag-Abend-Kochkurses für Fortgeschrittene zur »Köchin der Woche« gewählt worden. Für ihre feurigen Putenfilets. Gerade fremdländisch interessant genug, um nicht zu irritieren. Auch nicht allzu pikant, um auch bei Sommersonne ein echter Genuss zu sein. Ja sie war eine Meisterin darin, immer diese engen Grenzen zu wahren. Sie war wirklich gut!

Eine der Demonstrantinnen stieg auf eine umgedrehte, roh gezimmerte Obstkiste, griff nach dem ihr entgegengehaltenen Megaphon. Kurz wartete sie, bis die restlichen Frauen verstummt waren, auf sie warteten. Dann hob die Rednerin ihren nackten, braunen Arm mit dem roten Plastikmegaphon in der Faust.

Niemals fiel Anna aus der Rolle, nichts war zu außergewöhnlich, nicht die Kochgruppe oder der Lesezirkel. Mit dem war sie auch schon ins nasse, grüne England gefahren, hatte dort Jane Austens Schauplätze und Szenerien bewundert. Englisch zu sprechen, war zwar etwas schwierig gewesen, aber im Kreise der anderen verlegen lachenden, mit Wörterbuchhilfe stückelnd stotternden Mitreisenden war das nicht aufgefallen. So trat sie überall als Mitglied ihrer sichernden Reisegruppe auf und schloss sogar mit einigen von diesen recht schnelle, oberflächliche Freundschaften.

Satt waren die grünen Hügel da gewesen. Anna hatte ihre Farben noch deutlich vor Augen. Sie fing zum Spaß an, diesen Farbton in den Büschen und dem Gestrüpp links hinter der fordernden Rednerin auf der Kiste zu suchen. Sie nahm sich den ersten Busch vor und prüfte die Färbung jedes einzelnen dünnen Blattes. Sie vergaß auch nicht, die Blätter zu kontrollieren, die zwischen den Waden der Rednerin hervorlugten. Aber keines passte zu ihrer Vorstellung. Sie fuhr fort mit ihrem Spiel und hatte gerade schon den dritten Busch ins Auge gefasst, als ihre Mitstreiterinnen wieder in Bewegung kamen, jubelten. Die Arme des Pulks flogen wieder drohend nach oben und sanken. Ungleichmäßig setzte auch der alte Forderungschorus ein, wurde rhythmischer, entrüstete sich schließlich unisono.

Sie entschied sich: PU – TE. Wieso nicht zeigen, was sie konnte?! Er würde sich sicher freuen, sie loben, ihr schmeicheln. Sie genoss das immer, verschämt und bescheiden triumphierend. Sie zog den Weg vom Backofen bis zum hölzernen Wohnzimmertisch immer möglichst lang, zelebrierte jede gut geputzte Fliese auf ihrem Prozessionsweg durch ihr Reihenhaus. Ihr Mann hatte sie alle selbst verlegt, aber Anna hatte mit ihrem Auge den Farbton ausgesucht: andalusisch orange. Dort konnten sie sich nun beide frei bewegen, auf ihrem eigenen Grund und Boden. Oft luden sie seither Freunde ein. Frauen aus ihrem Kochkurs. Mitarbeiter von Annas Mann. Ein paar von diesen hatten sogar schon Kinder.

Moni packte sie am Handgelenk, knapp über der spröden Holzstange des Pappschilds. Die freie rechte Hand wurde von einer anderen warmen, schwitzenden Frauenhand gefangen. Der Kreislauf ging los, die Rednerin führte die Frauen samt Anna, wie es vor zwanzig Jahren schon die Kindergartentante getan hatte, dirigierend an. Anna verließ sich auf ihre Nachbarn und ließ sich, halb seitwärts gedreht, mitführen. Immer wieder kreuzte sie das rechte Bein über das linke, zog dann das linke gleich wieder hervor. Um nicht zu stolpern, achtete sie genau auf ihre Füße. Ihre Schuhe sollte sie wohl auch mal wieder putzen, vielleicht konnte sie das ja heute Nachmittag erledigen. Kaum hatte Anna diesen neuen Rhythmus inne, schielte sie auf die Schuhe, Knöchel und Knie der anderen. Alle bewegten sich halb seitwärts fort, umkreisten die rufende Tante. Immer wieder hallte der Kreis von den gebrüllten Antworten zu den lauten Anstachelungen der Führerin.

Über dem gegenüberliegenden Kopfrand des Kessels betrachtete Anna die Umgebung. Sie suchte weiter nach dem dichten, feuchten, lebendigen Grün im deutschen Sommer. Das Gerichtsgebäude mit einem kargen Streifen Stadtbegrünung. Diese

Büsche kannte sie schon. Vorhin hatte ihre Farbe da gefehlt. Hatte sie inzwischen jemand begossen und begrünt?
Ihre Arme schmerzten langsam. Denn nach wie vor, jetzt zwar gestützt durch zwei andere Hände, beteiligte sich Anna an jedem steilen Hoch und an dem jähen Runter danach. Immer wieder appellierend, schnellten dann auch Arme über den Kopfrand gegenüber in ihre Sichtfläche. Nur zwischen den Leibern hindurch sah Anna ihre Büsche. Sie konnte keine Veränderung ausmachen. Was sie erkannte, war das Gleiche geblieben, stellte sie beruhigt fest. »Aufpassen, nicht so grob!«, dachte Anna, aber auch das nur sehr leise, aus Angst, jemand könnte es erraten. Fast wäre sie gestürzt, denn sie hatte die Kante des grauen Bordsteins nicht bemerkt. Moni fing sie auf und zog sie weiter. Anna stierte noch, es war ihr peinlich, zu Boden. Sie suchte etwas. Suchte, hob den Kopf und suchte unauffällig weiter. So ein Grün muss es hier doch geben!
Tatsächlich entdeckte sie es. Grün, hoffnungsweckend und vielversprechend. Keine Pflanze, ein monströses Schild über einem kleinen türkischen Supermarkt. Das Grün im Hintergrund übertönte den weißen, eckigen Namen des Geschäfts. Schmutzig und staubig war es jetzt, hatte früher sicher schöner und kräftiger geleuchtet. Stumpf und matt strahlte es Ruhe auf Anna aus.
Was würde sie wohl fürs Abendessen brauchen? Wahrscheinlich gab es da alles und so würde sie sicher rechtzeitig fertig werden. Zeit genug, um eine neue Tischdecke aufzulegen und noch ein bisschen zu dekorieren. Irgend etwas Grünes, vielleicht hatte dieser Laden ja auch Papierservietten in dieser Farbe.
Sie drehte sich weiter im Kreis der Demonstranten, blieb aber mit ihrem Blick so lange wie möglich bei dem wohltuenden grünen Schild. Sie sah nicht die Leute, die mit prallen, bunten Tüten den Laden verließen, obgleich auch die Tüten das grüne Logo trugen.
Und hoch! Es war nicht leicht, den fünf Kilo schweren Sack mit Reis in den Einkaufswagen zu heben. Ilay musste an diesem Tag aber noch viel erledigen und deshalb wartete sie nicht auf ihren Mann, der gerade in der Obst- und Gemüseabteilung war.

Heute musste sie ihre kleine Tochter zu einer Freundin fahren und danach auch noch die Buchhaltung für ihren Mann erledigen. Und morgen bekam sie Besuch und da wollte sie etwas Besonderes kochen.
Sie schob den Wagen weiter, wobei sie aufpassen musste, dass sich ihre Burqa nicht in den Rollen des Einkaufswagens verfing. Das Gewand war einem Zelt ähnlich. Es war schwer und reichte vom Kopf bis zu den Zehen. Dies erschwerte auch das Gehen, doch jede Frau, die eine solche Burqa trug, gewöhnte sich daran.
Sie kam an der Süßigkeitenabteilung vorbei und erblickte ein kleines Marzipanschwein mit einem Glückspfennig. Sogleich musste sie an ihren Sohn denken, der am nächsten Morgen seinen Führerschein machen würde. Sie legte das kleine Schweinchen in den Korb, mit der Absicht, Valid damit eine Freude zu machen. Er hatte schon einmal die Prüfung knapp verfehlt und vielleicht würde ihm dies Glück bringen. Ebenfalls legte sie zwei Tafeln weiße Schokolade in den Korb, die ihre jüngste Tochter Shirin so gerne aß. Zwar hatte Shirin keine besondere Aufgabe vor sich, aber sie hatte ihre Mutter schon des öfteren gebeten, ihr eine Tafel Schokolade mitzubringen, Ilay hatte es jedoch jedes Mal vergessen.
Sie ging weiter und hatte den Wagen schon in die Kleiderabteilung geschoben, als ihr einfiel, dass sie noch Safran für ihr Gericht benötigte. Sie ging zurück, ließ den Wagen aber neben den Schleiern im Angebot stehen. Sayhe, ihre beste Freundin, würde mit ihrem Sohn zum Essen kommen. Sayhe war, so wie Ilay, Afghanin. Sie war aus ihrem Land geflohen, als ihr Mann gestorben war. Ilay war voller Bewunderung für Sayhe. Sie hatte viel erreicht, nachdem sie nach Deutschland gekommen war. Sie eröffnete einen kleinen Schneidereiladen für islamische Frauen. Obwohl sie zuerst kein Geld von den Banken bekommen hatte und noch auf andere Schwierigkeiten gestoßen war, hatte sie sich trotzdem durchgebissen.
Ilay hatte zwei Päckchen Safran aus dem Regal genommen und ging zurück. Sie würde ein besonderes Gericht kochen, echt orientalisch. Und zum Essen würde sie das neue Gewand, das Sayhes Kunstwerk war, anziehen. Es war ein dunkelrotes Kleid,

das nach dem Schnitt einer Burqa angefertigt wurde. Ilay fühlte sich aber wohl darin. Der Stoff war leicht und die Farbe, auch wenn sie nicht zu auffällig war, gefiel ihr.

Aber Ilay war auch stolz auf sich. Sie hatte zwar nicht so viel erreicht wie Sayhe, ihr Leben war aber trotzdem nicht langweilig. Ihr Alltag bestand nicht nur darin zu kochen und auf die Kinder aufzupassen, wie in anderen Familien. Sie machte zum Beispiel die Buchhaltung für die kleine Firma ihres Mannes. Er konnte mit Zahlen nicht halb so gut umgehen wie Ilay und hatte sie deshalb gebeten, das für ihn zu erledigen. Auch war ihr Deutsch besser und er schätzte ihre fehlerfreien Kundenbriefe.

»Ilay, tschigaram, dieser Schleier würde wunderbar zu deinem neuen Kleid passen.« Javid, ihr Mann, stand mit einem Lächeln neben dem Einkaufswagen und hielt einen Schleier in der gleichen Farbe ihres Kleides in die Höhe.

Sie freute sich wirklich darüber, dass er an sie gedacht hatte, aber sie war der Ansicht, dass es besser war, das Tuch nicht zu kaufen und sagte deshalb: »Nein, lieber nicht. Valid braucht doch sicher noch ein bisschen Geld zu seinem Auto, also sollten wir lieber sparen.«

»Auf die zwanzig Mark kommt es dann auch nicht mehr an. Nimm, ich will doch schließlich, dass meine Frau gut aussieht.« Als er den Schleier resolut in den Korb legte, konnte sie nicht anders als lächelnd nachgeben.

Er schob den Wagen weiter und sie besorgten noch die anderen Waren, die sie brauchten, und gingen dann an die Kasse. Vor ihnen stand ein Mann in kurzen Hosen und T-Shirt und legte soeben drei Packungen Glühbirnen auf das Rollband. Da fiel Javid ein, dass er eine neue Glühbirne für das Bad benötigte, und er ging zurück, um noch schnell eine zu holen. Ilay legte alles auf das Rollband und wartete, bis der Mann vor ihr bezahlt hatte.

Suheila, die neue Kassiererin, tippte die Preise der Lebensmittel in die Kasse ein und redete mit Ilay. »Geht ihr am Freitag in die Moschee? Meine Tante aus Pakistan kommt auch. Sie ist zur Zeit zu Besuch bei uns.«

»Ja, wir kommen auch. Ich freue mich schon, deine Tante kennen zu lernen. Danach sind Sayhe und ihr Sohn bei uns zum Essen. Wollt ihr auch kommen?«
»Ja, warum nicht. Danke für die Einladung.«
Suheila tippte weiter und erwähnte, dass das ein sehr schöner Schleier sei. Ilay lächelte zufrieden.
Javid kam gerade mit den Glühbirnen, als Suheila und Ilay die Einkäufe in den grünen Tüten des Ladens verstauten. Er bezahlte, sie verabschiedeten sich und gingen beide, mit prall gefüllten Tüten bepackt, hinaus in den warmen Sommertag.
Und vorwärts! Ilay stolperte, verfing sich im Saum ihrer Burqa, stürzte und fand sich plötzlich auf dem heißen Asphalt liegend wieder, ihren Kopf zwischen dem leuchtenden Grün der Tüten verborgen, ein Schuh noch lose am Randstein baumelnd.
Eine schmale Frauenhand berührte die ihre. Lächelnd ergriff Ilay sie, zog sich daran hoch. Die andere gab ihr Javids Geschenk.
»Komm«, sagte Anna, die ihre Farbe gefunden hatte.

*»Grün – Vielfältig« wurde als Beitrag zum Schülerwettbewerb 2003 eingesandt. Der Text ist eine Gemeinschaftsarbeit der Schreibwerkstatt 2003 des Maria-Theresia-Gymnasiums Augsburg; die Arbeit wurde von der Deutschlehrerin Frau Hornung betreut.*

LYRIK

# Das »Schwabenlied« des mittelalterlichen Dichters und Sängers Ulrich von Winterstetten

*von Hans Wellmann*

Das schöne Bildwerk, das der Bildhauer Joachim Krauß jetzt von dem mittelalterlichen Erzähler Ulrich von Türheim geschaffen hat, und die Feiern zur Enthüllung dieser Skulptur auf dem Brunnen des Kirchplatzes in Unterthürheim[1] haben auch einen anderen mittelalterlichen Sänger der Region wieder ins Bewusstsein gerückt: den Ritter Ulrich von Winterstetten aus der Umgebung von Biberach an der Riß.
Schenk Ulrich von Winterstetten hatte früh die Begabung des Türheimer Dichters Ulrich erkannt; er hat ihn weiterempfohlen, seine Sangeskunst gefördert und ihn auch selbst als Mäzen unterstützt. Aus Urkunden der Jahre 1241 bis 1280 wissen wir mehr über ihn. Ulrich von Winterstetten war begütert und begabt und hatte vielerlei Interessen. Seine Aktivitäten haben ihn von der Stammburg bei Winterstettenstadt weiter nach Kempten (dort kümmerte er sich um die Rechte der Burg) und später nach Augsburg geführt, wo er das Amt eines geistlichen Kanonikus ausgeübt hat. Zum Ende seines Lebens hin waren seine Besitzungen ziemlich zusammengeschmolzen – vielleicht auch aufgrund der Großzügigkeit, mit der er nicht nur Ulrich von Türheim, sondern auch andere Dichter seiner Zeit (etwa am Wangener Hof), darunter den bekannten Rudolf vom Ems, gefördert und finanziell unterstützt hat.
Eine ganze Reihe seiner Lieder sind aus der berühmten Heidelberger Liederhandschrift bekannt. Und auch eine Miniatur gibt es in ihr, die den Sänger mit einer Pergamentrolle darstellt. Die Verse folgen im Rhythmus und Reim, in ihrem dreigliedrigen

---

[1] Unterthürheim führt ein »h« im Ortsnamen; die historische Schreibweise bei Ulrich von Türheim weist kein »h« auf.

Aufbau und den Motiven (Naturschilderung, Sehnsucht und Werbung, Lob der Dame und Bitte um Liebeslohn, vergebliche Liebesmühe oder Entsagung), aber auch in den meisten konventionellen Metaphern Traditionen des Minnesangs.

Sein 'Schwabenlied' ist in mehrfacher Hinsicht etwas Besonderes. Das beginnt schon bei der Anrede des Publikums

> '*ir Swâbe*'.

Dieses Publikum wird an die alten schwäbischen Tugenden erinnert:

> '*ir Swâbe, nemt die alten zuht*
> *her für, sô tragt ir êren kleit.*
> *mit zühten sult ir sîn gemeit*'.

Bemerkenswert auch, wie regelmäßig sich das Lied nach dem neuen, auf jede der 5 Strophen folgenden Refrain aufgliedert

> '*swem ich singe, swiez erklinge,*
> *swaz ich sage, doch trage, ich klage*'

mit Binnenreim in der ersten Zeile und gar dreifachem Reim in der zweiten. Etwas Eigenes hat auch der Einfall, die Klage über die versagte Minne öffentlich, und zwar bei dem König vorzubringen. Kein Zweifel, dass dieses Spiel mit Mustern vom Publikum als 'fiction' verstanden und genossen wurde.

Die 5 Strophen des Schwabenliedes lauten:

### 1

*Ich sold den liehten sumer loben:*
*des hân ich mich versûmet her.*
*Daz lant ist niden und dâ bî oben*
*geblüemet nâch mîns herzen ger.*
*Diu zît uns bringet niuwe fruht,*
*frid unde fruot ist und bereit.*
*ir Swâbe, nemt die alten zuht*
*her für, sô traget ir êren kleit.*
*mit zühten sult ir sîn gemeit.*
*swem ich singe, swiez erklinge,*
*swaz ich sage, doch trage ich klage.*

### 2

*Mîn klage ist daz mich hât verwunt*

*ir minneclîcher ougen schîn,*
*Ir liehtevarwer rôter munt,*
*enmitten in daz herze mîn.*
*An schœne an kiusche und ouch an zuht*
*ist sî für elliu wîp gelobet,*
*ir wunnebernden reinen fruht*
*an tugenden niemen überobet,*
*wan daz sî an mir senden tobet.*
*swem ich singe, swiez erklinge,*
*swaz ich sage, doch trage ich klage.*

3
*Mîn klage ist daz ich sende nôt*
*vil von der herzelieben hân*
*Und sî mir daz noch nie enbôt.*
*ich solde in ir genâden stân.*
*Ir rede ist gegen mir gar verswigen,*
*daz sî nie wort ze mir gesprach.*
*sus hât diu liebe mir verzigen:*
*daz ist mîn klagendez ungemach.*
*owê daz ich sî ie gesach!*
*swem ich singe, swiez erklinge,*
*swaz ich sage, doch trage ich klage.*

4
*Mîn klage ist ungerihtet mir,*
*swie guot gerih der künic hât.*
*Ob ich nu klagte daz von ir,*
*daz sî mich in den sorgen lât,*
*Wer æhtet sî dann ûffen reht,*
*wan sî wirt niht von mir genant?*
*nu lât gerihte wesen sleht,*
*ezn sî dem rihter wol erkant,*
*so ist ungerihtet sâ zehant.*
*swem ich singe, swiez erklinge,*
*swaz ich sage, doch trage ich klage.*

5
*Mîn klage diu mac wol enden sich,*
*ob diu vil herzeliebe wil.*
*Sî tuot gein mir unminneclich:*
*daz ist ân ende und âne zil.*
*Ach got, wie lange sol daz wern*
*daz sî tuot ungenâde an mir?*
*in mac ir hulde niht embern*
*und hân doch kleinen trôst von ir:*
*sus hindert sich mîns herzen gir.*
*swem ich singe, swiez erklinge,*
*swaz ich sage, doch trage ich klage.*

Quelle:
*Deutsche Liederdichter des zwölften bis vierzehnten Jahrhunderts, herausgegeben von Karl Bartsch und Wolfgang Golther, Berlin 1906, S. 211-212 (Verse 136–190).*
*Ernst Bremer, Ästhetische Konvention und Geschichtserfahrung. In: Lied im deutschen Mittelalter. Überlieferung, Typen, Gebrauch. Chiemsee-Colloquium 1991. Herausgegeben von Cyril Edwards, Ernst Hellgardt und Norbert H. Ott. Tübingen 1996, S. 129ff.*

# Mein liebstes Brecht-Gedicht

1898 wurde Bertolt Brecht in Augsburg geboren; am 10. Februar 1998 hätte er seinen 100. Geburtstag feiern können. Die Zeitung »Neues Deutschland« erinnerte aus diesem Anlass das ganze Jahr über mit einer Reihe von Brecht-Gedichten an den Lyriker. Bekannte Persönlichkeiten des ost- und westdeutschen Literaturbetriebs stellten ihr Lieblings-Brecht-Gedicht vor und begründeten teilweise ihre Wahl.
Wir haben einige dieser Gedichte für Sie ausgewählt und durch die Lieblings-Brecht-Gedichte von Augsburgs Oberbürgermeister Dr. Paul Wengert, Dr. Andrea Bartl (Literaturwissenschaftlerin), Dr. Jürgen Hillesheim (Leiter der Bertolt-Brecht-For-

schungsstelle bei der Staats- und Stadtbibliothek Augsburg) und Kurt Idrizovic (Buchhändler, Brechtshop-Inhaber) ergänzt. Nicht fehlen darf in dieser Reihe das Gedicht »An die Nachgeborenen« und das hierauf Bezug nehmende »weiterung« von Hans Magnus Enzensberger.

## Vom armen B. B.
*von Bertolt Brecht*

### (Lieblingsgedicht von Volker Braun)

1

*Ich, Bertolt Brecht, bin aus den schwarzen Wäldern.*
*Meine Mutter trug mich in die Städte hinein,*
*Als ich in ihrem Leibe lag. Und die Kälte der Wälder*
*Wird in mir bis zu meinem Absterben sein.*

2

*In der Asphaltstadt bin ich daheim. Von allem Anfang*
*Versehen mit jedem Sterbsakrament:*
*Mit Zeitungen. Und Tabak. Und Branntwein.*
*Mißtrauisch und faul und zufrieden am End.*

3

*Ich bin zu den Leuten freundlich. Ich setze*
*Einen steifen Hut auf nach ihrem Brauch.*
*Ich sage: es sind ganz besonders riechende Tiere,*
*Und ich sage: es macht nichts, ich bin es auch.*

4

*In meine leeren Schaukelstühle vormittags*
*Setze ich mir mitunter ein paar Frauen*
*Und ich betrachte sie sorglos und sage ihnen:*
*In mir habt ihr einen, auf den könnt ihr nicht bauen.*

5

*Gegen Abend versammle ich um mich Männer,*

*Wir reden uns da mit »Gentleman« an.*
*Sie haben ihre Füße auf meinen Tischen*
*Und sagen: Es wird besser mit uns. Und ich frage nicht: Wann?*

6

*Gegen Morgen in der grauen Frühe pissen die Tannen,*
*Und ihr Ungeziefer, die Vögel, fängt an zu schrein.*
*Um die Stunde trink ich mein Glas in der Stadt aus und schmeiße*
*Den Tabakstummel weg und schlafe beunruhigt ein.*

7

*Wir sind gesessen ein leichtes Geschlechte*
*In Häusern, die für unzerstörbare galten*
*(So haben wir gebaut die langen Gehäuse des Eilands Manhattan*
*Und die dünnen Antennen, die das Atlantische Meer unterhalten).*

8

*Von diesen Städten wird bleiben: der durch sie hindurchging, der Wind!*
*Fröhlich machet das Haus den Esser: er leert es.*
*Wir wissen, daß wir Vorläufige sind,*
*Und nach uns wird kommen: nichts Nennenswertes.*

9

*Bei den Erdbeben, die kommen werden, werde ich hoffentlich*
*Meine Virginia nicht ausgehen lassen durch Bitterkeit,*
*Ich, Bertolt Brecht, in die Asphaltstädte verschlagen*
*Aus den schwarzen Wäldern, in meiner Mutter, in früher Zeit.*

(1921)

Erschienen in: ND 29.12.1997.
Bertolt Brecht: Große kommentierte Berliner und Frankfurter Ausgabe, Suhrkamp Verlag, Bd. XI, Gedichte, S. 119f.

# Die gute Nacht
*von Bertolt Brecht*

(Lieblingsgedicht von Walter Jens)

*Der Tag, vor dem der große Christ*
*Zur Welt geboren worden ist*
*War hart und wüst und ohne Vernunft.*
*Seine Eltern hatten keine Unterkunft*
*Und auf den Straßen herrschte ein arger Verkehr*
*Und die Polizei war hinter ihnen her*
*Und sie fürchteten sich vor seiner Geburt*
*Die gegen Abend erwartet wurd.*
*Denn seine Geburt fiel in die kalte Zeit.*

*Aber sie verlief zur Zufriedenheit.*
*Der Stall, den sie doch noch gefunden hatten*
*War warm und mit Moos zwischen seinen Latten.*
*Und mit Kreide war auf die Tür gemalt*
*Daß der Stall bewohnt war und bezahlt*
*So wurde es doch noch eine gute Nacht.*
*Auch das Heu war wärmer, als sie gedacht.*
*Ochs und Esel waren dabei*
*Damit alles in der Ordnung sei.*
*Eine Krippe gab einen kleinen Tisch*
*Und der Hausknecht brachte ihnen heimlich einen Fisch.*
*(Denn es mußte bei der Geburt des großen Christ*
*Alles heimlich gehen und mit List.)*
*Doch der Fisch war ausgezeichnet und reichte durchaus*
*Und Maria lachte ihren Mann wegen seiner Besorgnis aus.*
*Denn am Abend legte sich sogar der Wind*
*Und war nicht mehr so kalt, wie die Winde sonst sind.*
*Aber bei Nacht war er fast wie ein Föhn.*
*Und der Stall war warm. Und das Kind war sehr schön.*
*Und es fehlte schon fast gar nichts mehr –*
*Da kamen auch noch die Dreikönig daher!*

*Maria und Joseph waren zufrieden sehr.*

*Sie legten sich sehr zufrieden zum Ruhn.
Mehr konnte die Welt für den Christ nicht tun.*

(1926)

Erschienen in: ND 27.07.1998.
Bertolt Brecht: Große kommentierte Berliner und Frankfurter Ausgabe,
Suhrkamp Verlag, Bd. XIII, Gedichte, S. 341 f.

## Oft in der Nacht träume ich…
*von Bertolt Brecht*

(Lieblingsgedicht von Fritz Rudolf Fries)

*OFT IN DER NACHT TRÄUME ICH, ich kann
Meinen Unterhalt nicht mehr verdienen.
Die Tische, die ich mache, braucht
Niemand in diesem Land, die Fischhändler
sprechen Chinesisch
Meine nächsten Anverwandten
Schauen mir fremd ins Gesicht
Die Frau, mit der ich sieben Jahre schlief
Grüßt mich höflich im Hausflur und
Geht lächelnd
Vorbei.*

*Ich weiß
Daß die letzte Kammer schon leer steht
Die Möbel schon weggeräumt sind
Die Matratze schon zerschlitzt
Der Vorhang schon abgerissen ist.
Kurz, es ist alles bereit, mein
Trauriges Gesicht
Zum Erblassen zu bringen.*

*Die Wäsche, im Hof zum Trocknen aufgehängt
Ist meine Wäsche, ich erkenne sie gut.*

*Näher hinblickend, sehe ich*
*Allerdings*
*Nähte darinnen und angesetzte Stücke.*
*Es scheint*
*Ich bin ausgezogen, jemand anderes*
*Wohnt jetzt hier und*
*Sogar in*
*Meiner Wäsche.*

(um 1926/27)

Erschienen in: ND 23.02.1998.
Bertolt Brecht: Große kommentierte Berliner und Frankfurter Ausgabe, Suhrkamp Verlag, Bd. XIII Gedichte, S. 368.


## Terzinen über die Liebe
*von Bertolt Brecht*

(Lieblingsgedicht von Christa Wolf)

*Sieh jene Kraniche in großem Bogen!*
*Die Wolken, welche ihnen beigegeben*
*Zogen mit ihnen schon, als sie entflogen*

*Aus einem Leben in ein andres Leben*
*In gleicher Höhe und mit gleicher Eile*
*Scheinen sie alle beide nur daneben.*

*Daß also keines länger hier verweile*
*Daß so der Kranich mit der Wolke teile*
*Den schönen Himmel, den sie kurz befliegen*

*Und keines andres sehe als das Wiegen*
*Des andern in dem Wind, den beide spüren*
*Die jetzt im Fluge beieinander liegen.*

*So mag der Wind sie in das Nichts entführen;*
*Wenn sie nur nicht vergehen und sich bleiben*
*So lange kann sie beide nichts berühren*

*So lange kann man sie von jedem Ort vertreiben*
*Wo Regen drohen oder Schüsse schallen.*
*So unter Sonn und Monds wenig verschiedenen Scheiben*

*Fliegen sie hin, einander ganz verfallen.*

*Wohin, ihr?*
   *Nirgendhin.*

*Von wem entfernt?*
       *Von allen.*

*Ihr fragt, wie lange sind sie schon beisammen?*
*Seit kurzem.*
         *Und wann werden sie sich trennen?*
                    *Bald.*

*So scheint die Liebe Liebenden ein Halt.*

(1928)

Erschienen in: ND 5.1.1998.
Bertolt Brecht: Große kommentierte Berliner und Frankfurter Ausgabe,
Suhrkamp Verlag, Bd. XIV Gedichte, S. 15.

## Legende von der Entstehung des Buches Taoteking auf dem Weg des Laotse in die Emigration
*von Bertolt Brecht*

(Lieblingsgedicht von Siegfried Unseld)

1

*Als er siebzig war und war gebrechlich*
*Drängte es den Lehrer doch nach Ruh*
*Denn die Güte war im Lande wieder*
*Einmal schwächlich*
*Und die Bosheit nahm an Kräften wieder einmal zu.*
*Und er gürtete den Schuh.*

2

*Und er packte ein, was er so brauchte:*
*Wenig. Doch es wurde dies und das.*
*So die Pfeife, die er immer abends rauchte*
*Und das Büchlein, das er immer las.*
*Weißbrot nach dem Augenmaß.*

3

*Freute sich des Tals noch einmal und vergaß es*
*Als er ins Gebirg den Weg einschlug.*
*Und sein Ochse freute sich des frischen Grases*
*Kauend, während er den Alten trug.*
*Denn dem ging es schnell genug.*

4

*Doch am vierten Tag im Felsgesteine*
*Hat ein Zöllner ihm den Weg verwehrt:*
*»Kostbarkeiten zu verzollen?« – »Keine.«*
*Und der Knabe, der den Ochsen führte, sprach:*
*»Er hat gelehrt.«*
*Und so war auch das erklärt.*

5

*Doch der Mann in einer heitren Regung*
*Fragte noch: »Hat er was rausgekriegt?«*
*Sprach der Knabe: »Daß das weiche Wasser*
*In Bewegung*
*Mit der Zeit den mächtigen Stein besiegt.*
*Du verstehst, das Harte unterliegt.«*

6

*Daß er nicht das letzte Tageslicht verlöre*
*Trieb der Knabe nun den Ochsen an.*
*Und die drei verschwanden schon um eine*
*Schwarze Föhre*
*Da kam plötzlich Fahrt in unsern Mann*
*Und er schrie: »He, du! Halt an!*

7

*Was ist das mit diesem Wasser, Alter?«*
*Hielt der Alte: »Intressiert es dich?«*
*Sprach der Mann: »Ich bin nur Zollverwalter*
*Doch wer wen besiegt, das intressiert auch mich.*
*Wenn du's weißt, dann sprich!*

8

*Schreib mir's auf! Diktier es diesem Kinde!*
*So was nimmt man doch nicht mit sich fort.*
*Da gibt's doch Papier bei uns und Tinte*
*Und ein Nachtmahl gibt es auch: ich wohne dort.*
*Nun, ist das ein Wort?«*

9

*Über seine Schulter sah der Alte*
*Auf den Mann: Flickjoppe. Keine Schuh.*
*Und die Stirne eine einzige Falte.*
*Ach, kein Sieger trat da auf ihn zu.*
*Und er murmelte: »Auch du?«*

10

*Eine höfliche Bitte abzuschlagen*
*War der Alte, wie es schien, zu alt.*
*Denn er sagte laut: »Die etwas fragen*
*Die verdienen Antwort.« Sprach der Knabe: »Es wird*
*Auch schon kalt.«*
*»Gut, ein kleiner Aufenthalt.«*

11

*Und von seinem Ochsen stieg der Weise*
*Sieben Tage schrieben sie zu zweit.*
*Und der Zöllner brachte Essen (und er fluchte nur noch leise*
*Mit den Schmugglern in der ganzen Zeit).*
*Und dann war's soweit.*

                          12
*Und dem Zöllner händigte der Knabe*
*Eines Morgens einundachtzig Sprüche ein*
*Und mit Dank für eine kleine Reisegabe*
*Bogen sie um jene Föhre ins Gestein.*
*Sagt jetzt: kann man höflicher sein?*
                          13
 *Aber rühmen wir nicht nur den Weisen*
 *Dessen Name auf dem Buche prangt!*
 *Denn man muß dem Weisen seine Weisheit erst entreißen.*
 *Darum sei der Zöllner auch bedankt:*
 *Er hat sie ihm abverlangt.*

(1938)

Erschienen in: ND 15.06.1998
Bertolt Brecht: Große kommentierte Berliner und Frankfurter Ausgabe, Suhrkamp Verlag, Bd. XII Gedichte, S. 32.

## *Anmerkung von Siegfried Unseld:*

»Natürlich ist mein Lieblingsgedicht von Brecht: die 'Terzinen über die Liebe' – aber das hat ja schon Christa Wolf ausgesucht. Bleibt mir – für mich an zweiter Stelle – die 'Legende von der Entstehung des Buches Taoteking auf dem Weg des Laotse in die Emigration'. Hoffentlich ist das für Sie nicht zu lang. Meine Begründung: Es ist ein großartiges Gedicht, durch und durch poetisch, und mir gefällt die Botschaft des Gedichts, 'daß das weiche Wasser in Bewegung mit der Zeit den mächtigen Stein besiegt. Du verstehst, das Harte unterliegt.' Hier hat man den ganzen Brecht, und es ist auch unsere Zeit ganz enthalten. Und mir gefällt auch das letzte Motiv: der Zöllner, der 'dem Weisen Weisheit erst entreißen' muß. «

   (Siegfried Unseld war der Suhrkamp-Verleger und Brecht-Herausgeber, der die Idee zu dieser Gedicht-Reihe hatte.)

# Das Lied von der Tünche
*von Bertolt Brecht*

## (Lieblingsgedicht von Klaus Schlesinger)

*Ist wo etwas faul und rieselt's im Gemäuer*
*Dann ist's nötig, daß man etwas tut*
*Und die Fäulnis wächst ganz ungeheuer.*
*Wenn das einer sieht, das ist nicht gut.*
*Da ist Tünche nötig, frische Tünche nötig!*
*Wenn der Saustall einfällt, ist's zu spät!*
*Gebt uns Tünche, dann sind wir erbötig*
*Alles so zu machen, daß es noch mal geht.*
*Da ist schon wieder ein neuer*
*Häßlicher Fleck am Gemäuer!*
*Das ist nicht gut. (Gar nicht gut.)*
*Da sind neue Risse!*
*Lauter Hindernisse!*
*Da ist's nötig, daß man noch mehr tut!*
*Wenn's doch endlich aufwärtsginge!*
*Diese fürchterlichen Sprünge*
*Sind nicht gut! (Gar nicht gut.)*
*Drum ist Tünche nötig! Viele Tünche nötig!*
*Wenn der Saustall einfällt, ist's zu spät!*
*Gebt uns Tünche und wir sind erbötig*
*Alles so zu machen, daß es noch mal geht.*
*Hier ist Tünche! Macht doch kein Geschrei!*
*Hier steht Tünche Tag und Nacht bereit.*
*Hier ist Tünche, da wird alles neu*
*Und dann habt ihr eure neue Zeit!*

(1930)

Erschienen in: ND 15.06.1998.
Bertolt Brecht: Große kommentierte Berliner und Frankfurter Ausgabe, Suhrkamp Verlag, Bd. XIV Gedichte, S. 99 f.

# Deutschland
*von Bertolt Brecht*

(Lieblingsgedicht von Hermann Kant)

*Mögen andere von ihrer*
*Schande sprechen, ich*
*spreche von der meinen.*

*O Deutschland, bleiche Mutter!*
*Wie sitzest du besudelt*
*Unter den Völkern.*
*Unter den Befleckten*
*Fällst du auf.*

*Von deinen Söhnen der ärmste*
*Liegt erschlagen.*
*Als sein Hunger groß war,*
*Haben deine anderen Söhne*
*Die Hand gegen ihn erhoben.*
*Das ist ruchbar geworden.*

*Mit ihren so erhobenen Händen,*
*Erhoben gegen ihren Bruder,*
*Gehen sie jetzt frech vor dir herum*
*Und lachen in dein Gesicht.*
*Das weiß man.*

*In deinem Hause*
*Wird laut gebrüllt, was Lüge ist.*
*Aber die Wahrheit*
*Muß schweigen.*
*Ist es so?*

*Warum preisen dich ringsum die Unterdrücker, aber*
*Die Unterdrückten beschuldigen dich?*
*Die Ausgebeuteten*
*Zeigen mit Fingern auf dich, aber*

*Die Ausbeuter loben das System,*
*Das in deinem Hause ersonnen wurde!*

*Und dabei sehen dich alle*
*Den Zipfel deines Rockes verbergen, der blutig ist*
*Vom Blut deines*
*Besten Sohnes.*

*Hörend die Reden, die aus deinem Hause dringen, lacht man.*
*Aber wer dich sieht, der greift nach dem Messer*
*Wie beim Anblick einer Räuberin.*

*O Deutschland, bleiche Mutter!*
*Wie haben deine Söhne dich zugerichtet,*
*Daß du unter den Völkern sitzest*
*Ein Gespött oder eine Furcht!*

(1933)

Erschienen in: ND 12.01.1998.
Bertolt Brecht: Große kommentierte Berliner und Frankfurter Ausgabe, Suhrkamp Verlag, Bd. XI, Gedichte, S. 253 f.

## *Anmerkung von Hermann Kant:*

Da eure Serie es mit sich bringt, dass jeder Beiträger ein anderes »Lieblingsgedicht« haben muss, nenne ich eins, das vielleicht seltener genannt wird: »O Deutschland, bleiche Mutter«. Vielleicht wird das verständlich, wenn ich sage, es war das erste Brechtgedicht, das ich öffentlich vorgelesen habe. Vor den deutschen Kriegsgefangenen im KZ-Rest des Warschauer Ghettos.

# Das Lied von der Moldau
*von Bertolt Brecht*

## (Lieblingsgedicht von Elisabeth Borchers)

*Am Grunde der Moldau wandern die Steine*
*Es liegen drei Kaiser begraben in Prag.*
*Das Große bleibt groß nicht und klein nicht das Kleine.*
*Die Nacht hat zwölf Stunden, dann kommt schon der Tag.*

*Es wechseln die Zeiten. Die riesigen Pläne*
*Der Mächtigen kommen am Ende zu Halt.*
*Und gehn sie einher auch wie blutige Hähne*
*Es wechseln die Zeiten, da hilft kein Gewalt.*

*Am Grunde der Moldau wandern die Steine.*
*Es liegen drei Kaiser begraben in Prag.*
*Das Große bleibt groß nicht und klein nicht das Kleine.*
*Die Nacht hat zwölf Stunden, dann kommt schon der Tag.*

(Brecht-Gedicht von 1943 in der Eislerschen Liedfassung aus dem Jahre 1956)

Erschienen in: ND 21.12.1998.
Bertolt Brecht: Große kommentierte Berliner und Frankfurter Ausgabe, Suhrkamp Verlag, Bd. XV, Gedichte, S. 92.

## *Anmerkung von Elisabeth Borchers:*

Das Lied von der Moldau hat nichts seinesgleichen, es macht geborgen wie ein Wiegenlied, es ist ermutigend wie ein Trostlied, es ist verständlich wie die einfachen großen Gefühle.

## Ach wie solln wir nun…
*von Bertolt Brecht*

(Lieblingsgedicht von Peter Härtling)

*ACH WIE SOLLN WIR NUN die kleine Rose buchen*
*Plötzlich dunkelrot und jung und nah*
*Ach wir kamen nicht, sie zu besuchen*
*Aber als wir kamen, war sie da.*

*Vor sie da war, war sie nicht erwartet*
*Als sie da war, war sie kaum geglaubt*
*Ach, zum Ziele kam, was nie gestartet*
*Aber war es so nicht überhaupt?*

(1954)

Erschienen in: ND 10.08.1998.
Bertolt Brecht: Große kommentierte Berliner und Frankfurter Ausgabe,
Suhrkamp Verlag, Bd. XV Gedichte, S. 283.


## Plärrerlied
*von Bertolt Brecht*

(Lieblingsgedicht von Paul Wengert)

*Der Frühling sprang durch den Reifen*
*Des Himmels auf grünen Plan*
*Da kam mit Orgeln und Pfeifen*
*Der Plärrer bunt heran.*

*Dort hab ich ein Kind gesehen*
*Das hatte ein goldenes Haar*
*Und ihre Augen stehen*
*Ihr einfach wunderbar.*
*Und in der Sonne drehen*

*Die Karusselle dort -*
*Und wenn sie stille stehen*
*dann dreht mein Kopf sich fort.*

*Nachts ruhn die Karusselle*
*Wie Milchglasampeln still*
*Jede Nacht wird sternenhelle*
*Nun geh es, wie es will!*

*Nun bin ich trunken, Mädel.*
*Und trag zu aller Hohn*
*Statt meinem alten Schädel*
*Einen neuen Lampion.*

*Nun mag der Frühling gehen*
*Ich seh ihn immerdar:*
*Ich hab ein Kind gesehen*
*Die hat ein goldenes Haar.*

(um 1917)

Bertolt Brecht: Große kommentierte Berliner und Frankfurter Ausgabe, Suhrkamp Verlag 1993, Bd. XIII Gedichte, S. 105.

## Über die Verführung von Engeln
*von Bertolt Brecht*

### (Lieblingsgedicht von Jürgen Hillesheim)

*Engel verführt man gar nicht oder schnell.*
*Verzieh ihn einfach in den Hauseingang*
*Steck ihm die Zunge in den Mund und lang*
*Ihm untern Rock, bis er sich naß macht, stell*
*Ihn, das Gesicht zur Wand, heb ihm den Rock*
*Und fick ihn. Stöhnt er irgendwie beklommen*
*Dann halt ihn fest und laß ihn zwei Mal kommen*
*Sonst hat er dir am Ende einen Schock.*

*Ermahn ihn, daß er gut den Hintern schwenkt*
*Heiß ihn dir ruhig an die Hoden fassen*
*Sag ihm, er darf sich furchtlos fallenlassen*
*Dieweil er zwischen Erd und Himmel hängt -*

*Doch schau ihm nicht beim Ficken ins Gesicht*
*Und seine Flügel, Mensch, zerdrück sie nicht.*

(1948)

Bertolt Brecht: Große kommentierte Berliner und Frankfurter Ausgabe, Suhrkamp Verlag 1993, Bd. XV Gedichte, S. 193.

## Sieben Rosen hat der Strauch
*von Bertolt Brecht*

(Lieblingsgedicht von Kurt Idrizovic)

*SIEBEN ROSEN HAT DER STRAUCH*
*Sechs gehörn dem Wind*
*Aber eine bleibt, daß auch*
*Ich noch eine find.*

*Sieben Male ruf ich dich*
*Sechsmal bleibe fort*
*Doch beim siebten Mal, versprich*
*Komme auf mein Wort.*

(1950)

Bertolt Brecht: Große kommentierte Berliner und Frankfurter Ausgabe, Suhrkamp Verlag, Bd. XV, Gedichte, S. 241.

*Anmerkung von Kurt Idrizovic:*
»Es hat alles, was ein gutes Gedicht ausmacht: Sehnsucht nach Erfüllung, Gelassenheit, Poesie, es ist kurz, und trotzdem von

großer Aussagekraft. Es rührt an ohne Pathos, es ist groß, aber kein Kitsch. Dafür liebe ich diese Zeilen.«

## Der Radwechsel
*von Bertolt Brecht*

(Lieblingsgedicht von Andrea Bartl)

*Ich sitze am Straßenhang.*
*Der Fahrer wechselt das Rad.*
*Ich bin nicht gern, wo ich herkomme.*
*Ich bin nicht gern, wo ich hinfahre.*
*Warum sehe ich den Radwechsel*
*Mit Ungeduld?*

(1953)

Bertolt Brecht: Gedichte 2: Sammlungen 1938-1956. Bearbeitet von Jan Knopf. Berlin u. a. 1988, (= Bertolt Brecht: Werke. Große kommentierte Berliner und Frankfurter Ausgabe, Bd. 12,) S. 310.

*Anmerkung von Andrea Bartl:*

Ein Lieblingsgedicht aus Bertolt Brechts lyrischem Werk auszuwählen, ist ein undurchführbares Unterfangen, gehört eine Vielzahl seiner Gedichte für mich doch zu dem Besten der deutschen Literatur überhaupt. Dennoch fasziniert mich beispielsweise sein spätes Gedicht »Der Radwechsel« aus den Buckower Elegien immer wieder aufs Neue, fernab aller Diskussionen, die es seit seinem Erscheinen in den 50er Jahren auslöste (Ist es als politische Allegorie zu verstehen oder äußert sich vielmehr ganz privat die psychische Unmöglichkeit einer Rückkehr aus dem Exil? Warum lässt der Sprechende andere für sich arbeiten, während er müßig über seine Situation reflektiert? Etc.) Brecht zeigt sich hier als Lyriker erster Güte: in wunderbarer Lakonie führt er den Leser in das widerspruchsvolle Zwischenreich einer heiteren Melancholie, einer repräsentativen Ausnahmesituation, einer selbstbewussten Orientierungslosigkeit und das ohne jedes Pathos, vielmehr in der Offenheit von Fragen, auf die es keine Antwort gibt.

## An die Nachgeborenen
*von Bertolt Brecht*

I

*Wirklich, ich lebe in finsteren Zeiten!*
*Das arglose Wort ist töricht. Eine glatte Stirn*
*Deutet auf Unempfindlichkeit hin. Der Lachende*
*Hat die furchtbare Nachricht*
*Nun noch nicht empfangen.*

*Was sind das für Zeiten, wo*
*Ein Gespräch über Bäume fast ein Verbrechen ist*
*Weil es ein Schweigen über so viele Untaten einschließt!*
*Der dort ruhig über die Straße geht*
*Ist wohl nicht mehr erreichbar für seine Freunde*
*Die in Not sind?*

*Es ist wahr: ich verdiene noch meinen Unterhalt*
*Aber glaubt mir: das ist nur ein Zufall. Nichts*
*Von dem, was ich tue, berechtigt mich dazu, mich sattzuessen.*
*Zufällig bin ich verschont. (Wenn mein Glück aussetzt bin ich*
*verloren.)*

*Man sagt mir: Iß und trink du! Sei froh, daß du hast!*
*Aber wie kann ich essen und trinken, wenn*
*Ich es dem Hungernden entreiße, was ich esse, und*
*Mein Glas Wasser einem Verdurstenden fehlt?*
*Und doch esse und trinke ich.*

*Ich wäre gerne auch weise.*
*In den alten Büchern steht, was weise ist:*
*Sich aus dem Streit der Welt halten und die kurze Zeit*
*Ohne Furcht verbringen*
*Auch ohne Gewalt auskommen*
*Böses mit Gutem vergelten*
*Seine Wünsche nicht erfüllen, sondern vergessen*
*Gilt für weise.*

*Alles das kann ich nicht:*
*Wirklich, ich lebe in finsteren Zeiten!*

    II
*In die Städte kam ich zu der Zeit der Unordnung*
*Als da Hunger herrschte.*
*Unter die Menschen kam ich zu der Zeit des Aufruhrs*
*Und ich empörte mich mit ihnen.*
*So verging meine Zeit*
*Die auf Erden mir gegeben war.*

*Mein Essen aß ich zwischen den Schlachten*
*Schlafen legte ich mich unter die Mörder*
*Der Liebe pflegte ich achtlos*
*Und die Natur sah ich ohne Geduld.*
*So verging meine Zeit*
*Die auf Erden mir gegeben war.*

*Die Straßen führten in den Sumpf zu meiner Zeit.*
*Die Sprache verriet mich dem Schlächter.*
*Ich vermochte nur wenig. Aber die Herrschenden*
*Saßen ohne mich sicherer, das hoffte ich.*
*So verging meine Zeit*
*Die auf Erden mir gegeben war.*

*Die Kräfte waren gering. Das Ziel*
*Lag in großer Ferne*
*Es war deutlich sichtbar, wenn auch für mich*
*Kaum zu erreichen.*
*So verging meine Zeit*
*Die auf Erden mir gegeben war.*

    III
*Ihr, die ihr auftauchen werdet aus der Flut*
*In der wir untergegangen sind*
*Gedenkt*
*Wenn ihr von unseren Schwächen sprecht*
*Auch der finsteren Zeit*

*Der ihr entronnen seid.*
*Gingen wir doch, öfter als die Schuhe die Länder wechselnd*
*Durch die Kriege der Klassen, verzweifelt*
*Wenn da nur Unrecht war und keine Empörung.*

*Dabei wissen wir doch:*
*Auch der Haß gegen die Niedrigkeit*
*Verzerrt die Züge.*
*Auch der Zorn über das Unrecht*
*Macht die Stimme heiser. Ach, wir*
*Die wir den Boden bereiten wollten für Freundlichkeit*
*Konnten selber nicht freundlich sein.*

*Ihr aber, wenn es so weit sein wird*
*Daß der Mensch dem Menschen ein Helfer ist*
*Gedenkt unsrer*
*Mit Nachsicht.*

(1939)

Bertolt Brecht: Große kommentierte Berliner und Frankfurter Ausgabe, Aufbau & Suhrkamp Verlag 1993, Bd. XII Gedichte, S. 85.

## weiterung
### *von Hans Magnus Enzensberger*

*Wer soll da noch auftauchen aus der Flut,*
*wenn wir darin untergehen?*

*Noch ein paar Fortschritte,*
*und wir werden weitersehen.*

*Wer soll da unsrer gedenken*
*mit Nachsicht?*

*Das wird sich finden,*
*wenn es erst soweit ist.*

*Und so fortan*
*bis auf weiteres*

*und ohne weiteres*
*so weiter und so*

*weiter nichts*

*keine Nachgeborenen*
*keine Nachsicht*

*nichts weiter.*

Hans Magnus Enzensberger: Blindenschrift. Gedichte. 1964, Suhrkamp, Frankfurt ⁴1971, S. 50.

# Gedichte

*von Hellmut Seiler*
*Träger des Irseer Pegasus-Preises 2003*

**Keinen Häller**

        In memoriam Thomas Schweicker (1540–1602),
        armloser Stadtschreiber von Schwäbisch Hall

*Keinen Häller mehr wert, sagen*
*Die Hochehrwürdigen Stadträte,*
*Sey meine Kunst! Ich trete sie*

*Mit Füßen! Stimmt, sage ich nun:*
*Drei Schreiber haben zusammen*
*Wir der Arme zwey! Und sind*

*Bei alledem des Schreibens und*
*Der Künste kundiger als mancher*
*Derer! Über meinige aber wird*

*Man künden, wenn längst der*
*Abdruck meiner Zehenfertigkeit*
*Erloschen! Nur Eines ist gewiß:*

*Den Ruhm konnt ich noch nie*
*Mit Händen greifen!*

**Vor dem Jüdischen Friedhof, Ihringen**

*Leise, das Bild, klar abgehoben: Schwärme*
*von Staren, ein Tanz wechselnder Wünsche,*
*heimlicher Keile, durch die dunstige Luft*
*geschraubt, hohes Tiefschwarz, plötzlich*

*verlöschend, ungezählte Graustufen, die*
*auf einen SCHRECKSCHUSS diesem*

*zur Beute werden. Darunter, am Rande,*
*fern und längst zu Tode erklärt:*

*Aufrechte Steine – kehren mir, den schon*
*fröstelt, den Rücken zu. Ach, wie leicht*
*ist Fremdes anzunehmen! Und in dieser*
*Stunde gelöschter Zeichen*

*drehen sich*
*die vor langem*
*umschwärmten Steine*
*auf einen Satz auf einmal – um!*

## Sprechgesang V

*Gebt ihn nur nicht auf! Gebt ihm*
*ein sprödes Herz, eine klare Lunge,*
*Drüsen aus Glas, splitternde Zähne,*

*ein Sekurit-gestärktes Rückgrat,*
*das im Falles eines Bruches in sich*
*zusammenfällt und sonst keinen*

*verletzt. Ein mundgeblasenes*
*Geschlecht, klirrende Adern.*
*Einige durchsichtige Gedanken.*

*Stellt ihn bloß, hängt ihn rein*
*in die gläsernen Aufenthaltsräume,*
*den zerbrechlichen Menschen:*

*Vielleicht springt er ja!*

## Am See von Lugano

*Das eingespielte Kräuseln der See*
*Oberfläche, ein abgekartetes Ansichts*
*Idyll: so winkt Helvetia den Außen*
*seitern zu, den Abseitigen Wagen*

*Kolonnenvervielfältigern, Meistern im*
*Grinsen aus Blech. Wir aber, die Echten*
*Eiderprobten Brüder haben ein Nach*
*sehen mit euch! Schiebt mal rüber, her*

*mit eurer weichen Aureole! Droben*
*Auf der Alm steht unser klitzekleines*
*Kartäuschen - Certosa heißt's in dem*
*Sonnigen Kanton - das Vorzimmer zur*

*Bunkerverstärkten Tresorlandschaft*
*Gleich dahinter. Fähnchen wedeln,*
*Chalets entpuppen sich als Hortes des*
*Eigensinns, der sich wie von ungefähr*

*Als Gemeinsinn tarnt. Während er*
*Die Geheimnummer eingibt, entfernt*
*Der Parkwächter mit spitzen Fingern*
*Ein Stäubchen von seiner betressten*

*Joppe und bleibt dabei*
*Gletschercool.*

## Zur Person:

*Hellmut Seiler*

**Hellmut Seiler**, geb. 1953 in Rupea/Rumänien, Studium der Germanistik und Anglistik. 1985-88 Berufs- und Publikationsverbot in Rumänien, seither in der Bundesrepublik. Mitglied im VS, in der GZL und im Internationalen P.E.N.

Hellmut Seiler schreibt v. a. Lyrik, aber auch Glossen, Aphorismen, Satiren, Rezensionen und Übersetzungen. Neben dem 1. Preis des Irseer Pegasus 2003 hat er u. a. den Literaturpreis der Künstlergilde Esslingen (1998 für Prosa, 1999 für Lyrik), den Würth-Literatur-Preis 2000 der Tübinger Poetik-Dozentur und den Reinheimer Satirelöwen 2002 erhalten.

Veröffentlichungen: »die einsamkeit der stühle«. Gedichte (1982), »siebenbürgische endzeitlose«. Gedichte (1994), »Schlagwald. Grenzen, Gänge«. Gedichte u. Exkurse (2001).

# Gedichte

*von Alois Sailer*
*mit Zeichnungen von Helmut C. Walter*

**Schlaflos**

> *An jedem*
> *Glockenschlag*
> *der Nacht,*
> *hält sich ein*
> *kranker*
> *Traum!*

**Ried-Schwermut**

> *Voll Schwermut ruht das Ried*
> *und singt sein weites Leid.*
> *Es ist ein dumpfes Lied,*
> *im grünen Nebelkleid!*

**Der erste Reif**

*Frisch von einer Eiche*
*sät ein Eiswind steif,*
*auf die herbstlich-bleiche*
*Streu, den ersten Reif.*

*Winterkalt, der Samen.*
*Aus ihm keimt schon bald,*
*in des Frühlings Namen,*
*warm mein Sommerwald!*


**Sternenhimmel**

*Sonnentage scheuen Leiden.*
*Doch bedrückte Nächte werden*
*unter Dächern unerträglich.*
*Nur ein freier Sternenhimmel*
*hilft den hochgestreckten Armen!*


**Adventwärts**

*Vier letzte*
*Rosen*
*hat der*
*Reif*
*verglüht,*
*für alle,*
*die an*
*Gartenzäunen*
*hoffen!*

## Adventsschnee am Abend

*Adventsschnee*
*weiht den*
*breitgeschweiften*
*Schlaf*
*gewölbter*
*Fichtenhänge.*
*Und Engel*
*weben*
*wache Schleier*
*über*
*eisgereiften*
*Feldern!*


## Rückblick

*Mein müdgedientes Leben*
*umfängt kein lichter Schein.*
*Darum versuch ich eben,*
*einfach nur Mensch zu sein!*


## Zur Person:

**Alois Sailer** ist Landwirt, Lyriker und daneben seit 38 Jahren Kreisheimatpfleger des Landkreises Dillingen. Die Gedichte und Illustrationen sind dem 2003 im Konrad-Verlag Weißenhorn erschienenen Gedichtband »Späte Amsellieder« entnommen.
Weitere Veröffentlichungen:
Mundartgedichte: Heigoländer Hoigelbeer. Wallfahrt ond Doaraschleah. Hutzelbriah ond Nudla.
ferner: Der Wasserbirnenbaum. Erzählungen und Gedichte.
Sämtliche Bücher erschienen im Anton Konrad Verlag Weißenhorn.

# Gedichte

*von Erich Pfefferlen*

## ErdKugel

*In bedingungsloser Treue*
*dreht sie sich weiter*
*- auch mit Schmerzen –*
*für uns*

*Wir haben sie ausgekugelt*
*und helfen ihr nicht*
*zurück zur Gelenkpfanne*

## Täglich auf der Suche

*Einmal*
*nach dem Satz*
*der den Wirbel*
*Tag einrenkt*

*Andermal*
*nach einem Wort*
*Zauber der den Tag lenkt*
*ungeahnt Rahmen sprengt*

## Wachstum

*Anfangs aufschauen*
*Zu denen da oben*

*Dann ihnen gerade*
*In die Augen sehen*

*Endlich über manches*
*Auch hinwegsehen*

## Zugzeit

*Schon sammelt*
*der Herbst*
*die Zugvögel*
*ein:*
*die Tiere*
*verdunkeln*
*den Himmel*
*Ein Fünkchen*
*vergessenen Sonnenlichts*
*glänzt noch*
*aus stachligen Grannen*
*gebrochener Ähren*

## Glücksmoment

*Alles*
*Glänzt im Sonnengefieder der Freude*

*Man verliert*
*Alle Schwere und Schwielen*

*Man känguruhspringt*
*Über jede Hürde*

*Und schwebt als Feder*
*Segelt*
*Durch Raum und Zeit*

**Zur Person:**
**Erich Pfefferlen**, geb. 1952 in Nördlingen, Studium der Germanistik, Geschichte und Sozialkunde an der Universität Erlangen, lebt und arbeitet als Studiendirektor und Autor (vor allem von Lyrik und Kurzprosa) in Horgau bzw. Augsburg und ist als Literaturbeauftragter in der Lehrerbildung tätig. Er ist (neben weiteren Auszeichnungen) Träger des Horgauer Kulturpreises (1996) und des Fedor-Malchow-Lyrikpreises vom Schriftstellerverband des Landes Schleswig-Holstein (1996).
Veröffentlichungen: »Augen-Blicke« (1989), »Distelblüten« (1992), »Den Käfig öffnen« (1995), »Wie ein Fallschirm« (1998), »ausgekugelt« (2004).

BERICHTE

# Workshop »Literatur und Kritik«
Literatur erleben

*von Susanne Berendonk, Regina Haumann, Verena Knaak, Susanne Löw, Ulf Winkler*

Getreu diesem Leitspruch bot das im Sommersemester 2003 veranstaltete Proseminar »Literaturkritik« den Studentinnen und Studenten der Neueren deutschen Literaturwissenschaft die Möglichkeit, die stets geforderte Bindung von Theorie und Praxis zu knüpfen. Ein Seminar der angewandten Literaturwissenschaft – ein Erfahrungsbericht.
Im Rahmen der »Tage der Forschung« veranstaltete das Archiv für Literatur aus Schwaben am 28. Juni 2003 im Schloss Edelstetten bei Krumbach ein offenes Seminar zum Thema »Literaturkritik«. Neben Prof. Dr. Hans Wellmann, Ordinarius für Sprachwissenschaft an der Universität Augsburg und Leiter des Archivs, referierte hier Prof. Dr. Michael Klein von der Universität Innsbruck. Dieser postulierte eingangs ein »traditionell und bis heute andauerndes schwieriges Verhältnis« zwischen Literaturkritik und Literaturwissenschaft. Während vorausgegangene Krisen in der zweihundert- bis zweihundertfünfzigjährigen Geschichte beider Institutionen immer zugleich auch Ausdruck ihrer Lebendigkeit wie Bereitschaft und Fähigkeit zur Veränderung gewesen seien, so entgegne man der heutigen mit resignativem Schulterzucken auf Seiten der Literaturkritik und einer Tendenz zu Selbstmitleid auf Seiten der Literaturwissenschaft. Als wesentliche Gründe führte er die veränderten politischen und wirtschaftlichen Rahmenbedingungen an, die einerseits eine Ökonomisierung der Literaturkritik und andererseits einen fortschreitenden Rückzug von Kunst und Literatur im Allgemeinen in den privaten Bereich nach sich ziehe. Er proklamierte, offensiv zu reagieren, dies basierend auf einem neuen Selbstverständnis und einer damit verbundenen neuen Kon-

zeption des Faches und seiner Aufgaben. Aufgrund der engen Bindung oder, besser gesagt, der bestehenden Interdependenz von Literaturwissenschaft und Literaturkritik sei es für beide Institutionen von Nöten, sich »im Dienst an ihrem gemeinsamen Gegenstand, der Literatur, […] als ergänzend und gegenseitig unterstützend« zu verstehen, um die Legitimationskrise zu überwinden. Den notwendigen Brückenschlag zwischen literaturkritischer Praxis und literaturwissenschaftlicher Theorie stelle die Erweiterung der traditionellen Kernbereiche der Germanistik – also Philologie, Literaturgeschichte, Edition, Interpretation und Literaturtheorie – um die so genannte »Angewandte Literaturwissenschaft« dar. Dieser Weg, welcher gleichzeitig auch das Ziel sei, sei der Ausgangspunkt, der »Literatur lebendig hält oder gar lebendiger macht« (Eberhard Lämmert). Er wird in Augsburg bereits mit Erfolg beschritten!

Ein gutes Argument gegen Prof. Kleins Pessimismus ist das große Interesse, das dem im Sommersemester 2003 von PD Dr. habil. Jürgen Eder angebotenen Proseminar »Literaturkritik. Geschichte, Theorie und Praxis« im Fach der Neueren Deutschen Literaturwissenschaft entgegengebracht wurde. Auch blieb die Zahl von etwa vierzig Teilnehmern entgegen der sonst üblichen Abnahme während des Semesters konstant!

Zu Beginn des Seminars wurde eine geschichtliche Annäherung an das Thema der Literaturkritik versucht, indem man Rezensionen von Friedrich Schlegel (1772-1829) als Vertreter der Romantik, des realistischen Autors Theodor Fontane (1819-1898) und Kurt Tucholskys (1890-1935) aus der Zeit des Expressionismus mit Blick auf Struktur, Leserbezug und anderen Kriterien verglich. Anschließend wandte sich der Kurs den Theorien der Literaturkritik zu, wobei Horst S. Daemmrich und Marcel Reich-Ranicki den Abschluss bildeten. In der Folgezeit referierten die Studenten über praktische Aspekte: Literaturkritik in Zeitungen, Fachzeitschriften, Fernsehen, Internet und Radio wurde unter die Lupe genommen. Zur Erörterung von alternativen Formen der Literaturkritik – der Ingeborg-Bachmann-Preis, das Literarische Quartett, Bestsellerlisten und die Präsentation einer mündlichen Befragung bildeten hierbei die Grundlage – begrüßte das Seminar seinen ersten Gast: Siegert Kittel von der Augsburger Taschenbuchhandlung Kittel & Krüger. Der Buchhändler erörterte den alltäglichen und direkten Umgang mit den Adressaten der Literaturkritik – den Lesern – und die informelle Art der Literaturvermittlung. Wie verkauft man als zwar geschäftstüchtiger, aber doch auch idealistischer Buchhändler das passende Buch für den Enkel der Kundin? Als weiterer Gastreferent besuchte PD Dr. habil. Martin Huber von der Ludwig-Maximilian-Universität München das Seminar. Der wissenschaftliche Oberassistent am Lehrstuhl von Prof. Dr. Wolfgang Frühwald des »Instituts für Deutsche Philologie« stellte ein unter anderem von ihm geleitetes Internetportal mit von Fachreferenten betreuten Rezensionen und Diskussionsforen vor: »IASLonline« – eine seit 1998 existierende kostenfreie elektronische Zeitschrift, hervorgegangen aus dem gedruckten 'Internationalen Archiv für Sozialgeschichte der deutschen Literatur'. Ein dritter Gast kam ebenfalls aus München: Ijoma Mangold, Redakteur in der Feuilleton-Redaktion der Süddeutschen Zeitung, gab eloquent und lebhaft Einblicke in den Alltag der journalistischen Literaturkritik.

Einen weiteren Höhepunkt des Seminars stellte die Exkursion zum Bayerischen Rundfunk in München dar. Annette Englert, Redakteurin des Fernsehsenders, führte das Seminar durch Aufnahme- und Schnitträume und stand geduldig bei den vielen Fragen Rede und Antwort. Inhaltlich befasste sich der Kurs an diesem Tag hauptsächlich mit der Sendereihe »ars poetica. Von der Idee zum Roman – so arbeiten Schriftsteller« auf BR-alpha. Dabei zeigte sich, dass eine enge Zusammenarbeit von Universität und Medien durchaus erfolgreich sein kann, denn BR-alpha bat im Vorfeld bei den Universitäten Regensburg und Augsburg um fachkompetente Hilfe für die Gestaltung der Sendung. Eine Studentin der Universität Augsburg nutzte diese Chance und verfasste im Rahmen der Sendung über Herbert Rosendorfer im Oktober 2002 ihre Magisterarbeit – auch sie war am Exkursionstag dabei.

Literaturkritiker in Theorie und Praxis kennen zu lernen, ist das eine, selbst als schreibender Rezensent tätig zu werden, das andere. Daher wurden die Seminarteilnehmer vor die Aufgabe gestellt, im Laufe des Semesters zwei Rezensionen zu verfassen.

Um eine erste Kritik zu verfassen, erhielt jeder Student eine Einsendung zum Bayerisch-Schwäbischen Literaturpreis. Grundlage für die zweite Rezension war für das gesamte Seminar einheitlich: Nick McDonells heftig diskutierter Debütroman »Zwölf«.

Neben der thematischen Auseinandersetzung mit Literaturkritik stand vor allem die organisatorische Arbeit rund um den Bayerisch-Schwäbischen Literaturpreis 2003 im Zentrum des Seminars. Von Anfang an betonte der Seminarleiter die wichtige Rolle, welche die Studenten bei Dokumentation, Organisation und Aufbereitung des Literaturpreises des Archivs für Schwaben spielen sollten: »Das Projekt steht und fällt mit Ihrer Beteiligung.« Motiviert widmeten sich die Seminarteilnehmer somit einer Video- und Fotodokumentation, beteiligten sich an Jury-Sitzungen, erstellten eine Internet-Seite und organisierten einen Beitrag bei Augsburg TV.

*Studentinnen im Interview mit Roland Scheerer*

Herr Eder gestand, dass er anfänglich große Bedenken hatte, zeigte sich am Ende des Semesters jedoch erfreut über die konstante Beteiligung und den reibungslosen Ablauf bei allen öffentlichen Veranstaltungen.

Zunächst beteiligte sich das Seminar an der Preisträgerfindung und Organisation des Wettbewerbs »Schüler schreiben Geschichten« unter dem Thema »Einblick in meine Welt (Traum-

welt, Lebenswelt, Umwelt)«. Im Anschluss an das offene Seminar in Edelstetten fand hierfür die erste Preisverleihung des Tages statt. Viele stolze Eltern und Großeltern fanden sich im festlichen »Chinesischen Saal« des Schlosses mit ihren jungen Nachwuchsliteraten ein. Im Allgemeinen lässt sich auch dieses Jahr sagen, dass die jungen Autorinnen und Autoren vor allem durch ihre feinfühlige, aber auch genaue Beobachtungsweise und dies in nicht selten beeindruckender sprachlicher Darstellung überzeugten (vgl. Beitrag zu den Literaturwettbewerben).
Nicht minder euphorisch waren die Älteren, als am Abend im Rokoko-Saal der Regierung von Schwaben in Augsburg die Preisverleihung des Bayerisch-Schwäbischen Literaturpreises stattfand. Dieses Jahr vernahmen weit mehr als 500 Autorinnen und Autoren die Ausschreibung von Professor Wellmann, die sogar in Belgien, Bosnien, Polen und Spanien Gehör fanden. Diese gaben sich dem schriftstellerischen Vergnügen hin, griffen zur Feder und reichten ihre noch nicht veröffentlichten Erzählungen oder Roman-Kapitel ein. Zum Einsatz kam nun die zum größten Teil bereits im Vorjahr bewährte Fachjury, die sich aus dem PD Dr. Jürgen Eder als Vertreter der universitären Riege, aus dem Lektor des Wißner-Verlags Dr. Michael Friedrichs, der neben Siegert Kittel von der Buchhandlung Kittel & Krüger die verkaufsorientierte Wertung einbrachte, aus der jungen Autorin Stefanie Geiger, sowie aus den Studentinnen Maria Ries und Nicole Zöller zusammensetzte. Diese stellten sich der Mammutaufgabe, diese Flut an Einsendungen zu sortieren, zu lesen und schließlich zu selektieren.
Die Erfolge des vergangenen Jahres, sprich die große Resonanz, sowie die umfangreiche Varietät der Einsendungen, vielfach von bemerkenswerter Qualität, waren auch beim diesjährigen Wettbewerb zu verbuchen, was die Jury nahezu vor eine unlösbare Aufgabe stellte. Nach hitzigen Debatten entschieden sich die Juroren letztlich für sechs statt der geplanten fünf Texte, deren Autoren eingeladen wurden, ihre literarischen Werke dem richtenden Publikum vorzutragen. Auch die Endrunde spiegelte die Verschiedenheit der Themen, die unterschiedlichen Herangehensweisen sowie die mannigfachen sprachlichen Umsetzungen wider, so dass für jeden Geschmack etwas dabei

war. Letztendlich setzte sich Roland Scherer mit seiner humoristischen Geschichte »Weltraumlegos« durch, in der er aus kindlicher Perspektive die Erlebnisse eines Sommers schildert und den einen oder anderen Rezipienten verzückt auflachen ließ, vielleicht in Erinnerung an die eigene Kindheit, vielleicht aber beim Gedanken an die eigenen Sprösslinge. Mit seiner Erzählung »Schwarze Schafe«, in der Finn-Ole Heinrich einen sozialkritischen Abriss über eine verlorene Jugend im schlesischen Kattowice skizziert, behauptete sich der junge Autor ebenso eindeutig gegen die weiteren Finalisten. Während beim Preisträger des Bayerisch-Schwäbischen Literaturpreises der Witz und der Charme gepaart mit entwaffnender naiver Ehrlichkeit der Erzählperspektive eines Kindes überzeugten, so beeindruckte der Empfänger des Walter-Fick-Preises durch seine unverblümte, zugleich aufrüttelnde und fesselnde Schilderung von Gewalt, Freundschaft, Liebe und Ohnmacht in einer hoffnungslosen Welt, in der das Vergessenkönnen alles bedeutet. Der mit 2500 Euro dotierte Bayerisch-Schwäbische Literaturpreis, der in diesem Jahr zum zweiten Mal von der Arthur-Maximilian-Miller-Stiftung als Beitrag zum produktiven Leben von Literatur gestiftet wurde, wurde wiederum von Bezirkstagspräsident Dr. Georg Simnacher überreicht. Den in diesem Jahr erstmals zusätzlich ausgeschriebenen und mit 1000 Euro dotierten Walter-Fick-Preis übergab die Stifterin Reinhild Fick, die Witwe des Arztes und Schriftstellers, persönlich. Auf diesem Wege sei der großzügigen Stiftung gedankt, da mit diesem Preis eine entscheidende Förderung junger literarischer Talente unternommen werden kann. Abschließend lässt sich auch dieses Jahr wieder festhalten, dass der gelungene Ablauf im festlichem Ambiente sowie die Entdeckung herausragender Autoren alle Beteiligten überzeugte und alle mit Planung, Organisation und Durchführung entstandenen Anstrengungen vergessen waren, so dass allseits der Wunsch laut wurde, Herr Wellmann möchte im nächsten Jahr doch wieder diesen Wettbewerb ausschreiben.

Auch am Montag nach der Preisverleihung herrschte rege Beteiligung an einem offenen Seminar an der Universität Augsburg, das im Rahmen der »Tage der Forschung« stattfand und

in dem rückblickend über die gesamte Veranstaltung diskutiert wurde. Unter der Überschrift »Der Vorhang zu und alle Fragen offen – Literaturkritik zwischen Theorie und Praxis« boten alle beteiligten Gruppen, also Organisatoren, Jury, Autoren und Publikum die Möglichkeit, Einblick in den Ablauf der Preisfindung zu bekommen, Fragen zu stellen oder auch Verbesserungsvorschläge zu äußern.
Eröffnet wurde das Seminar von Iris Knöpfle, auf deren Schultern ein Teil der Verantwortung lastete. Neben den Ausschreibungsbedingungen des Wettbewerbs in der Augsburger Allgemeinen und der Süddeutschen Zeitung sowie den Kriterien für die Teilnahme ging sie noch auf die Benennung der Jury ein. Hierbei betonte sie vor allem die Fachkompetenz der Mitglieder, da alle in den verschiedensten Bereichen der Literatur tätig sind. Daneben schilderte Frau Knöpfle den Ablauf der Jurysitzungen seit dem ersten Treffen am 12. März, als man sich zwar sehr über die positive Resonanz der Bewerber freute, sich aber auch gleichzeitig fragte, wer das alles lesen solle, bis hin zu der letzten Sitzung, bei der die sechs Siegertexte festgelegt wurden.
Danach erhielten die Jurymitglieder das Wort. Der Buchhändler Siegert Kittel stellte klar, dass heimatkundliche Texte nicht bevorzugt ausgewählt wurden. Die Jungautorin Stefanie Geiger schilderte ihre Probleme bei der Auswahl der Siegertexte, da es bei einem breiten Mittelfeld nur wenige gab, die sich – positiv wie negativ – absetzten. Da die Auswahl durch die unterschiedlichen Themen ihrer Meinung nach zusätzlich erschwert wurde, schlug sie vor, für die zukünftigen Literaturwettbewerbe eventuell ein festes Thema für mehr Einheitlichkeit vorzugeben. Eine entscheidende Problematik des Auswahlverfahrens sprach Nicole Zöller an. Sie war der Meinung, dass möglicherweise ganz andere Texte in die engere Auswahl gekommen wären, wenn sie von einem anderen Jurymitglied gelesen worden wären. Zudem mussten bei der Findung der Finalisten Kompromisse gefunden werden. »Mein Favorit kam nicht mal in die Endausscheidung«, berichtete Stefanie Geiger. Und Michael Friedrichs vertrat die Ansicht, die Endrunde hätte mit einer anderen Jury auch völlig anders aussehen können. »Doch damit soll keine Beliebigkeit der ausgewählten Texte erklärt werden,

sondern es zeigt, wie viele Leute sehr gut schreiben können«, so Friedrichs. PD Jürgen Eder, der als letztes Jurymitglied sprach, machte den Vorschlag, den Preis eventuell für die kommenden Jahre in einen Publikumspreis und einen Jurypreis aufzuteilen. Als nächstes kamen zwei Teilnehmer des Wettbewerbs zu Wort. Ulrike Schwab, deren Text kurz vor der Endrunde ausschied, lobte die Rückmeldung für die Ausgeschiedenen, was bei anderen Wettbewerben keine Selbstverständlichkeit ist. Denn alle Teilnehmer, die den Sprung in die Endrunde nicht geschafft haben, erhielten ein Schreiben, in dem ihnen nahegelegt wurde, »weiter zur Feder zu greifen,

*Die Jury-Mitglieder Michael Friedrichs und Siegert Kittel (rechts). Bild: Müller-Doldi.*

denn Schreiben ist Leben«. Etwas verwundert zeigte sich Schwab jedoch über die Überregionalität des Preises, da sie aufgrund des Preisnamens das Gegenteilige erwartet hatte. Auch Caroline Rusch, die zu den sechs Finalistinnen gehörte, war von einem regionalen Wettbewerb ausgegangen und habe deswegen auch einen Text über ihre Region eingesendet. So schlugen einige Zuhörer im Publikum vor, den Preis umzubenennen. Doch Prof. Hans Wellmann hielt entgegen, dass der Name die Koppelung an die Region vermittle. Kritisch bemerkt wurde zudem, dass die Vortragsweise die Publikumsentscheidung unbestreitbar mitbestimmte und die literarische Qualität oftmals zweitrangig werden ließ. Zum Schluss ihres Vortrags äußerte Caroline Rusch noch den Zweifel, ob das Publikum letztlich über genügend Kompetenzen verfüge, um über die Preisvergabe entscheiden zu können.

Zu diesem Vorwurf konnte man verschiedene Stimmen hören. Es wurde hierbei klar, dass das Publikum andere Kriterien als die Jury anlegte. So schaute das Publikum vor allem auf Originalität und Sprache. Ein weiteres Argument für diese Form der Preisfindung führte Finn-Ole Heinrich, Sieger des Walter-Fick-

Preises, ins Feld: »Natürlich ist das Publikum eine verzerrte Öffentlichkeit, aber immerhin ist es überhaupt eine und jeder Text muss sich irgendwann einer Öffentlichkeit stellen, und letztendlich entscheidet sie über Gedeih und Verderb und nicht noch so kluge und gute Juroren.«

Abschließend gab Prof. Hans Wellmann noch einen kurzen Ausblick zu den zukünftigen Perspektiven des Bayerisch-Schwäbischen Literaturpreises. Er ging davon aus, dass es heuer nicht die letzte Preisverleihung gab. Ob der Bayerisch-Schwäbische Literaturpreis aber noch mit dem gleichen Preisgeld dotiert wird, ist fraglich. Möglicherweise wird man auch versuchen, einen weiteren Stifter für einen dritten Preis zu gewinnen. Zum Schluss hob Prof. Wellmann die einmalige Zusammenarbeit zwischen Region und Universität hervor, die man auf jeden Fall beibehalten wolle, denn dies bringe die Chance mit sich, den Bayerisch-Schwäbische Literaturpreis zu einem bedeutenden Wettbewerb zu machen. Dann könnte es nach Thomas Bernhard im positiven Sinne auch heißen: »Morgen Augsburg!«

»Morgen Augsburg« gilt hoffentlich auch für Veranstaltungen in der Universität wie das Literaturkritik-Seminar von Dr. Jürgen Eder. Denn letztlich kann das erfolgreiche Seminar als exemplarischer Schritt in Richtung der oftmals geforderten Zusammenarbeit von Literaturwissenschaft und Literaturkritik gesehen werden. Angewandte Literaturwissenschaft an der Universität – das funktioniert in Augsburg!

# Literaturlandschaft Schwaben 2004:
# Ein Rückblick

*von Iris Knöpfle*

Ein einzigartiges Projekt war es, das im Jahr 2004 in ganz Bayern stattfand: die »Literaturlandschaften Bayern« wollten einem breiten Publikum alte und neue Literatur näher bringen. Die Bilanz kann sich sehen lassen: 52.900 Besucher kamen in 150 Städten und Gemeinden zu 410 Einzelveranstaltungen.
Die Literaturlandschaft Schwaben hatte das Motto »… *geformt* … *verdichtet*…« und konnte die größte Teilnehmerzahl von Kommunen in ganz Bayern zählen: Zwischen dem 23. April und dem 30. Juni 2004 standen in 42 Veranstaltungsorten von Nördlingen im Ries bis Wasserburg am Bodensee bzw. von Sonthofen im Allgäu und von Neu-Ulm bis Unterbernbach 112 Veranstaltungen auf dem von Gabriele Hoppe koordinierten Programm.
Den Auftakt bildete am 23.4.2004 in Bobingen die »lange Literaturnacht«, die bereits die Vielfalt des schwäbischen Programms offenbarte und vom Kulturamt in Bobingen organisiert wurde. Nach einem Vortrag über die Literaturlandschaft Schwaben mit Prof. Dr. Dietz-Rüdiger Moser von der Ludwig-Maximilians-Universität München und einer Podiumsdiskussion zum Thema »Funktion von Literatur heute« schloss sich ein buntes Kaleidoskop von Präsentationen zeitgenössischer Literatur in Schwaben an: ein Hörspiel namens »Fluxus« und Lesungen mit Peter Dempf, Ernst T. Mader und Erich Pfefferlen.
Die nachfolgenden Veranstaltungen boten Literatur an teilweise ungewöhnlichen Orten: im Archäologischen Park in Kempten, in der Staudenbahn, vor einem Brunnen in Nördlingen, auf dem Campingplatz am Bannwaldsee, in einer Flussmeisterei in Neu-Ulm, in der Justizvollzugsanstalt in Aichach, im Kindergarten in Immenstadt, im Kino in Türkheim, im Kloster in Mindelheim, im Krankenhaus in Kaufbeuren, in der Mühle in

Thierhaupten, in Museen und Schlössern, in Schulen und auf Bühnen, im Wald von Kissing und im Moor der »Lauterbacher Ruten«.

Dabei wurde Literatur aus den verschiedensten Epochen präsentiert: in Mundart oder Schriftdeutsch, lyrisch, essayistisch oder in Prosa – teils mit Verbindung zu Musik, Theater, Film, bildender Kunst – auf ganz unterschiedliche Weise interpretiert: durch Lesungen, Gesprächspodien, Vorträge, »lebende Bilder«, Rezitationen, Wettbewerbe, Workshops, Ausstellungen, Wanderungen, lange Literaturnächte, Hörspiele, Filme und sogar Schlagertexte.

Es waren »Begegnungen« möglich mit Ludwig Aurbacher, Bertolt Brecht, Paul Celan, Peter Dörfler, Rainer Werner Fassbinder, Victor Klemperer, Hedwig Lachmann-Landauer, Arthur Maximilian Miller, Heinz Piontek, Sebastian Sailer, Winfried Georg Sebald, Ulrich von Türheim oder mit Gino Chiellino, Peter Dempf, Gerhard Dick, Franz Dobler, Hans Magnus Enzensberger, Karl Greisinger, Leo Hiemer, Ibrahim Kaya, Christine Langer, Eva Leipprand, Ernst T. Mader, Nessi, Erich Pfefferlen, Ulrich Ritzel, Martin Walser, Martin Wenzel... und vielen anderen.

Auch das Archiv für Literatur aus Schwaben zählte zu den Veranstaltern und nahm das Projekt zum Anlass, für den Bayerisch-Schwäbischen Literaturpreis 2004 Prosa mit regionalem Bezug einzufordern. Daneben widmete sich das Archiv einem der »großen« Autoren, die hier geboren sind: Hans Magnus Enzensberger, der im November 2004 seinen 75. Geburtstag feiern kann. Dr. Nicoline Hortzitz hat – in Zusammenarbeit mit der Universitätsbibliothek Augsburg und Literaturstudenten unter der Anleitung von Dr. Jürgen Eder – dazu eine Ausstellung erarbeitet, die mit Originalexponaten aus dem Privatbesitz Enzensbergers bestückt werden konnte (s. weitere Beiträge in diesem Band). Der Autor selbst war Gast bei einem Seminar mit Studenten auf Schloss Edelstetten.

Das Projekt »Literaturlandschaften Bayerns« wurde ein großer Erfolg und soll im Jahr 2006 eine Wiederholung finden.

# Ulrich von (Unter)t(h)ürheim:
# Literaturwissenschaft im Pfarrstadel

*von Klaus Vogelgsang*

»Worte mit und ohne Anker« war das Motto einer landesweiten Aktion, die das Ziel hatte, die Literaturlandschaften Bayerns zwischen Abensberg und Zirndorf ins altbayrisch-fränkisch-schwäbische Bewusstsein zu rufen. Mag es mit diesem literarischen Ortsbewusstsein anderswo gehapert haben – das Dorf Unterthürheim (Gemeinde Buttenwiesen) hatte da ganz gewiss keinen Nachholbedarf. Denn dort ist, man kann es kaum glauben, die Erinnerung an den aus dem örtlich ansässigen Adel stammenden mittelalterlichen Epiker Ulrich von Türheim so lebendig, dass man dem berühmten Sohn 2003 ein schönes Brunnendenkmal errichtet hat (vgl. den Vorbericht im Schwabenspiegel 3/2002). Dank der Kunst des akademischen Bildhauers Joachim Kraus ist der mittelalterliche Autor für die Unterthürheimer wieder eine Art Mitbewohner auf höherer Ebene geworden.

*Das Ulrich-von-Türheim-Denkmal.*

*Der Brunnen auf dem Unterthürheimer Kirchplatz (Fotos: A. Buhani)*

Im Rahmen des Literaturlandschaften-Projekts nun lud die Gemeinde den Augsburger Ordinarius für Deutsche Sprache und Literatur des Mittelalters Professor Freimut Löser ein, in einem Abendvortrag den Dichter vorzustellen. Dieser kam, seinen Assistenten im Schlepptau, der Einladung gerne nach und referierte Anfang Mai 2004 im bis auf den letzten Platz besetzten Pfarrstadel über den großen Sohn des Ortes. Dieser, so formulierte Löser in bewusster Zuspitzung, kann als Vollender der staufischen Klassik gelten – hat er doch von Gottfried von Straßburg und Wolfram von Eschenbach unvollendet hinterlassene Werke (den 'Tristan'-Roman und das 'Willehalm'-Epos) zu Ende gedichtet, wenn man so will: vollendet – freilich in ganz spezifischer Art und unter gegenüber der ursprünglichen Intention veränderten Aspekten. Zählt Ulrich von Türheim auch zu den *poetae minores*, so ist sein Schaffen um nichts weniger aufschlussreich, als das seiner Vorgänger: Sichtbar wird ein neues Selbstverständnis des Autors, neue literarische Beziehungen und Interessensbereiche und eine neue Erzählhaltung. So breitet Ulrich von Türheim in seiner Willehalm-Fortsetzung »Rennewart« zum Beispiel das Alltagsleben in einer ganz ungewöhnlichen Detailfreudigkeit aus.

Der Abend, umsichtig vorbereitet von Kulturreferent Max Briegel und musikalisch delikat umrahmt von Konstanze Kraus an der Harfe, wurde für die Augsburger Literaturwissenschaftler zu einem besonders schönen Erlebnis: Nie hätte man mit so großem Zuspruch gerechnet, nie gehofft, dass das Publikum so »anspringt«, eigentlich auch nicht für vorstellbar gehalten, dass ein mittelalterlicher Autor für eine Gemeinde so identitätsstiftend sein kann – aber wie gesagt: Unterthürheim ist eben nicht irgendein Teil von Buttenwiesen, sondern ein Ort mit ganz eigenem Profil. Da kann man nur staunen.

# Christoph von Schmid

*Rede von Dr. Helmut Gier, Direktor der Staats- und Stadtbibliothek Augsburg anlässlich der Christoph-von-Schmid-Gedenkveranstaltung zum 150. Todestag am 4. September 2004 im Augsburger Rathaus*

Unser kulturelles Leben, unser Veranstaltungs- und Ausstellungskalender und damit auch die Medien und der Buchmarkt werden seit geraumer Zeit wieder in außerordentlich hohem Maße von Jubiläen allgemein und von den Geburts- und Todesdaten bedeutender Persönlichkeiten, Geistesgrößen und Künstler von Rang im besonderen bestimmt. Das 200. Todesjahr Kants beanspruchte einige Aufmerksamkeit in diesem Jahr, vor zwei Wochen jährte sich der Todestag Friedrich Schellings zum 150. Mal, in vier Tagen wird des 200. Geburtstags Eduard Mörikes gedacht werden und das große Schillerjahr 2005 mit dem 200. Jahrestag seines Todes Anfang Mai nächsten Jahres wirft bereits seine Schatten voraus. Der populärste deutsche Kinder- und Jugendschriftsteller des 19. Jahrhunderts Christoph von Schmid fügt sich mit seinem 150. Todesjahr unter diese Geistesgrößen nicht nur deshalb ein, weil sein langes 86-jähriges Leben das der Genannten ganz oder weitgehend umspannt. Vielmehr gibt es geistige Beziehungen und Verbindungen Schmids zu diesen Philosophen und Dichtern. Wir neigen ja instinktiv dazu, jemandem, der rührende und erbauliche Geschichten für Kinder schreibt, ein eher schlichtes naives Gemüt und womöglich einen etwas beschränkten Horizont zuzuschreiben. Nichts wäre im Falle Christoph von Schmids voreiliger als das, er kannte die Literatur und Philosophie seiner Zeit genau. Aus Briefen wissen wir, dass er Kant intensiv studierte, Friedrich Schelling besuchte ihn sogar in der Karmelitengasse in Augsburg. Schmid schrieb Beiträge für eine Familienzeitschrift, an der auch Mörike mitarbeitete, und Anekdoten berichten, wie sehr er Gesprächspartnern durch seine genaue Kenntnis von Schillers »Wallenstein« imponiert hatte.

Auf Schiller komme ich aber auch deshalb zu sprechen, weil der Vergleich mit ihm außerordentlich erhellend ist, um das Phänomen einer der erstaunlichsten Wirkungsgeschichten zu erfassen, die es in der neueren deutschen Literaturgeschichte überhaupt gibt. In den alphabetisch angeordneten Bibliothekskatalogen liegen Schiller und Schmid ja nicht weit auseinander, Sie stehen in großen veröffentlichten Bibliothekskatalogen nicht weit voneinander entfernt. Der Druck solcher großen Kataloge war vor dem Zeitalter des Internets ja die einzige Möglichkeit, einen Bestand weltweit bekannt zu machen und ein gewaltiges Reservoir zur Literaturinformation zur Verfügung zu stellen. Ein imponierendes Beispiel dafür ist der in der Staats- und Stadtbibliothek natürlich vorhandene gedruckte dreihundertbändige Katalog der französischen Nationalbibliothek in Paris. Nimmt man die beiden entsprechenden, 1943 und 1944 erschienenen Bände zur Hand, so fällt zunächst einmal die überwältigende Zahl von über 2600 fast ausschließlich französischen Ausgaben von Werken Christoph von Schmids auf. Dem stehen »nur« 600 Schiller-Ausgaben gegenüber, wobei Schiller in Frankreich sehr populär und 1792 sogar zum Ehrenbürger der jungen französischen Republik ernannt worden war. Mehr als viermal soviel Ausgaben von Schmid als von Schiller, dies ist das eindrucksvollste Beispiel einer unglaublichen nationalen wie auch weltweiten Rezeption, über die man sich heute dem Phänomen Schmid nähern sollte, denn an ihr wird seine überragende Bedeutung im geistigen Haushalt der westlichen Welt zumindest für eineinhalb Jahrhunderte unwiderlegbar deutlich. In 26 Sprachen wurde Schmid übersetzt, sogar ins Arabische, die Staats- und Stadtbibliothek besitzt in ihrer Schmid-Sammlung zahlreiche ausländische Bände; so sind in der Ausstellung englische, französische, italienische, spanische, rätoromanische und niederländische Ausgaben zu sehen.
Schmids erstes größeres Werk, seine aus der Praxis des Schul- und Religionsunterrichts in Thannhausen heraus entstandenen Nacherzählungen der »Biblischen Geschichte für Kinder«, die 1801 erstmals herauskamen und über 200 Auflagen erfuhren, erschien sogar 1844 in deutscher Sprache in New York und erlebte 1866 schon die 14. Auflage, wie aus dem Exemplar unse-

rer Sammlung hervorgeht. »Domcapitular in Augsburg« steht im übrigen auf dem Titelblatt, ein kleines Beispiel dafür, wie Schmid den Namen Augsburgs im 19. Jahrhundert in die Welt hinaustrug. An dieser Stelle ist überhaupt hervorzuheben, dass das Werk Schmids wesentlich dazu beitrug, dass die alte Buch- und Druckerstadt Augsburg in der ersten Hälfte des 19. Jahrhunderts zum wichtigsten Verlagsort für katholische Jugendliteratur im deutschsprachigen Raum nach Wien wurde. Die meisten seiner Werke kamen nämlich in der Verlagsbuchhandlung von Joseph Wolff heraus, die demgemäß auch einen herausgehobenen Platz in der Ausstellung einnimmt.

Die gewaltige, überragende nationale und internationale Wirkung Schmids kann hier und in der Ausstellung nur mit einer Reihe von Beispielen angedeutet und umrissen werden; dazu gehören die Prachtbände und buchkünstlerisch gestalteten, auch optisch überaus reizvollen Ausgaben, die das Werk Schmids erfahren hat. Mit zu seinem Erfolg beigetragen hat ja auch die breite Palette der Erscheinungsformen seiner Werke, von den ganz einfachen, kleinformatigen, anspruchslos auf billigem Papier gedruckten Heftchen ohne Illustrationen, die für breiteste Schichten erschwinglich waren, bis hin zu anspruchsvollen illustrierten Werken in prächtigen Einbänden, von denen die Bibliothek eindrückliche Beispiele besitzt. Einer der bedeutendsten Graphiker des 19. Jahrhundert überhaupt, Paul Gavarni, hat die Erzählungen Schmids illustriert. Gerade angesichts der langen Vernachlässigung der Kinder- und Jugendliteratur in den großen Bibliotheken in früherer Zeit wird man weder die genaue Anzahl der Auflagen der Werke Schmids noch die Auflagenzahlen jemals genau ermitteln können.

Die Frage, die sich angesichts der vielen Ausgaben, der überragenden Verbreitung seiner Werke stellt, ist natürlich, worauf dieser enorme Erfolg zurückzuführen ist, worin der Grund für die riesige Popularität bestand. Mit den Mitteln einer Ausstellung, die noch dazu auf Grund mancher Beschränkungen auf das Werk konzentriert ist, lässt sich diese Frage nicht beantworten. Eine Ausstellung kann den Erfolg nur zeigen, sie kann aber auch einen Grundpfeiler seiner Popularität sichtbar machen, nämlich die große Breite und Vielfalt des Werks. Früher standen vor allem seine bekannten Erzählungen wie »Genovefa« und »Rosa von Tannenburg« im Mittelpunkt der Aufmerksamkeit, heute ist Schmid durch seine Lieder, weltlich wie das »Waldhornlied« und geistlich wie »Beim letzten Abendmahle« und allem voraus natürlich »Ihr Kinderlein kommet« lebendig. Schmid betätigte sich aber in allen literarischen Gattungen, er schrieb neben seinen Erzählungen auch Gedichte und Schauspiele; als Achtzigjähriger verfasste er noch »Erinnerungen aus meinem Leben«. Vor allem wirkte er aber bahnbrechend bei der Erneuerung und Neugestaltung des Schul- und Religionsunterrichts und des Erziehungswesens mit. Schule und Unterricht waren sein ganzes Leben lang – neben seinen Aufgaben als Priester – sein Hauptbetätigungsfeld bis hin zur Leitung des Referats über die Schulangelegenheiten im Augsburger Ordinariat. Aus dieser Praxis heraus entstanden seine Schulfibeln, Schulbibeln, Lesebücher, Katechismen und auch eine kleine Anleitung zum Briefeschreiben in Schreibschrift, die sehr erfolgreich waren und teilweise über 100 Jahre im Gebrauch blieben. Auch den Gottesdienst wollte er durch die Einführung des deutschen Volksgesangs beleben, weshalb er geistliche Lieder sammelte und eben auch eine ganze Reihe selbst dichtete.

»Christliche Gesänge zur öffentlichen Gottesverehrung« hieß dieses von mehreren Komponisten vertonte Liederbuch, aus denen zahlreiche Lieder in spätere kirchliche Liederbücher eingegangen sind. Bei genauerem Hinsehen wird hier ein Grund seines großen Erfolgs deutlich, nämlich seine überkonfessionelle Haltung: Es heißt ganz bewusst »Christliche Gesänge« und eben nicht »Katholisches Liederbuch« oder Ähnliches. So ist Schmid heute auch im Evangelischen Gesangbuch vertreten. Diese überkonfessionelle Haltung prägt seine Erzählungen. Sie sind zwar von christlich-religiösem Gehalt durchtränkt, vermeiden aber eindeutige konfessionelle Festlegungen. Im Zeichen der Aufklärung und des Toleranzgedankens war die gesamte Kinder- und Jugendliteratur des Zeitalters der Konfessionalisierung veraltet und unmodern geworden. Schmid wollte die Kinder nicht zu guten Katholiken oder Protestanten erziehen, sondern zu guten Christen, hielt sich dabei von konfes-

sionellen Abgrenzungen fern und setzte auf das empfindsame, nun als ursprünglich unverdorben aufgefasste Gemüt der Kinder. In dieser überkonfessionellen, auf die ökumenische Bewegung vorausweisenden Haltung spiegeln sich auch Erfahrungen aus seiner gemischt-konfessionellen Vaterstadt Dinkelsbühl, die mit der Stätte seines letzten Wirkens Augsburg ja nicht nur die Zugehörigkeit zur Diözese, sondern auch die Einführung der Parität im Westfälischen Frieden verbindet.
Neben der Überwindung einer einseitig–dogmatischen Konfessionalisierung ist Schmids bleibendes Verdienst und eines der Geheimnisse seines Erfolgs, dass er dem Erzählerischen in der Kinder- und Jugendliteratur den ihm gebührenden Platz eingeräumt hat. Trockene offene Belehrung tritt bei ihm in den Hintergrund, er setzt die zu vermittelnde Lehre in spannende, rührende und geheimnisvolle Geschichten und Erzählungen um. Zudem bemühte er sich, kindgemäß zu erzählen, wobei ihm seine jahrzehntelange enge Vertrautheit mit Kindern zugute kam, wie er selbst sagt: »Auf diese Weise lernte ich von den Kindern, während ich sie lehrte.« Auch seine Lieder sind von einer innigen Empfindung getragen, was ihren volksliedhaften Ton ausmacht. Mit diesem ganz neuem Vorrang des Ziels der Rührung und der Stärkung des reinen Empfindens durch herzbewegende Geschichten und Lieder vermochte Schmid eine unermesslich große Leserschaft anzusprechen.
Welcher Rang, welcher Stellenwert Schmid früher in der geistigen Welt der Jugend Europas zukam, welche Bewunderung und Zuneigung ihm zuteil wurde, soll zum Schluss ein Zeugnis aus dem französischen Kulturraum verdeutlichen, wo er – wie bereits angedeutet – zum Klassiker der Kinder- und Jugendliteratur wurde. Eine der schönsten und eindrucksvollsten Ausgaben der Erzählungen Schmids ist ein französischer Band aus dem Jahre 1913, der allein auf Grund des großen Formats in der Schmid-Sammlung der Bibliothek nicht zu übersehen ist und schon wegen seines Prachteinbands in der Ausstellung gezeigt wird. Es ist dies übrigens ein Band aus einer Sammlung großer Kinder- und Jugendliteratur. Schmid wird damit in eine Reihe mit Tausendundeine Nacht, den Fabeln von La Fontaine, Robinson Crusoe, Don Quichotte und Gullivers Reisen gestellt.

Der damalige Amtschef im französischen Erziehungs- und Unterrichtsministerium begründet im Vorwort, warum Christoph von Schmid – und nicht Till Eulenspiegel – die Ehre zuteil wird, in diesem erlauchten Kreis als einziger deutscher Autor aufgenommen zu werden. Mit Auszügen aus dieser einfühlsamen schönen Würdigung am Vorabend des ersten Weltkrieges – an dessen Ausbruch vor 90 Jahren wir zur Zeit ja auch denken – will ich meine Ausführungen beschließen, zumal sie den Vorzug haben, nun wahrlich frei von jedem Lokalpatriotismus und nationaler Voreingenommenheit zu sein. Sie sind durchaus nicht unkritisch, machen aber doch verständlich, warum im alten Europa Kinder und Jugendliche im Zeichen Christoph von Schmids einander schon einmal sehr nahe waren.
Lassen wir nun abschließend Louis Tarsot zu Wort kommen:
»*Schmid ist der moralischste aller Erzähler und Sie werden sogar Leute finden, die ihm vorwerfen, zu moralisch zu sein. Aber schließlich gibt es wenig populärere Namen als den seinen und ich, für meinen Teil, verdanke dem großartigen Domkapitular die süßesten Gefühle meiner Kindheit. Welche Tränen haben mich die Unglücke der Genovefa, der Rosa von Tannenburg und der guten Marie vergießen lassen. In der Tat besitzt Schmid im höchsten Maße die Gabe zu rühren und in diesem Punkte hält er den Vergleich mit den geschicktesten Romanschriftstellern aus.*
*Ich kenne nur wenige ergreifendere Texte als den Brief von Genovefa an Siegfried aus der Tiefe ihres Verlieses. Das christliche Gesetz der Vergebung findet hier großartigen Ausdruck und Akzente bewegender Zärtlichkeit. Dies ist sehr schön. Und welches Naturgefühl! Wie empfand dieser Mann die Schönheiten seines Landes und vor allem die Anmut der deutschen Bergwelt!*«

PORTRAITS

# Hans Magnus Enzensberger wird 75:
# »Ich hinterlasse nichts weiter als eine Legende«

Ein Auszug aus der Hans Magnus Enzensberger-
Ausstellung in der Universitätsbibliothek Augsburg
*erarbeitet und zusammengestellt von Nicoline Hortzitz*

Hans Magnus Enzensberger, der am 11. November 2004 seinen 75. Geburtstag begeht, ist einer der bedeutendsten deutschen Dichter und Schriftsteller der Nachkriegszeit. In seinem Gesamtschaffen lassen sich wie an kaum einem anderen literarischen Werk der letzten Jahrzehnte die Entwicklungen und Verwerfungen, Hoffnungen und Ängste der Zeitgeschichte verfolgen. Gesellschaftskritischer und »politischer« Autor in dem Sinne, dass er sich erlaubt, in der Haltung des streitbaren Intellektuellen im richtigen Moment die richtigen Fragen zu stellen, hat er seit der Ära der »Gruppe 47«, der Anti-Atom-Bewegung und der Studentenrebellion bis in die gegenwärtige Phase der Nach-Wiedervereinigung hinein deutlich Standpunkt zu aktuellen gesellschafts-, kultur- und sozialpolitischen Themen bezogen. Seit fast 50 Jahren meldet er sich in der öffentlichen Diskussion mit scharfsinnigen und -züngigen, provokanten, teils als widersprüchlich empfundenen Stellungnahmen zu Wort, und obwohl seit ebenso langer Zeit Literaturgeschichtsschreibung und Kritik bemüht sind, Person und Werk systematisch zu fassen und »einzuordnen«, entzieht sich Hans Magnus Enzensberger letztendlich doch der Kategorisierung. Er bleibt in gewisser Weise ungreifbar, ein »Luftwesen«, wie es sein Schriftstellerkollege Peter Rühmkorf formuliert hat. Wohl nicht von ungefähr besteht eine heimliche Affinität zum »Fliegenden Robert«, der bekannten Figur aus dem »Struwwelpeter«. Das Motiv, das übertragen und »gegen den Strich« gelesen durchaus für Freiheitsbedürfnis und »Nonkonformismus«, für Autonomie des Denkens, »Eigensinn« und eine Haltung der Verweigerung gegenüber der »normativen Kraft des Faktischen« steht, taucht in seinem Werk immer wieder auf, wie in dem gleichnamigen Gedicht von 1980, das vielleicht so etwas wie Programm ist:

> *Eskapismus, ruft ihr mir zu,*
> *vorwurfsvoll.*
> *Was denn sonst, antworte ich,*
> *bei diesem Sauwetter! – ,*
> *spanne den Regenschirm auf*
> *und erhebe mich in die Lüfte.*
> *Von euch aus gesehen,*
> *werde ich immer kleiner und kleiner,*
> *bis ich verschwunden bin.*
> > *Ich hinterlasse nichts weiter*
> > *als eine Legende,*
> > *mit der ihr Neidhammel,*
> > *wenn es draußen stürmt,*
> > *euern Kindern in den Ohren liegt,*
> > *damit sie euch nicht davonfliegen.*

*Der fliegende Robert*

*Schaukasten zum Lebenslauf Enzensbergers*

*Schaukasten zu den Stationen seines Lebens*

*Schaukasten mit Enzensberger-Publikationen*

*Illustration des Gedichts »verteidigung der wölfe«*

## *Biografische Stationen*

| | |
|---|---|
| 1929 | Am 11. November geboren in Kaufbeuren/Allgäu als Sohn des Reichspostingenieurs Andreas Enzensberger und seiner Ehefrau Lori. Gutbürgerliches Elternhaus |
| 1931–1942 | Kindheit in Nürnberg, wo HME den Bombenkrieg als prägendes Ereignis erlebt |
| 1942–1945 | Nach der Evakuierung aufs Land Lebensjahre im mittelfränkischen Gunzenhausen und in Öttingen. Besuch der Oberschule |
| 1945 | In den letzten Kriegsmonaten noch Rekrutierung zum »Volkssturm«. Später Dolmetscher im Dienst der Amerikaner und Engländer und Barmann bei der Royal Air Force |
| 1946–1949 | Besuch der Oberschule in Nördlingen. Abitur |
| 1949–1954 | Studium an der Universität Erlangen, wo sich HME auch im Studententheater engagiert, in Freiburg/Breisgau, Hamburg und an der Sorbonne. Fächer: Deutsche Literaturwissenschaft, Sprachen, Philosophie |
| 1955 | Promotion über die Poetik des romantischen Dichters Clemens Brentano. |

Erste Gedichtveröffentlichungen. Mitglied der Gruppe 47.

| | |
|---|---|
| 1955–1957 | Redakteur beim Süddeutschen Rundfunk (Stuttgart) in Alfred Anderschs literarischer Sendereihe »Radio-Essay« |
| 1956 | Gastdozent an der Ulmer Hochschule für Gestaltung |
| 1957 | Reisen durch die USA und Mexiko. Erster Gedichtband *»verteidigung der wölfe«* |
| 1957–1959 | Freier Schriftsteller in Stranda/Westnorwegen, wohin HME nach Heirat mit der Norwegerin Dagrun Averaa, geb. Kristensen, zieht |
| 1958 | Geburt der Tochter Tanaquil. Kinderbuch *Zupp* |
| 1959–1960 | Aufenthalt in Italien, zunächst als Villa-Massimo-Stipendiat in Rom, später Umzug ins nahe Lanuvio |
| 1960 | Lektor beim Suhrkamp Verlag in Frankfurt/M. Zweiter Gedichtband *»landessprache«*. Lyrikanthologie *Museum der modernen Poesie* |
| 1961 | Rückzug auf die Insel TjØme im Oslo-Sund, von wo aus HME weiterhin für den Suhrkamp Verlag tätig ist |
| 1962 | Essayband *Einzelheiten* (Themen: Medien und Methoden der »Bewusstseins-Industrie«, darunter ein Beitrag über *Die Sprache des 'Spiegel'*/Verhältnis von Poesie und Politik) |
| 1963 | Georg-Büchner-Preis. Reise in die UdSSR zum Schriftstellerkongress nach Leningrad |

| | |
|---|---|
| 1964 | Gedichtband »*blindenschrift*«. Essayband *Politik und Verbrechen* (Thema: Austauschbarkeit von Staats- und Verbrecherorganisationen) |
| 1964–1965 | Gastdozentur für Poetik an der Universität Frankfurt/M. |
| 1965 | Reise nach Südamerika. Begründung der Literaturzeitschrift *Kursbuch*, die zum wichtigsten Organ der Außerparlamentarischen Opposition und der Studentenbewegung wird. Umzug von TjØme nach West-Berlin. Vortragsreisen nach Griechenland, in die Türkei und nach Indien |
| 1966 | Reisen in die USA zur Tagung der Gruppe 47 in Princeton und in die UdSSR |
| 1967 | Reise in die UdSSR auf Einladung des Schriftstellerverbands, wo HME in zweiter Ehe Maria Alexandrowna Makarowa heiratet. Essayband *Deutschland, Deutschland unter anderm*. Äußerungen zur Politik (schwerpunktmäßig deutschlandpolitische Themen). Antritt einer Gastdozentur als Fellow am Center for Advanced Studies der Wesleyan University/Connecticut |
| 1968 | Unter dem Eindruck einer Reise nach Kuba zum Internationalen Kulturkongress in Havanna Verzicht auf die Fellowship. Reise in den Fernen Osten |
| 1968–1969 | Aufenthalt auf Kuba |
| 1970 | Wechsel des *Kursbuchs* zum neu gegründeten Kursbuch Verlag in Berlin. Essay *Baukasten zu einer Theorie der Medien*. Uraufführung des Dokumentarstücks *Das Verhör von Habana* und der Oper *El cimarrón* (Musik: Hans Werner Henze) |
| 1971 | Lyriksammlung *Gedichte 1955–1970*. Arbeit an einem Film für den WDR über den spanischen Anarchisten Buenaventura Durruti |
| 1972 | Romancollage *Der kurze Sommer der Anarchie. Buenaventura Durrutis Leben und Tod* |
| 1974–1975 | Aufenthalt in New York |
| 1975 | Rückzug aus der Redaktion des *Kursbuchs*. Balladenband »*Mausoleum*«. *Siebenunddreißig Balladen aus der Geschichte des Fortschritts* |
| 1978 | »Komödie« *Der Untergang der Titanic*. Deutscher Kritikerpreis |
| 1979 | Umzug nach München |
| 1980 | Gedichtband »*Die Furie des Verschwindens*« |
| 1980–1982 | Redaktionelle Leitung der Zeitschrift *TransAtlantik* zusammen mit dem chilenischen Dichter und Mitbegründer Gaston Salvatore |

| | |
|---|---|
| 1985 | Beginn der Herausgabe der *Anderen Bibliothek* im Nördlinger Greno Verlag (ab 1989 im Eichborn Verlag, Frankfurt/M.) |
| 1988 | Essayband *Mittelmaß und Wahn. Gesammelte Zerstreuungen* (Thema: die »Normalität« im bundesrepublikanischen Alltag jenseits aller politisch-gesellschaftlichen Radikalität) |
| 1989 | *Der Fliegende Robert* (bibliophil gestaltetes Lesebuch mit Auszügen aus Werken der letzten drei Jahrzehnte) |
| 1991 | Gedichtband »*Zukunftsmusik*« |
| 1992 | Essay »*Die Große Wanderung. 33 Markierungen*« (Thema: Immigration/ Fremdenhass/ Asylproblematik) |
| 1993 | Essay *Aussichten auf den Bürgerkrieg* (Thema: universaler Hass und Aggression/«Barbarisierung« der Gesellschaften/Krieg aller gegen alle) |
| 1995 | Lyriksammlung *Kiosk. Neue Gedichte* |
| 1997 | Essayband *Zickzack* (Thema: Zeit- und »Zeitgeist«-Erscheinungen der 90er-Jahre). Jugendbuch *Der Zahlenteufel. Ein Kopfkissenbuch für alle, die Angst vor der Mathematik haben* |
| 1998 | Jugendbuch *Wo warst du, Robert?* |
| 2000 | Aufnahme in den Orden »Pour le mérite für Wissenschaften und Künste« |
| 2002 | Prinz-von-Asturien-Preis (der »spanische Nobelpreis«) |
| 2003 | Gedichtband »*Die Geschichte der Wolken. 99 Meditationen*« |

Seit fast einem halben Jahrhundert zählt Hans Magnus Enzensberger zu den profiliertesten deutschen Lyrikern und Essayisten. Seine Worte und Werke fanden auch international stets starke Beachtung. Er, der als politischer Schriftsteller in der Tradition Heinrich Heines und Bertolt Brechts ehedem Schreckbild des bürgerlichen »Establishments« war, gilt heute allgemein unbestritten als einer der großen »Dichter und Denker«, der mit seiner Poesie des zeit- und kulturkritischen Engagements die literarischen und intellektuellen Debatten in der Bundesrepublik maßgeblich mitbestimmt hat. Für die politisch-gesellschaftliche Entwicklung vor allem in den Sechziger- und frühen Siebzigerjahren war er von außerordentlicher Bedeutung. Kein Zweifel: Hans Magnus Enzensberger ist zu einem »Klassiker« des 20. Jahrhunderts avanciert, Auszüge aus seinen Werken fehlen in keinem Schulbuch mehr.

Bereits mit seinen ersten Gedichtbänden, »*verteidigung der wölfe*« von 1957 und »*landessprache*«, erschienen 1960, wirkte er in einer Weise überzeugend, dass ihm schon 1963 der angesehenste deutsche Literaturpreis, der Georg-Büchner-Preis, verliehen wurde; an die zwei Dutzend renommierter nationaler wie internationaler Auszeichnungen kamen seitdem hinzu.

Kennzeichnend für Enzensbergers Schaffen ist die Spannweite der Themen und das Variationsspektrum seiner Ausdrucksformen, die sich in einem entsprechend umfangreichen Werk dokumentieren. Mit Gattungen wie Essay, Feature, Hörspiel und Reportage hat er die Grenze des »Dichterischen« überschritten und sich dem Publizistischen genähert. Die Medien, deren er sich zum Transport seiner Gedanken, Ideen und Utopien von jeher bediente, waren neben Literatur und Theater auch Rundfunk, Presse und Fernsehen.

Enzensbergers Ruf basiert nicht nur auf seinem Ansehen als Verfasser eigener Werke; als Begründer literarischer Zeitschriften wie des *Kursbuchs* ist er heute legendär. Und der Übersetzer und Herausgeber Hans Magnus Enzensberger hat seit dem Jahr der Veröffentlichung des *Museums der modernen Poesie* (1960), einer Anthologie internationaler Lyriker der ersten Hälfte des 20. Jahrhunderts, von ihm als bedeutsam geschätzte Literatur und Literaten stets zu präsentieren und zu »befördern« gewusst (u. a. Pablo Neruda, William Carlos Williams, Lars Gustafsson, Irene Dische, W. G. Sebald).

Bewahrt hat sich Enzensberger, der viel gereist ist und mehrfach im Ausland gelebt hat, den »weiten Horizont« und ein Gespür für Themen, die den Zeitnerv berühren. Seit den literarischen Anfängen sind der analytische Blick und die Streitbarkeit im Ton seine »Markenzeichen«. Die Fähigkeit zum Schreiben mit »mozartisch leichter Hand«, die ihm der Schriftsteller und Kritiker Alfred Andersch 1958 bescheinigte, kennzeichnet noch im Alter seinen Stil und gründet in der hohen sprachlichen Kompetenz und einer souveränen Beherrschung der literarischen Traditionen von der Romantik über Brecht bis zur Postmoderne.

Inwiefern sich klar erkennbar »Entwicklungsschritte« in seinem langjährigen Werk verfolgen lassen oder ob das Kontroverse,

Sprunghafte, »Chamäleonartige« und der »Bruch« Enzensbergers Gesamtschaffen kennzeichnen, ist vom ideologisch-weltanschaulichen Standpunkt des jeweiligen Betrachters abhängig und wird von der Kritik unterschiedlich beantwortet. Dass sein literaturtheoretischer Ansatz und seine Auffassung vom Zusammenhang zwischen Poesie und Politik jedoch gewissen Veränderungen unterliegen, erschließt sich im historischen Rückblick: Zu verzeichnen sind Jahre einer kritischen Bestandaufnahme der politischen und sozialen Verhältnisse in der BRD sowie eine Zeit der vom Zweifel an der gesellschaftlichen Wirkung von Poesie motivierten Wendung hin zu politdokumentarischer Literatur und direkt-politischem Engagement, der eine Haltung der Wiederannäherung an das Poetische, an die Literatur als »Kunst« folgt.

»Politisch« war Enzensberger immer, denn sein Interesse galt zu allen Schaffenszeiten der »Machtauseinandersetzung« im öffentlichen Diskurs, »politischer Schriftsteller« stets insofern, als er Literatur aus ihrem gesellschaftlichen Charakter und nie als »Selbstzweck« verstand – und bei allem doch immer »Dichter«, der die Poesie als über der Politik stehend begriff.

## Kritische Abbildung der politischen und sozialen Verhältnisse oder: der »zornige junge Mann«

Um die Mitte der Fünfzigerjahre trat Hans Magnus Enzensberger als politischer Dichter und Schriftsteller erstmals in den Blick der literarischen Öffentlichkeit. Besonders die »bösen« Gedichte seiner Lyrikbände, in denen er mit einer prägnanten Mischung aus Leidenschaft und Kühle die bundesrepublikanischen Verhältnisse und Missstände der Adenauer-Zeit thematisierte, stießen auf hohes Interesse und breite Zustimmung einer engagierten Leserschaft. Der Kritiker Alfred Andersch begrüßte 1958 emphatisch das Auftauchen des Typus des »zornigen jungen Mannes« in der deutschen Literatur.

Die frühen Gedichte und Essays Hans Magnus Enzensbergers erschienen in einer Zeit, als das deutsche »Wirtschaftswunder« einen Höhepunkt erreicht hatte und sich das Missfallen der kritischen Intellektuellen an den restaurativen Tendenzen der Gesellschaft verstärkte.

Schon mit dem ersten Lyrikband »*verteidigung der wölfe*« erregte Enzensberger 1957 großes Aufsehen, weil es ihm gelang, dem Zeitgefühl einer ganzen Generation Sprache zu verleihen. Seine im Zeichen von Zorn, Verachtung und Protest vorgetragene Gesellschafts- und Kulturkritik richtete sich gegen typische Erscheinungen, Entwicklungen und Übelstände der bundesrepublikanischen Wirklichkeit: Geschäftemacherei und Rüstungswahn, Habgier und Ignoranz, Heuchelei und Verdrängung – die Haltungen der »unbewältigten Vergangenheit«. Zum Thema seiner Gedichte wurden gleichermaßen die Arroganz des Staates und die dreiste Machthandhabung seiner Vertreter wie die Selbstzufriedenheit, Lethargie und kleinbürgerliche Spießigkeit des Wirtschaftswunderdeutschen (so im ironisch zu verstehenden Bild von der »*verteidigung der wölfe« gegen die lämmer*). »18 eiskalt ausgeführte Schläge in die Fresse der Unmenschlichkeit«, urteilte Alfred Andersch über die »bösen« Gedichte des Bandes, und über die Person des Dichters: »… dieser eine hat geschrieben, was es in Deutschland seit Brecht nicht mehr gegeben hat: das große politische Gedicht«.

Polemischer und aggressiver im Ton, konkreter im Standort stellte sich Enzensberger in der zweiten Lyriksammlung »*landessprache*« von 1960 dar. Im Titelgedicht kommt sein tiefes Unbehagen am Land des Wirtschaftswunders zum Ausdruck, das ihm keine (geistige) Heimat bietet, dem er sich aber dennoch nicht entziehen kann und will, weil es Amt und Bestimmung des politischen Dichters ist, zu bleiben und die Sachverhalte zu »benennen«:

> *was habe ich hier verloren,*
> *in diesem land,*
> *dahin mich gebracht haben meine älteren*
> *durch arglosigkeit?*
> *eingeboren, doch ungetrost,*
> *abwesend bin ich hier,*
> *ansässig im gemütlichen elend,*
> *in der netten, zufriedenen grube.*
> *was habe ich hier? und was habe ich hier zu suchen,*
> *in dieser schlachtschüssel, diesem schlaraffenland,*

*wo es aufwärts geht, aber nicht vorwärts ...*

*das habe ich hier verloren,
was auf meiner zunge schwebt,
etwas andres, das ganze,
das furchtlos scherzt mit der ganzen welt
und nicht in dieser lache ertrinkt ...*

*da bleibe ich jetzt,
ich hadere aber ich weiche nicht ...*

Was Enzensbergers Poesiebegriff in den Fünfziger- und frühen Sechzigerjahren maßgeblich kennzeichnete, war die Ablehnung herkömmlicher Vorstellungen von Dichter und Dichtkunst: *beschenken und preisen/ war allezeit dichters amt/ ... im ernstfall genügt auch/ innerlichkeit, tragik, verkanntsein/ in dachstuben (aus: goldener schnittmusterbogen zur poetischen wiederaufrüstung 1957).* Seine lyrischen Schöpfungen sollten hingegen »nützlich« sein, »Gebrauchsgegenstände« im Dienst der Beschreibung der Verhältnisse *(das Amt der Poesie ist es, die Lage zu bestimmen, nicht Prognosen oder Horoskope zu stellen).* »Poesie« und »Politik« betrachtete Enzensberger im gleich betitelten Essay von 1962 gewissermaßen als Gegenwelten: Dichtung sei per se Kritik an der Macht, Korrektiv von Herrschaft, sie sei Entwurf in die Zukunft und damit eine Möglichkeit – selbst wenn nur *im Modus des Zweifels, der Absage, der Verneinung.* Schon durch ihr bloßes autonomes Dasein anarchisch, habe die Poesie gerade insofern »politischen« Charakter, als sie sich jedem konkreten (tages-, macht)politischen Auftrag verweigere.

Als nicht mehr ganz so »böse« wie in den ersten beiden Lyrikbänden erwiesen sich 1964 die Gedichte der dritten Sammlung »blindenschrift«. Die aggressive Sprechhaltung der »Anklage« war hier mehr und mehr in den Ton einer allgemeinen »Klage« umgeschlagen, gegründet in Pessimismus und Zweifeln an der Möglichkeit von Veränderungen. Am Punkt der Unbestimmtheit seiner Position und des Fehlens eines konkreten Programms setzten die Einwände der Gegner Enzensbergers an; schon an den früheren Gedichten hatten sie kritisiert, dass sein diffuses Unbehagen an der bundesrepublikanischen Realität

letztendlich ziellos sei und er keine richtungweisenden Perspektiven aus der dargestellten Hoffnungslosigkeit biete.
Das sollte sich aber schon bald ändern: Die folgenden Jahre zeigten einen Enzensberger, der »konkreter«, »programmatischer« wurde und sich ideologisch festlegte.

### sozialpartner in der rüstungsindustrie

*ein anblick zum zähneknirschen sind*
*die fetten eber auf den terrassen*
*teurer hotels, auf den golfplätzen*
*sich erholend von mast und diebstahl,*
*die lieblinge gottes.*
                          *schwerer*
*bist du zu ertragen, niemand*
*im windigen trenchcoat, bohrer,*
*kleinbürger, büttel, assessor, – stift,*
*trister dein gelbes gesicht:*

*verdorben, jeder nasführung aus-*
*geliefert, ein hut voll mutlosen winds,*
*eigener handschellen schmied,*
*geburtshelfer eigenen tods,*
*konditor des gifts, das dir selbst*
*wird gelegt werden.*
                          *freilich*
*versprechen dir viele, abzuschaffen*
*den mord. Gegen ihn zu feld zu ziehn*
*fordern dich auf die mörder.*
*nicht die untat wird die partie*
*verlieren: du: sie wechselt nur*
*die farben im schminktopf*
*das blut der opfer bleibt schwarz.*
(aus: verteidigung der wölfe)

Was wesentlich den Erfolg Enzensbergers bei Leserschaft und Kritik ausmacht, ist neben dem Ton der moralischen Rigorosität und Kompromisslosigkeit die poetische Qualität seiner Werke:

die Beherrschung des Spiels mit der Sprache. Typisch für ihn der Einsatz bestimmter sprachlich-literarischer Techniken, mit deren Hilfe er es virtuos versteht, seine Botschaften zu vermitteln (z. B. Montage; Collage; Einsatz von Bildern, entstellten Zitaten, umgangs- oder fachsprachlichen Elementen, Kinderreimen, Paradoxien; Hervorhebungen durch ungewöhnliche Satzstellung, Reim und Rhythmus). Die Gedichte der ersten Bände sind in der für die »nonkonformistische« Literatur typischen Kleinschreibung gehalten.

**blindlings**

*siegreich sein*
*wird die sache der sehenden*
*die einäugigen*
*haben sie in die hand genommen*
*die macht ergriffen*
*und den blinden zum könig gemacht*

*an der abgeriegelten grenze stehn*
*blindekuhspielende polizisten*
*zuweilen erhaschen sie einen augenarzt*
*nach dem gefahndet wird*
*wegen staatsgefährdender umtriebe*

*sämtliche leitende herren tragen*
*ein schwarzes pflästerchen*
*über dem rechten aug*
*auf den fundämtern schimmeln*
*abgeliefert von blindenhunden*
*herrenlose lupen und brillen*

*strebsame junge astronomen*
*lassen sich glasaugen einsetzen*
*weitblickende eltern*
*unterrichten ihre kinder beizeiten*
*in der fortschrittlichen kunst des schielens*

*der feind schwärzt borwasser ein*
*für die bindehaut seiner agenten*

*anständige bürger aber trauen*
*mit rücksicht auf die verhältnisse*
*ihren augen nicht*
*streuen sich pfeffer und salz ins gesicht*
*betasten weinend die sehenswürdigkeiten*
*und erlernen die blindenschrift*

*der könig soll kürzlich erklärt haben*
*er blicke voll zuversicht in die zukunft*

(aus: »landessprache«)

## Direkt-politische Aufklärung und Aktion oder: Der Bürgerschreck

Um die Mitte der Sechzigerjahre verlagerte sich Enzensbergers Engagement von der Poesie zur Politik. Im grundsätzlichen Zweifel daran, dass Dichtung konkrete gesellschaftliche oder politische Veränderungen bewirken könne, wandte er sich im Dienst kritischer Aufklärung dokumentarischen Textformen und Schreibweisen zu und sah seinen Weg in direkt-politischen Handlungen. Vor dem Hintergrund der Protestbewegung der »68er-Generation«, auf die Enzensberger wie kein anderer Schriftsteller Einfluss ausübte, wurde er in der etablierten Öffentlichkeit überwiegend als Aufrührer und Bürgerschreck wahrgenommen.

Die Auffassung, dass das *Amt der Poesie* darin bestehe, *die Lage zu bestimmen*, gab Enzensberger Mitte der Sechzigerjahre endgültig auf. Seine Haltung des Pessimismus und Zweifels, die sich schon seit einiger Zeit abgezeichnet hatte, mündete in die sichere Überzeugung, dass gesellschaftskritische Literatur faktisch nichts bewirken könne. Markstein seines Positionswandels ist die Gründung der Zeitschrift *Kursbuch* 1965, durch die er die *politische Alphabetisierung Deutschlands* zu betreiben gedachte; unter seiner Herausgeberschaft (1965–1975) entwickelte sie sich zu einer der bedeutendsten und einflussreichsten deutschen Literaturzeitschriften aller Zeiten. Mit dem Umzug im selben Jahr nach Berlin, damals geistiges Zentrum der kritischen

Schriftsteller und Intellektuellen, dokumentierte sich Enzensbergers »Wende« auch räumlich.

Im Zusammenhang einer allgemeinen Politisierung der westdeutschen Literatur distanzierte sich Hans Magnus Enzensberger im Verlauf der nächsten Jahre weitgehend von der Poesie (als »Kunst«); gleichzeitig verschärfte sich seine Haltung innerhalb der Gruppe der politisch engagierten kritischen Schriftsteller, unter denen es zu einer deutlichen Differenzierung in die pragmatischen politischen »Kleinarbeiter« (wie Günter Grass) und die »Revolutionäre« (wie Enzensberger) kam. Hatte Enzensberger 1958 einen Aufruf der Gruppe 47 gegen die atomaren Aufrüstungspläne der Bundesregierung unterschrieben und noch 1961 in der von Martin Walser herausgegebenen Schrift *Die Alternative oder Brauchen wir eine neue Regierung?* den Bundestagswahlkampf der SPD mit einem Beitrag unterstützt, war er 1965 bereits auf dem Weg zur »Utopie«, auch schon zu weit (links) von sozialdemokratischen Politikentwürfen entfernt, um an Hans Werner Richters Band *Plädoyer für eine neue Regierung oder Keine Alternative* mitzuwirken.

In den *Berliner Gemeinplätzen*, die 1968 im *Kursbuch 11* erschienen, kritisierte er scharf das Versagen der Schriftsteller und Intellektuellen in der Verwirklichung sozialer und politischer Reformen: *Gutmütig, friedfertig und geduldig haben diese von rechts so genannten Linksintellektuellen versucht, die Verfassung beim Wort zu nehmen und die Gesellschaft der Bundesrepublik von ihren eigenen Prämissen her durch rationale Vorschläge und moralischen Zuspruch zu reformieren.* Unmissverständlich forderte er zur Aktion auf: *Auch die Solidarität der Intelligenz bleibt bloße Rhetorik, sofern sie sich nicht in politischen Handlungen äußert, deren Nutzen sich beweisen lässt.*

Er selbst griff seit den 1965er-Jahren mit »auf Nutzen und Wirkung zielenden« politischen Handlungen aktiv ins Zeitgeschehen ein: So trat er u. a. 1966 als Hauptredner auf dem Frankfurter Kongress »Notstand der Demokratie« auf. Er nahm 1967 öffentlich Stellung zum Tod des Studenten Benno Ohnesorg und errichtete mit dem Preisgeld des Nürnberger Kulturpreises, den er im selben Jahr erhalten hatte, ein Konto zur Unterstützung von Personen, die in der BRD wegen ihrer politischen

Gesinnung verfolgt würden (woraus eine Kontroverse mit Günther Nollau, dem damaligen Vizepräsidenten des Bundesamtes für Verfassungsschutz, erwuchs).

Enzensberger hatte zwar stets sehr negativ über die bundesrepublikanischen Zustände geurteilt und schon seit den Fünfziger- und frühen Sechzigerjahren in Gedichten und Essays (so den Aufsätzen des Bandes *Politik und Verbrechen* 1964) eine grundsätzliche Aversion gegenüber allen Erscheinungsformen politischer und staatlicher Macht erkennen lassen. Doch 1967/68 hielt er mit seinem radikalen Freiheits- und Demokratiebegriff das »repressive System« der BRD für nicht mehr reformierbar. Mit seinen Vorstellungen vom »Umsturz« der politischen und gesellschaftlichen Verhältnisse, die mit einer Infragestellung des Gewaltmonopols des Staates einhergingen, wurde er zur Leitfigur der protestierenden Studenten und der intellektuellen außerparlamentarischen Opposition. Seine unversöhnliche Kritik an den Zuständen in der BRD brachte ihm später den Vorwurf ein, für das geistige Klima des Terrorismus mitverantwortlich zu sein.

Die in den Jahren 1965 bis 1974 erschienenen literarischen Werke Enzensbergers zeichnen sich durch ihren Dokumentarcharakter aus. In Übereinstimmung mit den Maximen, dass Literatur auf Bewusstmachung, auf geistige Auseinandersetzung und Reflexion des Lesers zu zielen habe und politisch produktiv sein müsse, entstanden problemorientierte theoretisch-kritische Aufsätze (u. a. *Baukasten zu einer Theorie der Medien* (1970) zur Manipulationsthese, die Essaysammlung *Deutschland, Deutschland unter anderem* (1967) mit Überlegungen zur anachronistischen Ost- und Deutschlandpolitik). Auch ein Werk wie das *Klassenbuch* (1972), ein *Lesebuch zu den Klassenkämpfen in Deutschland*, an dem er als einer der Herausgeber mitwirkte, passte in diesen Kontext. Daneben meldete Enzensberger sich mit konkreten Beiträgen zu tages- und realpolitischen Themen zu Wort, wie zur Kapitalverflechtung in der BRD oder den Notstandsgesetzen; er schrieb über Ökologie, über Kulturrevolution und Dritte-Welt-Länder.

Seine wohl bekanntesten Arbeiten aus dieser Schaffenszeit sind das Dokumentarstück *Das Verhör von Habana* (1970), in dem

Enzensberger seine Kuba-Erfahrungen literarisch umsetzte, und der mosaikartig aus Erzählungen und Kommentaren ehemaliger Zeitgenossen Buenaventura Durrutis montierte Roman *Der kurze Sommer der Anarchie* (1972) über Leben und Tod des spanischen Freiheitskämpfers.

Berühmt geworden ist der legendäre Band 15 des *Kursbuchs* vom November 1968, in dem Enzensberger angeblich die studentische Formel vom »Tod der Literatur« bestätigt. Doch so ist es dort nicht zu lesen: Zwar äußert er sich kritisch über Kunst und Poesie, deren *aufklärerischer Anspruch, ihr utopischer Überschuß, ihr kritisches Potential … zum bloßen Schein verkümmert* sei, doch unterscheidet er zwischen einer gesellschaftlich harmlosen Literatur (als »Kunst«) und einer revolutionären, die er umzusetzen gedenkt. Seine Quintessenz: *Wer Literatur als Kunst macht, ist damit nicht widerlegt, er kann aber auch nicht mehr gerechtfertigt werden.*

## Politisch-historische Reflexion und poetische Darstellung oder: der Optimist des Willens

Ab etwa 1975 machte sich bei Hans Magnus Enzensberger Ernüchterung in der Einschätzung der Möglichkeiten direktpolitischer Agitation und revolutionärer Aktion breit. Nach dem Publizisten und politischen Provokateur trat nun wieder stärker der Dichter und Lyriker in Erscheinung. Die folgenden literarischen Arbeiten kennzeichnete eine Akzentuierung des Historischen. Kultur- und Gesellschaftskritiker insofern, als er Ereignisse und Phänomene der Zeitgeschichte aus »ideologiefreier« Perspektive analysiert, kommentiert und bewertet, blieb Enzensberger seitdem der, als den er sich im Grunde schon immer verstanden hatte: der kritische Intellektuelle.

Die auf die Zeit der radikalreformerischen Ideen folgende Schaffensphase Enzensbergers war gekennzeichnet durch eine Wiederannäherung an die Poesie. Schon zu Beginn der Siebzigerjahre hatte sich eine gewisse Entfremdung vom Protestmilieu und ein Abstandnehmen von der »Revolution« bemerkbar gemacht. Davon abgesehen war neben dem politischen Aktivisten und Publizisten der »Lyriker« ja ohnehin nie ganz verschwunden gewesen: Enzensberger hatte auch in seinen »umstürzlerischen« Jahren Gedichte verfasst, die er 1971 zusammen mit ausgewählten älteren veröffentlichte (Gedichte 1955–1970). Ein Zug von Nachdenklichkeit und Selbstzweifel, der sich noch verschärfen sollte, kam hier zum Ausdruck: *Bei unsern Debatten, Genossen,/ kommt es mir manchmal so vor/ als hätten wir etwas vergessen* (aus: *Eine schwache Erinnerung*).

1975 erschien dann mit dem kulturphilosophisch orientierten *Mausoleum. Siebenunddreißig Balladen aus der Geschichte des Fortschritts* ein ästhetisch durchkomponierter Gedichtzyklus. Die Erzählgedichte, in denen Enzensberger den Lauf der Geschichte an Einzelporträts von siebenunddreißig historisch bedeutenden Gestalten (Forscher und Erfinder, Gelehrte, Künstler, Politiker) zeigt, enthalten die versteckte Mahnung, sich zu erinnern und nach den historischen Zusammenhängen zu fragen. Zwar beeinflusste die vormalige dokumentarliterarische Beschäftigung mit den geschichtlichen Quellen den Balladenband noch in hohem Maße, doch wurde ab diesem Werk klar, dass sich Literatur, Kunst, Wissenschaft und politisches Denken nicht mehr ausschließen mussten.

Geschichtspessimismus und Zukunftszweifel prägten zwei Arbeiten des ausgehenden Jahrzehnts: *Der Untergang der Titanic. Eine Komödie* (1978) und *Die Furie des Verschwindens* (1980). Auf sehr persönliche Weise setzte sich Enzensberger dort mit der eigenen Geschichte des Scheiterns seiner Fortschrittserwartungen und Utopien auseinander. *Ich denke gern an die Zukunft zurück* ist ein Schlüsselsatz des Gedichtbands *Die Furie des Verschwindens*. Und im Versepos *Der Untergang der Titanic* verbinden sich auf verschiedenen Ebenen düstere Beschreibungen des Untergangs des gesellschaftlichen Fortschritts mit Meditationen über die eigenen ernüchternden Erfahrungen im sozialistischen Kuba bzw. enttäuschten politischen Hoffnungen der 68er-Zeit.

Die Achtzigerjahre zeigten Enzensberger in gewohnter Weise als politischen Denker und Gesellschaftskritiker (u. a. die Aufsatzsammlung *Politische Brosamen* 1982), als Dichter (u. a. die Komödie *Der Menschenfreund* 1984) wie als Herausgeber – dabei aber in gewisser Hinsicht »sinnenfroher« und genussorientierter. Ab 1985 edierte er die bibliophile Reihe *Die Andere Biblio-*

*thek*; die aufwändig im alten Gutenberg'schen Druckverfahren mit beweglichen Lettern hergestellten und individuell gestalteten Bände sollten in erster Linie dem ästhetischen Vergnügen, nicht wirtschaftlich-kommerziellen Interessen dienen. *Mittelmaß und Wahn* von 1988 markiert in gewisser Weise den Beginn seines Alterswerks. In diesem Sammelband, in dem sich Enzensberger – ironisch distanziert – mit dem Kleinbürgertum und der »Normalität« des deutschen Alltags aussöhnt und die Lebenslügen der linken Intelligenz entlarvt, revidiert er gleichzeitig die eigenen Irrtümer.

Als Essayist wie als gefragter Artikelschreiber und Interviewpartner von Organen wie *Stern, Spiegel, Die Zeit, FAZ, Neue Zürcher Zeitung, Geo* oder *Natur* nahm Enzensberger Stellung zu aktuellen Fragen von Politik, Gesellschaft und Kultur. In den Neunzigern äußerte er sich unter anderem zur Asylproblematik (*Die Große Wanderung* 1992), zu den Ausschreitungen gegen Ausländer in deutschen Städten (*Aussichten auf den Bürgerkrieg* 1993), zum Golfkrieg und zu Bosnien (zur Wiedervereinigung hingegen nicht explizit). Ökologie und Umweltproblematik, Fernsehen und neue Medien, Steuer- und Gesundheitspolitik, Berufspolitikertum, die (von Jugendkult, Protestbewegung, Feminismus und Kunstszene beeinflusste) Mode als »Klamotten-Theater«, Steuerverschwendung oder »Event«-Kultur (*Zickzack. Aufsätze* 1997) – kommentierend reflektierte Enzensberger in meist satirischem Ton aktuelle Problemlagen und moderne Erscheinungen. Bei seinen politischen Auslassungen stand er des Öfteren im Kontrast zur »offiziellen« Linie der Linken und früheren eigenen Haltungen, was ihm von mancher Stelle den Vorwurf des »politischen Chamäleons« und windigen »Zeitgeistsurfers« einbrachte.

Bis heute ist die Stimme des politischen »Kritikers der Verhältnisse« zu hören. In den letzten Jahren wird jedoch ein Zug immer deutlicher. Besonders in seiner Lyrik (*Zukunftsmusik* 1991, *Kiosk* 1995, *Die Geschichte der Wolken* 2003) ist mehr und mehr eine Hinwendung zum Existenziellen und Überzeitlichen, zum Humanen und Humanitären, zu den »letzten Fragen« zu verzeichnen – zu Liebe und dem »Glück der kleinen Dinge«, zu Vergänglichkeit, Alter und Tod. Mitunter liegt ein Ton von Abschiednehmen in den Worten, wie in *Empfänger unbekannt – Retour à l'expéditeur* aus der Sammlung *Kiosk*:

> *Vielen Dank für die Wolken.*
> *Vielen Dank für das Wohltemperierte Klavier*
> *und, warum nicht, für die warmen Winterstiefel.*
> *Vielen Dank für mein sonderbares Gehirn …*

Hans Magnus Enzensbergers war stets der radikale Denker – getreu der Auffassung, dass es zum Wesen des Intellektuellen gehöre, das Bestehende und Selbstverständliche infrage zu stellen, Probleme bewusst zu machen und »zur Sprache zu bringen«. Autonomer Denker in Freiheit und Unabhängigkeit – nicht Mahner, nicht Warner, nicht moralische Instanz, nicht politischer Realist –, sollte der intellektuelle Schriftsteller nur dem eigenen Erkenntnisinteresse und der selbstkritischen Einschätzung verpflichtet sein. Von daher musste er seine Position stets neu definieren und gegebenenfalls verändern. Warum Enzensberger, der den Zweifel kultiviert hat und zeit seines Schaffens zwischen Skepsis und Hoffnung schwankte, nie in Resignation verstummt ist, erklärt vielleicht das Motto, zu dem er sich schon 1970 in Berufung auf Antonio Gramsci ausdrücklich bekannt hatte: »Pessimismus der Intelligenz, Optimismus des Willens«.

**Zwei Fehler**

> *Ich gebe zu, seinerzeit*
> *habe ich mit Spatzen auf Kanonen geschossen.*
>
> *Daß das keine Volltreffer gab,*
> *sehe ich ein.*
>
> *Dagegen habe ich nie behauptet,*
> *nun gelte es ganz zu schweigen*
>
> *Schlafen, Luftholen, Dichten:*
> *das ist kein Verbrechen.*

*Ganz zu schweigen
von dem berühmten Gespräch über Bäume.*

*Kanonen auf Spatzen, das hieße doch
in den umgekehrten Fehler verfallen.*

(aus: Gedichte 1955–1970)

## Andenken

*Also was die siebziger Jahre betrifft,
kann ich mich kurz fassen.
Die Auskunft war immer besetzt.
Die wundersame Brotvermehrung*

*beschränkte sich auf Düsseldorf und Umgebung.
Die furchtbare Nachricht lief über den Ticker,
wurde zur Kenntnis genommen und archiviert.*

*Widerstandslos, im großen und ganzen,
haben sie sich selber verschluckt,
die siebziger Jahre,
ohne Gewähr für Nachgeborene,
Türken und Arbeitslose.
Daß irgendwer ihrer mit Nachsicht gedächte,
wäre zuviel verlangt.*

(aus: Die Furie des Verschwindens)

## Kopfkissengedicht

*Dafür, daß du bis in die Fingerspitzen
anwesend bist, daß es dich verlangt,
dafür, wie du die Knie biegst
und mir dein Haar zeigst,
für deine Temperatur
und deine Dunkelheit;
für deine Nebensätze,
das geringe Gewicht der Ellenbogen
und die materielle Seele,
die in der kleinen Mulde*

*über dem Schlüsselbein schimmert;*
*dafür, daß du gegangen*
*und gekommen bist, und für alles,*
*was ich nicht von dir weiß,*
*sind meine einsilbigen Silben*
*zuwenig, oder zuviel.*

(aus: Zukunftsmusik)

**Die Visite**
*Als ich aufsah von meinem leeren Blatt,*
*stand der Engel im Zimmer.*

*Ein ganz gemeiner Engel,*
*vermutlich unterste Charge.*

*Sie können sich gar nicht vorstellen,*
*sagte er, wie entbehrlich Sie sind.*

*Eine einzige unter fünfzehntausend Schattierungen*
*der Farbe Blau, sagte er,*

*fällt mehr ins Gewicht der Welt*
*als alles, was Sie tun oder lassen,*

*gar nicht zu reden vom Feldspat*
*und von der Großen Magellanschen Wolke.*

*Sogar der gemeine Froschlöffel, unscheinbar wie er ist,*
*hinterließe eine Lücke, Sie nicht.*

*Ich sah es an seinen hellen Augen, er hoffte*
*auf Widerspruch, auf ein langes Ringen.*

*Ich rührte mich nicht. Ich wartete,*
*bis er verschwunden war, schweigend.*

(aus: Kiosk – eine kleine Koketterie Enzensbergers mit seiner
angeblichen literaturgeschichtlichen Bedeutungslosigkeit!)

**Dem Spielverderber**
> *Sinnlos sei diese Euphorie,*
> *einfach so, ohne Grund.*
> *Ach, das verstehst du nie,*
> *dafür gibt es, mein Freund,*
> *keinerlei Theorie.*
> *Glücklich, hast du gesagt,*
> *sei auch das Vieh,*
> *das bißchen Glück sei nur*
> *Mangel an Phantasie.*
> *Armes Schwein, das du bist,*
> *mon ami!*
> *Doch das begreifst du nie.*

(aus: Die Geschichte der Wolken)

Nachwort der Hg.: Die Wiedergabe der Texte folgt dem Wortlaut auf den Tafeln der Ausstellung.

# Ein Gesprächs- und Reflexionsraum, der Länder und Zeiten verbindet

Zur Eröffnung der Ausstellung »Hans Magnus Enzensberger« in der Universitätsbibliothek Augsburg am 30.6.2004

*von Ulrich Hohoff*

Der Schriftsteller Hans Magnus Enzensberger ist in der Kultur der Bundesrepublik vor allem als ein Achtundsechziger bekannt geworden, als einer von denen, die damals den Tod der bürgerlichen Literatur ausgerufen haben. Er hat 1965 eine der wichtigsten Zeitschriften der späteren Studentenbewegung, das *Kursbuch*, begründet und zehn Jahre lang herausgegeben. Er ist noch heute einer der wichtigsten zeitkritischen Autoren. Seine

Essays haben ihn berühmt gemacht. Er hat sie gesammelt, in insgesamt 11 Büchern.

*Ulrich Hohoff*

Der Schriftsteller Enzensberger hat aber auch andere Seiten. Er hat auch zur deutschen Literatur im engeren Sinn wesentlich beigetragen. Seit der Promotion über den romantischen Dichter Clemens Brentano vor 50 Jahren veröffentlicht Enzensberger Gedichte. Die erste Sammlung »Verteidigung der Wölfe« erschien 1957; seitdem sind 18 eigene Gedichtbände hinzugekommen. Unter dem Pseudonym Andreas Thalmayr kommen die Bände »Das Wasserzeichen der Poesie« und (aus dem Jahr 2004) »Lyrik nervt« hinzu, eine Erste Hilfe für junge Gedichteleser.

Kultur und Literatur bilden für Enzensberger einen Gesprächs- und Reflexionsraum, der Länder und Zeiten miteinander verbindet. Autoren anderer Länder und Sprachen und aus früheren Zeiten sind für ihn so wichtig wie die heute Schreibenden. Er hat mehr Zeit als andere deutsche Schriftsteller dafür aufgewandt, um ausländische Schriftsteller hier bekannt zu machen. Enzensberger hat aus vielen Sprachen übersetzt: Aus dem Englischen, dem Französischen, dem Italienischen, dem Spanischen, dem Schwedischen und dem Neugriechischen. Am Anfang dieses Arbeitsfeldes steht seine berühmte Anthologie »Museum der modernen Poesie«. Sie erschien vor mehr als 40 Jahren und brachte in zwei Bänden Gedichte des 20. Jahrhunderts in Originalsprache und in deutscher Übersetzung (übersetzt von Enzensberger und vielen anderen); die zweisprachige Edition war damals eine neue Idee. Immer wieder hat er zeitgenössische Lyriker übersetzt; Lyrik nervt ihn also überhaupt nicht. Aber Enzensberger kümmerte sich auch um weniger gespielte Dramen früherer Jahrhunderte; er übersetzte z. B. Stücke von Diderot und Calderon und brachte sie in Deutschland wieder ins Theater. Etwa 45 Bücher hat er, allein oder mit

Kollegen, bis heute übersetzt, wohl mehr als jeder andere deutsche Autor der Gegenwart.

Als wäre all das nicht genug, ist Enzensberger auch noch ein gelehrter Dichter, oder besser ein *homme des lettres*, den viele Wissensgebiete interessieren. Er hat über Literatur und Literaturkritik geschrieben, über Politiker und über die Medien, über Zeitgeschichte und Geschichte, er schrieb ein Buch über einen spanischen Anarchisten und ein Buch über Mathematik. Manchmal bewegt er sich in die Nähe der Wissenschaft, z. B. mit den lyrischen Porträts von Erfindern und Gelehrten in der Gedichtsammlung »Mausoleum« (1975) und mit dem aktuellen Projekt im Herbst 2004, einer Neuedition der Publikationen Alexander von Humboldts, die der Ertrag seiner Forschungsreisen sind.

Seit zwanzig Jahren ist Enzensberger auch der alleinverantwortliche Herausgeber einer wunderbaren Buchreihe: *Die Andere Bibliothek.* Jeden Monat erscheint darin ein Buch seiner Wahl. Bis Mitte der Neunziger Jahre wurden diese Bücher in der Werkstatt von Franz Greno in Nördlingen im Buchdruckverfahren, also nach den alten Regeln der Schwarzen Kunst, gedruckt. Die Breite der Themen in dieser mit Liebe und Sorgfalt hergestellten Buchreihe – inzwischen rund 240 Bände – spiegelt Enzensbergers weitgespannte Interessen. Jeder Band muss mindestens zwei Grundvoraussetzungen erfüllen: Er darf kein langweiliges Thema haben, und er muss gut geschrieben sein.

Vor einigen Jahren meinte Enzensberger, das Publikum für anspruchsvolle Werke seien in Deutschland nicht mehr als 20.000 Leser, aber sehr intensive Leser. Dank ihrer Existenz habe anspruchvolle Literatur in Deutschland immer einen Markt. Er sah keinen Grund zu Klagen über den Niedergang der Buchkultur: »*Jedenfalls solange es noch Leser und Buchhändler gibt, die sich nicht mit den Plastikprodukten der Flughafen-Literatur begnügen, und die keine Lust haben, auszusterben. Bis dahin machen wir uns das Vergnügen, dem eigenen Kopf und dem Urteil einer Minderheit zu trauen, die schon wissen wird, was sie will.*«

*Dem eigenen Kopf zu trauen*, das mutet Enzensberger auch mit fast 75 Jahren seinen Lesern zu. Durch diese Formulierung schimmert der Wahlspruch eines anderen Aufklärers hindurch, dessen Jubiläum in diesem Jahr gefeiert wird: Immanuel Kant »Sapere aude!« heißt es dort – »Habe den Mut, Dich Deines eigenen Verstandes zu bedienen!«

Dieser Wahlspruch gilt auch für das Werk von HME selbst. Das nicht Fassbare und Chamäleonhafte darin, der Wechsel der Themen und der eigenen Position, aber auch das Wandern zwischen unterschiedlichen literarischen Formen hat die Kritik immer wieder verblüfft. Wie kann man Gedichte schreiben, aber gleichzeitig Reden halten, Essays verfassen, übersetzen, herausgeben, einen neuen Sammelband mit Dokumenten vorbereiten, Neuerscheinungen besprechen – und neben all dem noch ein faszinierendes Buch wie »Der Zahlenteufel« schreiben, das Jugendliche in die Welt der Mathematik einführt? Enzensberger schafft das und erlaubt sich das, eben weil er vor allem *dem eigenen Kopf traut*. Und dieser Kopf ist nicht nur klug; er ist vor allem nach wie vor unglaublich produktiv, wie Sie beim Gang durch die Ausstellung selbst sehen werden.


# Das harmlose Gedicht in der Aktentasche des Deutschlehrers

Hans M. Enzensberger und die Literaturwissenschaft

*von Jürgen Eder*

Ein Germanist!

*»Das wird man ja nur, wenn man eh schon einen Mordstick hat und einen Krampf und einen Ausweg sucht. Germanisten werden die Leut' ja nicht aus Liebe zur Dichtung oder Kunst, sondern weil ihnen alle anderen Möglichkeiten als Chauffeur, Bäcker oder Schlosser völlig verwehrt sind. Oder weil sie stinkfaul sind oder zu eingebildet, um irgend so einen Beruf auszuüben.«*

Diese Tirade auf unsere Profession stammt … n i c h t von Hans Magnus Enzensberger, sondern vom großen Grantler deutscher Literatur, von Thomas Bernhard. Immerhin, das werden Sie in den nächsten Minuten erkennen, so fern stehen sich die beiden in ihrem Urteil gar nicht. Es gibt ja viele unglückliche Beziehungen zwischen deutschen Schriftstellern und ihren amtlichen Interpreten – und man mag nicht einfach sagen »Und das ist gut so«. Mir geht es im Folgenden nicht darum, auf die armen, eh schon überall gescholtenen und gestrichenen »Lehrer der deutschen Literatur« noch mit dichterischer Unterstützung einzuschlagen, als »Nestbeschmutzer« sozusagen. Aber mir scheint doch bedenkenswert, dass ein durchaus intellektueller Autor wie Enzensberger so seine Schwierigkeiten mit unserer Wissenschaft hat. Es sind durchaus nicht nur, wie der Titel meiner Einführung suggerieren mag, fatale »Deutschlehrer«, gegen die er die Waffen der Kritik zieht. Trotzdem, um gleich den guten Schluss dieser Überlegungen vorwegzunehmen, werden wir unsere Ausstellung nicht gegen den Willen Enzensbergers eröffnen. Andererseits – eine kleine pikante Note hat es schon, wenn wir mit einem solchen Projekt auch ein wenig beitragen zum Klassikertum eines Autors, der ja schon mit dem Buch von Jörg Lau seine »offizielle« Biographie erhalten hat. Es fehlt nun nur noch die Autobiographie und die Gesamtausgabe im Schmuckschuber ... Wir wollten mit unserer Ausstellung aber gerade keinen Stein zum »Mausoleums«-Bau beitragen, sondern eher anerkennen, was er uns noch zu sagen, auch zu überliefern hat.

Aber warum mag er »uns« nicht, der HME?!
Dabei ist er doch selbst Doktor der Philologie, durch eine beeindruckende Arbeit über Clemens Brentano – in Erlangen erworben, nach Studium dort wie in Freiburg, Hamburg und Paris. Dieses Studium betrieb er nicht gerade zielstrebig, es war – so hat uns Enzensberger in Edelstetten erzählt – eher ein Kompromiss mit dem Vater. »Dichterei« sei nichts Solides, aber ein deutscher Doktor doch immerhin was ... Und auch wenn er die studentische Lebensweise, nicht zuletzt wegen des Studententheaters, als »angenehm« empfand – schon damals fingen die Schwierigkeiten an. Ursprünglich wollte Enzensberger über die Rhetorik Adolf Hitlers, nicht über Brentano, promovieren – das scheiterte am Widerstand seiner Professoren, von denen einige durchaus Gründe dafür hatten! Lehrten doch in Erlangen seinerzeit der später entlarvte Hans Schwerte alias Schneider, oder auch ein Heinz Otto Burger. Von Anfang an war es aber

auch die sogenannte »Wissenschaftssprache«, gegen die der sprachempfindliche junge Dichter Aversionen hatte. Über die bei Hanser einige Jahre später nochmals aufgelegte Brentano-Arbeit urteilte er, dass der Versuch einer Übersetzung aus dem Germanistischen ins Deutsche gescheitert sei, »der spezialistische Jargon, auf den unsere Hochschulen eingeschworen sind, hat die Oberhand behalten«. Kritik also an den Vertretern einer Human- und Geisteswissenschaft, die Unmenschlichkeit geduldet hatten, daran teilweise mitwirkten – und ihrem Expertendiskurs, der sich den anderen Lebenswelten kaum vermitteln ließ … und das bleiben bis heute die stärksten Motive seiner Distanz. Wenn ich Ihnen nachfolgend ein paar Exempel aus Enzensbergers Werk zeige, so muss man sich immer vor Augen halten, dass es lediglich Ausschnitte einer komplexen wie dauerhaften Wissenschafts-Kritik sind! Alle Phasen, die ich hier erwähne, sind übrigens auch Stationen unserer Ausstellung …
Schon in seinem Erstling »Verteidigung der Wölfe« sieht er große Dichtungen wie Dantes »Göttliche Komödie« nur noch als »Vorwand für Lehrstühle«; einem Sohn rät der Vater nicht die Lektüre von Oden, sondern, »ehe es zu spät ist«, die von Fahrplänen: »sie sind genauer«. Literatur erscheint dem zornigen jungen Mann als Bildung, die zum Besitz und zur Verschleierung geworden ist. Gelehrt und unterrichtet von Wissenschaftlern, die nach dem Prinzip der ewigen Wiederkehr funktionieren: »Rücksichtslose Rancune/in Fußnoten, giftiger Zwist. Die Gelehrten belauern sich wie/Skorpione,/stechen plötzlich zu und sonnen sich dann knickrig in ihrem Triumph«. In seinem »Mausoleum« zur Geschichte des Fortschritts sieht Enzensberger viele solcher Opportunisten und Egozentriker, deren Entdeckungen und Erkenntnisse oft einem widerwärtigen Charakter geschuldet sind. Gut möglich, dass auch darin die Erfahrungen mit einer belasteten Nachkriegsgermanistik noch weiterwirken. Aber auch denjenigen Adepten der Wissenschaft, die sich vom akademischen System vereinnahmen lassen, begegnet Enzensberger mit Bedauern oder Sarkasmus. In dem Gedicht »Die Dreiunddreißigjährige« wird die liegengebliebene Dissertation zum Motiv eines verfehlten Lebens – und auch die erotische Qualität akademischen Milieus wird in diesem Ge-

dicht beklagt: »*Ihr letzter Freund, der Professor, wollte immer verhaut werden*«. Und in dem Gedicht »Fachschaft Philosophie« karikiert der Verfasser ein Wissenschaftssystem, das sich mehr durch Betriebsamkeit denn Denken auszeichnet: »*Gutachten schwenken wir, Pendel, Forschungsberichte… Der Kongreß tanzt. Weit und breit kein Vulkan… Wie ein enormes Taschentuch entfalten wir die Theorie, während vor dem verbunkerten Seminar bescheiden die Herren im Trenchcoat warten*«. Die »selbstverschuldete Unmündigkeit« gegenüber der Wirklichkeit »draußen«, die jede Aufklärung zum Narzissmus verkommen lässt. Enzensbergers Rück-Blicke aus den 80er Jahren treffen sicher auch ihn selbst, die Verkennung des Verhältnisses von Theorie und Praxis in jenen aufgeregten Tagen von »68«. Gleichzeitig aber war und ist ihm die wieder eingekehrte Stille an den Universitäten auch nicht geheuer, die sich nun lieber dem »Kasperltheater der Dekonstruktion« widmeten als dem Versuch, wieder öffentliche und offene Wissenschaft zu werden. Enzensberger nimmt von dieser Kritik aber auch die Naturwissenschaften nicht aus, denen er sich ja in seinem Spätwerk verstärkt zugewandt hat. So wichtig und reizvoll deren Erkenntnisse sind, so bringen sie auch Forscher hervor, die am Leben vorbeigehen. Das Gedicht »Die Mathematiker« (ich hoffe, es sind keine unter uns!) zeichnet solche traurigen Gestalten, ob mitleidig oder mitleidslos, ist schwer zu entscheiden:

> *Dann, mit vierzig, sitzt ihr,*
> *o Theologen ohne Jehova,*
> *haarlos und höhenkrank*
> *in verwitterten Anzügen*
> *vor dem leeren Schreibtisch,*
> *ausgebrannt, o Fibonacci,*
> *o Kummer, o Gödel, o Mandelbrot,*
> *im Fegefeuer der Rekursion.*

Aber nicht nur die Gedichte, die für Enzensberger immer besonders von den Interpreten gequält werden – auch die Essays und Reden scheuen vor klaren Worten nicht zurück. Besonders intensiv geschieht das in den Texten, die in dem Band »Mittelmaß und Wahn« zusammengefasst sind. Gleich im ersten Essay »Über die Ignoranz« porträtiert er einen Typus, der leider auch heute noch vorkommen soll: »Da ist der junge, keineswegs unbegabte Germanist, der seinem Prüfer ins Gesicht sagt, er habe sich mit drei deutschen Autoren beschäftigt: mit Büchner, Heine und Döblin. Die allerdings habe er von vorn bis hinten gelesen und über jeden … eine Seminararbeit geschrieben. Sozusagen aus Gründlichkeit sei er nicht dazu gekommen, die übrige Literatur zur Kenntnis zu nehmen; von Fragen nach Grimmelshausen, Lessing, Goethe und so weiter bitte er daher Abstand zu nehmen.« Für Enzensberger entstehen so immer mehr »Gefälligkeits-Fächer«, die nur noch pragmatisch an Verwertbarkeit und Zeitaufwand gemessen werden – das gilt für Lehrende wie Lernende gleichermaßen! Enzensberger will aber auch kein Zurück zum idealistischen Glauben an die »Wirkung« von Literatur, wenn man sie nur »richtig« verstehe. Und da kommt nun jener fatale Deutschlehrer ins Spiel, auf den Sie nach meinem Titel wahrscheinlich schon ungeduldig warten! Das Gedicht in dessen Aktentasche wird durch solche Vorstellungen zum gemeingefährlichen »Zwiebelmesser«, zum »Elektroschock« – und davor gelte es die arme Jugend zu schützen. Enzensberger kritisiert den Methoden-Fetischismus, der immer von der allein selig machenden »Interpretation« ausgeht – und plädiert statt dessen für die Freiheit des Leseaktes. Diese Freiheit, so betont er wieder und wieder, ist wohl nirgends so gefährdet wie in den Schulen und Universitäten. Dabei lebt er, als Dichter, gerade von der Bereitschaft zum eigenen Sehen – und damit scheint es, als ob Dichter und Wissenschaftler zu natürlichen Feinden werden! Lektüre sei immer anarchisch – und »Interpretation« nach Vorgaben der Versuch, diesen »Akt zu vereiteln«. »Ob traditionelle oder progressive Germanistik, das ist unter diesen Umständen Jacke wie Hose (…), fest steht in jedem Falle, dass die Textsorten durch die Mühle der richtigen Interpretation gedreht werden müssen, bis sie sich in ein homogenes Pulver verwandelt haben.« Dabei stellt Enzensberger fest, dass dieser martialische Apparat und die immer geringere Bedeutung von Literatur in unserer Welt in krassem Widerspruch stehen – und allmählich werde diese Sinnkrise auch die Literaturwissenschaftler selbst erreichen: »Ihre akademischen Festungen gleichen Vorposten, die niemand mehr belagert und die nur noch von einer matten Toleranz umzingelt sind«. Nichtsdestotrotz, so beobachtet Enzensberger in einer »Glosse über das Entbehrliche«, gibt es einen Konferenz-Fetischismus, der die daran Beteiligten davon abhält, das zu tun, was sie eigentlich sollten: zu philosophieren, zu lesen, zu schreiben. Ein Wissenschaftler wie sein Bruder Christian Enzensberger, der seinen Lehrstuhl für Anglistik aufgab, weil die Uni ihm irgendwann »zu dumm« wurde, erscheint als Anti-Typ zu dieser Waren-Welt von Wissenschaft. Neben solchen Aufforderungen zur Desertion plädiert Enzensberger immer wieder für die direkte und eigene Lektüre: statt sich »im Labyrinth der Literaturtheorien zu verirren«, solle man besser Diderot, Büchner, Heine, Brecht – oder eben Enzensberger lesen, immer aufs Neue…

Das alles haben wir jetzt gehört – und Sie werden sich vielleicht mehr denn je fragen, warum haben die dann eine Ausstellung gemacht, Germanisten, die sie nun einmal sind?!

Erstens: weil ich den Studenten von dieser Seite Enzensbergers nichts gesagt habe.

Zweitens: Weil die 75 Lebensjahre dieses Autors ein Stück entscheidender deutscher Geschichte sind, gesehen durch ein ästhetisches Temperament – mit dem man ja nicht in allem übereinstimmen muss!

Drittens: Weil Enzensbergers Dichtung das ist, was Kafka von der Literatur forderte: die Axt zu sein für das gefrorene Meer in uns.

Viertens: Damit bei Ihnen vielleicht doch etwas mehr hinterlassen bleibe als die »Legende«, von der der Titel unserer Ausstellung spricht.

Fünftens: um auf Bernhard zurückzukommen – Leute mit einem »Mordstick« sind vielleicht für eine Gesellschaft, die nur noch nach der neuen oder alten »Mitte« sucht, gar nicht so schlecht.

Last but not least: Enzensberger fand die Idee gut!

Ich danke Ihnen für die Aufmerksamkeit – und schließe mit einem kollektiven Dank an alle, die diese Ausstellung ermöglicht haben ... ganz besonders aber den Studierenden des Proseminars Enzensberger, die mir viel Glauben in das Engagement von Studenten wiedergegeben haben!

# »Ich tue das, was ich will, und habe keine Altersversicherung«

*von Florian Eisele, Marena Keller und Juan-Carlos Oliver-Vollmer*

Der ältere Herr hat gerade sein Jackett ausgezogen, es ist stickig im Raum. Sofort ist er wieder im Geschehen, hört der Frage zu, adressiert mit kristallblauen Augen den Fragesteller. Es sind neugierige und listige Augen, und vielleicht sind sie ein Grund, warum der ältere Herr schon so viel herum gekommen ist in der Welt. In der UdSSR waren sie zum Beispiel, sahen das Schwarze Meer und der damals etwas jüngere Herr badete in einer von Chruschtschow geborgten Badehose darin. Die Geschichte aus dem Jahr 1958 ist bis heute eine der bekanntesten von ihm.

*Marena Keller und Florian Eisele bei der Eröffnung der Enzensberger-Ausstellung*

Heute, im Sommer 2004, sitzt Hans Magnus Enzensberger vor einer Gruppe Studenten und deren Professoren der Universität Augsburg im Chinesischen Saal des Schlosses Esterhazy bei Thannhausen. Es schmeichle ihm, so sagt er, dass die Menschen in diesem Raum sich anscheinend schon ein bisschen länger mit dieser Figur des literarischen Betriebs befasst hätten, die da vor ihnen sitzt. Das Forschen in punkto Enzensberger hat einen speziellen Grund: anlässlich des 75. Geburtstages dieser nicht nur literarischen Figur findet in der Zentralbibliothek der Universität Augsburg eine Ausstellung zum Leben und Wirken des gebürtigen Kaufbeurers statt. Auf Einladung der Organisatoren

und der Familie Esterhazy gibt nun Enzensberger im Diskurs jenen, die ihn und sein Wirken verfolgt haben, Gelegenheit, auch den Menschen Enzensberger zu entdecken.
Zur aktuellen Politik, so stellt der Büchner-Preisträger gleich zu Beginn fest, möchte er ungern etwas sagen. Das Überraschen seines Publikums hat er auch im hohen Alter noch nicht verlernt, so scheint es. Ein politisches Desinteresse hingegen nimmt man dem »Luftwesen«, wie ihn Peter Rühmkorf genannt hat, nicht ab; vielmehr einen Mut zur Unlust, der in seiner Ehrlichkeit Authentizität generiert. Enzensberger hat sich mit allen wichtigen Themen der Bundesrepublik, insbesondere der frühen Bundesrepublik, befasst. In irgendeiner literarischen Form schlägt sich jedes Feld in seinem Werk nieder. Er schreibt über die Studentenrevolte, die Spiegel-Affäre, die Wiedervereinigung bis hin zur Aufarbeitung des Nationalsozialismus. Zugleich bereist er aber die halbe Welt. Und doch hat sich kaum ein zweiter deutscher Schriftsteller so intensiv mit dem eigenen Land beschäftigt, wie Hans Magnus Enzensberger. Auch wenn Enzensberger nie einer Partei beitritt, zeigt er doch in vielen Situationen politisches Engagement. Er mischt sich ein, wenn es um die Atombewaffnung der Bundeswehr oder die Bundestagswahl 1961 geht.
Vielmehr interessiere ihn jedoch die Literatur in unbegrenzter Menge und Vielfalt. Die besten Lesegewohnheiten hätten ohnehin Kinder, so Enzensberger. Seine Tochter zum Beispiel hätte ihm gefallen in ihrer Eigenschaft als »literarischer Allesfresser«: Neben Science-Fiction und Fantasy tauche in ihrem Bücherregal auch mal ein Werk von Franz Kafka auf. Die Ingredienzien dieses ungewöhnlichen literarischen Cocktails und dessen, auf den ersten Blick scheinbare Ungenießbarkeit sind es, die Enzensberger faszinieren. Nach dem Erlernen der Fähigkeit zu lesen, stünde der Durst, alles Lesbare zu verschlingen; eine falsche Lektüre gebe es ohnehin nicht.
Auf diese Weise fand auch das Werk des Prager Melancholikers Franz Kafka Zutritt in die Welt von Enzensberger. Der im Nachkriegsdeutschland als »Schwarzhändler« und Übersetzer für die amerikanischen Soldaten arbeitende Student schnappte, über die für amerikanische Soldaten gedachten Lektürebänd-

chen, seinen ersten Kafka auf. »Ich habe den amerikanischen Offizier gefragt, ob ich einige Heftchen mitnehmen könne«, so Enzensberger. »Er hat gesagt, ich solle doch gleich den ganzen Karton mitnehmen«. Er lacht dabei, vielleicht auch über das Paradoxon, den auf Deutsch schreibenden und damals vergessenen Kafka erst auf Englisch kennen gelernt zu haben. Der Prager sei für ihn ein Beispiel dafür, welche Kraft Literatur entfalten kann. »Wie ein Schlag« habe es ihn, Hans Magnus Enzensberger, da getroffen, erinnert er sich.

Die Fähigkeit zu experimentieren sei für ihn essentiell gewesen und ist es noch heute, sei es in literarischer Hinsicht oder mit der Möglichkeit, den Zeitgeist je nach Bedarf in seinen Publikationen aufzugreifen oder zu umgehen. Deswegen gewann er sein wohl bekanntestes »Kind«, die Zeitschrift »Kursbuch«, in der frühen Phase Mitte der sechziger Jahre, auch so lieb. Die Beweglichkeit und die Fähigkeit, etwas zu wagen, standen ihm mit seinem eigenen Apparat offen. Wer bei diesen Stichwörtern allerdings an die wilden Phasen des Kursbuches und den damit verbundenen, vermeintlich darin ausgerufenen Tod der Literatur denkt, liegt falsch. Den Band mit dem Leitthema Mathematik bezeichnet Enzensberger auch heute noch als eine seiner Lieblingsausgaben.

Natürlich sei es unglaublich interessant gewesen, das Land und seine Werte im Wandel sehen zu können, erinnert sich der vermeintliche Agitator, dessen Werke mitunter auf der Frankfurter Buchmesse beschlagnahmt wurden. Der Kongress »Notstand der Demokratie« ist bis heute untrennbar mit dem Namen Enzensberger verbunden. Seine Haltung ist ihm auch nach nunmehr vierzig vergangenen Jahren keineswegs peinlich oder unbequem geworden, ganz im Gegenteil: »Dass man an dieser Zeit aktiv teilhaben wollte, war doch klar.«

Deswegen auch das Kuba-Abenteuer von Enzensberger, der über ein Jahr im Staat mit der »gelungenen, weil nicht mit Panzern erzwungenen Revolution« auf Einladung Fidel Castros lebte. Dass ihn sein langjähriger Freund Castro später als CIA- Agent bezeichnet hat, erzählt Enzensberger nicht ohne ein Schmunzeln: »Schwamm drüber«, endet die Geschichte des »dünnen Menschen« (…) in Havanna«, wie der Dichter selbst über die letzte Chance schrieb, die der Sozialismus in Kuba erhielt.

Doch den »passionierten Weltreisenden« zieht es auch in andere Länder. Insgesamt verbringt er vier Jahre in Norwegen, ein Jahr in Italien; er bereist 1963 die Sowjetunion, wie auch Länder der dritten Welt. Auf seine Zeit in Norwegen angesprochen, ist ihm eine gewisse Freude anzusehen. Auf die Frage, ob er sich überhaupt als Deutscher fühle, beschreibt er sich als polypatriotisch. Seiner Meinung nach ist es bei den meisten Europäern so, dass sie sich dem Land, in dem sie Freunde oder Verwandte haben, auch sehr verbunden fühlen. Ähnlich ist es bei Enzensberger selber. Verständlicherweise interessiert er sich mehr für Ereignisse in den Ländern, in denen er selbst war, als für ihn völlig fremde Länder.

Kurz gesagt haben wir es mit einem Menschen zu tun, dessen Erfahrungsdrang schier unerschöpflich scheint, genau wie sein Durst nach Wissen. Kaum ein Gebiet, auf dem sich Enzensberger nicht auskennt, mit dem er sich in seinem Werk nicht beschäftigt hat. Sein Gedichtband »Mausoleum« beispielsweise beschäftigt sich mit dem Fortschritt der Wissenschaft. Im Stil seines Lieblingsautors Denis Diderot, Herausgeber der »Enzeyclopedie«, behandelt er die großen Köpfe der Geschichte in Versform.

Doch gilt Hans Magnus Enzensberger auch als feinfühliger Medienkritiker. Er schreibt den Baukasten zu einer Theorie der Medien, rechnet mit dem Fernsehen ab; seine Kritik am *Spiegel* wird im *Spiegel* selbst gedruckt. Schließlich schafft er sich mit der Gründung des Kursbuchs, der Zeitschrift »TransAtlantik« und der Anderen Bibliothek seine eigenen Medien. Gerade die Andere Bibliothek ermöglicht es Enzensberger, selbst zu entscheiden, was veröffentlicht wird. Im Gespräch betont er, wie wichtig es für ihn sei, die Möglichkeit zu haben, zu verlegen, was ihm gefällt: »Ohne Lust geht es nicht, denn wenn ich mir vorstelle, ich wäre Versicherungskaufmann und würde während der Arbeit alle fünf Minuten auf die Uhr schauen und hoffen, dass es bald vorbei ist und ich nach Hause kann, nur um nach fünf Jahren befördert zu werden und nach weiteren fünf Jahren noch mal und das war's … ich würde nicht ausse-

hen, wie ich heute aussehe. Verstehen Sie: Tun sie das, was sie tun wollen! Man muss auch mal etwas riskieren im Leben!«
Nachdem die Fragen beantwortet sind, wird Hans Magnus Enzensberger gebührend beklatscht. Etwas scheu und zurückhaltend freut er sich über die Anerkennung. Es ist ein wenig so, als ob einer sein Referat hinter sich gebracht hat. Enzensberger verschwindet ein Stück aus dem Mittelpunkt, ohne Mühe löst er die Trennung von Befragten und Fragestellenden auf. Würde er nicht die Bücher der Zuhörer, die auf ihn zukommen, signieren, könnte man meinen, es gebe keinen Unterschied zwischen ihm und dem Rest.

Mit Engelsgeduld und einer Zigarette im Mund schreibt er seine Unterschrift in die Bücher, unterhält sich mit seinen Fans, lässt Fotos über sich ergehen, dabei lächelt er stets zufrieden. Wer mit dem »zornigen jungen Mann«, wie Alfred Andersch ihn damals nannte, gerechnet hatte, wurde enttäuscht. Er wirkte auf uns nicht wie der Vertreter der »skeptischen Generation«, wie er von Peter Weiss dargestellt wurde.

# Im Rückblick
## Unsere Ausstellung über H. M. Enzensberger

*von Hans Wellmann*

Mit Hans Magnus Enzensberger stellte das »Archiv für Literatur aus Schwaben an der Universität Augsburg« einen Autor vor, der nach Bert Brecht und neben Martin Walser zu den bekanntesten und wichtigsten Schriftstellern der deutschen Literatur des 20. Jahrhunderts zählt und ursprünglich aus der Region »Schwaben« kommt.

Ihn selbst konnten wir zur Eröffnung der Ausstellung leider nicht in der Augsburger Universitätsbibliothek begrüßen. Er war gerade in Afrika, auf einem Treffen mit Intellektuellen anderer Länder. Zuvor war er aber schon da, in der Phase der Vorbereitung dieser Ausstellung, am 19. Juni 2004 bei einem Seminar mit Augsburger Studenten in Schloss Edelstetten, wo wir jedes Jahr bei der Fürstin Esterhazy zu Gast sind. In dem Chinesischen Saal findet dann ein »literarisches Wochenende« statt, das zu einer Ausstellung gehört, die Mitarbeiter des Archivs, Literaturwissenschaftler und Studenten der Universität Augsburg arrangieren.

*Hans Magnus Enzensberger mit Mitgliedern der Universität Augsburg vor Schloss Edelstetten. (v.l.n.r. Dr. Jörg Wesche, Katharina Reiter, Sylvia Heudecker, Iris Knöpfle, H. M. Enzensberger, Dr. Jürgen Eder, Prof. Dr. Michael Klein, Innsbruck, und Prof. Dr. Hans Wellmann)*

In Edelstetten bot sich nun die Gelegenheit, Hans Magnus Enzensberger einmal persönlich zu erleben und mit ihm zu sprechen. Die Studenten haben ihn so nach seinen Klassikern und Vorbildern fragen können, nach Konzepten seines aktuellen

literarischen Schaffens und produktiven Anregungen, nach Spielarten einer wirkungsvollen Literaturvermittlung, besonders bei der Herausgabe seiner »Anderen Bibliothek«, nach der Rolle der Kritik im Literaturbetrieb und ihrer Rückwirkung auf den Autor.
Durch die Vorbereitung der Ausstellung waren die Studierenden auch schon gut auf die Begegnung mit dem Autor vorbereitet und eingestimmt. Entsprechend präzise und stimmig waren ihre Fragen. Das Gespräch entwickelte sich spannend – wie selten bei einem der bekannten Interviews im Fernsehen. Jeder spürte, wie weit sich der Autor auf die Fragen der Studenten einließ, wenn er offen und jugendfrisch, mit grundlegenden Ansichten und mit aktuellen Hinweisen auf die Fragen der Zuhörer einging. Das erzähle ich, um den Autor von daher charakterisieren zu können, so, wie er sich selbst sieht und hier dargestellt hat (A), und nicht nur »extern«, von den Medien und der Sekundärliteratur her, wie es Aufgabe der Rezeptionsforschung ist (B). Erst die Betrachtung von beiden Seiten ergibt wohl ein stimmiges Bild.

(A) In dieser Diskussion ist Enzensberger auf ganz verschiedene Facetten seines Schaffens eingegangen. Wir haben ihn kennengelernt als einen *Lyriker*, der das Gedicht von Anfang an – in der Komposition wie in der sprachlichen Gestaltung – als etwas ganz Besonderes innerhalb der Spielarten der Poesie ansieht. Für sie könne sich – meint er – die heute in Gedichten beliebte Gebrauchssprache des Alltags – nicht eignen. Der Lyrik sei keine andere Art der Dichtung an die Seite zu stellen. Die Resonanz seines poetischen Werkes in den Medien aber brauche den Autor nicht zu interessieren. Würdigung und Kritik des neuen Textes folgten eigenen Gesetzen – in einem Feld jenseits der literarischen Produktion. Was die Wirkungs- oder Rezeptionsforschung der Literaturwissenschaftler erreiche, wirke aus der Sicht des Autors dennoch oft wie die Marktforschung und das Marketing in der Wirtschaft.
Als *Denker* sieht sich Enzensberger in der Tradition einer aktuellen politischen Aufklärungsphilosophie, die besonders von Diderot beeinflusst ist. Den französischen Philosophen zählt er

zu seinen Vorbildern, besonders im Streit gegen eine starr, lehrhaft und lehrerhaft gewordene Aufklärung. Züge der Erstarrung einer zuerst schöpferischen Aufklärung habe man im 20. Jahrhundert wieder beobachten können, in der Nachkriegszeit, als die lebendige und anregende, systemkritische »Frankfurter Schule« nach Habermas zur Lehre versteinert sei. Immer wieder rückt Enzensberger diese Aufgabe in den Mittelpunkt: Widerstand zu leisten gegen alle Züge von Dogmatisierung, die neue Gedanken erfahren, wenn sie beim Publikum »angekommen« und fest geworden sind. Und als Widerstand gegen zeitmodische Trends. So seien auch die Schriften, in denen er sich kritisch mit dem Kapitalismus wie mit dem Kommunismus auseinandergesetzt habe, als aktuelle Zeit- und Gesellschaftskritik zu verstehen. Er habe hier einen durchaus »linken« Standpunkt bezogen, seine Zeitkritik habe sich aber immer an intensiven Lebenserfahrungen entzündet; dort, wo er war: in der Bundesrepublik Deutschland ebenso wie zum Beispiel in Nordeuropa oder in kommunistischen Ländern Osteuropas und in Kuba; dort, wo er sich ausgekannt hat, weil er da – gerade – war und die ideologischen Züge einer Herrschaft hautnah spüren konnte, die durch sprachliche Verkrustung politischer Ideen entstanden waren. Starr gewordene Sprachformen engen das freie Denken ein, sie können es hemmen und auch lähmen.

Wie wohl kein anderer Autor der deutschsprachigen Literatur versteht sich Enzensberger auch als *Verleger*. Mit seiner »Anderen Bibliothek« erschließt er Neuland oder halbvergessene Zonen einer literarischen Terra incognita. Dazu gehören auch Romane des Dichters W. G. Sebald, der im Allgäu geboren und aufgewachsen, später nach England gezogen ist, an der Universität Norwich gelehrt und seine großen Romane geschrieben hat, die lange wenig Beachtung gefunden haben. Enzensberger hebt die »Prosa der besonderen Art« hervor, die Sebald schreibe: »So etwas habe ich seit Jahrzehnten nicht gelesen«. (Diesem Autor ist deshalb auch ein langer Beitrag in unserem Jahrbuch gewidmet; sein Werk soll Thema eines Seminars im Jahr 2005 werden).

Neben der Lyrik ist es die sprachkritische, literaturkritische,

ideologiekritische und politische *Essayistik,* die Enzensberger immer in Atem gehalten hat, geprägt von seiner Art, das, was hinter der Oberfläche aktuellen Geschehens steckt, frank und frei aufzudecken, es klar und auch so scharf zu formulieren, dass überhaupt keine Zweifel an seinem Standpunkt bleiben, so, dass es die Herrschenden hören, die gern versuchen, sich taub zu stellen. Enzensberger kam es darauf an, die Studenten von der Notwendigkeit zu überzeugen, zu einer eigenständigen Weltsicht und Sprache zu kommen. Erst diese innere Freiheit gebe ihnen auch das Selbstvertrauen und den Mut, sich geistig frei zu bewegen, ohne Furcht und Befürchtungen, von denen nur eine lähmende Wirkung ausgehe. Gerade der Jugend komme es zu, vital zu agieren voller Selbstvertrauen auf sich selbst – und ohne Selbstbespiegelung. Jetzt, am Beginn des 21. Jahrhunderts, könnte sie auch mit neu gewachsenem Selbstvertrauen darauf bauen, dass die Demokratie in Deutschland ihre Feuerproben bestanden – und ihre Standfestigkeit gegenüber der auf Einschüchterung abzielenden Gewalt von Rechts bewährt habe. Wie ein Bonmot, eben ein »gutes Wort« wirkte in diesem Zusammenhang die zugespitzte Formulierung: »Alle Revolutionen des 20. Jahrhunderts sind gescheitert, die faschistischen, die kommunistischen, nur die Revolution der Frauenbefreiung nicht, denn sie wirkt bis in die Gegenwart weiter«.
(B) Die Ausstellung vermittelt dagegen ein Bild des Autors Hans Magnus Enzensberger, das – wie sollte es anders sein – durch die Außenperspektive der Betrachtung geprägt ist. Es ergibt sich unter anderem aus der umfangreichen Literatur über Enzensberger – von der – sehr schönen – Biographie Laus bis hin zu den zahlreichen Zeitungsbeiträgen, die das Zeitungsarchiv der Universität Innsbruck in 40 Jahren gesammelt hat. Nicoline Hortzitz kam es auch darauf an, neben dem Lyriker und dem politischen engagierten Essayisten den Jugendautor Enzensberger vorzustellen, der den Kindern die Mathematik interessant macht, um sie für deren Klarheit und Präzision zu begeistern, und der Kinderlieder schreibt, um ihnen den Weg zur Musik zu bahnen.
Durch die Mitarbeit der Universitätsbibliothek wurde es möglich, der Öffentlichkeit einmal das publizierte Gesamtwerk der Autors

*Plakat zur Ausstellung*

in seinem ganzen Umfang vorzustellen, das vollständig in der UB Augsburg vorliegt, und die Ergebnisse dieser einmaligen Herausgeberproduktivität, angefangen mit den Bänden des »Kursbuchs«, das in den sechziger Jahren jeder Intellektuelle las, und Lifestyle-Zeitschriften wie der »Titanic« – bis hin zur »Anderen Bibliothek«, der Bibliothek der anderen, zu wenig beachteten Literatur deutscher Sprache.

Noch einmal sei betont: Unsere Ausstellung ist ein Gemeinschaftswerk. Deshalb vermittelt sie verschiedene Perspektiven der Außenbetrachtung: insbesondere die der Literaturwissenschaft und literarischen Kritik, der Geschichte und Linguistik, dann die der Bücherfreunde, Sammler und Bibliothekare und – gerade in der visuellen Präsentation der Werke in den Vitrinen – die der Studenten.

So gibt es viele, denen dafür zu danken ist. Aus der Reihe der Beteiligten sind herauszuheben:

Herr Dr. Hohoff, Frau Knab, Herr Dr. Stoll, Herr Dr. Stumpf von der Universitätsbibliothek Augsburg. Dank ihrer Unterstützung ist die Ausstellung gerade noch rechtzeitig fertig geworden.

Herr Dr. Eder von der deutschen Literaturwissenschaft und die 50 Studenten aus seinem Seminar. Sie haben uns wieder – wie schon bei der Ausstellung über Martin Walser vor einem Jahr – durch pfiffige Einfälle, kreative Vorschläge und ihre praktische Mitarbeit unterstützt.

Vom Archiv für Literatur aus Schwaben: Frau Dr. Nicoline Hortzitz. Sie hat die Tafeln für diese Ausstellung hergestellt (Ausschnitte sind in diesem Band abgedruckt). Nach einem Besuch bei dem Autor in München konnte sie auch einige persönliche Erinnerungsstücke des Autors als Exponate zu der Ausstellung beisteuern. Und: Iris Knöpfle, die sich umsichtig der organisatorischen Aufgaben angenommen und darauf viel Zeit verwendet hat. Ein Archiv, das solche Mitarbeiter hat, sollte sich um seine Zukunft keine Sorgen machen müssen! Eine philologische Fakultät, die solche Studenten hat, wird ihre Zukunft mit ihnen zusammen zwangfrei und erfolgreich mitgestalten können, so wie es gerade bei den Auseinandersetzungen um Stellenkürzungen im Sommersemester 2004 zu beobachten war.

*Plakat zur Ausstellung*

Last, but not least, gilt unser besonderer Dank denen, die unsere Arbeit organisatorisch und materiell unterstützt haben, dem Bezirk Schwaben und der Universität Augsburg.

# Ein Memminger in Straßburg:
# Über Christoph Schorer

*von Ernst T. Mader*

1862 druckte die Leipziger Zeitschrift »Deutsches Museum für Geschichte, Literatur, Kunst und Alterthumsforschung« eine bissige Broschüre von 1643 nach. Darin bekämpft ein unbekannter Autor die schädlichen Einflüsse des Französischen auf das Deutsche und die Deutschen. Anfang des 20. Jahrhunderts konnte die Forschung, vor allem Friedrich Braun, dem Autor einen Namen geben: Christoph Schorer, geboren 1618 in Memmingen, gestorben 1671 dortselbst; sein *Sprachverderber* gehört zu den historisch interessantesten Streitschriften eines Allgäuers.
Der spätere Memminger Stadtarzt, Mathematiker, Kalenderschreiber und Schulpolitiker studierte 1639 bis 1643 in Straßburg. Dort suchten Gelehrte in den Wirren des Dreißigjährigen Krieges ihr und anderer Leute Heil in angeblich alten deutschen Tugenden, die sie besonders durch alles Französische gefährdet sahen. Man bekämpfte also so genannte »welsche« Einflüsse, hauptsächlich in der Sprache, aber auch in Kleidung, Denken und Benehmen. Ihre Schriften wandten sich an »Teutsch gesinnte Liebe Leser«. Und einen der teutschesten fanden sie im staunenden Studenten Christoph Schorer aus Memmingen. Er verarbeitete die gelehrten Anregungen mit Allgäuer Gründlichkeit zu der eingangs erwähnten Streit- und Spottschrift und gab sich dabei kompromissloser als seine Elsässer Vorbilder. Als Resultat erschien 1643 in Straßburg anonym, wie damals bei Satiren üblich, »Der Unartig Teutscher Sprach-Verderber – Beschriben durch einen Liebhaber der redlichen alten Teutschen Sprach«.
Zustimmung wie Kritik ermunterten Schorer, und so brachte er schon 1644 unter den Initialen »C. S.« seinen *Sprachverderber* »gemehrt und verbessert« heraus – als »Teutscher unartiger Sprach-, Sitten- und Tugendverderber ... Getruckt im Jahr / da

Sprach / Sitten und Tugend verderbet war«. »Gemehret« war diese zweite Auflage insofern, als sie nicht mehr nur den verderblichen Einfluss vor allem des Französischen auf die deutsche Sprache beklagte, sondern auch auf den deutschen Charakter und die öffentliche Moral im Lande: »Was es vor einen Zustand und Beschaffenheit zu dieser unserer Zeit mit der redlichen teutschen Sprach habe, das ist nun leider mehr hell und klar an dem Tag und darf nicht soviel Beschreibens. Wie schändlich, wie häßlich dieselbe mit ausländischen und fremden Wörtern besudelt, vermischet und verunreiniget werde, so gar, daß man kaum drei oder vier Wörter ohne Einmischung ausländischer Zungen reden kann, ist offenbar. Aber eine Schand ist es und zu erbarmen, daß diese unsere teutsche Haupt- und Muttersprach, als welche von Wörtern so schön, so weitläufig, so rein, prächtig und vollkommen, so schändlicher Weise verunreiniget wird.«

Mit den Wörtern werde aber auch deren verderbliche Kraft in Deutschland eingeführt. »Wie die Zeiten sind, so sind die Wort, und hinwiederum wie die Wort sind, so sind auch die Zeiten.« Es sei »ein sehr böses Zeichen, daß die Teutschen so angefangen, erstlich die frantzösische Sprach einzuführen, hernacher die Kleidung, nunmehr auch die Sitten, und darzu nur sträfliche«, z. B. die, bei jeder Gelegenheit viel zu reden, nach französischem Vorbild zu »complimentiren«, was für Schorer nichts anders heißt als »Lügen, Aufschneidereien, damit einer den andern betriege und vervorteile… Was erlogen ist, das muß mit Complimenten gezieret werden, was mit Complimenten gezieret ist, das ist erlogen«. Genau dies aber gelte inzwischen vom Schneider über den Astrologen und Arzt bis hin zum Umgang zwischen Mädchen und Jungen als modisch: »Kann [ein junger Mann] nicht also complimentieren, so ist er bei den Jungfrauen ungültig, fället durch den Korb und muß neben der Tür hingehen.« Schorer spielt hier auf den Brauch von Mädchen an, Verehrer in einem Korb zum Fenster hinaufzuziehen und für nicht Willkommene den Boden dieses Korbes so vorzubereiten, dass er auf dem Weg nach oben samt seinem Passagier durchbrach. Davor konnte galantes Reden bzw. Complimentieren bewahren. »Also und mit dergleichen Aufschneiderei fremder Wörter pflegen solche Sprachverderber bei den Jungfrauen sich angenehm zu machen… Es finden sich aber auch viel Jungfrauen, welche keine Scheu haben, mit denselben fremden Wörtern den jungen Gesellen zu begegnen und ihre Frechheit damit an den Tag geben. Aber ist das nicht eine große Schande, ist es nicht zu erbarmen? Man wird mehr Jungfrauen finden, welche sich befleißen, recht *allmodisch*, wie sie es nennen, mit den jungen Gesellen von der Liebe und von der *Affection* zu sprechen als etwa eigentlich und christlich von ihrem Gottesdienst. Sie denken eher über die Bedeutung dieses und jenes frantzösischen oder lateinischen Worts nach, als über einen Spruch der Heiligen Göttlichen Schrift. *Affection, discret* und dergleichen Wörter sind ihnen wohl bekannt, sie führen sie stets in ihrem heuchlerischen Munde, ja sie führen manchmal mehr fremde Wörter, als ein junger Gesell… Was aber von solchen vorwitzigen, frechen, heuchlerischen Jungfrauen zu halten ist, kann ein Verständiger leicht einschätzen. Ja, ein ehrlicher Mensch hütet sich vor solchen allmodischen Reden der Jungfrauen, denn dahinter steckt gemeiner Betrug.«

Große Schuld an solcher Verlotterung trage der Adel mit seinen Bildungsreisen nach Frankreich: »Und ist dieses das Aergste, daß durch solches Reisen in Frankreich die frantzösische Sitte in Teutschland gebracht wird … Denn Frankreich ist ein Land der Aergernis und bösen Lüsten.« Die moralzersetzende Wirkung des französischen Bazillus auch in Deutschland ist für Schorer offenkundig, und er beklagt sie mehr als einmal ausführlich, doch auch anderes missfällt ihm: Ärzte verwirren ihre Patienten mit Griechisch, sogar Hochzeitslader und Leichenbitter werfen mit lateinischen Brocken um sich, und Brett- wie Kartenspiele bekommen einen »welschen« Einschlag. Abhilfe schaffen könnten »die Obrigkeit und die Druckerherren, auch die Prediger«; letztere aber spicken ihre Ansprachen geradezu mit lateinischen, also undeutschen Ausdrücken. Dabei wäre alles so einfach: »Wenn alle doch einmal die Augen öffneten und nicht so unbesonnen fremde Sprach, Kleider, Sitten und Tugend annehmeten, so würde ohne Zweifel Teutschland mehr Fried, Ehr und Ruhm haben«.

Aber ausgerechnet die Hauptwörtermacher sind die schlimmsten, »die Zeitungsschreiber: Hier hört man, Wunder über Wunder, wie die Zeitungen mit allerhand fremden Wörtern angefüllet werden. Mancher einfältiger teutscher Mann, der die Zeitungen liest, verstehet kaum das halbe Teil. Es wäre vonnöten in dieser jetzigen Zeit, daß, wenn einer die Zeitungen lesen will, er zwei Männer bei sich stehen hat; auf der rechten seiten einen Frantzosen, auf der linken einen Lateiner, welche die fremden Wörter ihnen auslegen…

Ich wünsche von Herzen, daß doch die Teutschen einmal die Augen auftun, ihren unverantwortlichen und häßlichen Fehler erkennen: das Verderben der alten redlichen und herrlichen teutschen Sprach, und sie vielmehr so pflegen, damit sie rein und lauter auf unsere Nachkommen kommen möge und nicht über uns dermaleinst klagen und uns als Verderber und Stümpler der reinen teutschen Sprach verschreien, welches uns dann ein ewiger Spott und Schand wär.«

Schorers schroffe Ablehnung alles Fremdländischen wirkte auf viele Straßburger Intellektuelle übertrieben. Deutschtum und Franzosenfeindlichkeit hinderten sie nicht an der Überzeugung, dass die ersehnte kulturelle Höherentwicklung Deutschlands nur möglich sei, wenn man von Frankreich lerne. Schorer verschwendet daran keinen Gedanken. Vermutlich trieb ihn nicht weniger als die Sorge um Deutschland die Sorge um sich selbst; sein überschwänglicher Kampf für die Reinheit des Deutschen war, neben aller Liebe zum Großenganzen, wohl auch ein durchaus eigennütziger Patriotismus: die Kehrseite eines Mangels, den der Kleinstädter in der großen Welt schmerzlich empfand. Im Rückblick auf die eigene Zeit in Straßburg schrieb Schorer 1659: »Ich bin derjenige, der sich angestoßen und der in eine Grube gefallen. Ich habe auch andere sehen anstoßen und fallen. … Ach, wie mancher guter Kerl ist an seinem Studieren verhindert worden, aus Mangel der lateinischen Sprache, welche er zwar in der Lateinschule zuhaus gelernt, und endlich soweit gekommen, daß er ein Argument ohne einen grammatischen Fehler machen konnte. Aber lateinische *argumenta* machen und lateinisch reden ist zweierlei. Und dieses hat mancher mir bekannter junger Student mit seinem Schaden erfahren. Denn da er von der Schule auf die Universität kam, mit einem und dem andern *Professore* lateinisch reden sollte, erstummete er, weil er an das Lateinischschreiben, nicht aber an das Reden gewohnt worden.«

Welche innere und langfristig sehr praktische Erlösung musste sich Schorer da von den Bemühungen versprechen, das Deutsche aufzuwerten, dem mehr Chancen zu geben, was er in Memmingen schon konnte, und zu bekämpfen, was ihn in Straßburg täglich beschwerte. Aus der bitteren Not dürftiger Sprachkenntnisse machte Schorer die Tugend der radikalen Sprachreinigung und ließ nur mehr das Deutsche gelten.

Das kam auch vielen Memmingern entgegen, und so las man seinen Traktat gerne daheim, wie auch seine späteren Schriften, zumal ihn Schorer mit heimatlichen Erfahrungen angefüllt hatte; so lässt er beispielsweise einen »alten, redlichen Teutschen« sich darüber beklagen, dass er bei Einladungen den Gesprächen kaum noch folgen könne, weil im Gegensatz zu früher umschreibendes, gespreiztes, französisch durchsetztes Reden üblich sei, nicht zuletzt bei »jetzigen jungen nagelneuen Rechtsgelehrten«. Es liegt nahe, im »alten, redlichen Teutschen« Schorers Vater zu sehen, Ratsadvokat in Memmingen, der im Dreißigjährigen Krieg die beruflichen und kulturellen Ängste eines Kleinstädters vor einer neuen Zeit ausspricht. Auch eine andere Beschwerde kann nur führen, wer wie Schorers Vater in einer Ratsstube arbeitet: Dort gebe es manchen ehrlichen, vernünftigen, klugen Mann, der ein mit Fremdwörtern gespicktes Schriftstück nicht versteht und sich daher bei Kollegen Rat holen muss. Schließlich kann Schorer daheim für eine seiner Erklärungen deutschen Elends mit Beifall rechnen: »Wo ist der Teutschen dapferes Gemüt hinkommen? Wo ist der Teutschen Treu und Glaub zu finden? Wo ist das Lob der Keuschheit und so fortan? Es ist beinahe alles verschwunden... Woher kommt solches? Teils aus der Wohllust der Unzucht... Teils aus Schleckhaftigkeit der Speisen... aus Italia und Frankreich in Teutschland beschicket.« Konnte der Hinweis auf die »Unzucht« auch im Memminger Raum noch ein Klopfen an die eigene Brust bewirken, so verschaffte die »Schleckhaftigkeit der Speisen« mit ihren üblen Folgen der Masse einer Kraut und Rüben essenden Bevölkerung ein gutes

Gewissen: Schuld waren andere, z. B. der Adel mit seinen Reisen nach Frankreich.
So bleibt Schorers Schrift das Kind des Zusammenpralls von Memminger und Straßburger Verhältnissen auf eine Weise, die auch außerhalb des Allgäus und noch lange nach ihrer Abfassung Anerkennung erfuhr; im »Deutschen Museum für Geschichte, Literatur, Kunst und Alterthumsforschung« hieß es 1862 über den *Sprachverderber:*
»Im Allgemeinen haben wir hier eine ernste und in ernster Weise ausgesprochene Mahnung an die Zeitgenossen, der unpatriotischen Sprachverstümmelung zu entsagen, doch ist die Rede hie und da durch köstliche humoristische Wendungen gewürzt. ... Trotz des warmen Anteils an der Sache ist des Verfassers Anschauung der Lebensverhältnisse unbefangen genug. So ist auch sein Stil eindringlich, fließend, rhetorischen Schwunges nicht entbehrend, ohne dabei schwülstig oder geziert zu sein. Ja, wir gewahren sogar im Gegensatze zu der gewöhnlichen Redeweise jener Tage eine wohlthuende Einfachheit, welche durch die nicht fehlenden kräftigen und selbst derben Ausdrücke den Charakter des Volksthümlichen trägt.«
Volkstümlich sind Kämpfe um die Reinheit einer Sprache gottseidank nicht mehr, aber offensichtlich so verbissen wie vergeblich: Was Christoph Schorer und andere nach ihm mit dem Deutschen vorhatten, wird jenseits des Rheins immer noch munter weiterbetrieben: Seit 1994 schreibt ein Gesetz in Frankreich die Reinhaltung der eigenen Sprache vor; die Furcht gilt allerdings nicht deutschen Ausdrücken, sondern englischen.

# Sprachlicher Purismus aus Patriotismus
*von Hans Wellmann*

Der Beitrag über Christoph Schorer erinnert an einen Autor, der in keiner aktuellen Geschichte der deutschen Sprache mehr vorkommt. Zur Einordnung: Schorers Streitschrift »Sprachverderber« atmet den Zeitgeist barocker Sprachgesellschaften wie der »Aufrichtigen Gesellschaft von der Tannen«, die 1617 in Straßburg gegründet worden war. Die irrige, ideologisch motivierte Absicht von Moscherosch, Weckherlin, Schorer und anderen war es, mit dem Kampf gegen den Gebrauch französischer Wörter auch den Einfluss Frankreichs in Politik und Gesellschaft zurückdrängen zu können.

Etwas ganz anderes ist das Bemühen um einen verständlichen Stil, der den Prinzipien des französischen Philosophen Descartes, »klar und deutlich« (clare et distincte) zu schreiben, entspricht.

# Sophie von La Roche:
# Ihre Lebensjahre in Schwaben

*von Iris Knöpfle*

Dass die Großmutter der Brentanos und erste deutsche Romanschriftstellerin Sophie von La Roche in Kaufbeuren geboren wurde und ihre Kindheit in Schwaben verbrachte, wissen nur wenige. Sie kam am 6. Dezember 1730 in Kaufbeuren als erstes Kind des Arztes Friedrich Gutermann aus Biberach und seiner Frau Regina, geb. Unold, aus Memmingen, zur Welt. In dieser schwäbischen Stadt verbrachte sie ihre ersten Jahre, auf die sie in ihrem letzten Buch »Melusinens Sommer-Abende« zurückblickt:

*Bild: Freies Deutsches Hochstift, Goethe-Institut Frankfurt*

»*Mein Vater war ein Gelehrter, welcher viel schöne Reisen gemacht, und (wie meine Mutter) den Großvater in kaiserlichen Diensten verlor, aber einige Zeit in Lyon erzogen wurde. Ich, als das erste Kind, konnte durch die erste Lebhaftigkeit ihrer Liebe, wohl noch, ehe ich in meine Wiege kam, mit kleinen Gaben von dem, was beide noch als gefällig und angenehm im Gedächtnisse hatten, ausgestattet worden seyn. Nachher machte mein Vater mich früh die Bücher lieben, da er mich oft, ehe ich volle zwei Jahre alt war, in seine Bibliothek trug, wo er mich mit den schönen Verzierungen der Einbände und Titelblätter zu belustigen suchte, und es auch damit so weit brachte, daß ich mit 3 Jahren vollkommen lesen konnte [...].*«[1]

---

[1] Sophie von La Roche: Melusinens Sommer-Abende. Halle 1806, IV.

Der Vater legte sehr früh Wert auf die Bildung seiner Tochter, die unter dem Einfluss pietistischer Frömmigkeit und aufgeklärter Rationalität heranwuchs.

»*Im väterlichen Hause mußte alle Tage, neben der Arbeit an der Seite meiner Mutter, eine Betrachtung in Arndts wahrem Christenthume, am Sonntag eine Predigt von Francke in Halle gelesen und eine gehört werden. […]*
*Mein Vater hatte Dienstags eine Gesellschaft von Gelehrten, wo manchmal Bücher aus seiner Sammlung geholt werden mußten. Bei dieser Gelegenheit machte er mich mit 12 Jahren im Scherze zu seinem Bibliothekar, weil mein gutes Gedächtnis mich alle Titel und alle Stellen behalten ließ, welches ich dann auch zum Auswählen der Bücher für mich benutzte. Die Geschichte las mein Vater mit uns, und mich führte er in schönen Sommernächten, drei Treppen hoch, auf einen großen Altan, von welchem man, da unser Haus in Augsburg oben am Berge lag, über die am Fuße liegende Jakobs = Vorstadt, einen großen Theil von Bayern und einen ausgedehnten Himmel sehen konnte, […]*«[1]

Mit der Mutter machte sie Spaziergänge und lernte von ihr, Haus und Küche zu lenken.

»*[…] wo hingegen meine Mutter mich, da unser schönes Haus nahe an einem Thore lag, bei ihren Spaziergängen mit sich nahm, und auf einer freundlichen mit Bäumen umfaßten Wiese mich hinsetzte, wo ich bei Gras und Wiesenblümchen sehr ruhig und glücklich war.*«[2]

Noch viele Jahre später schrieb sie an Christian Jakob Wagenseil von diesen Erinnerungen, die sie geprägt hatten:

»*Speyer den 15. März 1782*
*Ich will Ihnen, mein schäzbarer Freund und Landsmann, heute noch alles schreiben, was seit diesem morgen 6.00 Uhr in meiner Seele vorgieng, weil ganz besonders unser Kaufbeuren mit in die Reihe meiner Gedanken kam. Die Fenster meines Zimmers geben mir über den Vorhof der evangelischen Kirche hin die Aussicht auf das Feld, wo ich einige Bauerhöfe, Waldungen, Anker, die Viehweyde und die schönen Anhöhen der Bergstrasse sehen kann. […] Nun folgte der Gedanke an den Frühling meines Lebens; viele Erinnerungen gleiteten in*

---

[1] Ebd., VII.
[2] Ebd., IV.

*angenehmen Schatten meinem Gedächtnisse vorüber, – viele mit Blumen bekränzt und manche im Trauergewand, weil meine Tage, so wie anderer Menschen ihre, mit Freuden und Schmerzen vermischt worden sind. Ich suchte in meiner Seele die Gefüle des Vergnügens auf, welche immer die gröste und gleiche Gewalt über mich hatten – und ich fand die sanftesten und dauerhaftesten in den ersten Jahren meiner Kindheit, welche mir in Kaufbeuren vorüberflossen. – Dort entstund die immer gleiche starke, reine Freude, die meine ganze Seele bey dem Anblick einer Wiese durchdringt. – Dort keimte das von wenigen so, wie von mir, genossene Vergnügen, bei Durchlesung des Gedichts: über ein Gräschen. – Alles dieses wurde so lebhaft in mir, daß ich die Begierde bekam, Ihnen zu schreiben, und Sie zu bitten, dieses Frühjahr auf die Wiese zu gehen, welche – ich glaube – nicht weit von dem Thor ist, an welchem die Wohnung des Stadt Consulenten und Stadt Physici in einem Hause vereinigt waren. Pflücken Sie dort, in Gesellschaft einer lieben Wagenseilischen, Hoppach- oder Heinzelmännischen Tochter, einige Wiesenblümchen für mich ab, legen Sie Grashälmchen dazu, und lassen Sie dann, in einem Buch verbreitet, trocknen, damit ich das kleine Bouquet von Ihnen in einem Brief erhalten kann. Sie verbinden mich sehr, wenn Sie diesen kleinen Wunsch erfüllen.*

*Sagen Sie diesen Frauenzimmern, daß ich als Mädchen mit ihren Müttern spielte und von ihren Grosmüttern Freundschaft genoß, und daß meine eigene Grosmutter eine gebohrne Heinzelmann von Kaufbeuren war. – Ich möchte reich genug seyn, um diese Wiese zu kaufen, sie mit schönen Reihen Obstbäumen zu besezen, Spaziergänge und Ruhebänke hineinzustiften, und dies der Mädchenschule zu schenken, mit einem Vermächtniß für den Schullehrer, damit er alle Jahre auf den 15 May, am Sophien Tag, wenn alle Obstbäume blühend stünden und der Grasboden voller Blumen wäre, die gute blühende Geschöpfe hinfürte und ihnen liebreich sagte: »Hier, auf diesem Boden, ist eurer guten Landsmännin reine, unschuldige Freude, für ihr ganzes Leben aufgewachsen. Hier lernte ihr fühlbares Kinderherz Gott und die Wunder seiner Schöpfung lieben. – Sie wünscht noch durch mich, daß auf diese Wiese auch in euren jungen Seelen die nehmlichen Gesinnungen aufkeimen möchten. […]*

*Sagen Sie mir auch, ob das Tänzelhölzle noch steht und noch alle Jahre besucht wird. Aber was helfen mich all diese Erinnerungen?*

*Denn ach!*
*Nie werde ich die Thäler wieder grüssen,*
*Wo ich den Lenz des Lebens zugebracht.*
*Leben Sie wohl, mein rechtschaffener junger Freund! Gott lasse Sie einst die Freude geniessen, unsrer liebern Vaterstadt durch Ihre gute Wochenschrift genüzt zu haben.*

*Sophie de la Roche*
*geb. Gutermann«*[1]

Nach einer kurzen Zeit in Lindau übersiedelten die Gutermanns nach Augsburg, wo der Vater Stadtphysikus und Dekan des medizinischen Kollegiums wurde. Im Jahr 1744 wurde Johann Jakob Brucker, der durch sein Werk »Historia Critica Philosophiae« bekannt geworden war, nach Augsburg berufen (siehe Schwabenspiegel 1/2000, S. 102). Er bot an, die junge Sophie zu unterrichten. Der Vater aber lehnte ab; Mädchen der damaligen Zeit sollten an ihre zukünftigen Aufgaben herangeführt werden. So konnte Sophie nur lernen, was ihr als Mädchen des gehobenen Bürgertums zugedacht war: Französisch, Klavierspielen, Zeichnen, Kochen, Stricken, Haushaltsführung.

Mit 15 Jahren wurde sie in die Gesellschaft eingeführt; bereits kurz darauf gab es einen Verehrer und Bewerber um ihre Hand: Gian Lodovico Bianconi aus Bologna. Er wollte, dass sie Gesangsunterricht bekam, und lehrte sie selbst seine Muttersprache, daneben Mathematik und Kunst.

Um die Familie Bianconis kennenzulernen, reiste der Vater Sophies mit ihm nach Italien. Sophie und ihre Geschwister lebten während dieser Zeit bei den Verwandten in Biberach, da die Mutter kurz zuvor verstorben war. Doch Gutermann wollte nicht dulden, dass die zukünftigen Kinder Sophies und Bianconis katholisch erzogen würden, und löste die Verlobung. Bianconi bot daraufhin Sophie an, mit ihr zu flüchten, und die Ehe ohne den Willen des Vaters einzugehen, was sie aber ablehnte. So musste sie nach dem Willen des Vaters alle Andenken, die sie an ihren Verlobten hatte, vor seinen Augen verbrennen,

---

[1] MUSEUM Sophie La Roche: Katalog zur Ausstellung: Sophie von La Roche (1730 – 1807). Eine bemerkenswerte Frau im Zeitalter von Aufklärung und Empfindsamkeit. Bönnigheim o. J., S. 18f.

darunter auch die Studienhefte; den Verlobungsring musste sie zerbrechen. Diese Forderung erfüllte sie mit so großem Schmerz, dass sie nie mehr die Kenntnisse zeigen wollte, die sie von Bianconi gelernt hatte: Gesang, Klavierspielen, Italienisch und Mathematik wurden zum Tabu. Als Konsequenz schrieb sie an den Bischof von Augsburg, sie wolle in ein Kloster eintreten; ihre Familie verhinderte dies, indem Sophie wiederum nach Biberach geschickt wurde.

Was folgte, war die Bekanntschaft mit Christoph Martin Wieland, ihrem Cousin, und eine Art von Verlobung mit ihm, da sie seine »Muse« war. Doch auch diese Verbindung führte nicht zur Ehe, aber die beiden blieben ihr Leben lang freundschaftlich verbunden.

Sophie heiratete schließlich im Jahr 1753 den kurmainzischen Rat und Stadion'schen Sekretär Georg Michael Frank, genannt La Roche. Es folgten die Jahre als Ehefrau an der Seite La Roches, der es zu einem beachtenswerten beruflichen Aufstieg brachte und geadelt wurde, und als Mutter von vier Kindern.

Mit ihrem ersten Roman »Die Geschichte des Fräuleins von Sternheim« wurde Sophie von La Roche eine gefragte Persönlichkeit bei zahllosen Einladungen und Empfängen. Ab 1766 hatte sie an diesem Werk, das ihr bekanntestes werden sollte, gearbeitet; in Druck ging es mit Hilfe Wielands im Jahr 1770. Aus Kummer über die Abwesenheit ihrer Töchter, die auf Wunsch des Grafen Stadion in einem Internat in Straßburg lebten, hatte sie sich quasi ein »papierenes Mädchen« erschaffen, das sie selbst erziehen konnte. Der Roman fand große Anerkennung, da er, wie seine Vorbilder (v. a. Richardsons »Pamela«, auch Gellerts »Das Leben der schwedischen Gräfin von G\*\*\*«), in Briefform abgefasst ist. Doch er verbindet darüber hinaus die zu dieser Zeit noch nicht üblichen Empfindungsschilderungen mit moralischen Zielen. Frauen stand bis dahin nur Lektüre in Form von Bibel und Erbauungsschriften zur Verfügung; sie nahmen den neuen bürgerlichen Roman freudig an. Mit der »Sternheim« war die Schriftstellerin auch eine Gesprächspartnerin für die jungen Autoren Schiller und Goethe, die den vorbereiteten Weg zur genauen Thematisierung von Empfindungen fortsetzten und auf eigene Weise zur Sprache

brachten (z. B. im Briefroman »Die Leiden des jungen Werthers«).
Nach der »Geschichte des Fräuleins von Sternheim« verfasste Sophie von La Roche weitere Romane, später auch Zeitschriften (u. a. »Rosaliens Briefe an ihre Freundin Mariane von St\*\*«, »Pamona für Teutschlands Töchter«, »Briefe an Lina«), mit denen sie aber den großen ersten Erfolg nicht mehr wiederholen konnte.
Die Zeit in den ersten Salons in Koblenz fand mit der Entlassung La Roches ein plötzliches Ende. Von heute auf morgen musste die Familie ihren Dienstwohnsitz verlassen; sie wurde vom Ministerkollegen Hohenfeld in dessen Anwesen in Speyer aufgenommen. Sophie von La Roche versuchte nun, mit ihrer Schriftstellertätigkeit, deren Erlöse sie vorher großzügig gespendet hatte, der Familie ein einigermaßen erträgliches Leben und den Söhnen eine entsprechende Ausbildung zu ermöglichen. Mit Hilfe des Schwiegersohns Peter Anton Brentano, eines reichen Frankfurter Geschäftsmanns, konnte Georg Michael von La Roche ein Haus in Offenbach erwerben, das ihr letzter Wohnsitz werden sollte.
Nach dem Tod ihres Mannes, ihrer Tochter Maximiliane und ihres Schwiegersohns Brentano musste sie deren Kinder erziehen, um in ihrem Haus bleiben zu können. Auch die Tochter Luise, die unglücklich verheiratet war, und der Sohn Fritz kehrten zeitweise ins mütterliche Haus zurück. Sophie von La Roche starb am 18. Februar 1807 in Offenbach.

*Literatur*

Michael Maurer (Hrsg.): Ich bin mehr Herz als Kopf. Sophie von La Roche. Ein Lebensbild in Briefen, München 1983.
MUSEUM Sophie La Roche: Katalog zur Ausstellung: Sophie von La Roche (1730–1807). Eine bemerkenswerte Frau im Zeitalter von Aufklärung und Empfindsamkeit. Bönnigheim, o. J.
Sophie von La Roche: Geschichte des Fräuleins von Sternheim. Hrsg. von Christoph Martin Wieland. München 1976 (nach der Erstausgabe von 1771).

## Hinweise für Interessierte

*Das Museum »Sophie la Roche«:* Eine eingehende Beschäftigung mit Sophie von la Roche (1730-1807) ermöglicht ein Besuch des Museums »Sophie la Roche« im ehemaligen Forstgefängnis in Bönnigheim, Schloss-Straße 35. Das Museum ist am Freitag von 14:00-17:00 Uhr und am Samstag und Sonntag jeweils von 11:00-17:00 Uhr (ferner nach Vereinbarung) geöffnet. Kontakt: Stadtverwaltung Bönnigheim, Kirchheimer-Straße 1, 74 357 Bönnigheim, Tel.: 0 71 43 – 27 325.

*Ein Lesetipp:* Renate Feyl: Die profanen Stunden des Glücks, Kiepenheuer & Witsch, Köln $^2$1996.

*Veranstaltungshinweise:* Das Internationale Literarische Frauencolloquium Kaufbeuren begeht im Jahr 2005 den 275. Geburtstag von Sophie von la Roche mit mehreren Veranstaltungen. Einige davon sind nachstehend aufgeführt. Kontaktadresse: *Helga Ilgenfritz, Königsbergerstr. 10, 87600 Kaufbeuren/ Allgäu, Tel.: 08341–94 76 5, E-Mail: helga@ilgenfritz.net*

*19. Februar 2005 und 04. November 2005:*
»Sophie La Roche gibt sich die Ehre« – ein Ein-Frau-Stück mit der Schauspielerin Brigitte Göbel im Stadttheater Kaufbeuren

*März 2005* (Voraussichtlich):
Verleihung der ASF-Rose an Alice Schwarzer

*02. April 2005,* Kleinkunstbühne Podium Kaufbeuren:
Szenische Lesung aus den Reisetagebüchern mit den Leitern des Sophie-von-la-Roche-Museums in Bönnigheim, Frau Nerl-Steckelberg und Herrn Pott

*12. April 2005* (Abend)/*13. April 2005* (für Schüler):
»Die profanen Stunden des Glücks« – Autorenlesung mit Renate Feyl in der Aula des Mariengymnasiums Kaufbeuren

*14. Juni 2005* Mathias-Lauber-Haus, Kaufbeuren:
Sophie La Roche – Portrait einer Pietistin, Vortrag von Helga Ilgenfritz

*5. Dezember 2005* Abschlussveranstaltung (zusammen mit dem Kulturamt Kaufbeuren) im Stadttheater Kaufbeuren:
Lesung von Texten aus der Zeit Sophie von la Roches (u. a. gelesen von Peter Pius Irl) mit zeitgenössischer Musik (gestaltet von der Musikschule Kaufbeuren)

*6. Dezember 2005 (am 275. Geburtstag):*
Gründung eines Freundeskreises Sophie von La Roche.

# Ludwig Aurbacher: Der Dichter der Sieben Schwaben, ein katholischer Romantiker

*von Alois Epple*

Seit 1978 steht auf dem Fehrbelliner Platz in Berlin die Skulpturengruppe der Sieben Schwaben. Es gibt Sieben-Schwaben-Restaurants, -Hotels und -Apotheken. Die Suchmaschine »google« liefert unter »Sieben Schwaben« hunderte von Einträgen. Weniger bekannt ist der »Vater der Sieben Schwaben«, Ludwig Aurbacher, der die Geschichte von der Hasenjagd literarisch ausgestaltete.

## Vom Handwerkersohn und Novizen zum Professor und Schriftsteller[1]

Ludwig Aurbacher wurde am 26. August 1784 im mittelschwäbischen Marktflecken Türkheim geboren. Sein Vater war Nagelschmied, seine Mutter Näherin. Nach dem Willen seines Vaters sollte Ludwig später einmal die Werkstatt übernehmen; die Mutter träumte von einem Geistlichen in ihrer Familie.

Ludwig Aurbachers schulischer Werdegang zeigt exemplarisch die Bildungsmöglichkeiten eines Dorfbuben Ende des 18. Jahrhunderts. Mit fünf Jahren wurde er eingeschult. Da sich die

---

[1] Eine Biographie Aurbachers findet sich bei Joseph Sarreiter: Ludwig Aurbacher (1784 – 1847). Ein Beitrag zur deutschen Literaturgeschichte, München 1880. Die Zitate in diesem Kapitel sind aus Aurbachers »Jugenderinnerungen«, veröffentlicht in: Wilhelm Kosch: Ludwig Aurbacher, der bayrisch-schwäbische Volksschriftsteller, Köln 1914. Diese »Jugenderinnerungen« sind auch veröffentlicht in: Ludwig Aurbacher: Die Abenteuer der sieben Schwaben, Memmingen ²1989.

Schule seines Heimatortes *in einem sehr unvollkommenen Zustand befand,* wechselte er nach zwei Jahren an die Dorfschule im benachbarten Kirchdorf, wo der Mann seiner Tante Lehrer war. Auch diese Schule wurde *nicht gleichmäßig geführt* und so kehrte Ludwig schon nach einem halben Jahr wieder ins Elternhaus zurück. Ein Kapuziner erteilte ihm vorübergehend Privatunterricht in Latein. Schon im nächsten Schuljahr ist Ludwig als *Bettelkind* bei einem Zimmermann in Landsberg untergebracht. Dort besuchte er die Schule; er hatte jeden Tag woanders einen *Freitisch,* wo er kostenlos ein Mittagessen bekam. Wieder ein Jahr später wurde er als Sängerknabe ins Kloster Diessen aufgenommen. Ausbildung und Unterkunft waren kostenlos. So schreibt er in seinen Jugenderinnerungen: *Nun hielt mich meine Mutter versorgt [...] Der Knabe betrachtete sich gern als einen künftigen Chorherrn und es ward ihm auch nicht undeutlich zu erkennen gegeben, dass im Falle seines Wohlverhaltens Aussicht zu dereinstiger Aufnahme vorhanden sei.* Nach drei Jahren endete seine Ausbildung in Diessen und Ludwig wurde, wegen sehr guter Erfolge in Latein und im Singen, ins Benediktinerseminar in München aufgenommen. Dort *befiel* ihn *denn ein unendliches Heimweh.* Er wurde von seinen Kameraden, da er neu und ein Schwabe war, *bis aufs Blut gequält.* Er floh und lief nach Türkheim. Schließlich konnte ihn die Mutter überreden, wieder nach München zurückzukehren. Bald jedoch erwies sich das Kostgeld, welches der Vater an das Münchner Seminar zahlen musste, als zu große Belastung für die Familie; so wurde Ludwig nach einem Jahr in München ab- und in Ottobeuren angemeldet, wo er im Kloster kostenlos untergebracht werden konnte. Nach dem Gymnasium folgte das Lyzeum und 1801 nahm ihn das Benediktinerkloster Ottobeuren als Novizen auf.

An diesem schulischen Werdegang zeigt sich: Die Schulen auf dem Land befanden sich meist *in einem sehr unvollkommenen Zustand.* Das Kostgeld bei einer auswärtigen Unterbringung war eine große Belastung für eine Handwerkerfamilie. Bei begabten Schülern gab es die Möglichkeit, dass es wenigstens teilweise erlassen wurde. Eine höhere Ausbildung war in Städten oder auf dem Land in großen Klöstern möglich.

1803, kurz vor Beendigung seines Noviziats, wurde Ottobeuren säkularisiert, die Novizen entlassen. *So war denn meines Lebens Plan zerstört, den meine Eltern mit so vieler Sorgfalt angelegt.* Aurbacher versuchte zwar im vorderösterreichischen Kloster Wiblingen sein Noviziat zu beenden. Gedanken der Aufklärung und gesundheitliche Beschwerden führten aber bald zu dem Entschluss, aus dem Kloster auszutreten.

Ohne einen bestimmten Plan ging er nach Ulm, wo er zufällig seinen Ottobeurer Novizenmeister Theodor Clarer traf. Nun griffen die Beziehungen aus seiner Ottobeurer Zeit: Der ehemalige Novizenmeister vermittelte Aurbacher den Posten als Privatlehrer beim früheren Ottobeurer Stiftskanzler von Weckbecker. Nach vier Jahren empfahl ihn Clarer, jetzt Pfarrer, dem ehemaligen Benediktinerkapitular von Ottobeuren, Ulrich Schiegg, jetzt bayerischer Hofastronom. Dieser vermittelte Aurbacher 1808 die Stelle eines Professors des deutschen Stils und der Ästhetik im königlichen Kadettencorps in München. Zurückgezogen, als einsamer Junggeselle, lebte Aurbacher von nun an in München nur für seinen Lehrberuf und seine schriftstellerische Passion. Wegen Kränklichkeit trat er mit 50 Jahren in den Ruhestand. Am 25. Mai 1847 starb er, 62 Jahre alt, und wurde auf dem Münchner Südfriedhof beigesetzt.

## Aurbachers Werk[1]

Ludwig Aurbacher schrieb zunächst für seine Schüler über Rhetorik, Poetik, Psychologie, Stilistik und Orthographie. Alle diese Schriften zeigen den hingebungsvollen, gewissenhaften Pädagogen, den guten Schriftsteller, den christlichen Humanisten[2].

Aurbacher gehörte im biedermeierlichen München zum Kreis der katholischen Spätromantiker, die eine Gegenposition zu den aufgeklärten, protestantischen »Nordlichtern« bildeten. So war Aurbacher mit Johann Michael Sailer (1751-1832), dem

---

[1] Bibliographien Aurbachers finden sich bei Joseph Sarreiter, München 1880, und Gero von Wilpert und Adolf Gühring: Erstausgaben deutscher Dichtung, Stuttgart ²1992.

[2] Hans Pörnbacher: Schwäbische Literaturgeschichte, Weißenhorn 2002, S. 247.

Vater der »Landshuter Romantik«, befreundet[1]. Beide beschäftigten sich mit Sprichwörtern, um so den Volksgeist und die Volkssprache zu untersuchen. Sailer schrieb »Die Weisheit auf der Gasse«, Aurbacher publizierte 1825 in »Eos, Münchner Blätter für Literatur und Geschichte«, Nr. 48, eine kleine Sprichwörtersammlung, brachte die »Perlenschnüre, Sprüche nach Angelus Silesius« heraus und schrieb »Allerlei – Lustige und lehrreiche Historien, Lieder und Sprüche, aus alten Büchern fleißig und getreulich zusammengetragen zum Besten des gemeinen Volkes«.

Beiden gemeinsam war auch das Bemühen um die *christkatholischen Gesänge aus der älteren Zeit, die eine Einfalt und Herzlichkeit haben, die den neueren fehle*[2]. So veröffentlichte Aurbacher eine »Anthologie deutscher katholischer Gesänge aus älterer Zeit«, außerdem den »Cherubinischen Wandersmann« und die »Geistlichen Hirtenlieder« des schlesischen Dichters Angelus Silesius.

Mit Sprichwörtern beschäftigte sich ein weiterer Bekannter Aurbachers, Johann Andreas Schmeller (1785-1852). Aurbacher arbeitete diesem für sein »Bayerisches Wörterbuch« zu. Er selbst konnte sein »Schwäbisches Idiotikon« nicht mehr fertig stellen. Seine diesbezüglichen Aufzeichnungen aus dem Nachlass gelangten über Albrecht von Keller in Hermann Fischers »Schwäbisches Wörterbuch«. Weiter gab Aurbacher ein »Kleines Wörterbuch der deutschen Sprache nach Adelung« heraus. Seinen »Schriftproben in oberschwäbischer Mundart« hängte er ein kleines schwäbisches Dialektwörterbuch mit Erläuterungen der Aussprache an. Auszüge aus seiner Wörtersammlung enthalten auch seinen Erzählungen. So beabsichtigt der Magister in seinem Büchlein »Aus dem Leben und den Schriften des Magisters Herle und seines Freundes Mänle«, eine Dissertation über das Thema »Deutsche Schimpfwörter« zu schreiben. In einem

---

[1] Briefe Sailers an Aurbacher sind teils publiziert in: Wilhelm Kosch: Ludwig Aurbacher der bayrisch-schwäbische Volksschriftsteller, Köln 1914.
[2] Zitat aus einem Brief Sailers und Aurbachers vom 24.11.1830, gedruckt bei Wilhelm Kosch, Köln 1914.

Kapitel dieses Büchleins stellt Aurbacher in sieben Paragraphen seiner Schimpfwörtersammlung vor.

Zu Aurbachers Freunden zählte auch Melchior von Diepenbrock (1798-1853), Sailers Sekretär und späterer Fürstbischof von Breslau. Aurbachers Pendant zu Diepenbrocks Gedichtsammlung »Geistlicher Blumenstrauß« war »P. Abraham a Sancta Claras große Totenbruderschaft«. Eine weitere Freundschaft verband Aurbacher mit Eduard von Schenk (1788-1841), Konvertit und bayerischer Innenminister. Beide schrieben romantische Gedichte, Erzählungen und Dramen. Schon die Titel klingen ähnlich. So verfasste von Schenk die Novelle »Der Mönch und die Gräfin« oder das Theaterstück »Adolf von Nassau«. Von Aurbacher stammen das Gedicht »Die Nonne«, die Novellen »Die Aebte«, »Graf von Werdenberg« und die literarisch unbedeutenden »Dramatische[n] Versuche: Fürstenweihe, Fürstenkampf, Fürstensieg«.

Ins Bild eines katholischen Romantikers passt auch die Bearbeitung von Heiligenlegenden. So verfasste Aurbacher die Legenden der Heiligen Plazidus, Magnus, Christopherus und Georg. Hierbei machte er sich vor allem Gedanken über die Erzählbarkeit und die psychologische Deutung. So ist in seiner Georgslegende der Drache nicht einfach, wie in der Legenda Aurea, ein wildes Tier, das grund- und funktionslos vor einer Stadt liegt, sondern er ist die Verkörperung des Satans, der verhindert, dass Missionare das Christentum in die Stadt bringen.

Die Biederkeit, Wohlanständigkeit und einfältige Denkweise seiner Mitbürger karikiert Aurbacher in seinen »Lalenbürgern«. Allein in Aurbachers beiden »Volksbüchlein« finden sich über 120 Märchen[1]. Damit gehört er schon quantitativ zu den bedeutenden Märchendichtern Deutschlands. Den Brüdern Grimm, in deren Bibliothek Aurbachers »Volksbüchlein« stand, diente Aurbachers Märchen »Hans Pfriem« als Vorlage für ihr Märchen »Meister Pfriem«. Auch die Grimm-Märchen »Der Nagel«, »Der arme Junge im Grab«, »Spindel, Weberschiffchen und

---

[1] Jüngst gab Hans-Jörg Uther in der Reihe Digitale Bibliothek, Bd. 80, die CD-Rom »Deutsche Märchen und Sagen« heraus. Hierauf finden sich Aurbachers zwei »Volksbüchlein« und sein »Büchlein für die Jugend«.

Nadel« und »Der Bauer und der Teufel« gehen auf Aurbacher-Märchen zurück[1].

## Die Abenteuer der Sieben Schwaben und die Abenteuer des Spiegelschwaben

1827 veröffentlichte Aurbacher ein »Volksbüchlein«. Es enthält neben der »Geschichte vom ewigen Juden« und *vielen anderen erbaulichen und ergötzlichen Historien* auch die »Abenteuer der sieben Schwaben«. Zwei Jahre später erschien Aurbachers zweites »Volksbüchlein« mit der »Geschichte vom Doktor Faustus« und dem »Abenteuer des Spiegelschwaben«.

Geschichten über neun bzw. sieben Schwaben gab es schon vor diesem Volksbüchlein[2]. Auch die Brüder Grimm und Bechstein schrieben Märchen über die Hasenjagd. Am bekanntesten wurde jedoch Aurbachers Version.

Er nennt seine Erzählung ein »schwäbisches Heldengedicht«, eine »Donquichotterie«, eine »schwäbische Iliade«. Er schreibt in seiner Erzählung »Ein Dichterkreis«, dass einer der sieben Schwaben *den Charakter des Achilles, des Vielwagenden und Schnellfüßigen*, ein anderer die *Überredungskunst des Agamemnon* habe. Aurbacher spielt sogar auf die Bibel an. Er beginnt seine »Abenteuer der Sieben Schwaben« nicht mit dem Zusammenfinden der sieben Helden, sondern mit ihrem Einzug in Augsburg. Der erste Satz lautet: *Als man zählte nach Christi Geburt eintausend und etliche hundert Jahr, da begab sich's, dass die sieben Schwaben in die weltberühmte Stadt Augsburg einzogen,* – eine deutliche Anspielung auf den Beginn des Weihnachtsevangeliums. Auch hier *begab es sich*, dass auf Befehl von Kaiser Augustus, der Augsburg den Namen gab, Maria und Joseph in eine Stadt, welche Bethlehem heißt, einzogen.

Spätestens seit dem Aussterben der Staufer war Schwaben in zahlreiche kleine Territorien zerfallen. Anfang des 19. Jahrhunderts wurde dieser »Fleckleesteppich« auf die Königreiche Bay-

---

[1] Johannes Bolte und Georg Polivka: Anmerkungen zu den Kinder- und Hausmärchen der Brüder Grimm, Hildesheim 1963.

[2] Claudia Pecher: Sieben Schwaben bekriegen einen Hasen. Überlegungen zur Herkunft der schwäbischen Hasenjagd«, in: Literatur in Bayern, Nr. 73, September 2003.

ern und Württemberg aufgeteilt. Was verstand Aurbacher unter »Schwaben«? Sein Knöpfleschwab kommt aus dem Ries, der Blitzschwab vom Lechfeld, der Spiegelschwab von Memmingen und der Allgäuer eben aus dem Allgäu. Damit hat er das heutige Bayerisch-Schwaben abgedeckt. Der Seehas kommt vom Bodensee und der Gelbfüßler aus Bopfingen. Im Kapitel über den Ravensburger Galgen zählt er auch diese Stadt zu Schwaben. In der Geschichte vom Spiegelschwaben führt er noch den Mucken- und den Suppenschwab ein, die aus Marchtal bzw. Ehingen stammen. Heute bezeichnet man dieses Gebiet als Oberschwaben. Das Problem der Abgrenzung Schwabens nach Westen erläutert Aurbacher am Beispiel des Nestelschwaben. Der Seehas traf ihn unweit Freiburg im Breisgau. Die *Frage, was für ein Landsmann er sei,* konnte der *Dummrian* nicht beantworten. Später fragte ihn der Seehas noch einmal nach seiner Herkunft. Der Nestelschwab antwortete, *seine Mutter sei aus der Schweiz, und habe als Marketenderin gedient unter den Rotmäntlern. Und so wissen wir denn bis heutigs Tags noch nicht, was der Nestelschwab für ein Landsmann gewesen, und ob er schon aus der Schweiz keinen Verstand mitgebracht, oder ihn erst in Schwaben verloren habe.* Aurbacher schreibt auch ein Kapitel, in dem er den Nestelschwaben als *sünddumm* hinstellt und überschreibt es: *Einige Stückle vom Nestelschwaben, woraus hervorzugehen scheint, dass er kein Schwab gewesen.*

Bei Aurbacher erhält jeder der sieben Schwaben ein Attribut, welches typisch für seine Herkunftsgegend ist. Die meisten Attribute sind mehrdeutig. In »Abenteuer der Sieben Schwaben« erklärt Aurbacher die Herkunft des Namens »Spiegelschwab« so: *Zu derselbigen Zeit waren die Fazinetle noch nicht im Brauch, und daher schlenzten einige das Ding gleich von sich weg, was jetzt die vornehmen Leut in den Sack stecken. […] Andere dagegen, wie der Spiegelschwab, putzten es an den Vorderärmel, wo es sich zum Spiegel ansetzte und beim Sonnenschein glitzerte.* In der Erzählung »Ein Dichterkreis« gibt Aurbacher eine ironische Erklärung für den Namen »Spiegelschwab«: *Weil er das Symbol der Weisheit, den Spiegel, an und bei sich trägt.* Verfolgt man diese Idee weiter, so könnte man auf den Gedanken kommen, dass auch die anderen Schwabennamen eine tiefere Bedeutung haben.

Vielleicht könnte man ihnen ironisch auch die »Geistesgaben« zuordnen: Dem Allgäuer die Gabe der (körperlichen) Stärke, dem Gelbfüßler die Gabe der Wissenschaft oder des Verstandes, stampfte der doch die Eier ein, damit mehr auf einen Wagen passen. Fromm waren sie auch alle und fast alle besaßen Furcht, wenigstens vor einem Hasen, weniger vor Gott. Plausibler ist es jedoch, ihnen die sieben Laster zuzuweisen, wie es jüngst Claudia Pecher versuchte[1]. Interessant ist es, den Erzählstil Aurbachers in dieser Geschichte zu analysieren. Dass er ein altes Märchen nacherzählt, täuscht Aurbacher durch die Verwendung altertümlicher Ausdrücke, wie »sintemal« oder »weiland«, vor. Er ahmt den mundartlichen Satzbau nach, bringt die schwäbische Verkleinerungsform mit »le« und »la«, bevorzugt heimische Ausdrücke wie »heinen« für weinen, »kähl« für geizig, »flacken« für liegen und übernimmt aus dem Dialekt die doppelte Verneinung. Tiefsinn findet sich auch in den »Abenteuern des Spiegelschwaben«. Der Spiegelschwab führt Schelmenstücke wie Till Eulenspiegel aus. Aurbacher weist jedoch selbst auf die Unterschiede zwischen beiden hin: *Der niederdeutsche erscheint als ein arglistiger, heimtückischer, unflätiger Geselle, der seine Freude hat an dem Schaden anderer, und um dieses Schadens willen, wie ein boshafter Kobold, die Leute geckt und neckt. Der oberdeutsche dagegen übt reinen Spaß um des Spaßes willen; er ist gemein, ja niedrig, aber nicht grob, nicht niederträchtig; er lügt und trügt, aber aus Instinkt, nicht aus böslicher Absicht; er ist immer bereit, andere zum besten zu haben, aber er versteht auch Spaß über sich selbst und ist nicht ungehalten darüber, wenn man den Scherz sogar fühlbar und handgreiflich macht. Es leuchtet aus seinen Reden und Handlungen, bei aller Schalkhaftigkeit, immer eine gewisse Gutmütigkeit hervor, und seine heitere, frohe Laune verlässt ihn niemals, ungeachtet so mancher herben Erfahrungen.*
Aurbacher schließt jedes Kapitel seiner »Schwäbischen Odyssee« mit einer doppelzeiligen Volksweisheit. In ihr fasst er die Essenz des Kapitels zusammen; und sie hat, da Volksweisheit, Beweiskraft.
Auch in der Erzählung vom Spiegelschwab bringt der Dichter

---

[1] Claudia Pecher, 2003.

einen Teil seiner Wörtersammlung unter. So charakterisiert der Spiegelschwab sein Weib mit folgenden Worten: *Sie ist die alte, kalte, schlotterige, lotterige, schlampige, wampige, lumpige, plumpige Bettelvettel, wie sie immer gewesen, der Fegbesen. Mit jedem Jahr wird sie sieriger, schwieriger, hetziger, geschwätziger, ränkischer, zänkischer, polternder, folternder, häntiger, gräntiger.*

Aurbacher lässt seinen Spiegelschwaben auf der Heimreise einen Umweg über Weilheim machen, um seine »Weilheimer Stückle« unterbringen zu können. In dieser Erzählung werden auch Stückle über Kempten, Kaufbeuren, Ulm und Memmingen zum Besten gegeben. Bei diesen Städten handelt es sich um protestantische Reichsstädte, deren Bürger gegenüber den umliegenden, katholisch gebliebenen Dörfern stadtbürgerlich anmaßend auftraten und so diese Spottgedichte provozierten. Öfter baut Aurbacher Begegnungen des Spiegelschwaben mit Personen anderer Stämme ein, um das Verhältnis und die Meinung der Schwaben über diese zu erläutern. So trifft der Spiegelschwab einen Franken. Aurbacher schreibt hierzu: *Der Franke schwätzte viel, obwohl wenig Gescheites, wie seine Landsleut insgesamt zum Teil.* Die Mundart des Schülers Adolphum aus Sachsen nennt er eine *Spitzbubensprache*. Besonders schlecht kommen bei Aurbacher die Altbayern weg. Seine negative Sicht dieses Stammes dürfte auf eigene Erlebnisse schon während seiner Seminarzeit in München zurückgehen. So sagt der Spiegelschwab zu einem Bauern aus dem Bayernlande: *Es ist mir mein Lebtag noch nie kein Tier vorgekommen, das einem Menschen so ähnlich sieht.* Einen Wirt aus der Hallertau beschimpft der Spiegelschwab als *schlampeten, wampeten Holledauer-Kachel*. Aurbacher erwähnt einen Streit zwischen dem Spiegelschwaben, einem Tiroler und einem Bayern, die wetteifern, wer am schnellsten drei Vögel benennen könne: Der Spiegelschwab nennt rasch drei Vögel, der Tiroler langsam, und dem Bayern fallen nur zwei Vögel ein. So dumm ist er.

Die »Abenteuer der Sieben Schwaben« enden mit der Rückkehr des Blitzschwaben, seiner Heirat mit dem Kätherle aus der Grafschaft Schwabeck und den vielen Kindern, *die sie erzeugten*. Im letzten Satz »outet« sich Aurbacher als Nachfahre des Blitzschwaben: *Und der dies schreibt, stammt von ihnen her, und sie sind seine Guk-Guk-Ähnle gewesen.* Dabei zeichnet er den Spiegelschwab als sein Gegen-Ich: Im Gegensatz zu Aurbacher ist der Spiegelschwab verheiratet. Läuft Aurbacher aus Heimweh aus dem Münchener Seminar in seinen schwäbischen Geburtsort zurück, so denkt sich der Spiegelschwab: *Schwabenland ist ein schönes Land, aber heim mag ich nicht.* Schließlich kehrt der Spiegelschwab doch nach Hause zurück und erfährt, dass er zwischenzeitlich Vater geworden ist, *und von der Zeit war Fried und Einigkeit im Haus.* Aurbacher blieb es zeitlebens verwehrt, Vater zu werden und ins Schwäbische zurückkehren zu können. Tritt der Spiegelschwab auf seinen Wanderungen in Oberbayern recht selbstbewusst auf, so hatte Aurbacher, seit man ihn als Schwaben in München gehänselt hatte, an sich selbst den bekannten schwäbischen Minderwertigkeitskomplex erfahren. Aurbacher verdeutlicht diesen Komplex in folgender Episode[1]: *Es geht die Sage, dass einmal ein Schwab gebeichtet habe; und nachdem er einige Sünden bekannt, habe er plötzlich innegehalten. Auf die Frage des Beichtvaters, ob ihm noch etwas auf dem Herzen liege, habe der Schwab gesagt: Ja, eins drücke ihn noch, aber er schäme sich, es zu sagen. Der Beichtvater: Er solle nur frei von der Brust weg reden. Hierauf der Schwab: Ich bekenne, dass ich ein Schwab bin. Darob habe ihn der Beichtvater getröstet und gesagt: Nun, eine Sünde ist's eben nicht, aber schön ist es freilich auch nicht.*

# Wie die sieben Schwaben nach Augsburg kommen und sich allda Waffen holen

*von Ludwig Aurbacher*

Als man zählte nach Christi Geburt eintausend und etliche hundert Jahr, da begab sich's, daß die sieben Schwaben in die

---

[1] Diese Episode steht in Aurbachers »Die Abenteuer der Sieben Schwaben« zu Beginn des Kapitels »Einige Stückle vom Nestelschwaben, woraus hervorzugehen scheint, daß er kein Schwab gewesen«.

weltberühmte Stadt Augsburg einzogen; und sie gingen sogleich zu dem geschicktesten Meister allda, um sich Waffen machen zu lassen; denn sie gedachten das Ungeheuer zu erlegen, welches zur selbigen Zeit in der Gegend des Bodensees übel hauste, und das ganze Schwabenland in Furcht und Schrecken setzte. Der Meister führte sie in seine Waffenkammer, wo sich jeder einen Spieß oder sonstwas auswählen könnte, was ihm anstand. Bygost! sagte der Allgäuer, sind das auch Spieße? So einer wär' mir just recht zu einem Zahnstürer. Meister, nehmt für mich nur gleich einen Wiesbaum von sieben Mannslängen. Potz Blitz, sagte der Blitzschwab. Allgäuer, progle dich nicht allzusehr. Der Allgäuer sah den mit grimmigen Augen an, als wollte er ihn durchbohren. Eigentlich hast du recht, Männle! sagte der Blitzschwab und streichelte ihm den Kautzen; und ich merke deine Meinung, sagte er: Wie alle sieben für einen, so für alle sieben nur einen. Der Allgäuer verstand ihn nicht, sagte aber: Ja; und den andern war's auch recht. Und so ward denn ein Spieß von sieben Mannslängen bestellt, und in einer Stunde war er fertig. – Ehe sie aber die Werkstatt verließen, kaufte sich jeder noch etwas Apartes, der Knöpfleschwab einen Bratspieß, der Allgäuer einen Sturmhut mit einer Feder drauf, der Gelbfüßler Sporen für seine Stiefel – sie seien nicht nur gut zum Reiten, sagte er, sondern auch zum Hintenausschlagen. – Der Seehas aber wählte einen Harnisch, sagend: Vorsicht sei zu allen Dingen nütz; des Guten könne man nicht zu viel tun; und nutze es nichts, so schade es auch nichts. Der Spiegelschwab gab ihm recht, und sagte: Auch er wolle einen tragen, aber nicht vorn auf der Brust, sondern hinten auf dem Hintern. Der Seehas meinte, der Geselle wolle ihn foppen; jener aber sagte: Merk's: Hab' ich Mut und geh' ich vorwärts, so brauch' ich keinen Harnisch; geht's aber rückwärts, und fällt mir der Mut anderswohin, so ist dann der Harnisch am rechten Platz. Und so ließ er sich denn den Harnisch zurechtmachen, der, recht zu sagen, ein Balbiererbecken war aus der Rumpelkammer des Meisters. Und nachdem die sieben Schwaben, wie ehrliche Leute, alles richtig bis auf Heller und Pfennig bezahlt, auch als gute Christen bei St. Ulrich eine heilige Messe gehört, und zuletzt noch beim Metzger am Gögginger Tor gute Augsburger

Würste eingekauft hatten, so zogen sie zum Tor hinaus und ihres Weges weiter.[1]

## *Glossar*

*bygost*: Nebenform zu 'bigott', der Ausruf (wörtlich übersetzt 'bei Gott') steht für »wahrhaftig, fürwahr«. Hermann Fischer. Schwäbisches Wörterbuch, Bd. I, Tübingen 1904, S. 1110.

*brogle/progeln*: »prahlen, großtun«. Fischer, Bd. I, 1904, S. 1433.

*den Kauzen streichen*: »schmeicheln«, Fischer Bd. IV, 1914, S. 298.

*Sturmhut*: »Eisenhut, Eisenhaube«, Fischer Bd. V, 1920, S. 1934.

*Zahnstürer*: »Zahnstocher«, Fischer, Bd. VI, 1924, S. 1045.

---

[1] Quelle: Ludwig Aurbacher: Wie die sieben Schwaben nach Augsburg kommen und sich allda Waffen holen, in: Wolfgang Kunz: Morgen Augsburg: literarisches Portrait einer Stadt, München 1993, S. 331f.

# Sie lebte mit den Musen

## Die schwäbische Erzählerin und Lyrikerin Johanne von Gemmingen (1901-2001)

*von Gerhard Kaiser*

»Das Hannchen wird sicher einmal eine Schriftstellerin.« Die Prophezeiung ihrer Deutschlehrerin in der Höheren Töchterschule erwies sich als goldrichtig: Johanne von Gemmingen, die 2001 kurz nach ihrem hundertsten Geburtstag gestorben ist, hat sich

Johanne von Gemmingen 87jährig am Neu-Ulmer Donauufer.
(Bild: Südwestpresse)

übers heimatliche Umfeld hinaus einen Namen als ungewöhnlich vielseitige schwäbische Autorin gemacht. Geboren in Schwetzingen, war sie seit frühester Kindheit im bayerischen Neu-Ulm beheimatet, fühlte sich aber genau so dem württembergischen Ulm am gegenüberliegenden Donauufer mit seinem blühenden Kulturleben zugehörig. Verheiratet mit einem Offizier, musste sie innerhalb von sieben Jahren mehrfach umziehen. Sie wohnte in Ulm, Dresden, Berlin, Cannstatt und Kornwestheim, um dann jedoch nach dem Zweiten Weltkrieg für immer in Neu-Ulm sesshaft zu bleiben. Ihr Mann war ein Großneffe des legendären Grafen Zeppelin, ihr Schwiegervater ein Duzfreund des letzten württembergischen Königs.

Johanne Freifrau von Gemmingen-Guttenberg – wie ihr vollständiger Name lautet – trat über Jahrzehnte hinweg als Verfasserin von Romanen, Kurzgeschichten und Glossen, als empfindsame Lyrikerin, Märchenerzählerin, als Mitarbeiterin von

Presse, Funk und Fernsehen wie auch als Malerin und Musikerin in Erscheinung.
Nach 1930 durfte sie sich über den Abdruck zahlreicher Erzählungen und Gedichte in Stuttgarter, Frankfurter und Dresdener Zeitungen freuen. Zwischenmenschliche Problemfelder, spannungsgeladene Szenerien suchte sie sich für ihre frühen Texte aus. Erstaunlich die Bandbreite ihrer Themen (wie übrigens in allen nachfolgenden Schaffensperioden). Jede Situationsbeschreibung glich einer Ziselierarbeit, Personen traten glaubhaft vor den Leser, Schauplätze wurden vorstellbar.
Dann folgten ihre Bücher. In den bittern Notjahren nach 1945 waren einige von ihr verfasste, auf Anhieb in hohen Auflagen gedruckte Kinderbücher so etwas wie der Einstieg in ein sich stetig weiterentwickelndes literarisches Oeuvre von faszinierender Lebendigkeit. Bei allem, was Johanne von Gemmingen an Poesie und Prosa hervorgebracht hat, überzeugt ihr geduldiges, neugieriges Hinschauen- und Hinhörenkönnen. Es zählte zu ihren Talenten, Eindrücke nahezu unbegrenzt zu speichern, ja buchstäblich aufzusaugen, und in der Stunde des Schreibens prompt herbeizuholen. Selbst aus vermeintlich Unbedeutendem vermochte sie das Allgemeingültige und Weitergebenswerte herauszufiltern.
Die Schriftstellerin, die mit Hermann Hesse freundschaftlich korrespondierte, verbarg es nie, wenn ihr Mitgefühl geweckt wurde. In ihren Arbeiten begegnet der Leser nicht selten jenen Fragen, die gefährdeten Zeitläufen eigen sind; er begegnet zu seiner Überraschung auch manchem, was er bisher schlicht und einfach übersehen hatte.
Zwischen 1981 und 1988 hat Johanne von Gemmingen das Ergebnis ihres literarischen Schaffens in vier Büchern gebündelt. Ein repräsentativer Querschnitt bekam den Titel »Vorgestern – gestern – heute. Geschichten, Gedichte, Skizzen aus fünf Jahrzehnten, mit Aquarellen der Verfasserin.« Ein wohltuend menschliches Buch war da entstanden. Es birgt auf zweihundert Seiten Erlebtes und Erdachtes, Besinnliches, Schmunzelpointen, Filigranes wie Knorriges, den Wellenschlag des Zeitgeschehens und das Zeitlose des Naturerlebens. Johanne von Gemmingen beherrschte die Kunst, Details fein säuberlich

nachzuzeichnen, sie konnte schreibend ebenso differenziert mit Farben umgehen wie als Freizeitmalerin.

Der anrührende Roman »Herzgeschichten« und der qualitätvolle Erzähl- und Lyrikband »Ein seltsames Paar – Begegnungen und Geschichten« sind rundum ein Lesevergnügen. Mit dem Büchlein »Die Schwaben und andere Leut' – Fast lauter wahre Geschichten« glückte der Schriftstellerin ein Bilderbogen, der den heimatlichen Menschenschlag herzhaft darstellt. Sie war in der Tat eine erstklassige Kennerin und Vermittlerin schwäbischer Mentalität. Plastisch herausgeformte Texte beleuchten Situationen, die so oder ähnlich jedem einmal widerfahren könnten. Allzumenschliche Ungereimtheiten und Unzulänglichkeiten werden mit nachsichtigem Augenzwinkern serviert, die Satire verwundet nie.

Gefragt, warum sie Gedichte schreibe, gab sie kurz und bündig den Bescheid: »Um mich von etwas zu befreien.« Ihre Verse laden ein zur Nachdenklichkeit, zu Verschnaufpausen des Gemüts. Nicht selten sind sie von Melancholie durchwoben. 1997 erschien eine Lyrik-Auslese aus sieben Jahrzehnten (1925-1995). »Gedichtgestalt« überschrieb sie einen lapidaren Vierzeiler, den die Süddeutsche Zeitung 1992 in ihrem Feuilleton wiedergab:

> *Ich reime mich*
> *und bin gestaltet –*
> *und demnach*
> *hoffnungslos veraltet.*

Die Ulm bzw. Neu-Ulmer Tagespresse hatte in ihr eine couragierte, überaus sachkundige Rezensentin, die erstaunlich viele Felder der Kulturkritik bearbeitete: Schauspiel, Musiktheater, Ballett, Konzerte, Autorenlesungen, Kunstausstellungen, Atelierbesuche, nicht zu vergessen mehr als fünfhundert Spielfilme, die sie zu begutachten hatte. In den Redaktionsarchiven kann man ihre feuilletonistischen Paradestücke nachlesen.

Als leidenschaftliche Freizeitmalerin war Johanne von Gemmingen »lupenreine Autodidaktin«, wie sie gerne anmerkte. Hunderte von Aquarellen füllten ihre Mappen. Sämtliche Erlöse aus Bilderverkäufen gab sie an karitative Organisationen weiter. Ihr Porträt wäre unvollständig, erwähnte man nicht ihre starke Bindung ans Klavier mit gelegentlichen Eskapaden ins

eigene Komponieren. Im Seniorenheim gab sie als Neunzigjährige improvisierte Konzerte für die Mitbewohner.
Diese großartige Persönlichkeit war geistig wach bis ans Lebensende. Noch wenige Wochen vor ihrem Tod beschäftigte sie sich im literaturkundigen Freundeskreis mit Goethes »Faust«.
Durch einen Vertrag mit der Stadt Ulm übergab Johanne von Gemmingen ihren gesamten schriftstellerischen und künstlerischen Nachlass dem Ulmer Stadtarchiv. Er wird im historischen Schwörhaus verwahrt.

# Nocturno

*von Johanne von Gemmingen*

Nichts fürchte ich mehr als nach einer bei Freunden verbrachten Nacht die Frage: Wie haben Sie geschlafen? Die wahre Antwort müsste heißen: schlecht. Denn ich schlafe immer schlecht. In fremden Betten noch schlechter. Aber wer möchte seine Gastgeber, die für ihren Gast das Beste aufbieten, mit solcher Wahrheit kränken? Sie zu Selbstvorwürfen veranlassen, dass sie es womöglich an Fürsorge hätten fehlen lassen?
Da ich nur in ganz auswegslosen Situationen zu Notlügen Zuflucht nehme, überlege ich schon in der Nacht, wie ich der verhängnisvollen Frage morgens ausweichen oder ihr zuvorkommen könnte. Indem ich zum Beispiel meine Gastgeber, ehe sie den Mund aufmachen können, gewissermaßen aus dem Stand heraus, mit einem Traum konfrontiere. Was mir ja nicht schwer fällt, da ich immer träume, auch während der kürzesten Schlafperiode, ja, da erst recht. Gelingt es mir, den Traum unter Zuhilfenahme einiger Phantasie spannend zu erzählen, kann die Frage nach dem Schlaf vergessen sein. Sollte es sich allerdings bei meinen Gastgebern um nüchterne Realisten ganz ohne Freud'sche Schwachstellen handeln, dann empfiehlt es sich eher, Begeisterung für die Matratze des Gästebettes zu bekunden und stürmisch nach Papier und Bleistift zu verlangen, um die Adresse des Lieferanten zu notieren. Bis dann das Schreibgerät zur Stelle und die lebenslangen Erfahrungen mit

allen Sorten von Matratzen ausgetauscht worden sind, ist die Gefahr meist vorüber. Gelegentlich freilich kann so ein Gastgeber auch bohren und sich nicht eher zufrieden geben, ehe er gehört hat, dass der Gast in seinem Bett geschlafen habe wie in des seligen Abrahams Schoß. Dann muss ich Farbe bekennen und versuchen, ihm meinen ererbten Mangel an Schlafbegabung verständlich zu machen und ihn trotzdem davon zu überzeugen, dass sein Gästebett es getrost mit jedem Luxuslager eines Fünfsternehotels aufnehmen kann.

Wenn mir Leute selbstzufrieden erzählen, dass sie acht oder zehn Stunden ohne einmal aufzuwachen traumlos durchschlafen, gibt es mir einen Stich. Ich werde nie begreifen lernen, dass ein Mensch, ohne im geringsten krank zu sein, rein aus Lust und Behagen, Stunden bis in den hellen Tag hinein im Bett verbringen kann, während draußen das Leben vorbeiflutet und drinnen hundert ungetane Dinge warten. Er redet vom Ausschlafen. Was ist das »ausschlafen«? Wann hat man ausgeschlafen? Woran merkt man das? Tief und fest geschlafen haben, dann sich wach und wohlig in den Federn aalen und wenn möglich im Bett frühstücken, das, so sagt er, sei für ihn der höchste der Genüsse. Er liebe das Bett, erklärt er mir so strahlenden Gesichts, als spräche er von einer Geliebten.

Liebe ich das Bett? Nein. Liebt das Bett mich? Nein. Wir lieben einander nicht, das Bett und ich. Wir dulden einander. Wir fuhren eine störungsanfällige Vernunftehe.

Beneide ich diese Lang- und Tiefschläfer, diese Genüsslinge der Pfühle? Manchmal schon, wenn ich, wie gestern wieder, rund um die Uhr auf den Schlaf warte. Wenn mich die Stundenschläge der Uhren nerven. Wenn ich rechne: Nun habe ich noch fünf Stunden. Das ist, biologisch gesehen, völlig genügend. Jetzt sind es nur noch vier, das geht immer noch, suggeriere ich mir. Jetzt nur noch drei. Drei reichen zur Not auch, vorausgesetzt, dass sie mit Träumen gefüllt sind, sagte mir mein Doktor. So weit, so gut. Aber Träume sind doch nur, wo Schlaf ist …

Gewöhnen Sie sich ja nicht an Tabletten und dubiose Medikamente! warnen meine guten Freunde vom hohen Kothurn ihrer Schlafnormalität herab. Sie wissen unfehlbare Rezepte. Trinken Sie zwei Tassen Katzenwedeltee! Tun Sie eiskalte Wickel auf die

Waden! Nehmen Sie Wechselbäder! Lassen Sie leise Musik laufen, die Es-Dur-Nocturne von Chopin wirkt wunderbar! Legen Sie eine Wärmflasche auf den Bauch! Lesen Sie Wilhelm Busch! Machen Sie fünfzig Kniebeugen! Zählen Sie tausend Schafe hin und zurück! Ach, schalten Sie doch einfach Ihre Gedanken ab! – Ich lache innerlich Hohn.
Wie verbringen Sie denn Ihre Nächte, in denen Sie nicht schlafen? will gelegentlich jemand wissen.
Nun denn, hier mein Nachtprotokoll von gestern: Um elf Uhr legte ich mich zu Bett, schon im Vorgefühl einer unruhigen Nacht. Man kennt allmählich solche Anzeichen und kann sich auf sie verlassen. Trotzdem versuchte ich es mit der Tageszeitung als Narkotikum und las sie von vorn bis hinten, vielmehr umgekehrt. Ich las sämtliche Lokalnachrichten, den Sport, die Politik, die Kultur und schließlich noch die neununddreißigste Romanfortsetzung, obwohl ich von den Ereignissen der achtunddreißig anderen keine Ahnung hatte. Dann löschte ich das Licht und harrte des Schlummers.
Um Mitternacht tauschten unter meinem weit offenen Fenster zwei angetrunkene Männer mit bemerkenswerter Offenheit amouröse Erfahrungen mit einer gewissen Alma aus. Ich kam mir vor wie ein Voyeur wider Willen, stand auf und knallte so laut den Fensterflügel zu, dass die beiden erschrocken auffuhren und den Platz räumten. Ich öffnete das Fenster wieder. Um ein Uhr klagte ein Vogel im Kastanienbaum, das ließ mich an ein uraltes Volkslied denken, aber ich brachte die Verse nicht mehr zusammen. Kurz darauf bellten zwei Hunde ein Kampfduett; der röhrende Bass musste einem Riesen von Hund gehören und der scharfe Diskant einem giftigen kleinen Kläffer. Schließlich gingen noch die beiden Hundebesitzer aufeinander los. Was für ein kakophonisches Quartett! Ein moderner Komponist hätte sich ungeahnte Anregungen holen können. Es wurde still. Ich griff nach einem Band Wilhelm Busch und legte ihn enttäuscht wieder weg; selbst der sonst für alle Lebenslagen Zuständige hatte heute nichts mit mir im Sinn.
Ich legte ein Kissen aufs Fensterbrett und meine Ellbogen darauf und träumte in die stille Nacht hinaus. Es schlug zwei Uhr. Das Münster, die Häuser und die Bäume, die sich in manchen

Nächten so gläsern klar im Fluss spiegeln wie die Vögel in Conrad Ferdinand Meyers »Möwenflug« waren in dieser Nacht von einem hauchfeinen Schleier überzogen und ihre Konturen flossen im Wasser weich ineinander. Das noch zart angestrahlte Filigran der Türme sah im diffusen Mondlicht so unwirklich und geisterhaft aus wie auf einem Gemälde von William Turner. Wie hatte unsere tschechische Formankova in Prag gesagt, als der Hradschin eines Morgens im Nebel unsichtbar blieb: »Leider, die Burg ist heute ganz verdunstet.« Sie sah uns verdutzt an, als wir lachten. Dabei war ihre Wortwahl so intuitiv schön und treffend. Verdunstet.

Drei Schwäne zogen jetzt mit ihrem halb singenden halb klappernden Fluggeräusch flussaufwärts. In einem Dachfenster gegenüber brannte ein einsames Licht. Es brannte die ganze Nacht hindurch. Da war wohl jemand krank und sehnte mit Schmerzen den Tag herbei. O, lieber Matthias Claudius: und lass uns ruhig schlafen … Da fiel mir mein Enkel ein, wie er als kleiner Wicht zum Einschlafen niemals etwas anderes zu hören begehrte als den Mond. Als ich einmal den dritten Vers unterschlagen und mich einer Fernsehsendung wegen davonmachen wollte, rief mich der Kleine entrüstet zurück: Vom kranken Nachbar auch!

Die Uhr schlug dreimal. Ich holte eine Schachtel aus dem Schrank und begann alte Fotografien zu sortieren. Lange hielt ich das geliebteste aller Gesichter in der Hand. Das Gesicht, dem ich meine Liebe nie sagen durfte und es mir die seine auch nicht, obwohl ich ihrer so gewiss war. Da kam wieder das Grübeln über mich: Warum? Was wäre, wenn …? Ich drückte die aufsteigenden Tränen des Unwiederbringlichen in den Hals zurück, versuchte mich an banalen Alltagsgeschäften festzuhalten, schrieb auf, was morgen an Erledigungen und Besorgungen fällig war und auch, was ich kochen könnte für einen zu erwartenden Gast.

Ein Helikopter dröhnte übers Haus. Wohin wohl mitten in der Nacht? Unten flüsterten Stimmen. Auf der Bank, von der Taxushecke halb verdeckt, saß jetzt ein Liebespaar. Der junge Mann legte dem Mädchen einen Mantel um die Schultern und wickelte es ein, so dass es, als es einen Augenblick aufstand,

aussah wie eine Puppe. Die Nächte wurden schon heimlich kühl. Ich fröstelte auch und zog die Bettdecke über mich.
Die Uhr schlug vier, halb fünf, fünf. Ab und zu hörte man eine reife Kastanie dumpf ins Rosenbeet fallen. Ein Zug rollte über die Eisenbahnbrücke. Das bedeutete Westwind.

Ich sann über Hamlets Worte vom Schlaf und von den Träumen nach. Ich dachte an Hesses »Insomnia« und machte erschauernd Halt vor Georg Trakls umnachteten, so herzsprengend schönen und gefährlich in ihren Sog ziehenden Bildern. Ich klammerte mich, ihnen entfliehend, wie an einen Rettungsring, an ein eigenes im Entstehen begriffenes Machwerk und bastelte lange unzufrieden und erfolglos an ihm herum.
Und jetzt, nicht mehr erwartet, nimmt mich Morpheus doch noch für eine kurze Stunde in die Arme. Schon schimmert es rötlich durch die Gardinen. Die Nachtgespenster sind fort. Es ist Tag.
Bedauert mich jemand? Er sollte es nicht. Es gibt auch für solche von Morpheus stiefväterlich Behandelten zuweilen etwas Wunderbares und Tröstliches. Da begegnet einem ein Mensch, der gesteht, dass er nachts herumwandere, meditiere, klavierspiele, lese und lange Briefe schreibe. Dem hefte ich mich an die Fersen, der wird mich nie mehr los. Er ist von der Zunft der

Hamlets, der Hesses und der Trakls. Er ist mein Gefährte, mein Freund, mein Bruder. Ich liebe ihn. Ich bin glücklich.
Schreiben Sie Tagebücher? frage ich ihn.
Er lächelt.
Nein. Nachtbücher.

*Quelle:*

Johanne von Gemmingen: Ein seltsames Paar. Begegnungen und Geschichten. Mit Illustrationen von Werner Rosenbach, Ulm, Langenau 1987, S. 118-125.

Der Abdruck der Textprobe erfolgt mit freundlicher Erlaubnis des Armin Vaas Verlags, Langenau-Ulm.

# W. G. Sebald: Erzählen wider das Vergessen

## Auszüge aus der Diplomarbeit von Anneliese Teutsch, Universität Innsbruck

### Vorwort der Herausgeber

*Im Schwabenspiegel 3/2002 war dem aus Wertach (Allgäu) stammenden Autor Winfried Georg Max Sebald ein kurzer Beitrag gewidmet, ergänzt durch eine Leseprobe aus seinem Roman »Austerlitz«.*
*Daran anschließend veröffentlichen wir nachstehend Teile aus der Diplomarbeit von Frau Anneliese Teutsch von der Universität Innsbruck über W. G. Sebald und seinen Roman »Austerlitz«. Sie hat den Autor noch persönlich kennengelernt.*

### Einleitung

In der vorliegenden Arbeit soll W. G. Sebalds letztes zu Lebzeiten erschienenes Buch *Austerlitz* in seinen verschiedenen Facetten dargestellt und in den Kontext zu Sebalds weiteren Werken gesetzt werden.
In den einzelnen Kapiteln werden Sebalds Themen Natur, Melancholie, Geschichte, Erinnerung, Heimat, Auswanderung/ Flucht/ Emigration in ihrer Wichtigkeit für *Austerlitz* und seinen Autor W. G. Sebald erörtert. Wie werden die Themen präsentiert, hat er sie auch schon in früheren Werken behandelt?
Zu *Austerlitz* sollen Fragen beantwortet werden, die formale Aspekte wie Gattungszugehörigkeit, Erzählsituation, Sprache, Abbildungen und Motivkomplexe betreffen. Formale und inhaltliche Bezüge zu Vorbildern wie dem *nouveau roman* (in erster Linie Claude Simon), Marcel Proust, Adalbert Stifter oder Thomas Bernhard sollen ebenso angesprochen werden wie der Einfluss von »Vordenkern« wie Theodor W. Adorno, Sigmund Freud, Ludwig Wittgenstein, Roland Barthes oder Walter Benjamin.
Weiters soll eine Annäherung an den Literaturwissenschaftler, Essayisten und Schriftsteller W. G. Sebald stattfinden, an einen

vielseitigen Autor, dessen Literaturverständnis von seiner laufenden Auseinandersetzung mit Literatur und anderen Autoren und Dichtern geprägt und offensichtlich beeinflusst ist. Ich gehe davon aus, dass er in seinen theoretischen Essays (vor allem über österreichische Autoren) bereits bestimmte Parameter für Literatur und Literarizität festlegt, die ihn erst mit Mitte vierzig in seiner eigenen literarischen Schreibtätigkeit zu seiner führten.

### Persönliches

Meine Begegnung mit W. G. Sebald bei den Rauriser Literaturtagen im März 2001 ist nicht ohne Folgen geblieben. Ihr folgte eine fast drei Jahre andauernde ständige Beschäftigung mit seinem Werk und schließlich der Wunsch, mich mit seinem Literaturverständnis auch im Rahmen einer Diplomarbeit zu beschäftigen.

Anfangs waren es mehr sein Leben in England sowie das persönliche Gespräch, später jedoch die Vielschichtigkeit und die sprachliche Ausdrucksweise seines literarischen Werks, die Detailtreue und sein Interesse für Einzelschicksale, die mich beim Immer-Wieder-Lesen faszinierten.

Dazu kam noch der Reiz, einen Autor zu »entdecken«, der mir im Laufe des Studiums erst spät begegnete, und so bot sich mir die Gelegenheit, als eine der ersten die mir vom Innsbrucker Zeitungsarchiv (IZA) zur Verfügung gestellten Rezensionen, Interviews etc. zu W. G. Sebald auszuwerten. (…)

## Über W. G. Sebald

### Sein Leben

Winfried Georg Maximilian Sebald, der seine (ihm »zu deutsch« klingenden) Vornamen meist abkürzte und sich von Freunden nach seinem dritten Vornamen »Max« nennen ließ, wurde am 18.5.1944 in Wertach im Allgäu geboren. In der kleinen Gemeinde nahe der österreichischen Grenze war vom Zweiten Weltkrieg wenig zu spüren, die Nachkriegsjahre unter amerikanischer Besatzung sind Sebald hingegen deutlich in Erinnerung.

Die prägende Figur seiner ersten neun Lebensjahre war sein Großvater, unter dessen Obhut er »im Schatten des Krieges«, wie er selbst sagt, im Allgäu aufwächst, da sein Vater sich bis 1947 in französischer Kriegsgefangenschaft befindet und danach berufsbedingt nur sonntags nach Hause kommt.

Seit dem Alter von 21 Jahren lebte Sebald im fremdsprachigen Ausland. Er begann sein Studium der Germanistik und Allgemeinen Literaturwissenschaft in der französischen Schweiz (Fribourg) und schloss es 1966 mit der »Licence des Lettres« ab.

In den Jahren 1966 bis 1968 war er als Lektor an der University of Manchester in England tätig, dort beendete er 1968 auch sein Magisterstudium und kehrte nach einer Lehrtätigkeit an einer Schule im schweizerischen St. Gallen im Jahr 1969 wieder als Lektor dorthin zurück.

Ab 1970 lebte und arbeitete Sebald mit wenigen Unterbrechungen zuerst als Lektor, dann als Dozent für deutschsprachige Literatur an der University of East Anglia (UEA) in Norwich (England). In dieser Zeit verfasste er seine Dissertation über Alfred Döblin (1973), habilitierte sich 1986 an der Universität Hamburg und übernahm 1988 das Ordinariat für Neuere Deutsche Literatur an der University of East Anglia.

1989 gründete er (und leitete es bis 1994) das British Centre for Literary Translation an der UEA, dessen Anliegen es ist, fremdsprachigen Autoren eine größere Bekanntheit auf dem britischen Buchmarkt zu verschaffen.

Am 14. Dezember 2001 kam W. G. Sebald nach einem vorangegangenen Herzinfarkt bei einem Autounfall in der Nähe von Norwich ums Leben. Seine Tochter Anna, die mit ihm im Wagen saß, wurde dabei schwer verletzt.

Sebald debütierte erst im Alter von 44 Jahren als literarischer Autor, nämlich mit dem Langgedicht *Nach der Natur* (1988). Hans Magnus Enzensberger veröffentlichte Sebalds erstes erzählerisches Werk *Schwindel. Gefühle* (1990) in der »Anderen Bibliothek«. Zuvor hatte Sebald – vielleicht aus Bescheidenheit – immer gezögert, seine Texte zu veröffentlichen. Ein anderer Grund für den späten Beginn könnten die herrschenden politischen Verhältnisse im Großbritannien ab dem Ende der 80er Jahre gewesen sein – die neo-liberalen Reformen der damaligen englischen Regierung hungerten die englischen Universitäten derart aus, dass einige, unter ihnen Sebald, das literarische Schreiben als eine Art »Fluchtraum und Ersatzbefriedigung« suchten.[1]

Sebald sagte selbst: »Ich bin einer, der wirklich keine Romane in der Schublade hatte. Als ich mit vierzig zu schreiben begonnen habe, war das zuerst nur, um mir einen Freiraum vom Alltag zu schaffen, Atem zu holen ...«.[2]

Sebalds Erfolg war in Großbritannien, in den USA oder auch in Frankreich zuerst größer als im deutschsprachigen Raum.[3] Der Durchbruch im angelsächsischen Raum erfolgte 1996 mit *Die Ausgewanderten*, nachdem das Buch bereits 1993 auf Deutsch erschienen war. Im deutschsprachigen Raum galt er zuerst einem kleineren Publikum als Geheimtipp. Er war unter Germanisten als Wissenschaftler bekannt; erregte aber erst 1997 mit den Zürcher Poetikvorlesungen zum Luftkrieg in Deutschland größeres Aufsehen.

Den Literaturbetrieb, in dem Sebald als bekannter werdender Autor Lesungen und Preisverleihungen nachkommen musste, empfand er als Tortur. Er stand ihm immer zwiespältig gegenüber, nahm die Preise jedoch wegen des Geldes, weniger wegen des Prestiges, an. Interviews gab er selten und ungern.

W. G. Sebald erhielt 1991 für sein erstes literarisches Werk, das Langgedicht *Nach der Natur. Ein Elementargedicht* den Lyrikpreis Fedor Malchow der Hamburgischen Kulturstiftung. Er war der erste Preisträger dieser Auszeichnung, die für Dichter bestimmt sein sollte, die sich mit dem Verhältnis zwischen Mensch und Natur auseinandersetzten.

Seine weiteren Auszeichnungen reichen vom Berliner Literaturpreis (1994; gemeinsam mit Jürgen Becker, Norbert Gstrein, Brigitte Kronauer und Erica Pedretti) und der Johannes-Bobrowski-Medaille (1994) über den Mörike-Preis (1997) und den Wingate Prize for Fiction (1997) bis zum Heinrich-Böll-Preis (1997). Anlässlich der Verleihung des letzteren erklärte die Jury,

---

[1] Uwe Schütte in Krüger (2003) 58.
[2] Hans-Peter Kunisch, SZ 5.4.2001.
[3] vgl. Tilman Krause, Die Welt 10.2.2001.

Sebald mache »*die Leidens- und Unrechtsgeschichte des Menschen*« zum Thema, »*ohne je in Larmoyanz zu verfallen*«. Sie lobte seinen abgründigen Humor.

Weiters erhielt Sebald den Heinrich-Heine-Preis (2000) sowie die höchstdotierte deutsche Literaturauszeichnung, den Joseph-Breitbach-Preis (2000, zusammen mit Ilse Aichinger und Markus Werner).

Der Bremer Literaturpreis wurde ihm am 28. Januar 2002 postum verliehen.

*Sein Werk*

Da die meisten Themen Sebalds in seinem Gesamtwerk präsent und für alle Bücher signifikant sind, soll *Austerlitz* in der vorliegenden Arbeit auch zu ihnen in Bezug gesetzt werden.

Zum einen sind das seine Essays über österreichische Autoren in *Die Beschreibung des Unglücks* (1985), *Unheimliche Heimat* (1991) (die meisten der darin enthaltenen Aufsätze erschienen zuvor in Zeitschriften), die Porträts von Gottfried Keller, Eduard Mörike, Robert Walser und anderen in *Logis in einem Landhaus* (1998) und der Essay *Luftkrieg und Literatur* mit einem Essay zu Alfred Andersch (1999), zum anderen ist es das literarische Werk, beginnend mit *Nach der Natur* (1988), *Schwindel. Gefühle* (1990), *Die Ausgewanderten* (1992) und *Die Ringe des Saturn* (1995).

Nach seinem Tod erschienen der Band *Unerzählt* mit Texten von W. G. Sebald und Porträts von Jan Peter Tripp sowie der von Sven Meyer herausgegebene Essayband *Campo Santo*, der zum Großteil bisher unveröffentlichtes Material enthält (beide im Hanser-Verlag 2003).

*Rezeption und Forschungsstand zu W. G. Sebald*

Neben einigen Aufsätzen in literaturwissenschaftlichen Publikationen wie beispielsweise von Markus R. Weber (im Kritischen Lexikon zur deutschsprachigen Gegenwartsliteratur), Arthur Williams (Universität Birmingham), Iris Denneler, Eva Juhl, Oliver Sill, Axel Dunker, Gerhard Köpf (Universität Duisburg) oder in Zeitschriften wie den *Schweizer Monatsheften*, der *Neuen Rundschau*, den *Neuen Deutschen Heften*, *German Life and*

*Letters*, *Literaturen* oder der *neuen deutschen literatur* gibt es einen 1997 in der Edition Isele von Franz Loquai herausgegebenen Band, der zahlreiche Aufsätze und Rezensionen zu W. G. Sebald enthält. Der ebenfalls von Franz Loquai herausgegebene Band *Far from home* (1995) ist vergriffen.

Im Februar 2003 erschien ein W. G. Sebald gewidmetes Heft der Literaturzeitschrift *Akzente* (Hanser-Verlag) mit Primärtexten, Interviews und Essays (von Susan Sontag, Andrea Köhler, Thomas Steinfeld, Andrew Shields u. a.), im April 2003 folgte eine Ausgabe der *Edition Text + Kritik* mit Aufsätzen zu Sebald (von Ruth Klüger, Sigrid Löffler, Sven Meyer u. a.) und einer Bibliografie.

Größere Interviews mit W. G. Sebald, aus denen ich auch immer wieder zitieren werde, gibt es von Sigrid Löffler (*profil*), Martin Doerry (*Der Spiegel*), Volker Hage (*Akzente*), Uwe Pralle (SZ), Christian Scholz (NZZ), Maya Jaggi (*The Guardian*) und Doris Stoisser (Radio Ö1).

In *Hansers Sozialgeschichte der deutschen Literatur* (1992) findet Sebald nur in einer Fußnote zu Jean Améry und Primo Levi Platz; in Wolfgang Beutins *Deutscher Literaturgeschichte* (6. Auflage: 2001) findet man zwar Ausführungen zu *Luftkrieg und Literatur*, jedoch keine Hinweise auf seine anderen Bücher.

## W. G. Sebalds Geschichtsverständnis

*»[Die Gesellschaft] tendiert zunehmend dazu, die Vergangenheit auszulöschen – sie hindert einen ja am Fortschritt«* (Sebald in einem Interview).[1]

Erinnerung und ihre Verdrängung, Erinnern und Vergessen werden in W. G. Sebalds Büchern durchgehend als Leitmotive thematisiert, vor allem in Zusammenhang mit dem Holocaust und der ausgelöschten jüdischen Kultur (vgl. *Die Ausgewanderten*), aber auch in Bezug auf den deutschen Luftkrieg (vgl. die Betrachtungen *Luftkrieg und Literatur*). Der deutschen Nachkriegsliteratur wirft Sebald – mit wenigen Ausnahmen – vor, sich zu wenig mit der unmittelbaren Geschichte auseinander gesetzt zu haben.

---

[1] Sven Siedenberg in Loquai (1997) S. 142.

Sebalds Interesse an der Vergangenheit war zunächst an eigene Erfahrungen geknüpft: Sebald, der 1944 im Allgäu geboren wurde, hatte als Heranwachsender die jüngste deutsche Geschichte kaum wahrgenommen, bis dem 17-Jährigen im Geschichtsunterricht ein englischer Film über das Kriegsgefangenen- und Konzentrationslager Bergen-Belsen gezeigt wurde.[1] Durch seine Auslandsaufenthalte kam er nach und nach zu dem nötigen Abstand, um sich mehr mit der deutschen Vergangenheit auseinanderzusetzen. Mittlerweile »[stellt] *diese Vergangenheit einen derartig großen Überhang dar* [...], *dass ich nie mit ihr fertig werden kann*«.[2]

In einem Interview wirft er den Deutschen Gedächtnis- und Erinnerungslosigkeit vor, da die »*Vergangenheit dauernd eliminiert*« werde:

»*Als Besucher fällt mir auf, daß in Deutschland die Randzonen, die eine Ungleichzeitigkeit der Zeit garantieren würden, eliminiert worden sind. Es gibt keine Industriebrachen wie in England, nichts Darniederliegendes, keine Überreste von früher. Das Land hat kein Gefälle mehr. Das Ergebnis ist deprimierend. Alle deutschen Städte sind gleich [...]*«.[3]

Sebald stellt fest, dass »*[...] diese Spuren der Geschichte, die sich der Landschaft und den Städtebildern eingeschrieben haben, in Deutschland am wenigsten sichtbar sind, und dass die Zerstörung, die sich [...] in Deutschland vollzogen hat, [...] fast vollkommen beseitigt worden ist hier. Wer heute durch Deutschland fährt, der sieht so gut wie gar nichts mehr von dem, was während den 40er Jahren geschehen ist. [...] Diese Beseitigung der Vergangenheit scheint mir als sozialpsychologisches Konstituens der deutschen Bevölkerung eine*

---

[1] Sigrid Löffler in Loquai (1997) 131.
[2] Uwe Pralle, SZ 22.12.2001.
[3] Sigrid Löffler in Loquai (1997) 132. Sebald nennt hier als Beispiele die deutschen Städte Oldenburg, Braunschweig und Paderborn. Diese Aussage ist sehr plakativ und verallgemeinernd. Sebald scheint mit dieser These seine Distanz zu Deutschland und seine Kritik an der Aufarbeitung der Geschichte in Deutschland besonders betonen zu wollen. Interessant scheint mir auch, dass die deutsche Literaturkritik – ganz unkritisch – gar nicht auf diesen mehrfach geäußerten Vorwurf reagierte, sondern ihn stillschweigend hinnahm.

*entscheidende Rolle gespielt zu haben in diesen Nachkriegsjahrzehnten«.*[1]

Eine Beobachtung, die der Sebalds sehr ähnelt, macht auch Austerlitz, als er auf der Zugfahrt von Prag nach Holland in Nürnberg Halt macht:

*»Ich weiß nicht, was ich mir von Deutschland erwartet hatte, aber wohin ich auch blickte, sagte Austerlitz, überall sah ich saubere Ortschaften und Dörfer, aufgeräumte Fabrik- und Bauhöfe, liebevoll gepflegte Gärten, unter den Vordächern ordentlich aufgeschichtetes Brennholz, gleichmäßig geteerte Fuhrwege, [...] regulierte Bachläufe und neue Bahnhofsgebäude [...], es beunruhigte mich, daß ich, wenn ich emporblickte, an den Fassaden zu beiden Seiten der Straße [...] nirgends, weder an den Eckkanten, noch an den Giebeln, Fensterstöcken oder Gesimsen eine krumme Linie erkennen konnte oder sonst eine Spur der vergangenen Zeit.«* (A 316)

Sebald plädiert dafür, dass »*eine Auseinandersetzung mit der Vergangenheit nicht einfach abgebrochen werden kann*«, und er setzt seine »*Erinnerungsliteratur*« dem »*Aussterben des Gedächtnisses*« entgegen.[2]

Sebalds Geschichtsverständnis artikuliert sich im Schreiben: »*Es gibt viele Formen des Schreibens, einzig aber in der literarischen geht es, über die Registrierung der Tatsachen und über die Wissenschaft hinaus, um einen Versuch der Restitution.*«[3] Er hält die Literatur für ein geeignetes Mittel, um gegen das Vergessen zu arbeiten und sieht den entscheidenden Vorteil der Fiktion gegenüber zeithistorischen Werken in der Metaphorisierung: »*Was die historische Monographie nicht leisten kann, ist eine Metapher oder Allegorie eines kollektiven Geschichtsverlaufes zu produzieren. Aber erst in der Metaphorisierung wird uns Geschichte empathetisch zu-*

---

[1] Uwe Pralle, SZ 22.12.2001.
[2] Uwe Pralle, SZ 22.12.2001; Sigrid Löffler in Loquai (1997) 131.
[3] W. G. Sebald, Zerstreute Reminiszenzen. Zur Eröffnung des Stuttgarter Literaturhauses im November 2001. http://www.stuttgarter-zeitung.de/stz/page/detail.php/57235/artikel_bildlinks_stz_druck <Stand: 21.4.2003>.

gänglich«.[1] Iris Denneler formuliert es so: »*Ohne Geschichten wäre Geschichte stumm*«.[2]

Dennoch legt Sebald einen entscheidenden Wert auf den »*Anspruch auf Wahrheit*« seiner Prosa.[3] Er glaubt, dass »*gerade an der Nahtstelle zwischen Dokument und Fiktion literarisch die interessantesten Dinge entstehen*«.[4]

## »Fact and Fiction« – der Spurensucher W. G. Sebald

Ein hervorzuhebender Aspekt in Sebalds Schreiben ist seine Art, Realität mit Fiktion zu verbinden, indem er authentisches Material mit erfundenem kombiniert. Zu dem Material gelangt er durch intensive, penible Recherche.

Seine Prosa wird meistens als Mischform aus journalistischer Reportage, Essay und dokumentierter Zeitgeschichte bezeichnet, als Synthese von Biografie, Architektur-, Kunst- und Naturgeschichte. Diese Methode der Textgestaltung ähnelt der *bricolage* (»Bastelei«), der Montage von faktischen und fiktionalen Elementen, die auf Claude Lévi-Strauss zurückgeht und in den 50er Jahren von den Vertretern des *nouveau roman* aufgegriffen wurde.[5]

Sebald muss sich näher mit Claude Simon und der Theorie des *nouveau roman* befasst haben, denn einige Gesichtspunkte treffen ebenfalls auf Sebalds Bücher, besonders auf *Austerlitz*, zu. In einem Aufsatz zu Claude Simon beschreibt Gerda Zeltner die Entstehungsart seines Romans *Histoire* (1967; 1999 auf Deutsch erschienen) wie folgt:

»*[Ein Icherzähler hat] in einer alten Kommode [...] ein Durcheinander von vergilbten Papieren gefunden, Dokumente, die vom Leben einer alteingesessenen Sippe erzählen; Briefe, Photos, Geldscheine, Rechnungen und vor allem eine Menge Ansichtskarten. Dabei überkommt ihn ein jähes Verlangen, die Fundstücke zu beschreiben. Aus diesem Impuls habe er* »*Geschichte*« *überhaupt geschrieben, wird*

---

[1] Sigrid Löffler in Loquai (1997) 133.
[2] Iris Denneler (2001) 143.
[3] vgl. Markus R. Weber in KLG 3/02; Eva Juhl in Fuchs (1995) 646ff.
[4] Martin Doerry/Volker Hage, Der Spiegel 12.3.2001.
[5] vgl. Sigrid Löffler in Loquai (1997) 132; Iris Denneler (2001) 151f.; Sven Meyer in Arnold (2003) 79; Sigrid Schmid-Bortenschlager (1985) 70.

*Simon später sagen. [...] Nicht im blossen Anschauen kommt Eigenes in Bewegung, wohl aber in der Arbeit, der ganzen Mühe eines minutiös genauen sachlichen Beschreibens [...]«*[1]

Diese Beschreibung ließe sich auch auf Sebalds Schreibweise anwenden: »*Fotografien der erzählten Orte, teilweise gar der Personen flankieren den Text; es sind [...] gute Amateuraufnahmen, gemacht, um ein 'documentum', ein Beispiel, einen Beweis, ein Zeugnis zu geben. Das ist auch eine Arbeit gegen Spur- und Erinnerungslosigkeit*«.[2] In früheren Werken wie Schwindel. Gefühle fügte Sebald Reisedokumente, Eintrittsbillets, Kalenderblätter, in Austerlitz Fotos in den Text ein, also Fundstücke, die man als *générateurs* bezeichnen könnte und die in der Theorie des *nouveau roman* wie auch zum Teil bei Sebald als Erzählanlässe dienen.[3]

Die Auffassungen bestimmter Themen (z. B. Zeit, Umwelt und Mensch oder Vergänglichkeit[4]), Ideen und Denkansätze bei Claude Simon und W. G. Sebald ähneln sich sehr, vor allem die Verwendung der erwähnten *générateurs* als anregende Faktoren und Schreibanlässe für den Erzählvorgang. Sebald nennt zudem in einem Interview die Verfahrensweise Simons bezüglich der Nachbildung von Erinnerung als für ihn gelungen:

»*Wo immer in chronologischer Form erzählt wird, funktioniert das nicht [...] Ich stelle mir das fast wie in einem Museum vor, ähnlich wie es Claude Simon im Jardin des Plantes versucht hat, der in seinem ganzen Werk immer wieder dieselben Bilder betrachtet [...] In unseren Köpfen gibt es ja auch nicht diesen chronologischen Ablauf, sondern da gibt es Synchronismus und Kontinuität*«.[5]

Dennoch verarbeitet Sebald die Themen auf seine Weise; Form, Stil und Erzählprinzip, die den *nouveau roman* so neu, experimentell und innovativ machten, und die Absage an den traditionellen Roman übernimmt er nicht – eher orientiert er sich sehr

---

[1] Gerda Zeltner: Eine nicht erzählte Geschichte. Claude Simons Roman »Histoire«. In: Schweizer Monatshefte 3 (2000) S. 45-47.
[2] Raimund Petschner, ND 20.7.2001.
[3] Vgl. Sigrid Schmid-Bortenschlager (1985) 20; Gerda Zeltner (1974) 131; siehe auch das Kapitel »Zu den Abbildungen in W. G. Sebalds Prosa«.
[4] Vgl. Gerda Zeltner (1974) 117; Ludovic Janvier (1967) 96.
[5] Volker Hage in Krüger (2003) 41.

wohl an Erzählern des 19. Jahrhunderts wie Adalbert Stifter und Gottfried Keller oder auch an Robert Walser. Außerdem würde man Sebalds Texte nicht als »Montage« oder »Collage« im Sinne einer bloßen Aneinanderreihung von Wörtern oder Sätzen bezeichnen, vielmehr sind die Übergänge bei Sebald verwischt, und insgesamt ergibt sich ein durchgehender Rhythmus. Sebalds Erzählstil der langen, »mäandernden« Sätze scheint dem Stil des *nouveau roman* zu widersprechen.[1]

Sich mit der Theorie des *nouveau roman* zu befassen und sie für sich selbst umzuformen und anzuwenden, sind zwei Dinge. Der *nouveau roman* hatte zu dem Zeitpunkt seines »Entstehens« eine bestimmte Funktion (Gerda Zeltner formuliert: »Es lag in der Luft«), zugleich musste das Schreiben an die Erfordernisse der Gegenwart angepasst werden. Sebald hielt andere Schreibstrategien für passender als die der *nouveau romanciers*.

Wie bereits erwähnt, erscheint ihm zur literarischen Verarbeitung von Vergangenheit die Methode adäquat, sein Archivmaterial quasi durch eine Erzählfigur oder einen Erzähler aufzuarbeiten, der an Hand des Materials beschreibt, »*wie er diese Dinge als lesender Mensch erfährt, wie er sie sozusagen aufdeckt, was durch solche Leseerfahrungen und -offenbarungen in seinem inneren und äußeren Leben geschieht*«.[2]

Einen Weg, um der dadurch drohenden Gefahr der Ästhetisierung des Grauens[3] zu entgehen, sieht Sebald in der dokumentarischen Literatur der 60er und 70er Jahre. Sebald nennt des öfteren Peter Weiss und Alexander Kluge als zentrale Vertreter für eine solche Annäherung an die Geschichte.[4]

---

[1] vgl. Gerda Zeltner (1974) 140-143; vgl. das Kapitel »Die Sprache in Austerlitz«.
[2] Denis Scheck, BZ 6.2.1998.
[3] vgl. Armin A. Wallas (2001) 20: »Kunst und Literatur, aber auch Wissenschaft und Politik sahen sich vor das Dilemma gestellt, die Schrecken, Grausamkeiten und Traumatisierungen der Schoa zu verarbeiten, ohne der Gefahr zu erliegen, die historische Realität zu ästhetisieren […] Theodor W. Adornos Verdikt, es sei »barbarisch«, nach Auschwitz Gedichte zu schreiben, […] diagnostiziert das Versagen der traditionellen Formensprache vor diesem Phänomen.«
[4] Martin Doerry/Volker Hage, Der Spiegel 12.3.2001. – Mich erinnert diese Methode, gegen das Vergessen zu arbeiten, an zwei österreichi-

Auf den ersten Blick könnten dem *effet du réel* [1] – nach dem Vorbild Alexander Kluges oder Klaus Theweleits – auch die zahlreichen Fotos und Abbildungen dienen. Sie können realistische Fakten verstärken, sollen Belege liefern; unter der Oberfläche jedoch ist das Gegenteil der Fall: Sie stellen in Frage, relativieren, verunsichern oder stehen im Widerspruch zur Textaussage. Thomas Steinfeld weist darauf hin: »*Man kann sich auf nichts verlassen, am wenigsten auf Erinnerung und Dokumente, und mit [...] jeder Fotografie wird der Schwindel größer.*«[2]

Einen weiteren Unterschied zwischen Fiktion und Geschichtsschreibung macht für Sebald die Beschreibung von Details aus: »*Wichtig sind die Realien. Wie sah 1938 das Wohnzimmer einer Familie aus, in der es jetzt aufwärts ging? Das ist literarisch erforschbar, für den Historiker ist es nicht einmal eine Fußnote*«.[3] Es sind die »*überschüssigen Details*«, die schon für Roland Barthes ein konstitutives Merkmal realistischen Erzählens ausmachten.[4]

Auf diese Art findet Sebald in der literarischen Darstellung und deren Mitteln die ihm passend erscheinende Form, um den Einzelschicksalen, aus deren Leben er erzählen möchte, gerecht zu werden. Die Figuren seiner Bücher haben reale Vorbilder, Lebensgeschichten, die Sebald vor dem Vergessen bewahren möchte:

»*Zuerst brauche ich immer Lebensgeschichten, die mich interessieren. Auf die stoße ich meist zufällig. Irgendwann beginne ich dann, den Orten dieser Lebensgeschichten nachzureisen. Manchmal über Wochen und Monate. Ich versuche, mit Leuten zu sprechen, die die Menschen gekannt haben, sammle Material. Ich finde das wichtig,*

---

sche Gegenwartsautoren, für die das Stöbern in Archiven und Aufspüren der Spuren von Einzelschicksalen ebenfalls eine zentrale Stelle einnimmt: Erich Hackl und Ludwig Laher. – Vgl. auch Irmgard Scheitlers Ausführungen zur dokumentarischen Literatur in: Deutsche Gegenwartsprosa seit 1970. Tübingen: Francke 2001. S. 103ff.

[1] Vgl. Sven Meyer in Arnold (2003) 75; Carole Angier in Loquai (1997) 48; Julia Kospach, profil 19.2.2001.
[2] Thomas Steinfeld in Krüger (2003) 82. Vgl. Heiner Boehncke und Markus R. Weber in Arnold (2003) und weitere Ausführungen dazu im Kapitel »Zu den Abbildungen in W. G. Sebalds Prosa« in dieser Arbeit.
[3] Michael Cerha, Der Standard 8.3.1999.
[4] Vgl. Eva Juhl in Fuchs (1995) 648.

*diese Recherchearbeit [...] Ich glaube wirklich, es täte jedem Schriftsteller gut, erst einmal ein paar Jahre als Reporter zu arbeiten«.*[1]
Er wendet sich dabei Personen zu, die an den Rand der Gesellschaft geraten sind, oftmals Ausgewanderten, Flüchtlingen (meist Juden), Außenseitern, Melancholikern, einsamen und schwermütigen Existenzen wie Jacques Austerlitz. Er versucht »*einer immer tobsüchtiger sich gerierenden Erinnerungslosigkeit*« etwas entgegenzusetzen,[2] indem er »*den Biografien von Unbekannten [nachspürt] und damit den namenlosen Vertriebenen, Unbeheimateten, Verfolgten des 20. Jahrhunderts Gesichter, Namen und Unglücksgeschichten [gibt]*«.[3]
Solcher Lebensgeschichten nahm sich W. G. Sebald beispielsweise in *Die Ausgewanderten* (1993) an. Mit diesen vier Erzählungen, in denen er die Lebensläufe von vier Exilanten nachzeichnet, trug Sebald, selbst Nichtjude, etwas Neues zur so genannten 'Holocaust-Literatur' bei, indem er sich auch um Randbereiche kümmerte, die in der Literatur vorher kaum beachtet worden waren: Der Protagonist der zweiten Geschichte, der Lehrer Paul Bereyter, ist nämlich kein Jude, sondern ein »Dreiviertelarier«, womit Sebald die »*Übergänge*«, »*die Gradationen dieser Verhältnisse zwischen Deutschen und Juden*« zeigen will, und dass es »*Leute [gibt], die weder in die eine noch in die andere Schuhschachtel gepaßt haben*«.[4]
Franz Loquai betont: »Gemeinhin gilt als ausgemacht, dass man über den Holocaust nur dokumentarisch, niemals in Form von Fiktionen schreiben könne. Dieser Konsens hält vor Sebalds Erzählmodell nicht mehr stand. Denn ähnlich wie Sebald die Grenzen zwischen den Zeiten und Räumen, den Toten und den Lebenden überwindet, so gelingt es ihm auch, die infolge der Ungeheuerlichkeit der Greuel irreal erscheinende Welt als Realität zu zeigen und umgekehrt die vertraute Wirklichkeit so in

---

[1] Hans-Peter Kunisch, SZ 5.4.2001.
[2] Andrea Köhler, NZZ 24.2.2001; vgl. Armin A. Wallas (2001) 20: »Die Wucht des Themas [erzwingt] eine Aufarbeitung geradezu – vor allem, um die Erinnerung an das Geschehen wachzuhalten und dem Vergessen und Verdrängen entgegenzuarbeiten [...]«.
[3] Julia Kospach, *profil* 19.2.2001.
[4] Marco Poltronieri in Loquai (1997) 138.

Fiktion zu verwandeln, dass auch hier die Übergänge fließend werden«. Loquai bezeichnet Sebald als den einzigen nichtjüdischen deutschen Schriftsteller, dessen Schilderung des Grauens so virtuos und legitim zwischen Fiktion und Authentizität oszilliert.[1] (...)

## Melancholie als Form des Widerstands[2]

Die Geisteshaltung, die aus dieser kritischen Haltung erwächst, ist die Melancholie, die Sebald selbst eine »*Form des Widerstands*« gegenüber einem als »*zerstörerisch empfundenen Fortschritt*«[3] nennt. Sebald betont: »*Melancholie ist etwas anderes als Depression [...] Melancholie erlaubt, reflexiv zu sein und in Form gewisser Basteleien, die man im Kopf anstellt, versuchsweise Sachen zu entwickeln, von denen man vorher nichts geahnt hat [...]. Bequem ist Melancholie sicher nicht, weil [sie] auch sehr viel mit Arbeitszwang zu tun hat*«[4] und »*Die Melancholie [...] ist für mich nichts Bequemes, sie ist für mich eine Haltung des Widerstands. Sie schaut sehr genau hin, sie dokumentiert Verluste. Sie lässt sich nicht einreden, dass etwas gut läuft, wo nichts gut läuft.*«[5]

Sie führe zum »*Überdenken des sich vollziehenden Unglücks*«, habe jedoch »*mit Todessucht nichts gemein*«. Melancholie sei der Motor der Erkenntnis. Somit kommt Sebald zu dem positiven Schluss, dass »*die Beschreibung des Unglücks [...] in sich die Möglichkeit zu seiner Überwindung*« einschließe (BU 12). Autoren wie Peter Handke und Thomas Bernhard seien »*trotz der genauesten Ein-*

---

[1] Franz Loquai: Labyrinthische Spurensuche. W. G. Sebalds Roman »Austerlitz«. http://www.literaturkritik.de <Stand: 26.7.2001>. Auch hier möchte ich an andere (österreichische) Beispiele wie Erich Hackl oder Norbert Gstrein erinnern.
[2] Zur Melancholie in der Literatur gibt es mehrere Untersuchungen; zwei häufig zitierte sind Raymond Klibansky, Erwin Panofsky, Fritz Saxl: Saturn und Melancholie. Studien zur Geschichte der Naturphilosophie und Medizin, der Religion und der Kunst. Frankfurt 1990 und Susan Sontag: Im Zeichen des Saturn. Essays. Frankfurt 1983. – Zur Melancholie bei W. G. Sebald vgl. den Aufsatz von Sigrid Löffler in Arnold (2003) 103-111.
[3] Markus R. Weber in KLG 3/2002, 3.
[4] Martin Doerry/Volker Hage, *Der Spiegel* 12.3.2001.
[5] Zit. nach Hans-Peter Kunisch, SZ 5.4.2001.

*sicht in die historia calamitatum«* »*guten Muts*«, und schließlich sei die Beschreibung des Unglücks eine Aufgabe der Literatur, der auch Sebald in allen seinen Büchern nachkommt.

Sebald sieht aber auch für sich selbst als Autor die Aufgabe, »*die schweren Dinge so zu schreiben, daß sie ihr Gewicht verlieren*«. Seine Bücher zeichnen sich trotz der ständig präsenten Schwermut und Melancholie durch eine große Leichtigkeit aus.[1] Die Literaturkritikerin Andrea Köhler bezeichnet Sebalds Satzmelodien als »*traurig-schön*«, seinen Schreibstil als »*nicht bedrückend*«, die Sätze atmen und machen den Leser seelisch offen für den Prozess der Erinnerung.[2]

Sigrid Löffler definiert Melancholiker nach ihrem Temperament als »*Staubdeuter, Kustoden der Ruinen der Vergangenheit, Archäologen der sich verkrümelnden Erinnerung, Entzifferer vergessener, versunkener Texte, Sammler und Spurenleser auf den Trümmerfeldern abgelebter Zeiten. Sie werden dort am ehesten fündig, wo andere nicht einmal suchen würden*«.[3]

Interessant scheint auch der Zusammenhang von Melancholie und Vergangenheitsbewältigung zu sein, der in einer sozialpsychologischen Studie der späten 60er-Jahre mit dem Titel *Die Unfähigkeit zu trauern* untersucht wurde. Die Sozialpsychologen Alexander und Margarete Mitscherlich widmeten sich darin den psychologischen Mechanismen, die lange Zeit zum »*deutschen Verschweigen des Holocaust*« führten. Nach Sigmund Freud wurden zwei Möglichkeiten postuliert, Verlust auszudrücken – nämlich Trauer und Melancholie. In der Melancholie widerfährt dem Melancholiker laut Freud »*eine außerordentliche Herabsetzung seines Ich-Gefühls, eine großartige Ich-Verarmung*«, die mit der »*Einsicht in die ganze Grauenhaftigkeit der begangenen Verbrechen*« zu einem »*kaum zu bewältigende[n] Verlust des Selbstwertes*« hätte führen müssen.[4] Die deutsche Bevölkerung reagierte jedoch, so die Hypothese der Forscher, mit der Verdrängung des Geschehens, mit dem bewussten Abbrechen der Brücken zur

---

[1] Sven Siedenberg in Loquai (1997) 142.
[2] Andrea Köhler in »Die SWR-Bestenliste 2001«; vgl. die Kapitel »Die Sprache in *Austerlitz*« und »Über W. G. Sebalds Poetik der Erinnerung«.
[3] Sigrid Löffler in Arnold (2003) 109.
[4] zit. nach Ernestine Schlant (2001) 24f.

Vergangenheit, jedoch aus einem unbewussten Selbstschutzmechanismus heraus, der auch zu einer Selbstidentifikation als Opfer führte, was ein Mitleid mit dem Leiden, das man anderen (in diesem Fall den Juden) zugefügt hatte, unmöglich machte. Ernestine Schlant, die die Ergebnisse dieser Studie aufgreift und unterschiedliche Methoden in der deutschen Literatur untersucht, den Holocaust in Worte zu fassen,[1] sieht in W. G. Sebald einen der ersten Autoren der Nachkriegszeit, in dessen Werk (im Besonderen in *Die Ausgewanderten*) »*die Sprache des Schweigens gebrochen*« wird, »*eine lange aufgeschobene Melancholie*« hervortritt und der als einzelner (nicht im Kollektiv) damit beginnt, »*Vernichtung und Verlust zu betrauern*«. W. G. Sebald sieht nach »*abgeschlossener Trauerarbeit*« (im Unterschied zu Freud) keine Erlösung, sondern – im Gegenteil – »*die Einsicht in die Unmöglichkeit der Erlösung*«.[2] (…)

## Intertextualität – Sebalds literarische Querverweise

Indem Sebald Figuren und Zitate aus dem Werk anderer Autoren (die auch als »*Prätexte*« bezeichnet werden) in seine eigenen Texte einbaut, spielt er mit Leseerfahrungen. Prätexte sind Texte, »*auf die der Autor bewußt, intentional und pointiert anspielt und von denen er möchte, daß sie vom Leser erkannt [...] werden*«.[3] Dies sei jedoch »*nur insoweit möglich, wie dieser der Sebaldschen Arbeitsweise zu folgen vermochte, wieviele Texte und Textbezüge er erkannt oder übersehen hat bzw. aus mangelnder Kenntnis nicht*

---

[1] Die Bedeutung der Literatur sieht sie darin, dass »[die deutsche Literatur] das Spiel der Phantasie [projiziert], indem sie Ebenen des Gewissens und des Bewußtseins aufdeckt, die Teil der unausgesprochenen Voraussetzungen einer Kultur sind und meist nirgendwo sonst eingestanden werden. [...] Sie enthüllt auch dort, wo sie schweigt« (Schlant (2001) 13f.).

[2] Vgl. Ernestine Schlant (2001) 33f., 288. Ihre Untersuchung weist allerdings auch Mängel auf; sie gibt keinen umfassenden Überblick zur Holocaust-Literatur, zahlreiche deutschsprachige Autoren der Nachkriegszeit (beispielsweise Robert Menasse, Erich Hackl, Anna Mitgutsch) finden keine Erwähnung, was keinen objektiven Vergleich mit W. G. Sebald ermöglicht.

[3] Manfred Pfister, *Konzepte der Intertextualität*, zit. nach Marcel Atze in Loquai (1997) 146.

*erkennen konnte«.*[1] *»Der Leser, der weder Autor noch Fachmann ist, muß sich darauf einlassen, daß die Sinnkonstitution solcher Texte sich nicht in einem ersten, sondern erst in wiederholten Leseakten erschließt (Nabokov verlangt kategorisch den 're-readee' als seinen Lesertyp), die in einem langsamen Prozeß die Rätselstrukturen abbauen«.*[2]

Der Leser wird geradezu dazu aufgefordert, sich Sebalds »*Beziehungswahn*«[3] anzuschließen und selbst im Text nach weiteren Zusammenhängen und Beziehungen zu suchen. Als Beispiel sei nur die Person Wittgensteins genannt, die wiederholt auftaucht, oder die Figur des Wanderers, der als Motiv wiederkehrt.

Was Sebald mit seiner Intertextualität beabsichtigt, wird in folgendem Zitat klarer: »[…] *die Zitattechnik hebt im Unschärfebereich der biographischen Wahrheit menschliches Schicksal aus der Sphäre des bloß Privaten und arbeitet eine Physiognomik von Sehnsucht heraus, die das literarische mit dem essayistischen Werk Sebalds thematisch verbindet.*«[4]

Diese Methode Sebalds »*realisiert auf der formalen Ebene [etwas], wovon auf der inhaltlichen Ebene fast beständig geredet wird – nämlich eine Art Wiederkehr der Toten durch den Akt der Erinnerung*«.[5] Die Handlung wird dadurch der Zeit enthoben und zeitlos. (…)

## *Die Sprache in 'Austerlitz' – der* »Sebald-Sound«*?*

Die Prosodik, der Satzbau und der Wortgebrauch lassen einen Text tatsächlich nach wenigen Zeilen als einen Sebald-Text erkennen. Wie nützt Sebald die Sprache zur Gestaltung seiner Figuren? Was beabsichtigt er wohl mit seinem unverkennbaren, »*ausufernden*«, »*altmeisterlichen*« Stil, seinen umständlichen,

---

[1] Marcel Atze in Loquai (1997) 146.
[2] Renate Lachmann, *Gedächtnis und Literatur*, zit. nach Marcel Atze in Loquai (1997) 146f.
[3] vgl. Hannes Veraguth in Arnold (2003) 36. Dieses Prinzip wird von Marcel Atze auch als »Koinzidenzpoetik« bezeichnet, vgl. Marcel Atze in Loquai (1997) 147f.
[4] Markus R. Weber in Delabar (1993) 58; Diese Aussage bezieht sich zwar auf *Die Ausgewanderten*, lässt sich aber auf sämtliche Prosa Sebalds anwenden.
[5] Hannes Veraguth in Arnold (2003) 39; vgl. auch das Kapitel »Über W. G. Sebalds Poetik der Erinnerung« in der vorliegenden Arbeit.

»mäandernden« Sätzen und der »historisierenden«, »zeitgeistfernen«, anachronistischen Wortwahl?[1]

## Der Stil

Sebalds Sprechduktus ähnelt – wie bereits festgestellt – sehr dem Mündlichen, was laut Iris Denneler auch zutrifft: »*Der so schön, gediegen, altmeisterlich daherkommende Sebald-Ton hat weniger die Funktion, die Individualität der einzelnen Sprecher zu garantieren, als vielmehr, Mündlichkeit zu simulieren*«.[2]

Die Mündlichkeit trägt zur Betonung der Authentizität bei (schließlich ist es Sebald wichtig, dass seine bzw. Austerlitz' Berichte authentisch wirken), das Erzählte wird jedoch durch die sorgfältige Stilisierung und durchgehende Komposition von Sebald fiktionalisiert. Interessant ist Dennelers Beobachtung, dass der Leser dem Autor umso eher glaubt, »*je genauer seine Sprache, je kunstvoller seine Rede ist, das heißt, je mehr wir das Geschriebene als ästhetisches Gebilde wahrnehmen. Dann nämlich, wenn wir sicher sind, daß erzählt wird und nicht berichtet, [...] hängt die Glaubwürdigkeit des Erzählten am Erzähler und nicht an der Übereinstimmung mit der Wirklichkeit*«.[3]

## Die Lexik

Heinrich Detering meint: »*Sebald schreibt gewissermaßen im Frack*«, wenn er wie in *Die Ausgewanderten* sowohl im Erzählerbericht als auch in der Figurenrede Ausdrücke wie »*Abendtisch*«, »*Fauteuil*«, *Briefschaften*«, »*demohngeachtet*« oder »*stetsfort*« verwendet.[4] Weiters fällt auf, dass er öfters »*trotzdem*« statt »*obwohl*« verwendet und »*vor*« statt »*bevor, ehe*«.

Als möglichen Grund für diesen veraltet wirkenden Wortschatz könnte man ins Treffen führen, dass Sebald so lange Zeit in England lebte, dass er die letzten Entwicklungen der deutschen

---

[1] Vgl. Michael Rutschky, FR 21.3.2001; Alfred Pfoser, SN 6.10.2001; Hans-Peter Kunisch, SZ 5.4.2001; Thomas Steinfeld, FAZ 20.3.2001; Julia Kospach, profil 19.2.2001; Gunhild Kübler, WW 15.2.2001; Michael Sprenger, TT 24.3.2001.
[2] Iris Denneler (2001) 156.
[3] Iris Denneler (2001) 153.
[4] Heinrich Detering in Loquai (1997) 85.

Sprache nicht direkt erleben konnte. Einen weiteren Grund nennt Sebald, nämlich dass er in seinen ersten neun Lebensjahren hauptsächlich unter der Obhut seines Großvaters aufgewachsen war, der einen hochalemannischen Dialekt sprach.

Iris Radisch vermutet, Sebald wolle durch die bewusste Verwendung einer historisierenden Sprache eine »*Wiederkunft der Vergangenheit*« heraufbeschwören. Das entspricht dem, was Gunhild Kübler in Sebalds Sprache hört, nämlich »*Claudius-, Hölderlin-, Mörike- und Stifter-Töne*«. Sie vermutet darin »*eine Art Heilungsversuch der deutschen Sprache durch den Rückgriff in ihre früheren, noch unversehrten Schichten*«.[1]

Besonders deutlich wird das im direkten Vergleich zur »*ekelerregenden Sprache*« der Nationalsozialisten (A 255). Sebald schafft mit seiner Sprache einen beabsichtigten Gegensatz dazu. Naziausdrücke aus der Verwaltungssprache wie »*Barackenbestandteillager*«, »*Menagetransportkontrollen*«, »*Reinlichkeitsreihenuntersuchung*« oder »*Entwesungsübersiedlung*« ragen fremd und beziehungslos aus den Sätzen und Wörtern heraus.

Wie wichtig die Sprache in Hinblick auf die zukünftige Erinnerungsarbeit ist, zeigt folgende Äußerung einer amerikanischen Literaturwissenschaftlerin über einen Roman von Gerald Szyszkowitz: »*Während Ereignisse und Persönlichkeiten im Laufe der Zeit in der Erinnerung verblassen, wird die Auseinandersetzung mit der Sprache (…) die Erinnerungsarbeit bestimmen.*« Die Aktualität dieser Aufgabe liegt auf der Hand.

## Der Sebald-Satz

Sebald selbst charakterisiert seinen Satzbau in einem Interview: Er meint, seine Vorliebe für das Fahren mit dem Zug oder das Wandern schlage sich in seiner Art zu schreiben nieder: Es geht Schritt für Schritt voran, oft auch auf Umwegen.[2]

Sebalds längster Satz läuft tatsächlich über zehn Seiten. Hier versucht er, H. G. Adlers nahezu 800-seitiges Werk über Theresienstadt zusammenzufassen.

---

[1] Gunhild Kübler, WW 15.2.2001.
[2] vgl. Sebald im Interview mit Doris Stoisser, Ö1.

Durch Austerlitz' Wiedergabe der Aussagen anderer in der indirekten Rede entstehen oft verschachtelte Sätze, wie z. B. »*Maximilian erzählte, so erinnerte sich Vera, sagte Austerlitz*« (A 241) oder »*Ich glaube, sagte Vera zu mir, sagte Austerlitz*« (A 253). Das erinnert an Thomas Bernhards vermitteltes, »*periskopisches Erzählen über zwei Ecken*«[1]. Durch diese Verschachtelung erreicht Sebald eine Relativierung der Positionen. Ihm war es immer wichtig, dass Geschichten nicht über eine anonyme Instanz vermittelt werden, sondern dass der Leser wissen sollte, wer erzählt.

Andreas Isenschmid versucht alle Eigenschaften des so genannten »Sebald-Satzes« in einem Aufsatz zusammenzufassen:

»*In Sebalds Prosa geht es aber weder raunend noch larmoyant zu. Gegen beides hat Sebald durch seinen Stil und sein literarisches Verfahren zwei wunderbare Distanzfilter eingebaut. Daß dieser Prosalandschaft alles Raunen fernbleibt, dafür sorgt der Sebald-Satz. Seine langsam rollende Brandung ist das erste, was alle Sebald-Leser einhüllt. Der Sebald-Satz ist vollkommen unverkennbar: lang und hochhypotaktisch und doch weder verschachtelt noch sperrig, vielmehr ein transparent schwebendes Gebilde. Er geht um viele Ecken und scheint doch in weitem Bogen zu fließen. Er bewegt sich in gehobener stilistischer Lage, aber mit mündlich-bäurischen Einsprengseln in Vokabular und Satzstellung [...] Der Sebald-Satz pendelt seine Leser auf andere, auf langsame, rätselige und dunkle Moll-Rhythmen ein. Er ist einerseits hochsuggestiv und kann durch die bloße Macht seiner Form an das denken lassen, was der Erzähler zwei, drei Seiten später zu sagen beginnt.*[2]

In diesem Zitat sind tatsächlich die meisten der Charakteristika für Sebalds Prosa versammelt.

## Zusammenfassung und Ausblick

Literatur ist für W. G. Sebald in erster Linie ein Erinnerungsraum, eine Möglichkeit, an sonst namenlose Opfer des Holocaust bzw. Biografien von Einzelschicksalen zu erinnern, indem

---

[1] Sebald im Interview mit Doris Stoisser, Ö1.
[2] Andreas Isenschmid in Loquai (1997) 236.

er sich zu ihrem Sprachrohr macht, ihre Lebensgeschichte niederschreibt und tradiert.

W. G. Sebald hält sich in seinem Schreiben an Fakten, an die dokumentarische Wirklichkeit, die er fiktionalisiert und metaphorisiert – ein entscheidender Vorteil, den die Literatur gegenüber der herkömmlichen Geschichtsschreibung hat. Er entdeckt für sich das 'Erzählen' wieder, das sich durch die Beschreibung von Details und assoziative Gedankengänge auszeichnet.

Durch seine suggestive Sprache, seine schwebenden Sätze wird ein Erinnerungsprozess an die Vergangenheit in Gang gesetzt, der Leser soll offen werden für das, was er einem sagen will.

W. G. Sebald gelingt es in *Austerlitz* so, einen Erinnerungsraum zu gestalten, indem er der Erinnerung an das Einzelschicksal der Figur Austerlitz Raum gibt. So wird *Austerlitz* zu einem Beitrag zur Erinnerungsliteratur gegen das »*Aussterben des Gedächtnisses*«.

Zugleich wird Austerlitz' Lebensgeschichte sowohl durch inhaltliche Analogien zu anderen Biografien als auch durch stilistische Mittel auf eine allgemeingültige, zeitunabhängige Ebene gehoben: Durch seine Koinzidenzpoetik, die Intertextualität (das versteckte Zitieren anderer Autoren aus verschiedenen Epochen) und die Motivik.

Sebald schafft es so, Grenzen zu überschreiten – Grenzen zwischen Fakten und Fiktion, Literaturwissenschaft und Literatur, verschiedenen Gattungen, Raum und Zeit, Juden und Nichtjuden, Toten und Lebenden, Zivilisation und Natur.

Auf einer weiteren Ebene bleibt auch Platz für Sprachreflexion und Sprachkritik, Kritik am technischen Fortschritt, an der Geschichtsschreibung oder für Überlegungen zum Einfluss der Literaturwissenschaft auf Sebalds literarisches Schreiben.

## Nachwort der Herausgeber

*»Im deutschsprachigen Raum galt er zuerst einem kleineren Publikum als Geheimtipp bzw. war er unter Germanisten als Wissenschaftler bekannt, er erregte aber erst 1997 mit den Zürcher Poetikvorlesungen zum Luftkrieg in Deutschland größeres Aufsehen.«*

Annliese Teutsch hat mit dieser Behauptung in ihrer Diplomarbeit sicherlich insofern Recht, als Sebald lange Zeit im deutschsprachigen Raum nur wenige Leser hatte. Andererseits hat die Literaturkritik seine Bedeutung früh erkannt. Bereits 1993 hat sich das »*Literarische Quartett*« im Fernsehen mit Sebalds 1992 erschienenem Roman »*Die Ausgewanderten*« beschäftigt.
Lesen Sie selbst, zu welchem Urteil die Literaturkritiker dabei kamen.

# Über W. G. Sebalds Roman »Die Ausgewanderten«

*Das Literarische Quartett vom 14.01.1993*

**Karasek:** Das sind Geschichten von Emigranten, Geschichten, die alle davon handeln, was man verliert, wenn man seine Heimat verliert und wenn man eine neue Heimat sucht. Die neue Heimat, die die Leute suchen, ist in einer der vier Geschichten Jerusalem. Und die Enttäuschung beginnt, als man in Jerusalem nicht die Heimat findet, sondern dort entdeckt, dass das auch nur ein projiziertes Paradies ist. Das Geheimnis von Sebalds Erzählungen ist, dass man sich nicht klar darüber wird, ob es Fiktionen oder Aufzeichnungen sind. Es sind wahrscheinlich bearbeitete Aufzeichnungen. Er hat einen für mich sehr anrührenden, durchgehenden künstlerischen Trick: Es taucht in allen Geschichten Nabokov als Schmetterlingssammler auf, mal als Kind, mal als alter Mann. Für mich haben die Geschichten einen großen Vorteil darin, dass sie das, was vergessen zu werden droht, beschwören und aufbewahren. Die schönste Geschichte ist für mich die letzte, in der die Kindheit eines jüdischen Mädchens in der deutschen Provinz geschildert wird, und dass davon nichts mehr übrig ist, kein Friedhof, keine Erinnerung, nichts.
**Löffler:** Dazu müsste man vielleicht noch sagen, dass der Sebald selbst ein Ausgewanderter ist: Er stammt aus dem Allgäu, ist Germanist und Anglist und arbeitet schon seit 25 Jahren an

der Universität von Norfolk (gemeint ist: Norwich; die Hg.) in England. Er bringt das immer wieder als Beobachtungs- und Vergleichspunkt ein, dass er selbst einen fremden Blick auf die Heimat hat, die Erfahrung der Unbehaustheit.

**Reich-Ranicki:** Kinder, Ihr seid begeistert von dem Buch. Ich kann nicht verheimlichen, dass mein Respekt vor dem Autor groß, meine Begeisterung für den Roman gering ist. Bei der Klüger glaubte ich, von einer fabelhaften Sprachkraft, aber, na wie soll man sagen, von einer zarten …

**Karasek:** Also die Sebaldsche Sprachkraft ist um nichts, aber um nichts geringer!

**Reich-Ranicki:** Sie ist überhaupt nicht vorhanden.

**Karasek:** Um nichts geringer!

**Reich-Ranicki:** Sie halten ihn für einen Meister deutscher Prosa, die meisten Kritiken sind in den Zeitungen mit Überschriften erschienen wie »Meisterwerk Doppelpunkt«. Wie überhaupt in der Kritik heute alles schon gelobt wird und es gibt nur noch Meisterwerke.

**Löffler:** Es wird nicht alles gelobt, aber dieses Buch wird zu Recht gelobt.

**Reich-Ranicki:** So erlauben Sie mir doch, dass ich eine andere Ansicht äußere.

**Karasek:** Sie dürfen sich auch mal irren.

**Reich-Ranicki:** Nein, ich kann mich nicht irren. Ich kann in zehn Jahren sagen: Heute ist meine Ansicht über dieses Buch eine andere als damals. Aber ich könnte von einem Irrtum nur dann sprechen, wenn ich sicher wäre, dass ich mich jetzt nicht irre. Das Entscheidende an diesem Buch wie in hundert anderen ist die Sprache. Die Sprache dieses Autors ist imponierend und – eine Philologensprache. Man merkt ihm in jedem Satz den Germanisten an, der eine gedrechselte feierlich und …

**Karasek:** Frau Klüger ist übrigens auch Germanistin.

**Reich-Ranicki:** Und ihr merkt man es nicht an.

**Karasek:** Man merkt es beiden nicht an.

**Löffler:** Das Wunderbare an dem W. G. Sebald ist, dass er eben keinen Stil schreibt, der auf sich aufmerksam machen will durch irgendwelche Mätzchen.

**Reich-Ranicki:** Also, das habe ich noch nicht gehört! Ich habe seit 20 Jahren kein Buch gelesen, dessen Autor mehr bemüht wäre, auf seinen Stil aufmerksam zu machen. Ich halte es für das durchdachte Buch eines gebildeten Menschen, der Material gesammelt und sehr umständlich-feierlich formuliert hat. Tut mir leid, lieber Herr Karasek …

**Karasek:** Darf ich auch mal was Privatistisches sagen: Ich habe ganz selten bei der Lektüre für das *Literarische Quartett* so innegehalten und gedacht: Ich bin sehr dankbar, dass ich das lesen musste, ich habe ein Stück bedeutende Literatur entdeckt.

**Löffler:** Mir ging es ganz genauso.

**Reich-Ranicki:** Wer war es, ich glaube Lessings Nathan, der sagt, wir werden uns in 20 Jahren hier wieder treffen und dann werden wir sehen, ob Ihr Euch noch an dieses Buch erinnert.

**Karasek:** Ich fürchte, ich werde mich nicht mehr erinnern, aber das hat biologische Gründe.

Quelle: Stephan Reichenberger (Hg.): … und alle Fragen offen. Das Beste aus dem Literarischen Quartett. München 2000, S. 251-254.

# Nachruf auf Reinhard Baumgart

*von Rosmarie Mair*

Nur wenige Tage vor seinem 74. Geburtstag starb am 02. Juli 2003 der bekannte Literaturkritiker und Schriftsteller Reinhard Baumgart. Kurz vor seinem Tod hatte Reinhard Baumgart noch das Manuskript seiner Memoiren »Damals. Ein Leben in Deutschland 1929–2003« beim Hanser-Verlag abgegeben; nur wenige Tage nach der Endbesprechung mit dem Lektor starb er überraschend während eines Ferienaufenthalts am Gardasee. Er klagte am Morgen des 01.07.2003 über Schmerzen, bekam hohes Fieber und starb trotz intensiver ärztlicher Hilfe am darauf folgenden Tag im Krankenhaus von Gavardo, vermutlich an einer durch einen unbekannten Erreger hervorgerufenen Sepsis. Viele Stationen lagen auf Reinhard Baumgarts Lebensweg, eine davon war auch Bayrisch-Schwaben.

Die aus Breslau (Oberschlesien) stammende Arztfamilie Baumgart war im Mai 1945 nach Tussenhausen im Landkreis Mindelheim (heute Landkreis Unterallgäu) geflohen. Familie Baumgart kam zunächst bei einem entfernten Verwandten des Vaters unter. Der 16-jährige Reinhard Baumgart arbeitete auf dem Hof des Verwandten mit und half im Winter bei Waldarbeiten, bis eine Auseinandersetzung mit dem cholerischen Vetter das Dienstverhältnis beendete. Die Familie wurde in die zum Flüchtlingsasyl umgewandelte Schule mit Schlafsälen und Gemeinschaftsküche eingewiesen, später konnte sie ins Forsthaus übersiedeln. Reinhard Baumgart arbeitete weiterhin für Eier, Mehl und Kartoffeln bei den Bauern. Sein Vater durfte bis zum Abschluss des Entnazifizierungsverfahrens nicht als Arzt tätig sein. Reinhard Baumgart schreibt über diese Erfahrungen:
*»Die Hackordnung im Dorf lernte ich kennen und auch, daß am freundlichsten zu uns die mit den wenigsten Tagwerken Land waren. (…) Wir lernten also dort im Dorf, reduziert auf unsere Existenz als Flüchtlinge, besitzlos, fast ohne Einkommen, die Welt neu, nämlich*

*von unten kennen, aus der Perspektive der Armut, einer nun in der Forthauswohnung schon gediegenen und gemütlichen Armut.«*[1]

Als im Frühling 1946 im bayerischen Schwaben die Schulen wieder geöffnet wurden, trat Reinhard Baumgart am 29.04.1946 in die 7. (und damit vorletzte) Klasse des sprachlichen Zweigs der damaligen Oberschule Mindelheim ein. Der Maristenorden, ein katholischer Lehrorden französischer Herkunft, leitet noch heute diese Schule.

Baumgarts Begeisterung für Literatur ließ ihn alle irgendwo ausleihbaren klassischen und modernen Romane verschlingen. Er hatte Nachholbedarf, war Deutschland doch während der NS-Zeit weitgehend von den modernen literarischen Strömungen abgeschnitten gewesen.

*»Ich las 'Werther', las Stifter, Hamsun, Nietzsche, noch einen Spengler, den ersten Dostojewski, 'Buddenbrooks', Hesse und Romain Rolland und auch die bleichen Hinterlassenschaften der stillen Dichter des Dritten Reichs, Emil Strauß und sogar versuchsweise Kolbenheyer, las alles, was in Dorf und Stadt von Bücherborden auszuleihen war. Querfeldein verstreute Lektürereümmer, aus denen nichts zusammenzubauen war, und sicher kein Bild der literarischen Moderne. Ich war lesend noch immer nicht angekommen in meinem Jahrhundert. Obwohl ich im Kulturzirkel unseres Dorfs schließlich zwei Abendvorträge hielt über moderne deutsche Literatur, über Kafka, Brecht, Thomas Mann, von denen ich, außer eben den Buddenbrooks und einem Heftchen mit den Songs aus der Dreigroschenoper, nichts aufgetrieben und gelesen hatte, so daß ich über sie nur nach Exzerpten aus alten Literaturgeschichten referieren konnte. Moderne, ja, aber undeutsche Literatur, sagte nachher leise und giftig der Apotheker Mutschler.«*[2]

Im letzten Schuljahr erhielten Baumgart und drei weitere Schüler die Lizenz der Militärregierung Schwaben zur Gründung der Schülerzeitung »Die Kurve« mit einer respektablen Auflage von zweitausend Exemplaren. Hier veröffentlichte Baumgart seine ersten Rezensionen und versuchte sich auch selbst als Dichter.

---

[1] Reinhard Baumgart: Damals. Ein Leben in Deutschland. Freiburg 2003, S. 130, 131.
[2] Baumgart (2003), S. 133.

Am 17.07.1947 verließ Reinhard Baumgart die Mindelheimer Oberschule mit einem sehr guten Abitur und zog nach München-Pasing. Das Volontariat in einem kleinen Kunstverlag beendete er schnell wieder, da er sich für ein Studium der Geschichte sowie der englischen und deutschen Literatur entschied. Nach nur acht Semestern, zunächst an der Universität in München, dann in Freiburg, beendete er sein Studium und promovierte anschließend – mit 24 Jahren – über »Das Ironische und die Ironie in den Werken Thomas Manns«. Er verlobte sich mit Hildegard Bruns, einer Romanistik-Studentin und Tochter eines wohlhabenden Hamburger Geschäftsmanns. 1953/1954 ging er als Lektor an die Universität Manchester. Nach der Rückkehr aus England heirateten die Verlobten und Baumgart begann – desillusioniert über seine Zukunftsaussichten in der Germanistik – ein Zweitstudium der Chemie, das er allerdings nicht abschloss. Anschließend war er sieben Jahre lang, von 1955 bis 1962, Lektor beim Piper-Verlag und dort u. a. für Ingeborg Bachmann zuständig.

*»Im Mai 1958 hockten Ingeborg Bachmann und ich Abende und halbe Nächte lang in ihrem Apartment hoch über einem Hinterhof in der Münchener Max-Joseph-Straße, um das Hörspiel 'Der Gute Gott von Manhattan' für den Druck zu redigieren. Man hätte das sicher auch kürzer und nüchterner erledigen können, doch sie liebte dieses gemeinsame Überlegen, Abwägen, Entscheiden über noch nicht endgültige Textstellen, das Autoren sonst eher scheuen. Draußen war Nacht und Mai, die Luft schwül und schwer, um uns rauschte der Gesang der Maria Callas, von der ich bis dahin nicht einmal den Namen gehört hatte, die Wahnsinnsarie aus 'Lucia di Lammermoor', immer wieder, und wir beide beugten uns über die Fahnen eines auch ekstatischen, auch verrückten, entrückten Textes, der einen Fall von weltaufsprengender, weltverneinender, unsäglicher Liebe erzählt.«*[1]

Nach seiner Lektoren-Tätigkeit lebte er als freier Autor in München sowie Berlin und arbeitete u. a. für das Magazin *Der Spiegel*. 1961 erschien sein erster Roman »Im Löwengarten«, es folgte 1962 mit »Hausmusik. Ein deutsches Familienalbum« ein zweiter und 1967 erschien sein Erzählband »Pankerkreuzer

---

[1] Baumgart (2003), S. 184.

Potjomkin«. Der Erfolg dieser frühen Werke war allerdings eher gering. Zwischenzeitlich waren die drei Kinder der Baumgarts geboren. Hildegard Baumgart hatte, vor der Geburt des zweiten Kindes, bei Hugo Friedrich in Freiburg über moderne spanische Lyrik promoviert und arbeitete als freie Übersetzerin.

1967/68 las Baumgart als Gastdozent für Poetik an der Frankfurter Universität, wie dies vor ihm bereits Karl Krolow, Ingeborg Bachmann, Hans Magnus Enzensberger, Helmut Heißenbüttel und Heinrich Böll getan hatten. Theodor W. Adorno hatte ihn für diese Poetikvorlesung vorgeschlagen; es war die letzte vor der Studentenrevolte. Der Titel seiner Vorlesungen lautete »Aussichten des Romans oder Hat Literatur Zukunft?«. Zwischen 1969 und 1974 schrieb Reinhard Baumgart als Theater-, Film- und Literaturkritiker im Feuilleton der *Süddeutschen Zeitung*« und seit 1987 war er fester Mitarbeiter der *Zeit,* für die er bereits 1962 seine erste Rezension geschrieben hatte. Von 1990-1997 lehrte er als Nachfolger Walter Höllerers Literaturwissenschaft an der TU Berlin. Wie kaum ein anderer lernte Reinhard Baumgart den Literaturbetrieb in allen seinen Facetten durch eigene Erfahrungen kennen.

Elfmal insgesamt nahm er an Tagungen der »Gruppe 47« teil und bekleidete dabei drei verschiedene Rollen. Er folgte den Einladungen Hans Werner Richters zunächst als Lektor, später auch als Schriftsteller, um selbst auf dem berüchtigten »elektrischen Stuhl« Platz zu nehmen und aus einem noch unveröffentlichten Werk vorzulesen. Und nicht zuletzt war er natürlich als Literaturkritiker anwesend.

Baumgart war Mitglied des P.E.N. Zentrums Deutschland und von 1970–74 Vorstandsmitglied im Verband deutscher Schriftsteller. Neben seiner Kritikertätigkeit war Reinhard Baumgart weiterhin selbst schriftstellerisch tätig. Er veröffentlichte u. a. »Glücksgeist und Jammerseele« (1986), »Addio. Abschied von der Literatur« (1995), »Liebesspuren« (2000) und »Glück und Scherben. Drei lange Geschichten, vier kurze« (2002).

Für seine literarische Kritik erhielt Reinhard Baumgart mehrere Auszeichnungen, beispielsweise den Adolf-Grimme-Preis und den Johann-Heinrich-Merck-Preis.

Seit Frühjahr 2004 sind nun seine Memoiren im Buchhandel erhältlich (ISBN 3-446-20451-2); sie geben literarisch und historisch Interessierten einen guten Einblick in das kulturelle Leben Deutschlands im 20. Jahrhundert sowie in den Lebensweg dieses bedeutenden Mannes.

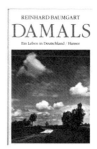

LITERATUR UND KRITIK

# Literaturkritik und Literaturwissenschaft

*Abermaliges Plädoyer für ein komplementäres Verständnis der beiden Institutionen aus gegebenem Anlass*

*von Michael Klein*

Das Verhältnis von Literaturkritik und Literaturwissenschaft, das benennt im Unterschied etwa zu den romanischen und angelsächsischen Ländern im deutschen Sprachraum ein traditionell und bis heute andauernd schwieriges Verhältnis.
An dieser Stelle soll es aber nicht um eine nochmalige Betrachtung der historischen Sonderentwicklung gehen, auch wenn es dazu durchaus noch Einiges zu sagen gäbe. Zwar gibt es eine Reihe überzeugender Arbeiten zur Geschichte des Faches Germanistik, und es gibt heute zumindest in Ansätzen auch Untersuchungen zur Geschichte der Literaturkritik in Deutschland[1].

---

[1] Selbstverständlich würde es zu weit führen, hier auch nur eine halbwegs vollständige Bibliographie zu versuchen. Es sei daher stellvertretend nur auf exemplarische jüngere Arbeiten verwiesen:
- Klaus Berghahn, Peter Uwe Hohendahl (Hrsg.): *Geschichte der deutschen Literaturkritik (1730 – 1980)*. Stuttgart: Metzler 1985.
- A.P. Frank: *Einführung in die britische und amerikanische Literaturkritik und -theorie*. Darmstadt: Wissenschaftliche Buchgesellschaft 1983.
- Peter Gebhardt: [Stichwort] *Literaturkritik*. In: Ulfert Ricklefs (Hrsg.): *Fischer Lexikon Literatur*. Zweiter Band, S. 1080-1115. Frankfurt: Fischer 1996 (= Fischer Taschenbuch 4565- 4567).
- Hans Mayer (Hrsg.): *Deutsche Literaturkritik*. 4 Bände. Frankfurt. Fischer 1978 (= Fischer Taschenbuch 2008 – 2011).
- Rainer Rosenberg: *Literaturwissenschaftliche Germanistik. Zur Geschichte ihrer Probleme und Begriffe*. Berlin: Akademie Verlag 1989.
- Karlheinz Stierle: [Stichwort] *Literaturwissenschaft*. In: Ulfert Ricklefs (Hrsg.): *Fischer Lexikon Literatur*. Zweiter Band, S. 1156 – 1185. Frankfurt: Fischer 1996 (= Fischer Taschenbuch 4565 – 4567).
- Klaus Weimar: *Geschichte der deutschen Literaturwissenschaft bis zum Ende des 19. Jahrhunderts*. München: Fink 1989.

Was aber bisher und wohl nicht zufällig fehlt, ist eine Geschichte ihres schwierigen Verhältnisses zu einander, der Abgrenzungen und Ausgrenzungen, der Idiosynkrasien und Animositäten, die beide Einrichtungen in ihrer gegenseitigen Wahrnehmung vielfach bis heute bestimmen, zum Teil aus Unwissenheit, zum Teil aber auch trotz besseren Wissens. Hier gäbe es durchaus noch Interessantes zu untersuchen und zu entdecken.

Was mich augenblicklich aber vordringlicher beschäftigt, ist der zunehmend zu beobachtende Ansehensverlust, mit dem beide, Literaturwissenschaft und Literaturkritik, in der Öffentlichkeit schon seit einiger Zeit konfrontiert sind, und den ich nicht zuletzt auf Fehlentwicklungen in beiden Institutionen zurückführe, die sich auf Dauer für beide als schwierig, wenn nicht als existentiell erweisen könnten.

Nun kann man mit guten Argumenten den Standpunkt vertreten, – ich vertrete ihn weitgehend –, dass sich geisteswissenschaftliche Institutionen nicht zuletzt gerade dadurch auszeichnen, dass sie sich in gewissem Sinne immer in einer Krise befinden (müssen). Angesichts der sich immer schneller verändernden gesellschaftlichen Rahmenbedingungen, deren Bedeutung und Folgen reflektierend zu begleiten seit jeher mit zu ihren Aufgaben gehört, könnte eine derartige Krise auch als Ausdruck ihrer Lebendigkeit, Zeichen ihrer Teilhaftigkeit und geradezu als Voraussetzung einer Neuorientierung verstanden werden.

Das allerdings würde voraussetzen, dass man die Zeichen erst einmal wahrnimmt und bereit ist, die angesprochenen veränderten Rahmenbedingungen nicht nur zu erkennen, sondern auch anzuerkennen.

Genau dies aber scheint mir noch viel zu wenig der Fall zu sein. Meine These lautet daher: Das, was ich derzeit beobachte, und was im Einzelnen noch zu beschreiben sein wird, unterscheidet sich in mehrfacher Weise, vielleicht nicht grundsätzlich, aber doch wesentlich von den früheren Krisen, in der sich beide Institutionen in ihrer zweihundert- bis zweihundertfünfzigjährigen Geschichte befunden haben. Alle vorausgegangenen Krisen waren eben immer zugleich auch Ausdruck ihrer Lebendigkeit, Ausdruck der Bereitschaft und Fähigkeit zur Veränderung. Dies galt noch bis in die sechziger und siebziger Jahre des vergangenen Jahrhunderts.

Heute dagegen vermag ich vielfach nur Ratlosigkeit zu erkennen: resignatives Schulterzucken auf Seiten der Literaturkritik, vor allem mit dem Hinweis auf die angeblich unumstößlichen Gesetze des Marktes, und eine Tendenz zu Selbstmitleid auf Seiten der Literaturwissenschaft. Ansonsten aber geht alles zumeist seinen gewohnten Gang; breitere theoretische Debatten, die Perspektiven für beide Institutionen in die Zukunft erkennen ließen, wie sie in den sechziger und siebziger Jahren üblich waren, werden nur ausnahmsweise noch geführt oder finden jedenfalls in der Regel unter Ausschluss der Öffentlichkeit statt.

Keine Frage: Einiges, was zu der gegenwärtigen Situation geführt oder doch zu ihr beigetragen hat, liegt außerhalb der direkten Verantwortlichkeit der Betroffenen, ist vielmehr abhängig von tatsächlich wesentlich veränderten politischen und ökonomischen Rahmenbedingungen in der Konsequenz eines vermeintlichen Endes der großen Ideologien, spätestens nach dem Zusammenbruch des real-existierenden Sozialismus und in der Folge eines nahezu ungebremsten wirtschaftlichen Neoliberalismus, von dem gerade die Geisteswissenschaften, aber eben auch der ganze öffentliche Kulturbereich besonders hart betroffen sind. Zwar gilt Kultur, genauer gesagt die »Kulturindustrie« heute als »eine der größten Wachstumsbranchen der Weltwirtschaft«[1], aber natürlich müssen sich die Investitionen rechnen. Die verständlichen, wenn auch ganz sicher nicht ausreichenden Reaktionen im universitären Bereich, der in der Vergangenheit, wie ich meine zu Recht, *auch* ein weitgehend geschützter Bereich war, sind vielfach Rückzug oder Anpassung, in der Hoffnung, auf diese Weise vielleicht wenigstens zu überleben. Der verbleibende Raum für eine grundsätzliche, notwendige Neuorientierung ist zugegebenermaßen auch objektiv eng geworden.

---

[1] Vgl. Gustav Seibt: *Strukturveränderungen in der kulturellen Öffentlichkeit. Die neue Ohnmacht des Feuilletons.* In: Merkur. 52. Jg. 1998. H. 8, S. 731 – 736. Hier S. 736.

Nicht viel besser ist es seit einigen Jahren um die Rahmenbedingungen für eine Literaturkritik bestellt, die diesen Namen verdient. Die wachsende Zahl literarischer Talkshows in der Nachfolge des *Literarischen Quartetts*[1] oder jüngere Zeitschriften-Neugründungen wie etwa *Literaturen*[2] belegen zwar ein offenbar breites öffentliches Interesse an derartigen Vermittlungsinstanzen. All das kann aber nicht darüber hinwegtäuschen, dass auch sie, als Institution, schon seit einiger Zeit einer immer deutlicher Platz greifenden Ökonomisierung unterworfen ist, vor allem als Vermittlerin der Ware Buch, die es immer schneller umzusetzen gilt. Die Herausgeber anspruchsvollerer Literatur- oder Kulturzeitschriften, die die geforderte Schnelligkeit nicht bedienen können oder auch nicht wollen und die deshalb auch nur über einen Bruchteil der Einnahmen aus dem Anzeigengeschäft verfügen, bestätigen diese Abhängigkeiten und sie klagen zu Recht darüber, wie viel schwieriger es heute andererseits geworden ist, auf öffentliche Unterstützung zu zählen. Für die Notwendigkeit grundsätzlicherer Debatten über die ja in keiner Weise veraltete seinerzeitige Fragestellung: »Kritik, von wem, für wen, wie«[3] scheint gleichwohl entweder nur noch geringes Interesse zu bestehen, oder es ist auch hier der Raum eng und die Zeit zu teuer geworden. Stattdessen auch hier, von wenigen, wichtigen Ausnahmen abgesehen, vielfach nur Anpassung an das oder Resignation (wegen des angeblich Unabänderlichen).

Das alles ist nicht als Vorwurf gegen irgend jemanden gemeint, schon gar nicht gegenüber einer Öffentlichkeit, die bewusst oder unbewusst, jedenfalls aus ihrer Sicht zu Recht darauf reagiert, dass die künstlerische Literatur, worauf Norbert Meck-

---

[1] Vgl. etwa den *Literaturclub* im Schweizer Fernsehen DRS unter der Leitung von Daniel Cohn-Bendit oder die monatliche Sendung *Bestenlist* des Südwestfernsehens unter der Leitung von Hubert Winkels sowie neuerdings die Sendung *Willkommen im Club*, moderiert von Lea Rosh und Gaby Hauptmann beim Metropolensender *XXP* und bei *Vox*.

[2] *Literaturen*. Redaktion: Sigrid Löffler. Erscheint seit Oktober 2000 monatlich im Friedrich Berlin Verlag.

[3] Peter Hamm: *Kritik / von wem / für wen / wie. Eine Selbstdarstellung der Kritik*. München: Hanser 1968 (= Reihe Hanser 12).

lenburg in diesem Zusammenhang richtigerweise hingewiesen hat, in den Industrieländern zunehmend »aus einem über zweihundert Jahre lang zentralen in einen marginalen Geltungsbereich der Kultur« geraten ist. »Kunst und Literatur werden, wie vor ihnen Religion, aus einer auch öffentlichen zu einer nur mehr rein privaten Sache.« Dies gilt, obwohl, und ich referiere noch einmal Mecklenburg, in »unserer modernen Welt des Konsumkapitalismus und der Medienkultur [...] das Angebot an Kunst und Literatur ins Unermessliche gewachsen« ist, während gleichzeitig »Geltung und Orientierungskraft traditionaler Weltbilder und Wertsysteme, zu denen auch bis heute vertretene Kunst- und Literaturauffassungen gehören, geschwunden oder zumindest gebrochen« sind.[1]

Mecklenburg spricht damit das an, was zuvor jenseits aller Hinweise (auf veränderte und fraglos erschwerte wirtschaftliche Rahmenbedingungen) gemeint war, als die These aufgestellt wurde, Literaturkritik und Literaturwissenschaft befänden sich gegenwärtig vermutlich in einer grundsätzlicheren Krise, möglicherweise wesentlich unterschieden jedenfalls von den bisher in ihrer Geschichte erfahrenen.

Wenn dies aber so ist, und es besteht kaum ein Zweifel, dass es so ist, dann käme es aber wohl darauf an, hierauf offensiv zu reagieren, statt sich, wie vielfach zu beobachten, gekränkt – weil missverstanden – zurückzuziehen. Dazu bedürfe es allerdings der Erfüllung wenigstens zweier Voraussetzungen:

Soweit es die Germanistik betrifft, würde dies zunächst einmal bedeuten, dass es in Zukunft sicher nicht ausreichen wird, die öffentliche Hand *allein* verantwortlich für Fehlentwicklungen zu machen und zu glauben, das bestehende Problem sei *allein* die Folge einer finanziellen Unterversorgung. Abgesehen davon, dass es nicht richtig wäre, es würde auch nichts helfen. Stattdessen käme es darauf an, zu verstehen und zu akzeptieren, dass es vor allem um ein neues Selbstverständnis und auf

---

[1] Norbert Mecklenburg: *Begriffe der literarischen Wertung*. In: Helmut Brackert u. Jörn Stückrath (Hrsg.): *Literaturwissenschaft. Ein Grundkurs*. Erweiterte und durchgesehene Ausgabe Reinbeck: Rowohlt 2000 (= re 55523). S. 532 – 546. Hier S. 533.

dieser Basis um die Entwicklung eines neuen Konzepts des Faches und seiner Aufgaben wird gehen müssen, um so von außen überhaupt erst einmal wieder wahrgenommen zu werden. Überlegungen, wie so etwas aussehen könnte, gibt es durchaus und sie sind auch nicht neu: immer wieder angesprochen, schon seit dreißig Jahren, vor allem von Norbert Mecklenburg; aber auch von Eberhard Lämmert und in jüngerer Zeit etwa von Ralf Schnell oder Wolfgang Albrecht.[1] Auf breiter Basis diskutiert wurden sie wohl bisher auch deshalb nicht, weil der notwendige Druck lange Zeit nicht vorhanden war. Zumindest unter diesem Gesichtspunkt sind die Umstände heute günstiger. Ich komme darauf zurück.

Schwieriger scheint es gegenwärtig dagegen, die Literaturkritik, zumal die in den Tages- und Wochenzeitungen, aber auch in den angesprochenen KritikerInnenrunden im Fernsehen, von der Notwendigkeit zu überzeugen, ihre gegenwärtige Situation, ihre Voraussetzungen, ihre mögliche Funktion und ihre Aufgaben im Literaturbetrieb neu zu überdenken. Die Auftragslage und die Einschaltquoten sind überraschend gut und das Geschäft scheint zu blühen. Und es ist daher schwer zu erkennen,

---

[1] Z. B.:
- Wolfgang Albrecht: *Literaturkritik*. Stuttgart, Weimar: Metzler 2001 (= SM 338). Hier besonders S. 92–97.
- Eberhard Lämmert: *Über die zukünftige Rolle der Literaturkritik. Ein Entwurf*. In: Peter Gebhardt (Hrsg.): *Literaturkritik und literarische Wertung*. Darmstadt: Wissenschaftliche Buchgemeinschaft 1980. S. 312–330.
- Ders.: *Literaturkritik – Praxis der Literaturwissenschaft?* In: Wilfried Barner (Hrsg.): *Literaturkritik – Anspruch und Wirklichkeit. DFG-Symposion 1989*. Stuttgart: Metzler 1990. S. 129–139.
- Norbert Mecklenburg: *Kritisches Interpretieren. Untersuchungen zur Theorie der Literaturkritik*. München: Nymphenburger Verlagshandlung 1972.
- Ders.: *Die Rhetorik der Literaturkritik. Ein Gedankengang mit Vorschlägen zur Praxis*. In: Jörg Drews (Hrsg.): *Literaturkritik – Medienkritik*. Heidelberg: Quelle und Meyer 1977. S. 34–48.
- Ders.: *Wertung und Kritik als praktische Aufgaben der Literaturwissenschaft*. In: Peter Gebhardt (Hrsg.): *Literaturkritik und literarische Wertung*. Darmstadt: Wissenschaftliche Buchgemeinschaft 1980. S. 388–411.
- Ralf Schnell: *Orientierung Germanistik. Was sie kann, was sie will*. Reinbeck: Rowohlt 2000 (= re 55609). Hier besonders S. 224–243.

welcher Druck sich hier kurzfristig auswirken könnte. Dabei besteht kein Zweifel, dass längerfristig auch sie nur überleben wird oder, weniger dramatisch, noch ernst genommen wird, wenn sie akzeptiert, dass Kritik nachvollziehbare Kriterien braucht, auch wenn diese einer permanenten Relativierung unterliegen. Gustav Seibt hat es vor ein paar Jahren so formuliert: »Bedrohlich […] ist für das Feuilleton auf lange Sicht der [augenblicklich zu beobachtende] Geltungsverlust des Ästhetischen« in der Konsequenz der Ablösung der »Idee der Avantgarde« durch die Postmoderne.[1]

Wie könnten also die Voraussetzungen aussehen, die beiden Institutionen vielleicht zu neuem Ansehen, vielleicht sogar zu einer neuen Attraktivität verhelfen würden?

Die Antwort aus der Sicht des Hochschulgermanisten, nur aus dieser vermag ich halbwegs kompetent zu argumentieren, da ich die Literaturkritik nur als Beobachter, nicht aber wirklich als Insider kenne, die Antwort ist für mich so eindeutig wie fraglos und sie ist ebenfalls nicht neu: Es kann dies nur gelingen, wenn sich Literaturkritik und Literaturwissenschaft endlich und auf Dauer als komplementär verstehen, statt sich »gegenseitig der Bevormundung oder auch der Behinderung des eigenen Metiers und jedenfalls der Verkennung ihres Gegenstandes [der Literatur] zu zeihen.«[2] Der Einwand, dem man zuweilen begegnet, dass dies in der Praxis doch bereits seit langem erreicht sei, mit dem Hinweis auf die in der Tat zahlreichen Grenzgänger aus dem Bereich der Literaturwissenschaft in den angeseheneren Feuilletons der überregionalen Tages- und Wochenzeitungen, überzeugt nicht, handelt es sich dabei doch in aller Regel um nicht mehr als gelegentliche oder auch regelmäßigere Ausflüge mit vor allem einem Interesse, so für bestimmte Anliegen eine größere Öffentlichkeit zu erreichen. Ein wirkliches Konzept aber, im Sinne eines grundsätzlicheren, veränderten Fachverständnisses, vermag ich daraus noch nicht abzuleiten.

---

[1] Gustav Seibt: *Strukturveränderungen in der kulturellen Öffentlichkeit* (Anm. 2). Hier S. 735 u. S. 733.

[2] Eberhard Lämmert: *Literaturkritik – Praxis der Literaturwissenschaft?* (Anm. 7). Hier S. 135.

Worum geht es also wirklich?
Wer immer sich mit Fragen der Literaturvermittlung beschäftigt, und es sollte fraglos sein, dass dies heute mehr denn je auch zu den Aufgaben eines Literaturwissenschaftlers gehört, wird die Rolle der Literaturkritik in diesem Prozess nicht nur nicht außer Acht lassen können, vielmehr regelmäßig und systematisch auf sie reagieren müssen, um so, auf Dauer gesehen, die durchaus fachspezifischen Fragestellungen nicht zu verfehlen.
Zumal – und ich meine, es ist leicht einsichtig – ihre Bedeutung als zentrale Schaltstelle im Literaturtransfer, gleich welcher Art und trotz aller Mängel, die man ihr zum Teil zu Recht vorhält, ständig zunimmt. – Im Übrigen: Welche Mängel, Versäumnisse und Inkompetenzen lassen sich nicht auch der Literaturwissenschaft vorwerfen? – Angesichts eines trotz aller Kassandra-Rufe scheinbar unbegrenzt wachsenden und nicht zuletzt deshalb auch immer schnelllebigeren und damit noch einmal unübersehbarer gewordenen Marktes ist die Literaturkritik als Selektionsinstanz immer unverzichtbarer, aber zugleich eben auch immer mächtiger geworden. Alle Bemühungen noch so engagierter Verleger haben nur dann eine Chance, erfolgreich zu sein, wenn auch die Kritik auf die Bücher reagiert. Und auch der Buchhandel ist immer weniger bereit – und wohl auch nicht in der Lage – eine Literatur im Sortiment zu führen, die, aus welchen Gründen immer, von den zuständigen Redaktionen der wichtigen Medien unbeachtet geblieben ist. Zumindest als Voraussetzung dafür, dass insbesondere anspruchsvollere Literatur auch nur eine Chance hat, den Weg vom Verleger zum Leser zu finden, ist ihre Wahrnehmung durch die journalistische Literaturkritik unabdingbarer denn je geworden.[1]

---

[1] Vgl. dazu etwa Michael Krüger: *Der Markt liest nicht. Weshalb es immer schwerer wird, gute Bücher zu verlegen. Ein ZEIT-Gespräch mit Michael Krüger*: »Es kommt hinzu, dass wir von den Zeitungen vollständig abhängig geworden sind. Mehr als früher. Ein Verlag wie unserer, der im Halbjahr 40 Bücher publiziert, kann nicht mehr für jedes einzelne werben. Es bedarf der Zeitung, die diese Bücher vorstellt, kritisiert, bewertet. Hätten wir das nicht mehr, und da ist ja Deutschland einma-

Sibylle Cramer hat es vor einiger Zeit in der Süddeutschen Zeitung pointiert einmal so formuliert: »Längst freilich bestimmt nicht mehr die Literatur das Bild von Literatur, sondern die Literaturkritik.«[1]

Stimmt man dem zu – es bleibt einem vermutlich gar nichts anderes übrig –, dann sollte man sich aber auch bewusst machen, was das für die Arbeit des Literaturwissenschaftlers heißt. Es bedeutet nämlich, zumindest für die Beschäftigung mit der Gegenwartsliteratur, dass auch die Literaturwissenschaft in aller Regel nur das wahrnimmt, nur das zum Gegenstand ihrer Untersuchungen macht, was zunächst von der Literaturkritik wahrgenommen wurde. Und es bedeutet weiter, dass damit der Prozess der sogenannten Kanonbildung, auch wenn dies nicht bewusst geschieht, ganz entscheidend von der Literaturkritik zumindest mitgeprägt wird.[2]

Die Literaturkritik als Katalysator also auch für die Literaturgeschichtsschreibung? – Hat man sich diese Interdependenzen einmal bewusst gemacht, dann kann es, trotz der bereits eingeräumten vielfach berechtigten Kritik dieser Institution, aber nicht mehr um überhebliche Distanzierung gehen, wie sie seitens der deutschsprachigen Hochschulgermanistik noch immer nicht selten – oder sollte man vielleicht besser sagen: wieder? –

---

lig mit seinen zahlreichen Feuilletons, gäbe es ein Drittel der etwas subtileren Bücher überhaupt nicht mehr. Der Buchhandel kann diese Masse nicht mehr selbst bewerten, und der Diskurs über Bücher ist so dezentralisiert, dass das Gespräch nicht ausreicht, um die Sache bekannt zu machen. Da ist den Zeitungen eine unerhört wichtige Aufgabe zugewachsen. Das Feuilleton ist eine bedeutendere Institution als die Universität oder die Schule.« In: Die Zeit, 16.09.1998. Das Gespräch führte Ulrich Greiner.

[1] Sibylle Cramer: *Kreuzzüge und Kahlschläge deutscher Kritik. Zur rituellen Funktion und politischen Dimension von Todesanzeigen, die deutsche Literatur betreffend*. In: Süddeutsche Zeitung, 09.11.1994.

[2] Zur Frage der Kanonisierungsprozesse in der Gegenwart vgl. den von Renate von Heydebrand herausgegebenen Tagungsband des DFG-Symposions *Kanon-Macht-Kultur. Theoretische, historische und soziale Aspekte ästhetischer Kanonbildungen*. Stuttgart: Metzler 1998. (= Germanistische Symposien Berichtsbände Bd. XIX) und hier vor allem die systematisierende »Einführung« von Thomas Anz , S. 3-8.

zu beobachten ist. Vielmehr käme es aus den genannten Gründen gerade heute darauf an, sich kontinuierlich mit den expliziten und besonders natürlich mit den impliziten Kriterien der Kritik auseinander zu setzen, also mit dem ganzen Problemkomplex praktischer literarischer Wertung, ihrer Vermittlungsorgane und Instanzen, um sich so die gesellschaftlichen und ideologischen Implikationen im Prozess literaturkritischer Urteilsfindung zu verdeutlichen.

Nun wäre es sicher nicht richtig, so zu tun, als habe sich diesbezüglich in den letzten dreißig, fünfunddreißig Jahren, gar nichts bewegt. Impuls gebend für einen ersten Bewusstseinswandel im angesprochenen Sinn war in diesem Zusammenhang die Rezeptionsforschung, in den sechziger Jahren vor allem von Hans Robert Jauß und Wolfgang Iser, aber auch anderen Wissenschaftlern als ein wesentlicher Bereich der Literatursoziologie erkannt. Wenn dieser Ansatz auch zunächst weitgehend auf theoretische Untersuchungen beschränkt blieb, so beförderten die methodologischen Diskussionen im Umfeld doch eine grundsätzlich veränderte Einschätzung der Bedeutung gerade auch der journalistischen Literaturkritik, insbesondere für eine genauere Beobachtung der »Alltagsrezeption«[1], und nicht zuletzt aus der Sicht der Literaturwissenschaft. Die Forderung von Eberhard Lämmert bereits aus dem Jahre 1973, »den philologischen Fachbereichen einiger Hochschulen […] auch Institute für Literaturkritik beizuordnen«, und der nur wenige Jahre später daran anschließende »Vorschlag« von Norbert Mecklenburg, die Literaturkritik als »literaturwissenschaftliche Sonderdisziplin« zu institutionalisieren[2]: Beides war vermutlich schon damals auf breiter Ebene wenig realistisch. Als Ausdruck einer wesentlich veränderten Haltung zumindest von Teilen der seinerzeitigen Germanistik gegenüber der Tageskritik aber bleiben diese Forderungen bezeichnend.

---

[1] Die Begriffsbildung »Alltagsrezeption« ist in diesem Zusammenhang als Oppositionsbildung zur wissenschaftlichen Rezeption in der einschlägigen Fachliteratur zu verstehen.

[2] Vgl.: Eberhard Lämmert: *Über die zukünftige Rolle der Literaturkritik* (Anm. 7), hier S. 329; Norbert Mecklenburg: Die Rhetorik der Literaturkritik. Ein Gedankengang mit Vorschlägen zur Praxis (Anm. 7), hier S. 38.

Und vereinzelt kam es ja auch tatsächlich in der Folge zu solchen Neugründungen und, jedenfalls in Deutschland, auch zur Schaffung einiger neuer Lehrkanzeln für Literaturkritik und/oder Literaturvermittlung.

Dass die empirische Forschung, insbesondere zur »Alltagsrezeption«, zunächst zumeist gleichwohl nicht recht von der Stelle kam, lag vor allem wohl daran, dass die Quellen, d.h. die Rezeptionszeugnisse, von denen aus man hätte argumentieren können, damals in der Regel zumeist weit verstreut und oft nur sehr schwer ermittelbar waren. Auf breiterer Basis systematisch sammelnde Dokumentationsstellen für Literaturkritik gibt es, jedenfalls im deutschen Sprachraum, erst seit Anfang der sechziger Jahre.

Und dennoch habe ich den Eindruck, obwohl sich die Voraussetzungen für eine kontinuierlich Beobachtung der Literaturkritik, auch mit Unterstützung des Internet, seitdem deutlich verbessert haben und wesentlich erleichtert sind, dass das Interesse der Literaturwissenschaft an der Literaturkritik seit einigen Jahren insgesamt wieder nachgelassen hat, dass man sich, von Ausnahmen abgesehen, wieder ziemlich weit von einander entfernt hat und diese, die Literaturkritik, für jene, die Literaturwissenschaft, sehr oft nur dazu dient, sich schnell über eine Neuerscheinung zu informieren oder ein sonst nicht leicht zu erhebendes Datum zu erfragen.

Bestätigt wird dieser Eindruck beispielsweise auch durch die kritische Anmerkung Wilfried Barners im Vorwort zu dem von ihm 1990 herausgegebenen Tagungsband des DFG-Symposions *Literaturkritik – Anspruch und Wirklichkeit*, wo er die – wenn auch aus seiner Sicht rhetorische – Frage glaubt stellen zu müssen, ob Literaturkritik überhaupt »ein 'germanistisches' Thema« sei: »Überhaupt eines, zu dem sich gemeinsame wissenschaftliche Grundlagen formulieren lassen?« Und er gesteht, dass die »Erforschung der Literaturkritik, ihrer Prinzipien wie ihrer historischen Entwicklung […], nicht gerade zu den glanzvollen

Kapiteln in der Geschichte der Literaturwissenschaft, zumal in Deutschland« gehört.[1]

Dies allein damit erklären zu wollen, dass die heute überall spürbaren Sparmaßnahmen zur Konzentration zwingen und Spezialforschungsbereiche daher kaum noch zu finanzieren seien, überzeugt nicht. Der eigentliche Grund liegt wohl tiefer. Entscheidender jedenfalls scheint vielmehr zu sein, dass sich beide Institutionen, – unabhängig voneinander oder vielleicht auch nicht –, vor dem Hintergrund einer sich rasant verändernden Gesellschaft und angesichts des damit einhergehenden Verlusts eines noch bis in die sechziger Jahre weithin gültigen geschichtsphilosophischen und ästhetischen Grundkonsenses in einer Legitimationskrise befinden.

So ist von der Aufbruchsstimmung der Literaturkritik, die in den sechziger und auch noch in den siebziger Jahren zu beobachten war und zu ihrer Attraktivität damals nicht unwesentlich beigetragen hat, von Einzelleistungen abgesehen, tatsächlich nur noch wenig wahrzunehmen. Zur Erinnerung und zum Vergleich: Erst seit Anfang 1964 gibt es im Nachrichtenmagazin *Der Spiegel* überhaupt eine wöchentliche Buchkolumne; im gleichen Jahr erschien, konzipiert als deutsches Parallelunternehmen zum französischen *Figaro Litteraire*, zum englischen *Times Literary Supplement* und zur *New York Times Book Review*, in der Nachfolge der von Willy Haas herausgegebenen *Literarischen Welt*, als vierzehntägige Beilage der *Welt* die erste Nummer der *Welt der Literatur*. Und schließlich leistete sich die Wochenzeitung *Die Zeit* in diesen Jahren sogar den Luxus, ihr wichtig erscheinende Bücher gleich von mehreren Rezensenten besprechen zu lassen – dies alles begleitet von einer gleichzeitigen, überaus breit geführten Theoriediskussion über die zukünftige Funktion und die Aufgaben der Literaturkritik, auch unter aktiver Beteiligung der Literaturwissenschaft.

Heute dagegen dominieren stattdessen, wiederum mit wenigen Ausnahmen, zunehmend isolierte Buchbesprechungen oder, nicht selten, Bestseller- und Bestenlisten die überwiegende

---

[1] Wilfried Barner (Hrsg.): *Literaturkritik – Anspruch und Wirklichkeit. DFG-Symposion 1989* (Anm.7). Hier S. IX.

Mehrzahl der Literaturbeilagen. Dringend notwendige Zusammenhänge werden viel zu wenig hergestellt, wie sich überhaupt der Eindruck verstärkt, dass das traditionelle Feuilleton, von den wenigen überregionalen Zeitungen abgesehen, mangels einer längst überfälligen Wertedebatte mehr und mehr zum Kulturmarketing verkommt.

Um die gegenwärtige Germanistik ist es, aus meiner Sicht, häufig nicht viel besser bestellt. Mit dem Rückgang des Interesses an einer sozialgeschichtlichen Literaturbetrachtung, spätestens seit der Mitte der achtziger Jahre, hat sie offenbar auch die sogenannte Tageskritik wieder weitgehend aus den Augen verloren und sich in der Folge ebenfalls beinahe gänzlich aus der praktischen Wertedebatte verabschiedet, und sie scheint jetzt vielfach wieder zu glauben, in einem freien Raum zu agieren, unabhängig, autonom, in einem geschlossenen System, allein der Wissenschaft verpflichtet, für die die Literatur oft nur mehr eine illustrierende Bedeutung zu erfüllen scheint, wenn sie nur noch dazu dient, die Griffigkeit des neuesten methodischen Ansatzes zu überprüfen.[1]

Eine gute Zukunft, das scheint mir angesichts des Dargelegten immer deutlicher, haben beide Institutionen daher nur, wenn sie, durchaus aus der Perspektive unterschiedener Erkenntnisinteressen, in der Sache, das heißt im Dienst an ihrem gemeinsamen Gegenstand, der Literatur, sich ergänzen und gegenseitig unterstützen. Nur eine solche Engführung wird längerfristig beiden Seiten helfen, auch aus dieser Krise wieder herauszufinden. Die Literaturkritik braucht, wenn sie ernst genommen werden will, die Literaturwissenschaft. Sie ist auf die Grundlagenforschung und Quellenaufbereitung der Literaturwissenschaft angewiesen, wenn sie sich tatsächlich der Literatur und nicht nur dem Markt verpflichtet fühlt, den sie, wie sie selbst weiß, ohnehin schon lange nicht mehr zu steuern vermag; wenn sie sich also wieder verstärkt der Literatur statt der Ver-

---

[1] Vgl. dazu auch die von Wilfried Barner ausgelöste, unter großer Beteiligung geführter Diskussion in den beiden *Jahrbüchern der deutschen Schillergesellschaft* 1998/1999, Jg. 42 und 43, zu der Frage: »Kommt der Literaturwissenschaft ihr Gegenstand abhanden?«.

kaufsförderung von Büchern widmet; und wenn es ihr schließlich um mehr als nur zeitgeistig formulierte Geschmacksurteile zu tun ist.
Und genauso ist andererseits die Literaturwissenschaft auf die Literaturkritik angewiesen, weil sie sonst Gefahr läuft, sich in 'szientifischen' Spitzfindigkeiten zu verlieren und die Beziehung zu ihrem eigentlichen Gegenstand, der Literatur, und zum literarischen Leben zu verlieren – wenn sie die immer komplexer gewordenen, sich immer schneller verändernden Produktions- und Rezeptionsbedingungen von Literatur nicht versteht. Denn auch das ist wohl unbestritten: Das tatsächliche Literaturverständnis einer Zeit wird sonst kaum so unmittelbar deutlich wie auf den Kultur- und Feuilletonseiten der Tages- und Wochenzeitungen oder in den einschlägigen Sendungen des Fernsehens und des Rundfunks. Bei allem, was die Literaturwissenschaft, beispielsweise als Literaturgeschichte, dazu zu sagen hat, handelt es sich entweder um Rationalisierungen (aus einem zumeist größeren zeitlichen Abstand) – oder sie bleibt auf eine genaue Beobachtung der Literaturkritik angewiesen.
Bleibt natürlich die entscheidende Frage, wie sich Ergebnisse dieser Überlegungen in die Praxis umsetzen lassen.
Konkrete Vorstellungen dazu gibt es, wie gesagt, aus der Sicht der Literaturwissenschaft jedenfalls, bereits; es gibt ja auch – seit Jahren – erfolgreiche Ansätze zu ihrer Realisierung. Wobei alle Beteiligten darin übereinstimmen, dass es in der Zukunft vor allem darauf ankommen wird, dass sich die Literaturwissenschaft (wieder) stärker als *kritische* Wissenschaft der gesellschaftlichen Öffentlichkeit und dem öffentlichen Diskurs über Literatur zu stellen haben wird. In der Praxis heißt das, dass die traditionellen Kernbereiche des Faches, also die Philologie, die Literaturgeschichte, die Edition, die Interpretation und die Literaturtheorie, um einen Bereich der so genannten »praktischen« oder »angewandten« Literaturwissenschaft zu erweitern, dem eben Arbeitsgebiete zuzuordnen wären wie die »Literaturvermittlung in den alten und neuen Medien« oder »Literaturkritik und Fragen der Praxis literarischer Wertung«. Das haben wir in Innsbruck seit Jahren versucht, nicht zuletzt mit

der Umbenennung des Instituts von »Institut für Germanistik« in »Institut für deutsche Sprache, Literatur und Literaturkritik«. Literaturkritische Praxis und Literaturwissenschaft »könnten hier […] probeweise einander ähnlich nahe rücken und ergänzen, wie es zwischen Praktikern und Theoretikern in Forschungsinstituten der Biogenetik oder auch der Verfahrenstechnik längst geschieht. Zusammen mit einem Studio, das beruflich oder außerberuflich Lesenden den Weg zum Schreiben auf eigene Hand erleichtert, könnte eine solche Einrichtung schließlich nicht nur ein günstiger Ort sein, der öffentlich gehandhabten Sprache in diesem unserem Lande aufzuhelfen, sondern auch ein Organ, das die Literatur lebendig hält oder gar lebendiger macht. Das wäre dann – gleichviel ob Wissenschaft oder Kritik – eine schöne Kunst.«

# Michel de Montaigne auf Reisen

*von Rosmarie Mair*

Michel Seigneur de Montaigne (1533–1592), der berühmte französische Schriftsteller und Philosoph, unternahm 1580–81 eine eineinhalbjährige Reise durch Frankreich, die Schweiz, Deutschland und Italien. Dabei kam er zusammen mit seinen Begleitern, einigen Edelleuten und einem Sekretär, auch durch das Allgäu, an den Bodensee und nach Augsburg. Montaigne war ein exzellenter Beobachter, und seine Tagebuchaufzeichnungen ermöglichen einen interessanten Blick »von außen« auf die regionalen Gepflogenheiten in der zweiten Hälfte des 16. Jahrhunderts.
Doch zunächst einige Anmerkungen zur Person Michel de Montaignes:
Montaigne wurde 1533 auf Schloss Montaigne, fünfzig Kilometer östlich der Hafenstadt Bordeaux, geboren. Der Urgroßvater war durch den Handel mit Lebensmitteln reich geworden, die Familie Eyquem (so hieß sie herkömmlich) stieg in den Adelsstand auf. Michel de Montaigne widmete sich dem Studium der Rechte, das er auch abschloss, und übernahm als 21jähriger das (gekaufte) Amt eines Parlamentsrats. Der Tod eines Parlamentskollegen und engen Freundes, Étienne de la Boétie, erschütterte ihn zutiefst und veranlasste ihn zum Schreiben. 1565 heiratete er; von den sechs Töchtern des Ehepaars überlebte nur eine einzige. 1568 wurde Montaigne nach dem Tod des Vaters Eigentümer und Herr von Montaigne. Nun begann seine schriftstellerische Tätigkeit. Die beiden ersten Bände seines bekanntesten Werks, die *Essais de Messire Michel, Seigneur de Montaigne* (»Er-

*probungen des Herrn von Montaigne«)*, erschienen im Frühling 1580. Die *Essais* wurden ein Erfolg und begründeten Montaignes Weltruhm. Eine der zentralen und oft zitierten Aussagen lautet, im Kontext zitiert: »*Ich schildere ein niedriges und ruhmloses Leben. Nun gut. Man kann die ganze Moralphilosophie ebensogut an ein gewöhnliches Privatleben anknüpfen wie an ein ereignisreicheres Leben;* **ein Jeder trägt die gesamte Form des Menschseins in sich**«.[1]

Montaigne nahm sich in den *Essais* die Freiheit, subjektiv und kritisch zu sein: In einer Zeit der Inquisition wandte er sich gegen den Wahn der Hexenverfolgung und die Unmenschlichkeit der christlichen Konquistadoren in der Neuen Welt.

An die Veröffentlichung der *Essais* schloss sich nun die besagte Reise an. Sie diente mehreren Zwecken: Wegen seines Nierenleidens wollte Montaigne, der den Künsten der Ärzte misstraute, entsprechende Heilbäder aufsuchen. Daneben suchte er Entspannung für seinen Geist und Abstand zu den Geschehnissen in seinem Heimatland. Frankreich war zerrissen von den Religionskriegen (1562–1598), den blutigen Auseinandersetzungen zwischen Katholiken und den calvinistisch-protestantischen Hugenotten. In Montaignes Reisenotizen finden sich deshalb auch stets Bemerkungen über den Umgang der Konfessionen miteinander. Nichtzuletzt diente das Reisen Montaigne immer der Beobachtung von Land und Leuten und der Erweiterung des eigenen Horizonts.

Doch nun: Willkommen zu einer Zeitreise ins 16. Jahrhundert![2]

---

[1] Zitiert bei: Hans Peter Balmer: Essais de Messire Michel, Seigneur de Montaigne. In: Große Werke der Literatur Band V, Hsg. Hans Vilmar Geppert, Tübingen 1997, S. 59.

[2] Die Tagebuchnotizen ließ Montaigne von seinem Sekretär niederschreiben. Sie werden zitiert aus: »Wer wenn nicht Goethe? Prominente im Allgäu.« Ein KulTourführer von Michael Molsner und Elke Wiartalla, Düsseldorf 1998, S. 14–17, aus »Annäherungen an Lindau. Berühmte Autoren in der Inselstadt und Umgebung«, Hsg. Manfred Hagel, Lindau 1996, S. 8–13 und aus »Wolfgang Kunz: Morgen Augsburg, Literarisches Portrait einer Stadt, München 1993, S. 178 ff.

## Konstanz

*Die Bauern geben ihren Arbeitern zum Frühstück flache, unter Asche gebackene und mit Fenchel bestreute Brote, darauf eine Schicht kleingeschnittenen Specks und etwas Knoblauch liegt.*

*Um einen zu ehren, tritt man bei den Deutschen immer an die linke Seite, wo es auch sei; sich auf seiner rechten zu halten, gilt als Beleidigung, denn nach ihrer Meinung muß man ihm die rechte Seite frei halten, damit er die Waffe ergreifen kann. (…)*

## Poststation bei Konstanz

*(…) wo wir im Gasthaus »Zur Stadt Köln« abstiegen, darin ist für den Kaiser die Post zwischen Italien und Deutschland eingerichtet. Wie an verschiedenen anderen Orten werden die Strohsäcke mit Laub gefüllt, das – von einem bestimmten Baum stammend – bessere Dienste als Stroh leistet und länger hält. (…)*

## Friedrichshafen

*Montag, den 10. Oktober 1580. Wir kamen durch eine Stadt namens Buchhorn (Friedrichshafen); sie ist kaiserlich und katholisch und liegt am Ufer des Bodensees. Hier kommen alle Waren aus Ulm, Nürnberg und anderen Städten in Fuhren zusammen, um dann über den See den Rhein zu erreichen. (…)*

## Lindau

*Um 3 Uhr nachmittags kamen wir nach Lindau, drei Meilen davon, einer kleinen Stadt, die hundert Schritt weit draußen im See liegt; es gibt nur einen Zugang, der ganze Ort ist vom Wasser umschlossen. Der See ist hier eine gute Meile breit und jenseits erheben sich die Graubündner Berge. Der See und alle seine Zuflüsse sind im Winter niedrig, im Sommer nach der Schneeschmelze hoch. In der ganzen Gegend tragen die Frauen Pelzhüte oder –mützen, die es auch bei uns gibt, die äußere Seite aus einem angemessenen Pelz, etwa Grauwerk (Hamster, Kaninchen oder dergleichen), die innere aus Lammfell. Eine solche Mütze kostet nicht mehr als drei kleine Silbermünzen. Die Öffnung, die unsere Mützen vorne haben, tragen sie hinten, damit man ihre Zöpfe sieht. Dazu tragen sie gern rote oder weiße Schuhe, die ihnen nicht schlecht stehen.*

*Die Ausübung zweier Religionen ist erlaubt. Wir besuchen die im Jahre 866 erbaute katholische Kirche, in der alle Dinge unversehrt geblieben sind, und sahen auch die protestantische Kirche. In allen kaiserlichen Städten besteht freie Religionsausübung für Katholiken und Protestanten, nach Belieben der Bürger; im ganzen genommen wird immer eine oder die andere überwiegen. In Lindau gibt es nur zwei oder drei Katholiken, wie der Priester dem Herrn von Montaigne sagte. (…) Der Herr von Montaigne sprach auch mit dem lutherischen Geistlichen, von dem er nichts besonderes vernahm außer ihrem gewöhnlichen Haß gegen Zwingli und Calvin. In Wahrheit gibt es kaum eine Stadt, die nicht etwas besonderes in ihrem Glaubensbekenntnis hat: unter der Autorität Martins (Luther), den sie als ihren Führer anerkennen, streiten sie doch in verschiedenen Fragen über die Auslegung der Meinung und Schriften desselben Martin.*

*Wir wohnten in der Krone, einem hübschen Gasthaus. In das Tafelwerk des Festsaales war eine Art Käfig eingebrochen, in dem eine große Anzahl Vögel Platz fanden; Schwebegänge, die mit Messingdrähten aufgehängt waren und von einem Ende des Zimmers bis zum andern gingen, dienten den Vögeln zum Spazierengehen. (…) Überall werden Kohlköpfe gezogen, die man mit einem besonderen Instrument klein zerhackt und dann in großen Mengen in Zubern einsalzt, davon werden den ganzen Winter Kohlsuppen gekocht.*

*Der Herr von Montaigne machte den Versuch, sich im Bett mit einer Federdecke zu bedecken, wie es dort Brauch ist; und war damit sehr zufrieden, weil er feststellte, daß es eine zugleich warme und leichte Bedeckung war. Überhaupt fand er, daß nur empfindliche Männer sich dort über das Schlafen beklagen könnten; wer eine Matratze, die dort unbekannt ist, und einen Betthimmel in seinem Gepäck mitführte, fände nichts mehr auszusetzen. Denn was die Aufwartung bei Tisch betrifft, machen sie solchen Aufwand an Lebensmitteln und bringen in die Gerichte eine solche Abwechslung an Suppen, Saucen und Salaten, und das alles ist in den guten Gasthäusern mit solchem Wohlgeschmack zubereitet, daß kaum die Küche des französischen Adels damit verglichen werden kann, auch fände man in unseren Schlössern wenige derartig geschmückte Säle. Uns unbekannt waren Quittensuppen, Suppe, in die gebackene Äpfel geschnitten waren, und Krautsalat, ferner dicke Suppen ohne Brot, z. B. von Reis, von denen alle gemeinsam aßen, da besonderes Gedeck unbekannt ist.*

*Bemerkenswert ist der Reichtum an guten Fischen, die mit anderem Fleisch in einer Schüssel aufgetragen werden; Forellen sind nicht geschätzt und man ißt nur ihren Laich; Wild, Schnepfen und junge Hasen, die ganz anders als bei uns, aber mindestens ebenso gut hergerichtet werden, sind reichlich vorhanden. Wir sahen niemals so zarte Fleischspeisen, wie sie dort täglich aufgetragen werden. (…)*
*Der Herr von Montaigne bedauerte dreierlei auf seiner Reise: einmal, daß er keinen Koch mitgenommen hatte, um ihn die hiesigen Gerichte studieren zu dann zu Hause erproben zu lassen, zweitens, daß er nicht einen deutschen Diener angenommen oder die Gesellschaft eines einheimischen Edelmannes gesucht hatte: denn, auf den guten Willen eines armseligen Führers angewiesen zu sein, empfand er als eine große Unbequemlichkeit, und drittens, daß er vor Antritt der Reise kein Buch zur Hand hatte, das ihn auf die seltenen und beachtenswerten Dinge jedes Ortes aufmerksam machte, daß er keinen Münster* (Sebastian: »Cosmographia« von 1544) *oder so etwas ähnliches im Gepäck hatte. Wenn sich auch in sein Urteil ein wenig von leidenschaftlichem Unwillen gegen sein Land mischte, das aus anderen Gründen Haß und Widerwillen in ihm erzeugt hatte, so zöge er in der Tat in vielen Punkten die Annehmlichkeiten des Landes weit den französischen vor, er paßte sich sogar soweit an, daß er dort den Wein ohne Wasser trank. Wenn um die Wette getrunken wurde, so lud man ihn zwar ein; es geschah aber nur aus Höflichkeit, und er kam auch niemals nach.*

## Wangen

*(…) wo ein Unfall, der dem Gepäckmaulesel zustieß, uns wider Willen zurückhielt und uns zwang, vom nächsten Tag an einen Karren zu mieten, der täglich drei Taler kostete; der Karrenführer, der vier Pferde hatte, nährte sich davon.*
*In Oberdeutschland lebt man weit teurer als in Frankreich, denn nach unserer Rechnung brauchen Mann und Pferd täglich mindestens einen Sonnentaler. (…) Im Hinblick auf den Überfluß ihrer Gänge und zumal des Weines (selbst da, wo er außerordentlich teuer ist, und von weit hergeschafft werden muß) finde ich die hohen Preise entschuldbar. (…) Der Wein wird in gewissen großen Krügen aufgetragen und es ist ein Verbrechen, einen leeren Becher nicht gleich nach-*

*zufüllen; Wasser gibt es niemals, auch wenn man es verlangt, man müßte denn besonders angesehen sein. (…)*
*Sie haben das Gute, daß sie von vornherein nur das verlangen, was sie haben wollen, und man gewinnt nichts beim Handeln. Sie sind ruhmrednerisch, hitzig und trunksüchtig, aber sie sind, meinte der Herr von Montaigne, weder unzuverlässig noch unehrlich.*

## Isny

*Stadt, die vortrefflich angelegt ist.*

## Kempten

*(…) Wir wohnten im »Bären«, der ausgezeichnet ist (…) Holzteller aufgetragen, die übrigens sehr sauber und nett sind. Beim Sitzen werden überall Kissen untergeschoben. (…) Es fehlte mir auch niemals an Stoff, um für meinen Herrn Vorhänge am Bett zu befestigen; auch konnte er seine Serviette verschiedene Male wechseln, wenn sie ihm nicht mehr genügte.*
*Die Stadt ist protestantisch, das Seltsame dabei ist, dass ebenso wie in Isny die katholische Kirche feierlichen Gottesdienst abhält.*

## Pfronten

*Es ist dort nicht Brauch, das Bettzeug beim Schlafengehen oder die Kleider vor dem Aufstehen zu wärmen, und sie nehmen es übel, wenn man in der Küche zu diesem Zweck Feuer anzünden oder das gerade brennende benützen will, und das war einer der bedeutendsten Streitpunkte in allen Gasthöfen.*

## Füssen

*(…) und viele Leute aus dem Gefolge des Erzherzogs von Österreich, der in der Nähe auf einem Schloss bei dem Herzog von Bayern zu Gast weilt.*

## Schongau

*(…) bleibt unentwegt beim alten Glauben.*

## Landsberg

*Mitten auf einem sehr großen Platz lässt ein Springbrunnen Wasser aus hundert Röhren eine Lanze hoch aufschießen (…)*

## Augsburg

*Wir reisten nach Tisch weiter und kamen (…) nach Augsburg, das als die schönste Stadt Deutschlands gilt. (…) Nach Tisch besuchten wir ein Schaufechten in einem öffentlichen Saal. Es wohnte eine große Menge bei; man bezahlte den Eintritt wie bei Artisten und außerdem für den Sitzplatz. Es wurde mit dem Dolch, dem Zweihänder, einem beidseitig eisenbeschlagenen Stab und dem kurzen Breitschwert gefochten; hernach wohnten wir einem Preisschießen mit Armbrust und Bogen bei. (…)*

*Heiraten zwischen Katholiken und Protestanten finden täglich statt; und wer will, nimmt den Glauben des andern an; solche Ehen bestehen zu Tausenden; unser Wirt zum Beispiel war Katholik, seine Frau Protestantin. (…)*

*Wie viele Augsburger erzählen, haben sie zwar Mäuse, aber keine großen Ratten, von denen das übrige Deutschland geplagt ist. Sie erzählen darüber eine Menge Wundergeschichten und schreiben ihre Bevorzugung einem ihrer dort begrabenen Bischöfe zu; von diesem Grab wird Erde in kleinen nußgroßen Stückchen verkauft und sie soll das Gezücht überall verjagen. Am Montag wohnten wir in der Kirche Unserer Lieben Frau der pomphaften Hochzeit eines reichen und häßlichen Bürgermädchens mit einem Geschäftsführer der Fugger, einem Venezianer, bei; wir sahen dabei kein einziges hübsches Frauenzimmer.*

*Die verschiedenen Fugger, die alle sehr reich sind, nehmen die erste Stelle in der Stadt ein. Wir sahen auch zwei Säle in ihrem Haus; der eine war groß, hoch und mit Marmor ausgelegt; der andere ist niedrig, reich an alten und modernen Medaillons. (…) Es sind die reichsten Zimmer, die ich je gesehen habe. (…)*

*Die Stadt war zuerst ganz Zwingli ergeben; als später die Katholiken zurückgerufen wurden, nahmen die Lutheraner die zweite Stelle ein; bis zur Stunde spielen noch die Katholiken die erste Rolle, trotzdem sie weit in der Minderzahl sind. Der Herr von Montaigne machte auch den Jesuiten einen Besuch und fand bei ihnen einige recht gelehrte Leute.*

*Mittwoch, den 19. Oktober, nahmen wir zum letzten Mal dort unser Frühstück ein. Der Herr von Montaigne beklagte sehr, daß er abreisen mußte, ohne die Donau zu sehen. (…) Der Winter rückte jedoch zu*

*nahe heran (…) Ich hinterließ ein Schild mit dem Wappen des Herrn von Montaigne (…), es war sehr gut gemalt und kostete mich zwei Taler an den Maler und zwanzig Sous an den Schreiner.*
*Die Stadt liegt am Lechfluß, Lycus.*

Von Augsburg aus reiste Montaigne nach Italien weiter. Dort erreichte ihn am 01.10.1581 die Nachricht, dass er zum Bürgermeister von Bordeaux gewählt worden war (ein Amt, das bereits sein Vater innehatte). Auf nachdrückliche schriftliche Aufforderung des Königs Henri III nahm er an. Er wurde nach der ersten Amtsperiode von 2 Jahren wiedergewählt, was äußerst selten geschah.

Die Pest (während einer Epidemie waren in einem halben Jahr 14 000 Menschen der Pest zum Opfer gefallen) vertrieb ihn aus der Stadt und er zog sich auf sein Schloss zurück, wo er am bedeutendsten Teil der *Essais*, dem dritten Buch, weiterarbeitete. Er unterbrach seine Arbeit nur, wenn sein Rang als »Gentilhomme ordinaire de la chambre du Roi« (Ehrentitel eines Kammerherrn) ihn zu einem Besuch bei Hof verpflichtete. 1592 starb Montaigne in seinem 60. Lebensjahr.

# Die Gruppe 47 in Großholzleute im Allgäu

*von Rosmarie Mair*

Elf Jahre nach ihrem ersten Treffen am Bannwaldsee bei Füssen kam die Literatenvereinigung »Gruppe 47« im November 1958 ein weiteres Mal im Allgäu zusammen. Es war die 20. Gruppentagung[1] und Hans Werner Richter hatte in den altehrwürdigen Gasthof »Adler« nach Großholzleute eingeladen, einen kleinen Ort im Westallgäu, zwischen Kempten und Isny. Der äußere Rahmen war stilvoll, denn dieser historische Gasthof, der um das Jahr 1400 errichtet worden ist, hatte im Jahre 1768 schon

[1] In den Jahren 1948, 1949 und 1951 – 1955 hatte es jeweils eine Frühjahrs- und eine Herbsttagung gegeben, in den übrigen Jahren nur eine Jahrestagung. Vgl. Friedhelm Kröll: Die »Gruppe 47« Soziale Lage und gesellschaftliches Bewußtsein literarischer Intelligenz in der Bundesrepublik. Stuttgart 1977, S. 205.

Kaiserin Maria Theresia und zwei Jahre später ihrer Tochter Marie Antoinette als Herberge gedient.

In der Literatur finden sich unterschiedliche Angaben darüber, wie viele Autoren, Kritiker, Lektoren und Verleger der Einladung Hans Werner Richters nach Großholzleute gefolgt sind. Joachim Kaiser spricht in seiner Rezension in der Süddeutschen Zeitung vom 05.11.1958 davon, dass mehr als hundert »Literatoren« zusammengekommen sind. Bei Claudia Mayer-Iswandy ist dagegen »nur« von 70 Tagungsteilnehmern die Rede.[1] Jedenfalls waren unter den Tagungsteilnehmern namhafte Schriftsteller, wie Ingeborg Bachmann, Ilse Aichinger, Max Frisch, Wolfgang Hildesheimer, Heinrich Böll, Carl Zuckmayer und der am Bodensee beheimatete Martin Walser.

Das Gruppe 47-Treffen in Großholzleute fand vom 30.10. – 02.11.1958 statt und der Ablauf der Tagung folgte dem schon typischen Gruppenritual: Die Autoren trugen aus unveröffentlichten Manuskripten vor und jede und jeder Anwesende konnte den Text anschließend kritisieren. Dem Lesenden war die Gegenrede untersagt.

Dazu der Kritiker Marcel Reich-Ranicki:

*»(…) Und sie sind auch diesmal nach Großholzleute im Allgäu gekommen: sogar aus der Schweiz, aus Österreich und Holland. Und die BBC hat ihren Berichterstatter geschickt, und aus Polen ist der Vertreter der führenden literarischen Zeitschrift gekommen. Warum? Weil es sich längst erwiesen hat, dass das alte Berliner Sprichwort »Je preiser geehrt, desto durcher fällt er« bei dieser Gruppe 47 nicht stimmt, daß, wer den Segen dieser seltsamen Gruppe bekommen hat, später auch das Rennen macht, weil es sich längst herumgesprochen hat, daß die interessantesten Talente der jungen Generation hier mündlich debütieren. Und sie saßen vom frühen Morgen bis zum späten Abend auf harten, höchst unbequemen Stühlen (nur Richter genoß den Vorzug eines anständigen Sessels, den ihm alle gönnten) und lauschten geduldig. Es war sehr unfeierlich, und die große Glocke, die Richter hin und wieder lächelnd schwang, war nur ein ironisches Requisit. Und es war fast überflüssig, denn diese anscheinend höchst undisziplinierte Bande war erstaunlich diszipliniert. Sie geben*

---

[1] Claudia Mayer-Iswandy: Günter Grass. München 2002, S. 56.

*sich spöttisch, zynisch und ironisch, aber im Grunde nehmen sie die Literatur verflucht ernst. (…)«*[1]

Neben längst bekannten Autoren wie Ilse Aichinger (Preisträgerin 1952), Wolfgang Hildesheimer, Heinz Huber und Adriaan Morriën (Preisträger 1954) lasen im Gasthof »Adler« auch bislang unbekannte wie Ruth Rehmann, Ingrid Bachér und Günter Grass. Der 31-jährige Günter Grass, der 1955 erstmals bei der Frühjahrstagung der »Gruppe 47« in Berlin Gedichte vorgelesen hatte und fortan zu jeder Tagung anreiste[2], las hier zwei Kapitel aus seinem noch unveröffentlichten Roman »Die Blechtrommel« (das erste und das vierunddreißigste) und gewann damit den Preis der Gruppe 47.

*Zeichnung »Meine Großmutter Anna Bronski saß …« von Paul Flora; Nachdruck mit freundlicher Erlaubnis des Künstlers.*

Die Entscheidung fiel allerdings durchaus knapp aus, denn Joachim Kaiser erinnert sich in einem Interview am 21.06.1988: *»Das gehört eben auch zur Gruppe 47, daß vieles im nachhinein enorm konsequent wirkt – was damals ziemlich zufällig war. Günter Grass war ein paar Jahre später der große Sieger. Aber er bekam in Großholzleute nur eine Stimme mehr als ein gewisser Huber, von dem heute überhaupt niemand mehr was weiß! Das heißt, ganz knappe Entscheidungen hatten später enorm prägende Folgen.«*[3]

[1] Rezension Marcel Reich-Ranicki, *Die Kultur*, München 15.11.1958.
[2] Claudia Mayer-Iswandy: Günter Grass. München 2002, S. 59.
[3] Dichter und Richter. Berlin 1988, S. 9.

Und Hans Werner Richter erinnert sich:
»*Ein Jahr später in Großholzleute löste seine Lesung aus der 'Blechtrommel' eine Art Wirbelsturm aus. Alle bestürmten mich, diesmal den Preis zu vergeben, den ich schon seit drei Jahren nicht mehr vergeben hatte. Jene Autoren, die neben ihrer eigenen Arbeit Lektoren bei irgendwelchen Verlagen waren, telefonierten mit ihren Verlegern. Jeder hätte die 'Blechtrommel' gern in seinem Verlag gehabt. Viele von ihnen legten noch fünfhundert Mark zu dem Preis dazu, so daß eine für damalige Zeit anständige Summe zusammenkam. Jeder ließ sich wohl in dem Gefühl mitreißen, selbst an dem Erfolg beteiligt zu sein. Für Günter war es ein Tag des Triumphes, der sich in dieser Intensität trotz aller späteren Erfolge wohl nicht wiederholt hat. Ich selbst habe eine solche Euphorie in der 'Gruppe 47' nicht wieder erlebt. In wenigen Stunden, sozusagen über Nacht, war Günter zu einem bekannten Autor geworden.*«[1]
Überglücklich feierte Grass an diesen denkwürdigen Abend die Ehrung und das damit verbundene Preisgeld in Höhe von 5.000,-- DM. Dazu Toni Richter im Rückblick:
»*Strahlend stand Grass an der Bar und leerte jedes Mal, wenn Hans Werner mit der Mitteilung 'wieder 500,-- mehr' an ihm vorbeiging, ein weiteres Gläschen Obstler nach Tante Finnis Hausrezept.*«[2]
Dieser Erfolg kam für Grass zum richtigen Zeitpunkt, denn »*ich lebte von nichts, zeichnete auf Packpapier und schrieb ununterbrochen*«, erinnerte Günter Grass in einem »Rückblick auf die Blechtrommel« an seine Anfänge.[3] Sein Studium der Bildhauerei und Graphik bei Karl Hartung an der Berliner Hochschule für bildende Künste hatte er 1956 aufgegeben, um mit seiner Frau Anna nach Paris zu gehen. »*Sie wollte die Ballettausbildung weiterführen, und ich wollte ein dickes Buch schreiben.*«[4]
Dieses »dicke Buch« sollte die »Blechtrommel« werden. Grass gelang damit endlich der Durchbruch als Schriftsteller und die

---

[1] Hans Werner Richter: Im Etablissement der Schmetterlinge. Einundzwanzig Portraits aus der Gruppe 47. München 1986, S. 124/125.
[2] Toni Richter: Die Gruppe 47 in Bildern und Texten. Köln 1997, S. 74.
[3] zitiert in: Ralf Schnell: Die Literatur der Bundesrepublik. Autoren, Geschichte, Literaturbetrieb. Stuttgart 1986, S. 159.
[4] Günter Grass mit Selbstzeugnissen und Bilddokumenten, dargestellt von Vormweg, Heinrich. Hamburg 1986, S. 37, 41.

finanziellen Engpässe der Familie (am 04.09.1957 war das Zwillingspaar Franz und Raoul zur Welt gekommen) konnten abgemildert werden. Dazu Günter Grass in einem Brief an Hans Werner Richter vom 10.12.1958:

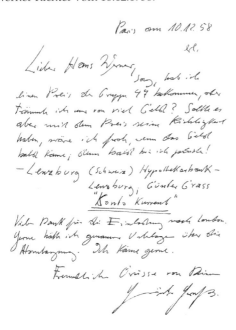

*Lieber Hans Werner,*
*sag, hab ich einen Preis der Gruppe 47 bekommen, oder träumte ich nur von viel Geld? Sollte es aber mit dem Preis seine Richtigkeit haben, wäre ich froh, wenn das Geld bald käme; denn bald bin ich pleite!*
*– Lenzburg (Schweiz) Hypothekenbank – Lenzburg; Günter Grass*
*»<u>Konto Kurrent</u>« –*
*Vielen Dank für die Einladung nach London. Gerne hätte ich genauere Unterlagen über die Atomtagung. Ich käme gerne.*
*Freundliche Grüsse von Deinem*
      *Günter Graß.*[1]

*Veröffentlichung mit Erlaubnis der Stiftung Archiv der Akademie der Künste, Berlin, Hans-Werner-Richter-Archiv.*

---

[1] Dichter und Richter. Berlin 1988, S. 230.

»Die Blechtrommel« wurde 1959 auf der Frankfurter Buchmesse vorgestellt und in der Folgezeit sehr kontrovers diskutiert. Was den einen als pornographisch und blasphemisch erschien, markierte für andere einen Neubeginn in der deutschen Literatur. Die »*Lust am Weltniveau, das Bedürfnis, wenigstens ästhetisch auf der Höhe der Zeit zu sein, der Wunsch, das Klassenziel der Weltkultur zu erreichen – spätestens mit der Blechtrommel war es geschafft*«, schrieb Hans Magnus Enzensberger 1968 rückblickend auf dem Höhepunkt der außerparlamentarischen Revolte im Kursbuch 15.[1] 1999 erhielt Günter Grass für sein Lebenswerk den Literatur-Nobelpreis.

Im Gasthof Adler in Großholzleute wurde im Oktober 2002 der 75. Geburtstag des Hobbykochs Günter Grass mit Fischsuppe, Hammel vom Spieß und Bratäpfeln gefeiert und damit auch an die Grass-Lesung im Jahre 1958 erinnert. Organisiert hatte dieses »literarische Diner« der rührige »literarische Spurensucher« Hans-Christian Rump aus Wangen (Allgäu). Günter Grass selbst war allerdings – zum Bedauern des Veranstal-

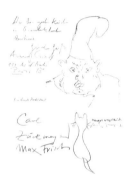

ters – der Einladung zu diesem Diner nicht gefolgt. Eigentlich schade, denn gerade die gute Küche in Großholzleute war Günter Grass 1958 eine Widmung nebst Karikatur im Gästebuch des »Adlers« wert (siehe oben).[2]

Wer über die Landstraße von Kempten Richtung Bodensee fährt, kommt direkt am historischen Gasthof »Adler« in Großholzleute, der zu den zehn ältesten Gasthöfen in Deutschland gehört, vorbei. Literatur- und Kulturinteressierte sollten es nicht versäumen, einen Blick in das Innere dieses Gasthauses zu werfen und die besondere Atmosphäre dort zu genießen.

---

[1] aus: Kursbuch 15, Hg. H. M. Enzensberger, Frankfurt 1986, S. 190.
[2] Der Schriftsteller unterschreibt auch hier – ebenso wie im Brief an H. W. Richter – mit »Günter Graß«, während seine Frau Anna die Schreibweise »Grass« verwendet. Das Gästebuch befindet sich im Stadtarchiv Isny.

THEATER

# Urmel, Jim Knopf, Kater Mikesch und Co.
# Kleine Geschichte der Augsburger Puppenkiste

*von Michaela Schwegler*

## Die Anfänge des Marionettentheaters

Den Beginn des Puppenspiels festmachen zu wollen, ist ein nahezu unmögliches Unterfangen. Die Wissenschaft ist sich bis heute nicht darüber einig, wo und wann das Puppenspiel seinen Ursprung hat. Einigkeit herrscht jedoch in der Annahme, dass es »uralt« sein müsse, also viele Jahrhunderte oder gar Jahrtausende in der Geschichte zurückreiche.

Das älteste bildliche Zeugnis einer Marionette in Europa entstammt dem um 1175 entstandenen Kodex »Hortus deliciarum« der Äbtissin Herrad von Landsberg.[1] Im Mittelalter waren es wohl vor allem die Gaukler, die Puppen und mechanische Figuren in ihre Vorführungen einbezogen. Doch auch wenn die verschiedenen Arten von Puppen, darunter auch die Marionette, wohl schon früher bekannt waren und für Vorführungen benutzt wurden, so handelte es sich in diesen Fällen immer nur um »Puppenspiel«, noch nicht um »Theater«.[2]

Von Puppen- bzw. Marionettentheater kann man erst seit Beginn der Neuzeit sprechen. Dies hat zum einen mit dem ab dem Ende des 16. Jahrhunderts aufblühenden Schauspielwesen zu tun. Denn »mit der Entwicklung der dramatischen Handlung im Theater [...] wären für die Nachahmung auf der Puppen-

---

[1] Vgl. z. B. Hans R. Purschke: Die Anfänge der Puppenspielformen und ihre vermutlichen Ursprünge, Puppenspielkundliche Quellen und Forschungen, Nr. 4, Bochum 1979, S. 15.

[2] Vgl. z. B. Hans Netzle: Das Süddeutsche Wander-Marionettentheater, München 1938, S. 9.

bühne die mechanischen Figuren zu starr gewesen und die frei bewegliche Figur, die Marionette, wurde eine Notwendigkeit.«[1] Und zum anderen hängt dies eng mit dem Auftreten englischer Komödianten in Deutschland zusammen.[2] Diese brachten nämlich die ersten Marionetten nach Deutschland und machten dort das professionell betriebene – die Spieler selbst waren ja Schauspieler – Marionettentheater bekannt.

Im 17. und vor allem im 18. Jahrhundert nahm die Anzahl deutscher Marionettenspieler stetig zu.[3] Bereits jetzt kristallisierten sich »zwei große Marionettenzentren«[4] heraus: Sachsen und Süddeutschland. Als charakteristische Figur des bayerischen Marionettentheaters tat sich schon bald der Kasperl hervor.[5]

Während Handpuppenspieler keine spezielle Erlaubnis für ihre Auftritte auf Messen und Jahrmärkten benötigten, mussten Marionettenspieler im 18. Jahrhundert schriftlich um eine Spielgenehmigung bitten oder beim Bürgermeister vorsprechen.[6] Als Spielorte kamen eigene Buden auf Messen und Jahrmärkten, Wirtshäuser, öffentliche Säle oder auch private Räume in Frage. Bis ins 18. Jahrhundert gehörten Marionettenspieler zum »Fahrenden Volk«, d.h. sie hatten keinen festen Wohnsitz, sondern zogen von Stadt zu Stadt, von Jahrmarkt zu Jahrmarkt. Erst gegen Ende des 18. Jahrhunderts kamen die ersten stationären Marionettentheater auf. Das erste entstand 1772 in Ulm, es folgten Eisenstadt 1773 und Mannheim 1777. 1858 wurde das berühmte Marionettentheater des Joseph Leonhard Schmid in München eröffnet. Es waren nun nicht mehr die großen Komödiantenensembles, die Marionettenspiele vorführten, sondern es bildeten sich regional professionelle Puppenspielertraditio-

---

[1] Ebd.
[2] Vgl. Hans R. Purschke: Über das Puppenspiel und seine Geschichte, Frankfurt am Main 1983, S. 50.
[3] Vgl. ebd., S. 52.
[4] Hans R. Purschke: Die Puppenspieltraditionen Europas. Deutschsprachige Gebiete, Bochum 1986, S. 11.
[5] Vgl. Netzle, S. 12.
[6] Vgl. Purschke: Die Puppenspieltraditionen Europas, S. 94.

nen heraus, die auf privaten Bühnen spielten.[1] Zugleich mit der Entstehung dieser festen Marionettentheater vollzog sich eine »Wandlung vom traditionellen zum künstlerischen Marionettentheater«[2].

## Walter Oehmichen – der Gründer der Puppenkiste

Geradezu als »Personifikation« dieses Wandlungsprozesses des Marionettentheaters, der sich bis ins 20. Jahrhundert hinzog, kann Walter Oehmichen gelten, der Gründer der Augsburger Puppenkiste. Er wurde am 30. Juli 1901 in Magdeburg geboren, wie aus dem Jahrbuch des Zirkus' »Barnum & Bailey« hervorgeht. Sein Vater war dort als Geschäftsführer und Clown engagiert. Oehmichen wuchs also noch in dem Umfeld der »Fahrenden Künstler« auf, das – wie beschrieben – lange Zeit das Marionettentheater prägte und bis heute in Form von Zirkusfamilien erhalten blieb.

Doch Walter Oehmichen verabschiedete sich noch in jungen Jahren vom Zirkusleben und wandte sich seiner eigentlichen Leidenschaft, dem Theater, zu. Nach einer Ausbildung zum Fotografen besuchte er die Schauspielschule »Louise Dumont« in Düsseldorf. In seinem Abschlusszeugnis wird ihm bescheinigt: »Die Begabung des Herrn Walter Oehmichen, Schüler der Hochschule für Bühnenkunst, zeigt sich in der Gestaltung jugendlicher Charakterrollen. Kraft der Empfindung mit stark verinnerlichtem Ausdruck gibt dieser herben, im Wahrhaftigen wurzelnden Begabung ihr besonderes Gepräge. Auch die Gebärdensprache ist bezwungen. Großer Ernst und nie ermattende Arbeitsenergie zeichnen Herrn Oehmichen aus.«[3]

1931 erhielt Oehmichen ein Engagement am Augsburger Stadttheater als Darsteller und Spielleiter. Bei Kriegsausbruch 1939 wird er als unabkömmlich vom Wehrdienst freigestellt, muss aber als Bühnenmitglied der NSDAP beitreten und übernimmt auf Drängen seiner Kollegen das Amt des Landesleiters der

---

[1] Gerd Taube: Puppenspiel als kulturhistorisches Phänomen. Vorstudien zu einer »Sozial- und Kulturgeschichte des Puppenspiels«, Tübingen 1995, S. 102.

[2] Purschke: Über das Puppenspiel und seine Geschichte, S. 55.

[3] 50 Jahre Augsburger Puppenkiste, Berlin ²1998, S. 8.

Reichstheaterkammer. Während eines kurzen Fronteinsatzes bei Calais fand Oehmichen ein Handpuppentheater und spielte damit vor seinen Kameraden. Von der Front zurückgekehrt eröffnete er 1943 mit seiner Familie[1] einen Puppenschrein und spielte während des Krieges zur Unterhaltung der Menschen. Als am 26. Februar 1944 Augsburg bombardiert wurde, wurde der Puppenschrein, der im Stadttheater untergebracht war, zerstört.

Nach der Ausrufung des »Totalen Krieges« 1944 wurde Walter Oehmichen wiederum an die französische Front versetzt. Kurz vor dem Durchbruch der Alliierten am Rhein wurde er allerdings mit einer eitrigen Mandelentzündung ins Lazarett nach Darmstadt gebracht, wo er zufällig neben einem Schnitzer untergebracht war, der ihm das Schnitzen beibrachte. Seine ersten Figuren waren ein Storch und der Tod. Als er aus der französischen Gefangenschaft zurückgekehrt war, wandte er sich der Verwirklichung seines Traumes vom Puppentheater zu und eröffnete am 26. Februar 1948, genau vier Jahre nach der Bombardierung Augsburgs, seine Puppenkiste: »Das Datum war zufällig und doch symbolisch: aus Nacht zum Licht.«[2]

## Die Erfolgsgeschichte der Augsburger Puppenkiste

»*'Der gestiefelte Kater'. Das soll nun was sein, das kennt doch jedes Kind. 'Der gestiefelte Kasper' sollen sie spielen – oder ich könnt' auch den Hans spielen oder den König, aber weil ich der Kasperl bin, darf ich nur den Kasperl spielen, und wenn kein Kasperl drin ist im Stück, muß ich hinten hängen.*«[3] Mit (unter anderen) diesen Worten begrüßte der Kasperl das Premierenpublikum im Heilig-Geist-Spital. Auch wenn sich der Kasperl beschwert, dass er zu kurz kommt, hat Walter Oehmichen bewusst das Märchen »Der gestiefelte Kater« für die erste Aufführung vorgesehen. Denn

---

[1] Walter Oehmichen heiratete 1925 Rose Mönnig, die ebenfalls einer Künstlerfamilie entstammte. Auch ihr Interesse galt dem Theater, sie nahm Schauspielunterricht bei Max Reinhardt. Rose und Walter Oehmichen hatten gemeinsam zwei Kinder, Ulla und Hannelore, die 1929 und 1931 geboren wurden (Vgl. ebd.).
[2] Ebd., S. 14.
[3] Ebd., S. 12.

*»der Kater ist eine Märchenfigur, die mit ihrem Optimismus und ihrem Glauben an das Unmögliche Oehmichens eigenen Charakter symbolisiert.«*[1]
Walter Oehmichens Optimismus und Anstrengungen haben sich gelohnt: Die Premiere wie auch alle weiteren Vorstellungen waren ausverkauft, das Publikum war begeistert. Doch trotz des Erfolgs brachte die Währungsreform die Puppenkiste in große finanzielle Schwierigkeiten. Deshalb kam es 1950 zu ersten Planungen einer Wanderbühne, mit der später der ganze schwäbische Raum bereist wurde. In der »Schwäbischen Landeszeitung« vom 23. Mai 1951 war zu lesen: »*Die Wanderbühne des Augsburger Marionettentheaters, an der seit Monaten eifrig gearbeitet wurde, ist fertig. Nun hat Walter Oehmichen die Möglichkeit, mit seiner Puppenkiste Gastspiele in ganz Westdeutschland zu machen [...].*«[2] Acht bis zehn Neuinszenierungen pro Jahr, die in den Anfangsjahren noch üblich waren, bedeuteten einen großen finanziellen und organisatorischen Aufwand. In dieser Zeit entstanden auch die heute noch berühmten Inszenierungen für Erwachsene wie das »Kabarett« oder »Der kleine Prinz«.[3]
Für alle Aufführungen entwarf und baute Walter Oehmichen die Puppen gemeinsam mit seiner Tochter Hannelore.[4] Seine Frau Rose nähte die Kostüme und fungierte als Sprecherin. Einen weiteren wesentlichen Beitrag zum Erfolg der Puppenkiste leistete der junge Schauspieler Manfred Jenning, der sich

---

[1] Ebd., S. 9.
[2] 40 Jahre Augsburger Puppenkiste. Das Farbjournal zum Jubiläum. Ein herrliches Dokument über Augsburgs populärste Institution, Augsburg 1988, S. 46.
[3] Vgl. Stars an Fäden. Das große Farbbuch über die weltberühmte Augsburger Puppenkiste, hrsg. von Willy Schweinberger und Hanns-Joachim Marschall, Augsburg 1985, S. 10.
[4] Thea Lethmair schreibt über das Talent Walter Oehmichens: »Er war Schauspieler, also in der Kunst des Sprechens geübt, er war Regisseur, ein umfassender Kenner der Dramenliteratur ernster und heiterer Gattung. Oehmichen wußte Stücke zu bearbeiten, war leidenschaftlicher Märchen-Fan und vor allem ein 'Bau-Fanatiker'. Das Bauen und Basteln war seine Lust. So hatte er alle Talente wohlgeordnet in sich, die künstlerischen und die technischen« (Ebd., S. 14).

von Anfang an bei der Puppenkiste beteiligte und später maßgeblicher Autor und Regisseur wurde.[1]
Um die finanzielle Lage der Puppenkiste zu verbessern, wurden auf der Augsburger Frühjahrsausstellung Werbevorführungen gegeben. Dabei wurde sie von Hans Fahrenburg, dem neuen Leiter des Nordwestdeutschen Rundfunks in Hamburg, beobachtet. Dieser nahm Inszenierungen der Augsburger Puppenkiste in das Kinderprogramm auf. Die erste Live-Produktion war »Peter und der Wolf«. Es folgten weitere Fernsehproduktionen, zunächst in Zusammenarbeit mit dem Bayerischen, später mit dem Hessischen Rundfunk.[2]
Mit den Fernsehproduktionen verbesserte sich die finanzielle Lage der Augsburger Puppenkiste. In den Jahren 1960 bis 1968 entstanden die heute noch beliebten Inszenierungen von »Jim Knopf und Lukas der Lokomotivführer« über »Kater Mikesch« bis zu »Räuber Hotzenplotz«.
Mit der Dokumentation »Die Augsburger Puppenkiste und ihre Stars« sollte 1964 vielen begeisterten Fans in ganz Deutschland ein Blick hinter die Kulissen ermöglicht werden. Trotz des Erfolgs mit »Urmel aus dem Eis« im Jahr 1969 wurden 1970 die Gastspielreisen jedoch aufgrund des hohen finanziellen Aufwands eingestellt.
Nach dem Tod von Walter Oehmichen 1977 und von Manfred Jenning 1979 übernahm der Schwiegersohn des Gründers, Hanns-Joachim Marschall, die Regie in der Puppenkiste. Die Augsburger Puppenkiste war jetzt auch im Ausland bekannt geworden, einzelne Stücke wurden in bis zu 40 Sprachen übersetzt. Als 1985 Rose Oehmichen verstarb, erbte ihre Tochter Hannelore zusammen mit ihrem Mann Hanns-Joachim Marschall die Puppenkiste. Nach weiteren Produktionen wie »Schlupp vom grünen Stern«, »Aladin und die Wunderlampe« oder »Der Prinz von Pumpelonien« übernahm 1992 Hanns-Joachims Bruder Klaus Marschall die Leitung der Puppenkiste.

---

[1] Vgl. 50 Jahre Augsburger Puppenkiste, S. 91.
[2] Vgl. dazu Holger Jenrich: Von Titiwu bis Lummerland. 50 Jahre Augsburger Puppenkiste, Essen 1998, S. 16f.

Die Popularität der Puppenkiste konnte in den 1990er Jahren durch Vertonungen zweier Lieder durch die Gruppe Dolls United (»Urmellied« und »Eine Insel mit zwei Bergen«, beide 1994) sowie durch den ersten Kinofilm der Puppenkiste (»Die Story von Monty Spinnerratz«, 1997) weiter gesteigert werden. Nach ihrem 50. Geburtstag am 26. Februar 1998 ging die Puppenkiste für zwei Jahre auf Tournee durch ganz Deutschland. Im Jahr 2000 startete der neue Fernsehfilm »Lilalu«. Am 21. Oktober 2001 wurde das umgebaute Marionettentheater neu eröffnet. Seitdem können die größten Stars der Puppenkiste auch im neu eingerichteten Museum »Die Kiste« bewundert werden.

## Augsburger Puppenkiste – ein Konzept mit Zukunft?

»2004: Bei den Stadtratswahlen in Augsburg gewinnt die Puppenkiste die absolute Mehrheit. – 2014: Marionettenspielen wird zum Pflichtfach an allen deutschen Schulen. – 2048: Zum 100. Geburtstag erhält die Puppenkiste einen ständigen Sitz in der UNO. – 2114: Ein Raumschiff mit 400 Marionetten als Besatzung dringt in Welten vor, die noch nie eine Marionette zuvor gesehen hat…«[1]

So das selbstironische Zukunftsszenario, das sich die Inhaber der Puppenkiste anlässlich des 50-jährigen Jubiläums ausgedacht haben. Auch wenn dieses Phantasiegespinst nichts mit der Wirklichkeit zu tun hat, eines kann mit ziemlicher Sicherheit prognostiziert werden: Die Augsburger Puppenkiste wird es auch in vielen Jahren noch geben, und zwar vor allem aus folgenden drei Gründen:

1. Der Optimismus, mit dem bereits der Gründer Walter Oehmichen ans Werk gegangen ist, ist auch bei seinen Nachfolgern zu spüren. Die Puppenkiste blieb im wesentlichen ein Familienunternehmen, das durch Zusammenhalt, gemeinsames Engagement und hohe Einsatzbereitschaft geprägt ist.

2. Das Puppenspiel ist – wie eingangs erläutert – »uralt« und tief in der Kulturgeschichte der Menschheit verankert. Gerade die Marionette, deren Reiz »in ihrer Künstlichkeit, gepaart mit

---

[1] 50 Jahre Augsburger Puppenkiste, S. 141.

täuschender Menschenähnlichkeit«[1] liegt, verzaubert die Menschen, und zwar nicht nur Kinder, sondern auch Erwachsene. Wie die Menschen in früheren Jahrhunderten fasziniert den Vorstellungen fahrender Puppenspieler zuschauten, so bestaunen sie heute im Marionettentheater das gekonnte Schauspiel mit den menschenähnlichen Fadenpuppen.

3. Doch auch wenn die Aufführungen im Marionettentheater selbst nach wie vor den »Höhepunkt« darstellen, so gehört zur großen Berühmtheit der Augsburger Puppenkiste auch, dass ihre Inhaber die Umsetzung in neue Medien nicht gescheut haben. Über Fernsehen und Kino, Musik-CDs, Videos und DVDs breiten sich die Inszenierungen der Puppenkiste in die ganze Welt aus.

Der Augsburger Puppenkiste gelingt es somit, das Traditionelle des Puppentheaters mit modernen Vorstellungen und Medien zu verbinden – und gerade darin liegt wohl das Erfolgskonzept der Puppenkiste. Mit Hilfe dieses Konzepts gelingt es der Familie Oehmichen-Marschall bis heute, Jung und Alt ins Marionettentheater oder zu Hause vor den Fernseher zu bringen. Die Vorstellungen der Puppenkiste sind von Beginn an bis auf den letzten Platz ausverkauft. Mehr noch als Rathaus und Perlachturm gilt die Puppenkiste als populäres »Wahrzeichen« der Stadt Augsburg. Blickt man auf diese Erfolgsgeschichte der letzten 56 Jahre zurück – kann man da noch an einer ebenso erfolgreichen Zukunft der Puppenkiste zweifeln?

---

[1] Helga Werle-Burger: Karl Winter's großes mechanisches Marionetten- und Kunstfiguren-Theater. Bilder, Texte und Dokumente, Lübeck 1997, S. 10.

# Vom Glanz einer Ära - Das Schauspiel am Theater Augsburg

*von Christian Hofrichter und Klaus Vogelgsang*

Steht man heute am Augsburger Königsplatz, sieht man am Ende der Fuggerstraße die auf Hochglanz polierte Fassade des Theaters. Das war beileibe nicht immer so, vielmehr ist es dem seit 1999 amtierenden Intendanten Dr. Ulrich Peters zu verdanken, der sich der Sanierung der Schauseite des Gebäudes angenommen hat. Und dies ist durchaus programmatisch für seine Arbeit, denn man kann unumwunden sagen: Peters hat das Theater Augsburg zum Leuchten gebracht.
Nicht dass seine Vorgänger, der Wagners Ring stemmende Helge Thoma und zuvor der ambitioniert-streitlustige Sunnyboy Peter Baumgart, schlechte Arbeit geleistet hätten, aber Peters erst hat es verstanden, seinem Theater in der öffentlichen Wahrnehmung einen bedeutenden Platz zu schaffen und zu sichern. Mit einem Mal bekennt sich der Augsburger Bürger zu seinem Theater und das Kokettieren mit dem neidischen Blick auf die Landeshauptstadt wird mehr und mehr obsolet. Wenn das kein Beitrag zur längst überfälligen Beförderung städtischer Identität ist! Auch die überregionale Presse hat die »Renaissance des Theaters Augsburg« (so titelt die SZ am 25.01.2003) entdeckt und die maßgeblichen Fachzeitschriften (»Theater heute«, »Opernwelt«) kommentieren die Augsburger Theaterarbeit, als wär's die eines großen Staatstheaters.
Mit Fassadenpflege allein wäre das natürlich nie und nimmer möglich gewesen. Peters, der auch selbst regelmäßig als Regisseur in Erscheinung tritt (z. B. bei Verdis »Falstaff«), hat ein Team von beachtlicher künstlerischer Qualität um sich versammelt, und dies in allen drei Sparten des Hauses. Ohne Herabstufung des Musik- und Balletttheaters sei hier, zumal in einem der Literatur gewidmeten Jahrbuch, besonders das Schauspiel gewürdigt.

Dessen Oberspielleiter Holger Schultze hat Intendant Peters mit sicherem Gespür von seinem Vorgänger Thoma übernommen: Der gebürtige Berliner hat mit traumtänzerischer Sicherheit den Balanceakt vollbracht, das Schauspiel auf die Höhe der Zeit zu hieven, ohne das Publikum zu verprellen, sondern – im Gegenteil – mit immenser Steigerung des Besucherzuspruchs vom deutschunterrichtlich ins Theater geschleppten Schüler über die im Abonnement altgewordene Liebhaberin klassischer Texte bis hin zum ambitioniert-kritisch bebrillten Intellektuellen.

Die Besucher des Theaters werden schon in der Kassenhalle durch Shakespeares Worte daran erinnert, die ganze Welt sei eine Bühne. Wenn Peters das Theater für die Augsburger Welt geöffnet hat, so hat Holger Schultze diesen bayerisch-schwäbischen Mikrokosmos tatsächlich zur Spielstätte seines Theaters gemacht: Ganz Augsburg war eine Bühne beim Festival »Neue Akzente«, in welchem der Oberspielleiter und seine Dramaturgin Sonja Zirkler dem staunenden Publikum nicht weniger als sieben Produktionen neuer Stücke an einem einzigen Wochenende im Sommer 2003 präsentierten, an verschiedenen Orten in der Stadt inszeniert, ausgestattet von jungen Theatermachern aus ganz Deutschland und finanziert aus einem Budget, das andernorts gerade einmal für die Kostümausstattung einer Operette ausgereicht hätte. Holger Schultze setzt ganz bewusst auf heutiges Theater, zeitgenössische Optik und aktuelle Sichtweisen.

Jüngstes Beispiel ist das neueste Werk des gefeierten und weltweit gespielten amerikanischen Dramatikers Nicky Silver, das im Mai 2004 in der kleinen Spielstätte Komödie seine deutsche Uraufführung erlebte: »Past perfect« handelt in gut amerikanischer Theatertradition vom Zerfall einer bürgerlichen Familie und den sich dabei auftuenden menschlichen Abgründen. Holger Schultzes Regie lotet alle Figuren psychologisch exakt aus, demonstriert das komplexe Gefüge des Mit-, Neben- und Gegeneinanders und lockt das Publikum entschieden aus der Reserve der knarzenden Theatersessel. Für diese exemplarische Leistung wurde Schultze – zum Stolz Augsburgs – auf den bayerischen Theatertagen in Regensburg mit dem großen Regiepreis ausgezeichnet.

Für solche Unternehmungen hat sich der Oberspielleiter in allen Positionen ein hochkarätiges Schauspieler-Ensemble herangezogen. Anstelle einer kurzsichtigen Hire-and-fire-Politik findet in Augsburg eine merklich sorgfältige und intensive Ensemblepflege statt. Das zahlt sich aus: Auch für große und erfahrene Schauspieler war es keineswegs eine Schande, nach Augsburg zu wechseln und sich an das Haus zu binden. Auf der anderen Seite ist sich jeder Schauspieler bewusst, in Augsburg neben Hauptrollen durchaus auch kleine Partien übernehmen zu müssen: Der Faust findet sich in der nächsten Produktion als Knallchargen-Hotelboy wieder, ein nahezu textloser Bettler in der »Dreigroschenoper« spielt anschließend den Mephisto, die Eboli mutiert zur Meerkatze in der Faust'schen Hexenküche. Das hält die Schauspieler gleichermaßen bei der Stange wie auf Niveau. Tatsächlich hatte Schultze bei seiner Faust-Inszenierung für die Besetzung der Hauptpartien auf diese Weise eine ganze Handvoll von Optionen und damit die Wahl zwischen allen möglichen Faust-Mephisto-Konstellationen.

Nicht nur seine »Romeo und Julia«, seine »Dreigroschenoper«, sein »Faust« und zuletzt seine Operninszenierung von Rossinis »La Cenerentola« mit durchwegs ausgebuchten Häusern haben ihn überregional so bekannt und interessant gemacht, dass er ab der Saison 2005/06 das Theater Osnabrück als Intendant leiten wird.

Zurück in Augsburg bleibt (noch) Ulrich Peters, mit leider nicht immer kontinuierlicher kommunaler Kulturpolitik kämpfend (Stichwort: Schauspielhaus, Etat), aber das Fähnchen des Theaters und damit die langfristigen Interessen der Stadt unverdrossen wacker hochhaltend. Steht zu hoffen, dass es ihm vergönnt sein wird, sein zu großer Form aufgelaufenes Schauspiel nicht leise absinken oder gar abstürzen sehen zu müssen. Auch das Augsburger Publikum setzt seine Hoffnung auf die kluge Politik des Intendanten, auf dass es noch länger heißen möge: *Augsburg leuchtet!*

ESSAY

# Alles Verbrecher? – Vom »wundertätigen Sankt Banditus«

## Verbrecherfiguren im Werk Bertolt Brechts

*von Andrea Bartl*

Jeder passionierte Krimi-Leser befindet sich in guter Gesellschaft. Bertolt Brecht verbrachte in den letzten Lebensjahren viel Zeit in seinem Haus in Buckow bei Berlin, genannt die »Eiserne Villa«; sie diente als Sphäre der Geselligkeit, 'Probebühne' und auch als Wohnraum der Weigel. Brecht hingegen hielt sich oft im Gärtnerhäuschen der Eisernen Villa auf, und zwar nach eigenen Angaben hauptsächlich zum Arbeiten, Schlafen und zum Lesen von Kriminalromanen. Mögliche Besucher warnte in jener Laube, an der Tür zu Brechts Arbeitszimmer, eine ebenso charmant wie eindeutig formulierte Botschaft:

*»In Erwägung, daß ich nur ein par [!] Wochen im Jahr für mich arbeiten kann*
*In Erwägung, daß ich, arbeitend, auf meine Gesundheit achten muß*
*In Erwägung, daß bei dem Schreiben von Stücken und dem Lesen von Kriminalromanen jede menschliche Stimme im Haus oder vor dem Haus eine willkommene Ausrede für eine Unterbrechung bildet*
*habe ich beschlossen, mir eine Sphäre der Isolierung zu schaffen und benutze dazu das Stockwerk mit meinem Arbeitszimmer und den kleinen Platz vor dem Haus, begrenzt durch Gewächshaus und Laube.«*

Dieses 'Bitte nicht stören' könnte nicht von dem scharfen Dialektiker Bertolt Brecht stammen, enthielte es nicht folgenden Zusatz:

*»Ich bitte, diese Regelung nicht als allzu bindend aufzufassen. Prinzipien halten sich am Leben durch ihre Verletzung.«*[1]

---

[1] Vgl. die Abbildung in: Werner Hecht (Hg.): *Bertolt Brecht. Sein Leben in Bildern und Texten.* Frankfurt/M. 1978. S. 276.

Der Wunsch nach einem solchen Schild gehört zwar wesenhaft zur Spezies des Krimi-Lesers, und so mancher Mörder mag noch immer sein fiktives Unwesen treiben, weil die Lektüre des entsprechenden Romans nicht erfolgreich beendet werden konnte, aber dennoch erstaunt es, dass Brecht hier seine Arbeit mit dem Lesen von Verbrechergeschichten im gleichen Atemzug nennt – sicherlich mit humorvollem Augenzwinkern; und doch: Brecht baut häufiger Verbrechen bzw. Verbrecherfiguren in seine Texte ein als viele andere Autoren des 20. Jahrhunderts. Die Welt von Gangstern, Gaunern und Ganoven nimmt breiten Raum in seinem Werk ein. Von Baal, der Courage und Arturo Ui wird im Einzelnen noch die Rede sein – aber wohin man blickt im Werke Bertolt Brechts, es wird dominiert von Figuren, die im kleinen oder großen Stil mit dem Gesetz in Konflikt kommen: Shlinks und Gargas Kampf im »Dickicht der Städte« ist zuallererst eine Fehde, die mit illegalen Mitteln geführt wird. Schweyk und die Courage gehen sehr kreativ mit Vorschriften und Gesetzen um. Im »Kaukasischen Kreidekreis« lernt der Zuschauer in Azdak einen Richter kennen, der eine individuelle Form der Jurisprudenz entwickelt. Die Geschäfte des Herrn Julius Cäsar sind alles andere als stets rechtmäßig, und wenn sie es sind, so sind sie es gerade noch… Die Kluft zwischen Moral, Rechtsgefühl und Gerechtigkeit auf der einen und Gesetz, Justiz, Rechtsprechung auf der anderen Seite zeigt sich auch in dem »Lied von den Gerichten« aus »Die Ausnahme und die Regel«:

> »*Im Troß der Räuberhorden*
> *Ziehen die Gerichte.*
> *Wenn der Unschuldige erschlagen ist*
> *Sammeln sich die Richter über ihm und verdammen ihn.*
> *Am Grab des Erschlagenen*
> *Wird sein Recht erschlagen.*
> *[…] Und dort*
> *Verstecken die Diebe ihr Diebesgut, eingewickelt*
> *In ein Papier, auf dem ein Gesetz steht.*«[1]

---

[1] Bertolt Brecht: Gedichte 4. Gedichte und Gedichtfragmente 1928-1939. Bearb. v. Jan Knopf und Brigitte Bergheim. Berlin u. a. 1993 (= Bertolt

Auch mit dem Thema »Brecht und die Polizei« ließen sich Bände füllen; dass Brechts Sympathie wohl eher auf seiten der Gesetzesbrecher, denn auf seiten der Gesetzeshüter lag, enthüllt wiederum ein Gedicht:

*»Ach, sie sind die besten Leute*
*Wenn man sie nicht grade stört*
*Bei dem Kampfe um die Beute*
*Welche ihnen nicht gehört.*
*Wird des Armen Lamm geschlachtet*
*Sind es meist der Schlächter zwei*
*Und den Streit der beiden Schlächter*
*Schlichtet dann die Polizei.«*[1]

Geht man von der heutigen Gesetzeslage aus, so versammeln sich allein mit den Figuren der »Dreigroschenoper« eine ganze Menge von Straftatbeständen auf der Bühne: Diebstahl, Einbruchsdiebstahl, Bandendiebstahl, Hehlerei, Veruntreuung, Betrug, Bettelbetrug, Bestechung, Gefangenenbefreiung, Zuhälterei, Förderung der Prostitution, Vergewaltigung und mehrfacher Mord aus Habgier. Wie viele Jahre Gefängnis vor diesen Delinquenten liegen, lässt sich kaum mehr beziffern. Allerdings plädiert Brecht keineswegs für eine rigorose Aburteilung von Mackie Messer und Konsorten; denn was ist bekanntlich »der Einbruch in eine Bank gegen die Gründung einer Bank?« Übrigens liegt der Prosafassung der Oper, dem »Dreigroschenroman«, deutlich das Schema des Kriminalromans zugrunde;[2] Brecht las also nicht nur gerne Krimis, er schrieb sie auch. Die Anzahl der Krimis, die Brecht schrieb, ist freilich sehr überschaubar; die Anzahl der Krimis, die Brecht las, hingegen kaum.

---

Brecht. Werke. Große kommentierte Berliner und Frankfurter Ausgabe. Hg. v. Werner Hecht u. a. Bd. 14). S.109.

[1] Ebd. S.95.
[2] Vgl. Rolf J. Goebel: Brechts »Dreigroschenroman« und die Tradition des Kriminalromans. In: Brecht-Jahrbuch 1979. S.67-81.

Brecht verschlang Krimis von frühester Jugend an. Franziska Pfanzelt, eine Bekannte Brechts aus der Augsburger Zeit, war von 1917 bis 1923 in der Leihbücherei Steinicke beschäftigt. Sie erinnerte sich noch in den 60er Jahren an Brechts für sie etwas anstrengende Lektürepraxis:

»*Zu den fleißigsten, wenn auch nicht zu den gutzahlenden Kunden gehörten Bert Brecht und seine damaligen Freunde […]. Die jungen Herren hatten meist kein Geld, insbesondere schien Brecht sich mit Geld nicht viel zu beschäftigen, er war auch sehr bescheiden. Wenn er zu uns kam, schaute er sich verschiedene Bücher an und las sie oft gleich im Laden. Wie ich mich erinnere, bevorzugte Brecht damals Kriminalromane […]. Meist brachte er die Bücher jeweils schon nach einem Tag zurück und nahm neuen Lesestoff mit. Sein Lesehunger war gewaltig, so daß es oft schwer wurde, seine Wünsche zu erfüllen. Wir hatten noch eine sehr schöne Filiale am Königsplatz. Dort führte eine kleine Treppe in einen Kellerraum hinab, wo vom Inhaber eine kleine, aber gut sortierte Erotikabibliothek unterhalten wurde. Diese Bücher lieh der Chef nur an bestimmte Kunden aus.*«[1]

Ob der junge Brecht dazu gehörte, ist nicht bekannt; verbürgt ist hingegen zeitlebens seine Leidenschaft für Krimis, speziell für Detektivromane. Brecht schätzte Auguste Dupin, Sherlock Holmes, Pater Brown, Maigret – die Ermittler der Autoren Edgar Allan Poe, Sir Arthur Conan Doyle, Gilbert Keith Chesterton, Georges Simenon. Er blätterte daneben gerne in Büchern von Dorothy Sayers, Richard Freeman und John Rhode, überhaupt in den Verbrechererzählungen englischer Schriftsteller; zu amerikanischen Kriminalromanen ging er auf Distanz: Dort würden die Morde »am laufenden Band« begangen und hätten »Epidemiecharakter«.[2]

---

[1] Zitiert in: Brecht in Augsburg. Erinnerungen, Texte, Fotos. Eine Dokumentation von Werner Frisch und K. W. Obermeier unter Mitarbeit von Gerhard Schneider. [Frankfurt/M.] 1976. S.104 f.
[2] Bertolt Brecht: Schriften 2. Teil 1. Schriften 1933-1942. Bearb. v. Inge Gellert und Werner Hecht. Berlin u. a. 1993. (= Bertolt Brecht. Werke. Große kommentierte Berliner und Frankfurter Ausgabe. Hg. v. Werner Hecht u. a. Bd. 22.1). S.505.

Zum Genre des Kriminalromans äußerte sich Brecht auch mehrmals theoretisch, etwa bereits in den 20er Jahren in dem Essay mit der appellativen Überschrift »Kehren wir zu den Kriminalromanen zurück!«. Der Titel ist Programm. In dieser Abhandlung werden immer wieder Kriminalromane und Werke der sogenannten 'hohen Literatur' gegenübergestellt, und diesen Vergleich gewinnt – der Kriminalroman! Selbst (oder insbesondere) Thomas Manns »Zauberberg« hat gegen kultivierte Formen des epischen Mordens nicht den Hauch einer Chance:

»[...] *mit keinem Detail und mit keinem sonstigen Dreh wird mir Thomas Mann vortäuschen können, daß er z. B. in seinem »Zauberberg« (als Stoff betrachtet) zu Hause ist. Darum ist mir diese billige Ironie so verdächtig. Da erfindet einer im Schweiße unseres Angesichts lauter Dinge, über die er ironisch lächeln kann. Vor irgend etwas anderes auf dem Papier steht, ist dieser Herr schon für alle Fälle einmal ironisch. [...] Kehren wir ruhig zu den Kriminalromanen zurück!*«[1]

In seinen beiden Texten »Über die Popularität des Kriminalromans« und »Über den Kriminalroman« bricht Brecht desgleichen eine Lanze für diese Gattung und wendet sich gegen deren vorschnelle Aburteilung. Das Lesen von Krimis habe längst »*den Charakter und die Stärke einer Gewohnheit angenommen. Es ist eine intellektuelle Gewohnheit*«.[2] Hier spricht Brecht uneingeschränkt auch für sich. Was faszinierte den Autor so sehr am Kriminalroman? In seinen Essays zu dem Genre gibt Brecht durchaus Antworten auf diese Frage, die wiederum Rückschlüsse auf seine eigenen Verbrecherfiguren erlauben.

---

[1] Bertolt Brecht: Schriften 1. Schriften 1914-1933. Bearb. v. Werner Hecht. Berlin u. a. 1992 (= Bertolt Brecht. Werke. Große kommentierte Berliner und Frankfurter Ausgabe. Hg. v. Werner Hecht u. a. Bd. 21). S.128.

[2] Bertolt Brecht: Schriften 2. Teil 1. Schriften 1933-1942. Bearb. v. Inge Gellert und Werner Hecht. Berlin u. a. 1993 (= Bertolt Brecht. Werke. Große kommentierte Berliner und Frankfurter Ausgabe. Hg. v. Werner Hecht u. a. Bd. 22.1). S.504.

## 1) Der Mörder ist immer der Gärtner.

Charaktere, Handlungsschemata, Motive, Schauplätze etc. sind in den meisten Kriminalromanen ähnlich. Es kommt also nicht darauf an, dass dem Leser individuelle Schicksale oder ausgefallene Aktionsmuster präsentiert werden; der Reiz liegt vielmehr an der Variation von Altbekanntem. Das macht neben dem Effekt der Spannung eine zusätzliche, ästhetisch-intellektuelle Unterhaltung für den Leser aus, der zu keinem Zeitpunkt billig in die Handlung gezogen wird, sondern rational und distanziert dem Gezeigten gegenübersteht. Der Verfasser eines guten Krimis müsse vor dem Schreiben unbedingt einige Zigarren rauchen, um sich nicht seinen Gefühlen zu überlassen, empfiehlt Brecht. Leicht sind in dieser Argumentation die Grundzüge seiner Ästhetik, besonders seiner Dramatik wiederzuerkennen – oder: »*Wer, zur Kenntnis nehmend, daß ein Zehntel aller Morde in einem Pfarrhof passieren, ausruft: Immer dasselbe!, der hat den Kriminalroman nicht verstanden.*«[1]

## 2) Der Kriminalroman ist die beste Literaturform für das wissenschaftliche Zeitalter.

Im Kriminalroman dominiert das logische Denken: Er steht »dem Kreuzworträtsel nahe, was das betrifft.«[2] Hier reagiert der Krimi noch deutlicher auf die Bedürfnisse »der Menschen eines wissenschaftlichen Zeitalters«[3] als die Werke der literarischen Avantgarde. Seine logische Vorgehensweise gleicht einem physikalisch-mathematischen Experiment und ist somit die adäquate Kunstform in einer Phase der zunehmenden Verwissenschaftlichung. Der Kriminalroman stellt infolgedessen dem Leser des technisierten Zeitalters eine Denkaufgabe mit hohem intellektuellem Genusswert.

## 3) Im Kriminalroman ist (endlich!) alles logisch.

Zugleich erfährt dieser Leser jeden Tag, dass seine Realität nicht nach Kausalzusammenhängen funktioniert, dass er nicht in der

---

[1] Ebd.
[2] Ebd.
[3] Ebd. S.506.

Lage ist, die komplexen Verstrickungen logisch zu fassen. Beobachtungen trügen; Schlussfolgerungen sind nicht zwingend, sondern höchstens wahrscheinlich; die Motive der anderen können nur in den wenigsten Fällen eindeutig geklärt werden: *»Wir sind weder Herr unserer Schlüsse, noch Herr unserer Entschlüsse«.*[1] Auch in dieser Hinsicht bedient der Kriminalroman mit seiner konsequenten Kausalkette von Beobachtungen und Schlussfolgerungen zeitgenössische Bedürfnisse.

### 4) Im Kriminalroman ist der einzelne (endlich!) wichtig.

In der Absurdität des Alltags empfindet der moderne Mensch eigenverantwortliche Entscheidungen als illusionär. Er vergeht, ohne Spuren zu hinterlassen. Hier bietet der Kriminalroman »gewisse Surrogate«, denn, so Brecht bitter, die *»Menschen des Kriminalromans hinterlassen nicht nur Spuren in den Seelen ihrer Mitmenschen, sondern auch in ihren Körpern und auch in der Gartenerde vor dem Bibliothekszimmer.«*[2]

### 5) Der Detektiv schafft (endlich!) Klarheit.

Dem analytischen Vorgehen des Kriminalromans, genauer: des Detektivromans, vergleichbar, steht auch das Mitglied moderner Industriegesellschaften permanent vor vollendeten Tatsachen, zumeist vor vollendeten Katastrophen, deren Hintergründe von den Verantwortlichen verschleiert werden. Nur noch im Nachhinein sind diese Ursachen zu klären. In verfremdeter Abbildung finden sich also erneut, nach Brecht, gesellschaftliche Schlüsselstrukturen im Kriminalroman wieder.

### 6) Jeder kann der Mörder sein.

Der Kriminalroman verstößt – in dem luftleeren Raum des Gedankenspiels – unablässig gegen soziale Hierarchien: *»Sowohl der schurkische Baronet als auch der lebenslängliche treue Diener oder die siebzigjährige Tante* kann *der Täter sein. Kein Kabinettsminister ist frei von Verdacht.«*[3] Der Krimi öffnet dem Anar-

---

[1] Ebd. S.507.
[2] Ebd. S.506.
[3] Ebd. S.508.

chismus die Hintertür in das Weltgebäude der Leser, selbst der konservativsten.

Bereits in Brechts Faszination für Kriminalromane zeigt sich demzufolge eine Verbindung von Verbrecherfiguren und der Darstellung gesellschaftlicher Prozesse in der Kunst – ein Konnex, der für Brechts Gesamtwerk bestimmend ist. Dabei betreten fortwährend Kriminelle die Bühne seiner Dramen, Romane und Erzählungen; trotz ihrer Vielzahl wiederholen sich jedoch drei Typen, die nun – in chronologischer Reihung – zu betrachten sein werden.

*a) Der große Asoziale*

Zu diesem Typus gehören zahlreiche Figuren des Frühwerks, an erster Stelle natürlich Baal. Brecht hat das Baal-Stück immer wieder überarbeitet; die erste Fassung, von Brecht ganz unbescheiden und in Anlehnung an Goethe »Ur-Baal« genannt, begann er 1918. Sie sollte den Titel tragen »Baal frisst! Baal tanzt!! Baal verklärt sich!!!« Über vier Jahrzehnte lang entstanden insgesamt sechs Fassungen, die letzte 1954. Unterstellt man Brecht, dass dieses beständige Berichtigen (das übrigens für seine Produktionsweise an sich typisch ist) nicht auf der Unfähigkeit beruht, mit der Hauptfigur zu Rande zu kommen, so scheinen ihn bestimmte Figurentypen und Handlungskonstellationen das ganze Leben über nicht loszulassen. Baal ist eine solche Figur, die trotz aller ideologischen und künstlerischen Entwicklungen Brechts ein grundlegender Beispielfall bleibt und damit für den Autor zum Lebensthema wird – und Baal ist in letzter Konsequenz ein Verbrecher: Seine kriminelle Karriere steigert sich von Betrug über physische und psychische Gewaltanwendung bis zum Mord an seinem Jugendfreund Ekart. Im Stück fragt ein Landjäger den anderen, Baal betreffend: »Was ist er eigentlich?«, und diese Frage soll sich auch der Zuschauer stellen. Der zweite Landjäger antwortet:

»*Vor allem: Mörder. Zuvor Varietéschauspieler und Dichter. Dann Karussellbesitzer, Holzfäller, Liebhaber einer Millionärin,*

*Zuchthäusler und Zutreiber. […] So ein Mensch hat gar keine Seele. Der gehört zu den wilden Tieren.*«[1]
Bereits der allererste Plan zum Baal 1915 äußert, dass die Hauptfigur (in dieser Reihenfolge) »Mörder, Straßenräuber und Balladendichter« sein müsse. Somit ist das Thema Verbrecherfiguren kein Nebenaspekt, sondern führt ins Zentrum des Brecht'schen Werkes. Was macht Baal zum Verbrecher? Warum steigern sich manche Anlagen dieser Figur geradlinig bis zum Mord an dem einzigen Gefährten, den Baal noch hat? »Was ist er eigentlich?«
Baal ist ein Lyriker. Baal ist der große Einzelne, der Asoziale, wie Brecht ihn selbst nennt. Baal schließt sich nur äußerlich anderen an; er betrinkt sich mit einem Lebenselixier, das er allen um sich herum aussaugt. Baal ist der Inbegriff sinnlichen Genusses, er frisst, säuft, hurt.

> *»Seid nur nicht so faul und so verweicht*
> *Denn Genießen ist bei Gott nicht leicht!*
> *Starke Glieder braucht man und Erfahrung auch:*
> *Und mitunter stört ein dicker Bauch.«*[2]

Baal ist in den Worten Brechts »der Sich-Ausleber und der Andere-Ausleber«, sein Lebensziel besteht in der radikalen Verwirklichung des eigenen Ichs. Konsequent setzt er seine Individualität frei und wirkt darin auf den Zuschauer ambivalent: Eine große Faszination geht von ihm aus, und zugleich beobachtet das Publikum, wie sich in ihm ein großer Individualismus selbst zerstört. Baal arbeitet mit Gier seinem eigenen Untergang entgegen; die Wollust des Genusses und des Verfalls sind Baals Stärke und Schwäche. Brecht führt diese Haltung folgerichtig weiter und lässt Baal bis an die Grenzen seiner Entwicklung kommen: Er entfernt sich mehr und mehr von der Gesellschaft und wird zum Verbrecher, zum archaischen Mörder seines Gefährten (eine Szene, die übrigens ursprünglich »in einer Schankwirtschaft am Lauterlech […] in A.« spielen sollte).

---

[1] Bertolt Brecht: Stücke 1. Bearb. v. Hermann Kähler. Berlin u. a. 1989 (= Bertolt Brecht. Werke. Große kommentierte Berliner und Frankfurter Ausgabe. Hg. v. Werner Hecht u. a. Bd. 1). S.135.
[2] Ebd. S.86.

Der Mord führt Baals Individualismus und seine Abkehr von der bürgerlichen Welt gezielt auf ihren Höhepunkt.
Das Stück setzt deutlich antibürgerliche Akzente. Bereits die erste Szene, die Brecht an Goethes »Torquato Tasso« anlehnt, zeigt, weshalb Baal sich immer stärker in sich selbst zurückzieht und nicht länger in Gesellschaft leben will. Baal speist bei dem reichen Vieh- und Holzhändler Mech. Moralische Schranken, Werte, Tugenden haben für Mech keine Geltung. Kunst wird in diesen Kreisen zur Ware, zum Bildungsgut, mit dem man sich schmücken kann. Baal reagiert auf die geschwätzigen Party-Gäste, indem er unmäßig isst und trinkt; er bricht dezidiert mit den Erwartungen im Hause Mech. Eine solche Szene stellte Brecht nicht ohne Hintergedanken an den Anfang des Stückes. Sie demonstriert, dass Baal sich so verhält, wie er sich verhält, um sich abzugrenzen von einer Gemeinschaft, die ihre Sinnlichkeit verloren hat. Zugleich lebt Baal ungeniert, gleichsam als Stellvertreter, deren archaische Triebe aus, die latent weiterwirken, aber durch die Forderungen von Schicklichkeit und Anstand überlagert werden. Baal verweigert aus Prinzip heraus jede moralische Selbstbeschränkung, wohingegen Mech diese zwar häufig im Munde führt, sein Handeln aber nach anderen Maßstäben organisiert.
Trotz der Kritik an einer bürgerlichen Doppelmoral (Brecht über Baal: »Er ist asozial, aber in einer asozialen Gesellschaft!«) entwickelt Baal allerdings keine alternative, für ihn förderliche Lebensform; er verbraucht sich selbst und treibt seinem Verfall willig entgegen. Hierin ist Baal ein Vorläufer der anderen Verbrecherfiguren des Autors: Baal bricht die Konvention, überschreitet die Schranken, auch die hin zum Kriminellen, aber die eigentlichen Verbrecher sitzen auf dem Richterstuhl. Mechs Welt ist, trotz dessen freiheitlicher Ideale, bestimmt von Anpassung, Zwang und Konvention. Baal findet einen Freiraum für sich außerhalb dieses Kerkers; der Freiraum liegt jedoch im Illegalen und schließlich buchstäblich im Gefängnis – ein Paradox, das Brecht mit seinen Verbrecherfiguren noch oft thematisieren wird. Baal flieht, ein Zitat aus dem Stück, »vor dem Tod ins Leben« und findet dadurch, zwar lustvoll, aber unausweich-

lich, selbst den Tod. Der gefräßige Baal ist am Ende satt, aber er stirbt – oder anders: er stirbt, aber er ist satt.

Ein weiterer Grund für Baals verbrecherische Existenz mag darin liegen, dass Brecht in jenen Jahren mit verschiedenen Formen der Kunst experimentiert und erste Ansätze einer individuellen Theaterkonzeption entwickelt. Es geht ihm darum, einen eigenen Weg zwischen intellektuell-ästhetischer Avantgarde und sinnlicher Unterhaltung zu finden. Brechts besonderes Interesse gilt in dieser Zeit, wie der Theaterkritiker Herbert Ihering berichtet, der »Idee eines Rauchtheaters. Eines einfachen Theaters, wo die Zuschauer rauchen und trinken wie im Varieté.« Das Baal-Stück ist somit unter anderem eine publikumswirksame Verbrechergeschichte, wie sie Brecht auch in seiner Jugend auf dem Augsburger Plärrer gehört und gesehen hatte.

Dem Verbrecher-Typus des großen Asozialen blieb Brecht treu. Manches davon steckt selbst noch in Azdak, in Puntila oder in Galileo Galilei. Bereits im Frühwerk finden sich Beispiele: Der Ausgangspunkt für das Schauspiel »Im Dickicht der Städte« aus den 20er Jahren liegt erneut in der Kriminalliteratur – entstehungsgeschichtlich wie inhaltlich. Für dieses Stück ließ sich Brecht nach eigenen Aussagen von verschiedenen Plärrer-Moritaten inspirieren sowie von einem heute unbekannten Kriminalstück, das er in einem Augsburger Boulevardtheater gesehen hatte. Das Geschehen von »Im Dickicht der Städte« beginnt ebenfalls mit einem Kriminalroman: Shlink und Garga treffen in einer Leihbibliothek erstmals zusammen, in der Garga als Aushilfe arbeitet. Garga wählt für Shlink ein Buch aus, und die Handlung kommt mit seiner Äußerung in Gang: »Das ist ein Kriminalroman, kein gutes Buch«. Shlink möchte Garga diese Wertung abkaufen. Für vierzig Dollar soll er den Kriminalroman loben, worauf Garga entrüstet abwehrt: »Ich bin keine Prostituierte«.[1] Damit entbrennt der »Kampf zweier Männer in der Riesenstadt Chicago«, so der Untertitel des Stücks. Was nun folgt, ist im Grunde ein solcher Kriminalroman mit dramatischen Mitteln: Shlink, Garga und deren Kreise bekrie-

---

[1] Zitate ebd. S.439 f.

gen sich bis zur wechselseitigen Vernichtung; sie schrecken weder vor Betrug noch vor Vergewaltigung und Mord zurück. Ein Motiv für diesen Kampf, der beide Hauptfiguren in den kriminellen Bereich abgleiten lässt, ist zunächst nicht ersichtlich. Gerade in der Absurdität liegt jedoch eine mögliche Begründung dafür, dass sich ein junger Idealist wie Garga zum kaltschnäuzigen Verbrecher wandelt. Hatte er sich noch zu Beginn für Gedankenfreiheit und gegen geistige Prostitution ausgesprochen, so ist er es schließlich, der kein humanistisches oder christliches Wertesystem mehr anerkennen kann. Radikale Gesetzlosigkeit ist seine Devise; der Kampf darf mit jeder Waffe geführt werden. Erneut reagieren die Figuren zum Teil auf die Lebensverhältnisse, die sie umgeben. Das Stück zeigt das »Dickicht der Stadte«, den Dschungel der Metropolen – ein in den 20er Jahren gängiges künstlerisches Thema. Die Stadt, die Shlink und Garga wesentlich beeinflusst, ist ein Labyrinth der Instinkte, dessen Wände aus Abenteurertum, Prostitution, Selbst-Entäußerung und völliger Vereinzelung errichtet sind: »Wenn ihr ein Schiff vollstopft mit Menschenleibern, daß es birst, es wird eine solche Einsamkeit in ihm sein, daß sie alle gefrieren.«[1] Zwischen den Figuren gibt es keine Loyalität, geschweige denn Freundschaft oder Liebe. Die Absurdität menschlichen Lebens in diesem Mikrokosmos bringt einen irrwitzigen Vernichtungskampf als einzig angemessene Handlungsweise hervor. Die Stadt ist Marktplatz und Jagdgrund in einem, ihre logische Folge ist das Verbrechen.

Shlink gibt in einer der letzten Szenen doch noch sein Motiv preis, dessentwegen er den Vernichtungskampf mit Garga begonnen hat: Ausschließlich im Kampf kann er Nähe erleben; Feindschaft und Aggression sind für ihn die einzig möglichen Gefühle. Heftige Reibung macht seine dicker werdende Haut dünner. Garga hätte im Hass sein Kamerad sein sollen. Selbst diese Minimallösung Shlinks scheitert, da Garga Shlink nur vernichten und den Kampf beenden will. Wenn der Vorhang fällt, hat Garga Shlinks Platz eingenommen. Der Kreis ist geschlossen, die Vereinzelung so groß, dass nicht einmal mehr ein

---

[1] Ebd. S.491.

Gefecht zustande kommt. Dem Zuschauer bleibt es, Gargas Zukunft zu prophezeien: Vielleicht wird auch er eines Tages einen jungen Idealisten zum Kampf fordern und daran zugrunde gehen…

Letztendlich zeigt »Im Dickicht der Städte« in Shlink das Ende und die Tragik des großen Asozialen in einer ebenso asozialen Gesellschaft sowie die Vereinsamung, die die logische Konsequenz dieses Typus ist. Shlink gleicht seinem Verwandten Baal. In Garga sieht das Publikum so etwas wie die Genese dieses Typus, sozusagen die Vorgeschichte, die einen Baal zu dem macht, was er in Brechts Stück ist. Dennoch diagnostiziert Brecht in seinen frühen Dramen nur die Symptome der Krankheit, die Baal, Garga und Shlink zu Verbrechern werden lässt. Erst spätere Texte bringen die politische Untersuchung und die für Brecht nötige Therapieform.

Baal, Shlink und der Garga am Ende des Stückes sind keine individuellen Figuren – sie haben als Typen eine gewisse Repräsentativität. Gleichzeitig sind sie aber große Einzelne. Sie stehen für sich allein, Baal bewegt sich zudem strikt außerhalb der bürgerlichen Gesellschaft. Baal, Shlink und Garga sind abnorm und überdurchschnittlich. Das alles unterscheidet sie von einem zweiten Verbrecher-Typus, der in Brechts Werk wohl am häufigsten auftritt.

*b) Der Mitläufer und Überleber*

Die Mutter Courage ist so eine Figur. Mit dem nach ihr benannten Stück verfasste Brecht »Eine Chronik aus dem Dreißigjährigen Krieg« (so der Untertitel), die bewusst auf große Namen verzichtet. Brecht präsentierte keine Geschichte, die von bedeutenden Einzelnen gemacht wird; ihn interessierte die Masse jener, die von der Geschichte betroffen sind. Diese verkörpert die Courage, eine absolut alltägliche Erscheinung und damit Stellvertreterin aller Bürger, die mit dem Krieg umzugehen haben. Die Courage ist eine ganz und gar repräsentative Figur, und sie ist eine Verbrecherin – in mehrfacher Hinsicht. Natürlich wollen wir ihr nicht die diversen Gaunereien vorrechnen, die sie im Laufe des Stückes begeht, das wäre auch nicht im Brecht'schen Sinne. Ihr Verbrechen, und Brecht hat es auch so genannt, ist ein anderes. Die Courage macht Geschäfte mit dem Krieg; ihre Mogeleien halten nicht nur ihre Kinder über Wasser, sondern nehmen die Courage auch so in Anspruch, dass sie es beispielsweise versäumt, einen ihrer Söhne vor der Hinrichtung zu retten. Ihre kleinen Verbrechen sind also nur Symptome eines viel größeren: Obwohl die Courage alle Kinder durch den Krieg verliert, erweist sie sich nicht als lernfähig und wird den Krieg weiter unterstützen.

Die drei Kinder der Courage repräsentieren eine andere Welt, die Sphäre moralischer Anständigkeit. Der Sohn Schweizerkas etwa geht an seiner Ehrlichkeit zugrunde. Ihm ist die Regimentskasse anvertraut; doch anstatt diese in den Kriegswirren zu unterschlagen, wie es ihm die Mutter rät, wird er bei dem Versuch, das Geld zurückzubringen, ertappt, für einen Dieb gehalten und exekutiert. Erneut interagieren also die paradoxe soziale Situation und die kriminellen Karrieren der Figuren.

Schweizerkas ist alles andere als ein Held, entspringt sein Ehrbegriff doch aus recht großer Naivität. Seine Mutter ist da intelligenter, außerdem besitzt sie die einzige Tugend, die in den Kriegswirren erwünscht und möglich ist: Anpassungsfähigkeit. In diesem enormen Vorteil, in ihrer gewitzten Art, sich in allen Situationen zurechtzufinden und somit stets zu überleben, liegen zugleich Stärke und Schuld der Courage. Durch ihre Anpassung meint sie die Kinder zu versorgen, durch die immer extremere Anpassung jedoch trägt sie im Kleinen dazu bei, dass der Krieg – als Sinnbild für den ewigen, durch Finanzinteressen vorangetriebenen Kampf des Daseins – andauert. Sie wird wiederum zur Verbrecherin in verbrecherischen Zeiten. Dadurch, dass Brecht ihr Tun als Verbrechen und nicht etwa als Krankheit oder Schicksal präsentiert, betont er, dass diese Ungerechtigkeit nicht für immer bestehen oder unheilbar sein muss; sie ist veränderbar, ebenso wie ein Verbrecher im Idealfall gefasst, bestraft und resozialisiert werden kann. Die Courage erhält zwar ihre Strafe, auch wenn diese unverhältnismäßig zu ihrer Schuld ist, lernt aber nichts daraus. Bei Brecht ist es bekanntlich wichtiger, dass der Leser oder Zuschauer lernt: Die Kleinbürgerin Courage trägt eine asoziale Ordnung mit und wird in ihr selbst zur Kriminellen, nur aus der Hoffnung heraus, ein Stück vom Kuchen abzubekommen. Sie macht sich des Verbrechens schuldig, Mitläuferin zu sein, Beihilfe zu leisten zu unmenschlicher Grausamkeit. Das Verbrechen der Courage ist gleichwohl kein natürliches oder unabwendbares Verhalten; es ist eine vermeidbare Fehlentscheidung, eine soziale Perversion. Hier liegt ein Unterschied zu Baal, Shlink und Garga – ihre Reaktion auf die verbrecherische Gesellschaft wird so präsentiert, als sei sie die logische Folge des erlittenen Unrechts. Die Courage erhält von Brecht allerdings prinzipiell die Möglichkeit, ihre eigene Pflichtverletzung einzusehen.

Das Stück entstand 1939; zu dieser Zeit konnte es nicht darum gehen, faschistische Verbrechen als unabänderlich hinzustellen. Brecht war zudem der Meinung, der Faschismus sei unter anderem als Folge des Kapitalismus, aus erheblichen finanziellen Erwägungen und durch die Passivität bzw. Gewinnsucht der Kleinbürger entstanden.

Die bedingungslose Kapitulation der Courage soll demnach verurteilt werden, auf der anderen Seite wird offen für manche ihrer Betrügereien Partei ergriffen. Sie legt juristische Vorschriften je nach der Situation und stets zu ihren Gunsten aus. Es geht nicht darum, wie Schweizerkas für seine Tugend zu sterben, es geht darum, gut zu überleben und dennoch nicht vor dem Unrecht vollständig zu kapitulieren. Was den kreativen Umgang mit Gesetzen angeht, gleicht die Courage dem braven Soldaten Schweyk aus Brechts »Schweyk im Zweiten Weltkrieg« oder Azdak, dem Richter aus dem 1944/45 entstandenen »Kaukasischen Kreidekreis«.

Wieder stehen hinter asozialen Verbrechermentalitäten asoziale Verhältnisse. Azdak kommt im Chaos des Bürgerkriegs durch Zufall auf den Richterstuhl, kurz vorher hätte man ihn beinahe gehängt. Vor dieser Periode der Konfusion zementierte freilich die Jurisprudenz Ungerechtigkeiten: »Immer war der Richter ein Lump, so soll jetzt ein Lump der Richter sein.«[1] Schon dieses

---

[1] Bertolt Brecht: Stücke 8. Bearb. v. Klaus-Detlef Müller. Berlin u. a. 1992 (= Bertolt Brecht. Werke. Große kommentierte Berliner und Frankfurter Ausgabe. Hg. v. Werner Hecht u. a. Bd. 8). S.69.

Paradox, vom Galgen in die Robe, ist bezeichnend für Azdaks Haltung zur Gerechtigkeit. Azdak ist bestechlich (»Ich nehme!« ist sein Lieblingssatz), er versteht nichts von den geltenden Gesetzen, und seine Art der Rechtsprechung ist eher mit dem Begriff Rechtsbeugung zusammenzufassen. Zum Gesetzbuch greift er täglich, allerdings gebraucht er es etwas zweckentfremdet: »Hol mir das dicke Buch, auf dem ich immer sitze. […] Das ist das Gesetzbuch, und ich habe es immer benutzt, das kannst du bezeugen.«[1] Er ist dem Essen, Trinken und den Frauen zugetan, er ist, wie Brecht in den Arbeitsjournalen schreibt, »selbstsüchtig, amoralisch und parasitär«. Nicht nur das verbindet ihn mit Baal.

Dennoch ist er trotz oder gerade wegen dieser Eigentümlichkeiten zu einem wahrhaft salomonischen Urteil fähig: Unter zwei Müttern, die sich um ein Kind streiten, wählt er diejenige, die zu selbstloser Liebe fähig ist, auch wenn es sich dabei nicht um die leibliche Mutter handelt. In seiner Entscheidung wendet sich Azdak gegen das kodifizierte Recht von damals (und heute). Gerechtigkeit wird nicht von starren Paragraphen abhängig gemacht, sondern stets von Situation zu Situation neu entschieden. Die Ausnahme zählt vor der Regel; gerecht ist, was für die Gemeinschaft produktiv wirkt, notfalls auch gegen den Buchstaben des Gesetzes. Gerechtigkeit soll somit kein abstrakter Wert, sondern ein dynamischer Prozess der Entscheidungsfindung sein, in dem Menschlichkeit an erster Stelle steht. Das beherzigt Azdak, und dadurch entsteht so etwas wie eine »kurze […] Goldene […] Zeit beinah der Gerechtigkeit«,[2] allerdings nur für Momente. Nach seinem Urteil rät der Richter nämlich Grusche, der Siegerin im Rechtsstreit um das Kind, möglichst schnell die Stadt zu verlassen, und sucht selbst eilig das Weite.

Azdak ist beileibe kein heldenhafter Widerstandskämpfer, der bereit wäre, für seine Gesinnung in den Tod zu gehen. Das macht die Figur zu einer typisch Brechtischen und zu einer der interessantesten im Drama der Zeit. Er ist Kleinbürger wie die Courage und versteht es, sich jeder Situation gewitzt anzupas-

---

[1] Ebd. S.78.
[2] Ebd. S.91.

sen. Er ist ein »Überleber«, wie Brecht diesen Typus selbst nannte. In den Keuner-Geschichten, die zu den beeindruckendsten Texten zählen, die Brecht je geschrieben hat, heißt es:

> »*Als Herr Keuner, der Denkende, sich in einem Saale vor vielen gegen die Gewalt aussprach, merkte er, wie die Leute vor ihm zurückwichen und weggingen, blickte um und sah hinter sich stehen – die Gewalt.*
> »*Was sagst du?« fragte ihn die Gewalt.*
> »*Ich sprach mich für die Gewalt aus«, antwortete Herr Keuner.*
> *Als Herr Keuner weggegangen war, fragten ihn seine Schüler nach seinem Rückgrat. Herr Keuner antwortete: »Ich habe kein Rückgrat zum Zerschlagen. Gerade ich muß länger leben als die Gewalt.«*[1]

In diesem Sinne unterscheidet Azdak von der Courage eine wichtige Eigenschaft: Trotz aller überlebenswichtigen Anpassung behält er ein Stück Menschlichkeit und Individualität, das er im Rahmen seiner Möglichkeiten listig einzusetzen versucht. Er ist ein kleiner Gauner, der durch seine Betrügereien einige Atemzüge lang Gerechtigkeit schafft, und somit in mancher Hinsicht Anarchist wie Baal. Baal jedoch hinterlässt nichts nach dem Tod, seine Anarchie ist unproduktiv. Von Azdak bleibt eine ganze Menge: die Erinnerung an einen Augenblick wahrer Gerechtigkeit und der »Garten des Azdak«, ein Park für die Kinder der Stadt, den er vom Geld der reichen Kläger anlegen lässt.
Stahlen sich die bisher betrachteten Verbrecherfiguren ins Herz des Zuschauers oder wurden zumindest ambivalent bewertet, so lernt der Leser des Brecht'schen Exilwerks einen dritten Typus kennen, an dem er nichts Positives mehr finden kann.

---

[1] Bertolt Brecht: Prosa 3. Sammlungen und Dialoge. Bearb. v. Jan Knopf. Berlin u. a. 1995 (= Bertolt Brecht. Werke. Große kommentierte Berliner und Frankfurter Ausgabe. Hg. v. Werner Hecht u. a. Bd. 18). S.13.

*c) Der politische Verbrecher*

1941 entstand das Stück »Der aufhaltsame Aufstieg des Arturo Ui«, das zu Lebzeiten des Autors nie aufgeführt wurde. Brecht autorisierte außerdem den Text nie für den Druck, weswegen in der »Großen kommentierten Berliner und Frankfurter Ausgabe« das Drama nach einer späten Überarbeitung den leicht veränderten Titel »Der Aufstieg des Arturo Ui« trägt. Arturo Ui ist ein Gangster, der, aus ärmsten Verhältnissen stammend, die Spitze der organisierten Kriminalität und zugleich die Spitze des Gemüsehandels in Chicago erklimmt. Diese Karriere schafft Ui nur mit illegalen oder gerade noch legalen Mitteln. Seine Verbrechen reichen von Wirtschaftsbetrug und Fälschung bis zu Brandstiftung und mehrfachen brutalen Morden. Gegner und Zeugen werden nach Mafia-Methoden skrupellos liquidiert. Brecht verbindet mit dem Aufstieg seiner Figur zwei reale Lebensläufe. Er zeichnet zum einen den Werdegang des Al Capone nach, dessen Leben er durch eine englischsprachige Biographie aus den 30er Jahren gut kannte. Der freilich wichtigere Hintergrund ist die Laufbahn Adolf Hitlers, die recht unverschlüsselt in 15 Szenen (über die Stationen Wirtschaftskrise, Reichstagsbrand, Ermordung Röhms bis hin zu Dollfuß' Tod und dem Anschluss Österreichs) präsentiert wird. Von Brecht selbst ist der Schlüssel für die Personen und Ereignisse überliefert, auch wenn dieser angesichts der sprechenden Namen kaum nötig sein dürfte: Hinter der Figur Roma steht Röhm, hinter Dogsborough Hindenburg (Brecht übersetzte Hundenburg ins Englische), hinter Dullfeet Dollfuß, hinter dem Speicherbrandprozess der Reichstagsbrandprozess etc. Arturo Ui ist somit zwar eine Spiegelung des historischen Al Capone, zugleich und noch deutlicher aber eine des zeitgenössischen Adolf Hitler. Er wird im Stück als kleiner, charakterschwacher Emporkömmling bloßgestellt, dessen größte Antriebe Machthunger und ein gewaltiger Minderwertigkeitskomplex sind:

> *»Ich bin jetzt vierzig und bin immer noch nichts! […]*
> *Meine Herkunft*
> *– ich bin ein einfacher Sohn der Bronx – wird gegen mich*
> *Ins Feld geführt!*

> *Der Mann, sagt man, kann nicht einmal*
> *Die richtige Gabel wählen zum Dessert.*
> *Wie will er da bestehn im großen Geschäft!«*[1]

Welch ein Unterschied zu den anderen Verbrecherfiguren! Ui ist oft unschlüssig, überfordert, dann hat er wieder Ausbrüche der Aggression und Brutalität. Er ist Gangster und Geschäftsmann in einer Person; das Wort »Verbrecher« lehnt er für sich mit großer Geste ab. Seine Anfälle beispielloser Roheit verbrämt er mit Floskeln wie »*Gewalt…/ Verabscheut keiner mehr als ich. Sie wär/ Nicht nötig, wenn der Mensch Vernunft besäße.*«[2] Zugleich ist sein Handeln geprägt von einer großen Angst vor den Massen der Arbeiter. Stellt man in diesem Zusammenhang wieder die Frage: Warum benutzt Brecht die Metapher des Verbrechers?, so lassen sich zu den bisher gefundenen Antworten einige ergänzen, die speziell die Darstellung des Faschismus betreffen. Hitler ist für Brecht natürlich ein Verbrecher, der sich über moralische und legale Grenzen hinwegsetzt. In der Darstellung des Arturo Ui als opportunistisch, theatralisch und von Minderwertigkeitskomplexen geplagt soll der Personenkult um den Führer gebrochen werden:

> »*Die großen politischen Verbrecher müssen durchaus preisgegeben werden, und vorzüglich der Lächerlichkeit. Dann sind sie vor allem keine großen politischen Verbrecher, sondern die Verüber großer politischer Verbrechen, was etwas ganz anderes ist. […] So wenig das Mißlingen seiner Unternehmungen Hitler zu einem Dummkopf stempelt, so wenig stempelt ihn der Umfang dieser Unternehmungen zu einem großen Mann.*«[3]

Für Brecht war Hitler immer der »Anstreicher«, der »Wieheißterdochgleich«. Zudem ist, wie gesagt, jedes Verbrechen eine soziale Abnormität, die prinzipiell aufgedeckt und bestraft

---

[1] Bertolt Brecht: Stücke 7. Bearb. v. Michael Voges. Berlin u. a. 1991 (= Bertolt Brecht. Werke. Große kommentierte Berliner und Frankfurter Ausgabe. Hg. v. Werner Hecht u. a. Bd. 7). S.37 und 102.
[2] Ebd. S.92.
[3] Bertolt Brecht: Schriften 4. Texte zu Stücken. Bearb. v. Peter Kraft […]. Berlin u. a. 1991 (= Bertolt Brecht. Werke. Große kommentierte Berliner und Frankfurter Ausgabe. Hg. v. Werner Hecht u. a. Bd. 24). S.316.

werden kann. Deswegen schilderte Brecht nicht wie andere Schriftsteller Hitler als Fluch, Dämon oder Teufel; im Gegenteil: Hitler musste als Produkt einer gesellschaftlichen Abweichung präsentiert werden, die jederzeit veränderbar ist. Brecht entwickelte in etlichen Texten einige (in vielem verkürzte) Erklärungsmuster für das Aufkommen des Faschismus, die hier in wenigen Strichen skizziert werden sollen. Hitler ist für ihn das Ergebnis der verbrecherischen bürgerlichen, kapitalistischen Gesellschaft, sein »aufhaltsamer Aufstieg« die Folge von massiven finanziellen Interessen und der Passivität der Kleinbürger, im Stück vertreten durch die Gemüsehändler. Dem Proletariat spricht Brecht die Möglichkeit zu, Hitler zu stürzen; vor dieser Schicht hat Arturo Ui folgerichtig große Angst. Aus der Verflechtung von wirtschaftlichen Machtstrukturen, Politik und bürgerlich-kapitalistischer Doppelmoral entsteht konsequent der Selfmademan und Verbrecher Hitler/Ui. Die Stimmigkeit oder auch die repräsentative Brüchigkeit von Brechts Faschismusanalyse wurde bis heute immer wieder diskutiert; die Debatte erneut aufzugreifen, fehlt hier der Raum.

Arturo Ui ist jedenfalls für Brecht »der Gangster aller Gangster«, er bleibt aber gerade im Exilwerk und im Umkreis der Auseinandersetzung mit dem Faschismus nicht der einzige Vertreter des Typus »Politischer Verbrecher«. Der Galileo Galilei der ersten Fassung versteht es noch wie Azdak oder Herr Keuner, durch seinen Widerruf am Leben zu bleiben, sein Wissen zu konservieren und am Ende durch seinen Schüler Andrea Sarti fruchtbar zu machen. Nachdem Brecht vom Abwurf der Atombomben auf Hiroshima und Nagasaki Kenntnis bekommen hatte, schrieb er 1945 bis 1947 jedoch seine Figur Galileo Galilei komplett um. Der Galileo der zweiten Fassung ist in seinem Verständnis von Wissenschaft ohne soziale Verantwortung letztlich ein politischer Verbrecher, der Hiroshima und Nagasaki gedanklich ermöglicht. Cäsar aus dem 1937 bis 1939 entstandenen Romanfragment »Die Geschäfte des Herrn Julius Cäsar« gehört ebenso hierher wie einige Figuren aus »Furcht und Elend des Dritten Reiches« oder ein Peachum aus der »Dreigroschenoper« bzw. dem »Dreigroschenroman«.

Alle drei Typen, den großen Asozialen, den Mitläufer und Überleber sowie den politischen Verbrecher, zusammengenommen, ist der Verbrecher in Brechts Werk alles andere als eine seltene Spezies. Das Augenmerk auf diese Figuren zu richten, lohnt sich, führt doch eine solche Betrachtung jeweils ins Zentrum der Interpretation. Hinter der Maske des Verbrechens verbirgt sich zumeist ein gesellschaftliches System, das krimineller agiert als seine schlimmsten illegalen Auswüchse. Der Verfall der Menschlichkeit, eine Aushöhlung der Gesetze und die Vereinzelung der jeweiligen Figuren erfordern verbrecherische Mittel zur Selbstbehauptung. Wobei Brechts Sympathie bei Figuren wie Azdak liegt, die Asozialität, Genusssucht, Rechtsbeugung zum Programm erheben und dabei ihre kriminelle Energie zumindest zeitweise in den Dienst der Menschlichkeit stellen. In dieser Hinsicht steht das Werk des großen Atheisten Bertolt Brecht dennoch unter dem Patronat eines Heiligen – des »wundertätige[n] Sankt Banditus«.[1]

---

[1] Bertolt Brecht: Stücke 8. Bearb. v. Klaus-Detlef Müller. Berlin u. a. 1992 (= Bertolt Brecht. Werke. Große kommentierte Berliner und Frankfurter Ausgabe. Hg. v. Werner Hecht u. a. Bd. 8). S. 74 (Zitat dort in anderem Zusammenhang).

# Der Totentanz zu Babenhausen und seine Vertonung durch Otto Jochum

*von Rosmarie Mair*

Im Sommer 2003 feierten die Babenhausener mit einem umfangreichen Festprogramm »200 Jahre Fürstenerhebung Fugger-Babenhausen«. Im Rahmen dieser Feierlichkeiten wurden auch historische Führungen zum berühmten Babenhausener Fuggerschloss angeboten. Daneben gab es aber noch ein ganz besonderes Ziel, das weit weniger bekannt ist: die *Babenhausener Friedhofskapelle mit ihren Totentanzbildern*. Die Babenhausener Fresken aus dem Jahre 1722 verdienen aber durchaus eine nähere Betrachtung, stehen sie doch zu Unrecht im Schatten des wesentlich bekannteren »Füssener Totentanzes«, des ältesten noch erhaltenen Totentanzzyklus' in Bayern (entstanden ca. 1602).[1]

*Steintafel am Eingang der Friedhofskapelle (Foto: Mair)*

## Allgemeines zum Totentanz:

Als Urform des *Totentanzes* gilt der mittelalterliche Bilderbogen, mit dessen Hilfe vor allem die Dominikaner und Franziskaner

---

[1] Der Füssener Totentanz, Hsg. Historischer Verein Alt Füssen e. V., Füssen 1978, S. 3.

die Menschen, die ja größtenteils nicht lesen und schreiben konnten, unterrichteten, belehrten und mahnten.[1]

Während der großen Pestepidemien im 14./15. Jh. riefen Prediger die Menschen zu Buße und Umkehr auf. Die Grundstimmung in dieser Zeit, das Bewusstsein der eigenen Vergänglichkeit, spiegelt sich auch in den Kunstwerken wider: In dieser Tradition stehen die so genannten *Totentänze*, die sowohl in den Innenräumen als auch an den Außenwänden der Kirchen oder an Friedhofmauern aufgemalt wurden. Angebracht wurden die *Totentanzbilder* zum einen, um den Tod zu bannen: Der Tod sollte vor seinem eigenen Bild zurückschrecken und den Ort nicht heimsuchen. Zum anderen sind die Bilder als Aufruf zur Buße und als Mahnung zu ständiger Wachsamkeit und Todesbereitschaft (»Memento mori«) zu verstehen[2]. Die *Totentanzbilder* stellen den Tod als Gerippe dar, der nacheinander Menschen unterschiedlichen Alters und Standes zum Tanze auffordert und damit ihr Leben beendet. Immer gehören sowohl Mächtige (Kaiser und Papst) als auch Vertreter des Volkes (z. B. Bürger und Bauern) zu seinen Opfern. Dahinter steht die Einsicht, dass dem Tod niemand entgehen kann, dass er keine Rücksicht auf Ansehen und Stand nimmt. Die *Totentänze* als kunsthistorische Besonderheit findet man nicht nur in deutschen Kirchen, sondern auch in den Gotteshäusern vieler anderer europäischer Länder, beispielsweise in Frankreich als »danse de macabre«, aber auch in Spanien, Italien, England, Österreich und der Schweiz.

Im 17./18. Jh. kam es zu einer zweiten großen Welle von *Totentanz*-Produktionen. Das Zentrum lag dabei in Wien, wo seit 1662 der Mönch Abraham a Sancta Clara (geboren 1644 als Ulrich Megerle in der Nähe von Meßkirch, gestorben 1709 in Wien) wirkte und nachhaltigen Einfluss auf die Wiener (Augustiner-) Totenbruderschaft nahm. 1680 erschien im Anschluss an

---

[1] Hellmut Rosenfeld: Der mittelalterliche Totentanz. Entstehung – Entwicklung – Bedeutung, Köln 1968, Vorwort.
[2] Hermann Kirchhoff: Der Totentanz zu Babenhausen, Weißenhorn 1984, S. 24.

eine Pestepidemie sein *Totentanz*-Predigtzyklus »Merk's Wien«[1]. 1709 wurde auf seine Veranlassung hin die Totenkapelle in der Augustinerkirche zu Wien mit einem *Totentanz* versehen und im Jahr darauf erschien posthum sein Buch mit Abbildungen von 68 Kupferstichen des Nürnberger Kupferstechers Christoph Weigel; dieses Buch wird nachfolgend als »Totenkapelle« bezeichnet.[2]

## Der Totentanz in der Friedhofskapelle Babenhausen

Der *Babenhausener Totentanz* ist in eben diese, von Abraham a Sancta Clara begründete, Augustiner-*Totentanz*-Tradition einzuordnen. Die letzte große Pestepidemie in der Region lag über achtzig Jahre zurück, als 1722 diese Fresken entstanden; der Künstler ist nicht bekannt. Alle sieben Fresken an den Emporenbrüstungen haben ihre Vorlagen in den Weigel'schen Kupferstichen der »Totenkapelle« Abrahams a Sancta Clara. Auch die Bildunterschriften sind teilweise wörtlich übernommen worden.

Die Zuordnung der Babenhausener Fresken zu den *Totentänzen* ist allerdings nicht unstrittig: Der Tod tanzt auf diesen Bildern nicht mehr, er fordert nicht zum *Tanz* auf und den Bildern fehlt damit die ursprüngliche Dynamik des Reigens. Der Tod tritt zu den Menschen hin, versehen mit uralten ikonographischen Motiven, wie Sense (»Schnitter Tod«), Waage, Sanduhr, Schaufel oder Axt. Auf zwei Bildern (Mönch und Tod, Alter und Tod) ist

---

[1] Erwin Koller: Totentanz. Versuch einer Textembeschreibung, Innsbruck 1980, S. 496, 497.

[2] Der vollständige Titel lautet: »Besonders meubliert- und gezierte TODTENCAPELLE/ oder ALLGEMEINER TODTEN-Spiegel/ Darinnen alle Menschen/ Wes Stand sie sind/ sich beschauen/ an denen mannigfältigen Sinnreichen Gemählden das MEMENTO MORI zu studiren/ und die Nichtigkeit und Eitelkeit dieses Lebens Democritice oder Heraclitice, Das ist: Mit lachendem Mund/ oder thränenden Augen/ wie es beliebt/ können betrachten und verachten lernen«, erschien posthum 1710, Rev. P. Abraham à S. Clara, Augustiner-Barfüsser-Orden.

kein Gerippe zu sehen, die Botschaft wird durch die Bildunterschrift deutlich gemacht.[1]

Bereits die Gesamtanordnung der sieben Fresken ist interessant, sie folgt dem typischen *Totentanzschema*. Die drei Bilder der oberen Empore stellen den Tod wichtiger kirchlicher und weltlicher Würdenträger dar. Das Bild »Papst und Tod«, das im Zentrum steht, wird flankiert von »Kaiser/König und Tod« zur linken (vom Betrachter aus gesehen) und von »Bischof / Kardinal und Tod« zur rechten.

*Abdruck aus: Hermann Kirchhoff, Der Totentanz zu Babenhausen, mit freundlicher Genehmigung des Anton H. Konrad Verlags, Weißenhorn, 1984, S. 22.*

Die vier Fresken der unteren Empore sind ebenfalls symmetrisch angeordnet. Ganz rechts ist das Bild »Alter und Tod«, ganz links »Kind und Tod« – und damit das Thema 'Lebensalter' in seinen beiden Extremen dargestellt. Die beiden Bilder in der Mitte zeigen links »Mönch und Tod«, rechts »Maler und Tod«. Der Mönch steht für das kontemplative, ganz auf Meditation und Reflexion gerichtete Leben; der Künstler für das Schaffende in der Welt und das den sinnlichen Genüssen (schließlich malt er eine schöne Frau) zugewandte Dasein.

Nun zu den Fresken im einzelnen:

---

[1] Neben den eigentlichen Totentanzbildern gibt es noch weitere Fresken in der Babenhausener Friedhofskapelle, die an Vorlagen der »Totenkapelle« Abrahams a. S. Clara angelehnt sind.

### 1. Bild: Papst und Tod

Inschrift »*Mortuus est Aaron. Deut. 32*«[1] –
»*Ja Statthalter auf Erden / muß mir zu theil Werden*«

Der Tod fällt mit einer Axt die Säule, auf der die päpstliche Tiara ruht. Auch die »Säule der Kirche«, der Papst, muss sterben. Interessant bei diesem Bild ist das deutsche Verspaar. Wird in der Kupferstich-Vorlage noch vom Tod in der dritten Person geredet (»*Der Statthalter auf der Erden, muß dem Tod zu theil auch werden*«), so nimmt der Babenhausener Künstler eine Änderung vor und lässt den Tod hier in der ersten Person sprechen (»muß *mir* zu theil werden«).

### 2. Bild: Weltlicher Würdenträger (Kaiser oder König?) und Tod

Inschrift »*Haeccine est illa?. 4 Reg. 9*«[2] –
»*Man kennet Sie nit mehr / Wer Sie Gewest vorher*«

---

[1] Übersetzung: »*Tot ist Aaron*«.
[2] Übersetzung: »*Ist das denn die …?*«.

Das vor der Restaurierung am stärksten verwitterte Bild gibt einige Rätsel auf: In der Sekundärliteratur wird teilweise davon gesprochen, dass hier eine »Königin« am Sarg stehe. Im Original war allerdings mit ziemlicher Sicherheit eine weinende Kaiserin neben dem im Sarg liegenden Kaiser dargestellt. Der Tod steht mit Sense und Sanduhr neben dem Sarg – vielleicht ein Sinnbild dafür, dass der Sand auch für die Kaiserin durch die Todesuhr läuft. Ein Gegengewicht liegt auf der Darstellung des Kindes, das den Mantel der Kaiserin trägt und als Symbol für das Leben gedeutet werden kann.

### 3. Bild: Bischof / Kardinal und Tod
Inschrift »*Non habemus hic manentem civitate. Hebr. 13*«[1] –
»*Auch Inful und Hut / der Tod nit schonen thut*«
Der Tod ist mit einem Totenlaken bekleidet und hält eine Waage in seiner Hand. In der (vom Bildbetrachter aus gesehen) linken Waagschale liegen die Mitra des Bischofs (Inful) und der Kardinalshut, diese werden durch die Sense und die Krone des Todes aufgewogen. Die Insignien des Todes wiegen schwerer. Auf dem dürren Baumstumpf links daneben liegt ein Totenkopf, durch den sich eine Schlange windet.

---

[1] Übersetzung: »*Wir haben hier keine bleibende Statt*«.

### 4. Bild: Kind und Tod
»*Cecidit Flos. Esaia.40*«[1] –
»*Auch schon die Wiegen / ist zum Todt ein Stiegen*«

Kaum einer der jüngeren Totentänze verzichtet auf das Thema »Tod eines Kindes«, da es die Sinnlosigkeit und den Schrecken des Todes am deutlichsten macht.

Der Tod steht, aufgestützt auf einen Spaten, neben der Wiege eines Kindes und hält dem Kind ein Spielzeug hin, um es von dem schrecklichen Geschehen abzulenken. Doch der Blick des Kindes geht bereits in die Ferne.

### 5. Bild: Mönch und Tod
»*Quotidie morior. J.Cor.15*«[2] –
»*Betracht ich, Was noch muß Werden / So frag Wenig nach der Erden.*«

---

[1] Übersetzung: »*Die Blume welkt*«, nach einer Stelle im 40. Kapitel des 2. Jesaja-Buchs »*Das Gras verdorrt, die Blume welkt, aber das Wort unseres Gottes bleibt in Ewigkeit*«.

[2] Übersetzung: »*Täglich sterbe ich …*« in Anlehnung an eine Aussage des Paulus im Korintherbrief.

Der Mönch auf diesem Bild wird mit einem Totenschädel in der Hand gezeigt, als Sinnbild dafür, dass sein Leben der ständigen Betrachtung des Todes gewidmet ist und er seine Hoffnung auf das ewige Leben setzt.

### 6. Bild: Maler und Tod
»*Fugit velut umbra. Job.7*«[1] –
»*Alle Kunst ist umb sunst / und beim Tod ohne Gunst.*«
Der Tod tritt hinter den Maler und nimmt dem Künstler das Bild, noch ehe dieser das Portrait einer schönen Frau vollenden kann, von der Staffelei. Auch die Gemäldeablage des Künstlers enthält keine Bilder mehr, nur noch ein Totenschädel liegt darin: als Frucht seines künstlerischen Lebenswerks bleibt letztlich nur der Tod.

---

[1] Übersetzung: »*Es ist vergänglich wie ein Schatten…*«. Im Originalkupfer hieß es »*Dies ejus sicut umbra peaetereunt*«– »*Wie ein Schatten gehen seine Tage vorbei*«.

### 7. Bild: Alter und Tod

»*Defecerunt sicut fumus dies mei. Ps. 101*[1]« –
»*Das Alter, Gut und Gelt / Vergehet sampt eitler Welt.*«
Ob auf dem Bild ein alter Mann oder eine alte Frau dargestellt ist, ist in der Sekundärliteratur umstritten. Die Goldpokale auf dem Tisch und das kostbare Bettzeug samt Baldachin lassen auf Reichtum schließen. Der Tod ist auf diesem Bild nicht dargestellt. Zu dem alten Menschen im Bett in Kontrast steht das Kind am linken Bildrand, das in sein Flötenspiel vertieft ist.

Eindringlich überbringen diese sieben Fresken die Botschaft: Lebensjahre, Titel, Würden und Reichtümer – alles ist vergänglich – Memento mori!
Als die Friedhofskirche 1861 renoviert wurde, wurden die Totentanzfresken übertüncht. Sie passten nicht zum stark idealisierenden Nazarener-Stil dieser Zeit. Erst bei einer späteren Baumaßnahme im Jahre 1911 wurden sie wieder entdeckt und restauriert. 1987 erfolgte eine neuerliche Überarbeitung und Konservierung der erhalten gebliebenen Substanz. Nun erstrahlen sie wieder in leuchtenden Farben.

### Otto Jochums Oratorium »Der Totentanz«

Die Konfrontation mit Tod und Leid im 1. Weltkrieg hatten den gebürtigen Babenhausener Otto Jochum (1898–1969) tief berührt und ihn um 1920 zu einem Oratorium angeregt – geschaffen noch vor jeder musikalischen Fachausbildung (zu Otto

---

[1] Übersetzung: »*Meine Tage vergehen wie Rauch*«.

Jochum siehe auch Beitrag Miller-Jochum in diesem Heft). Das Oratorium ist auf die sieben Bilder und Texte der Babenhausener *Totentanz*-Fresken abgestimmt. Beim Bild »Kind und Tod« verwendete Jochum ein schlichtes volksliedhaftes Motiv, der Meditation des Mönches sind gregorianische Stilelemente unterlegt und bei der Vorstellung des Papst-Themas wird ein Hymnus vom Chor und den Solisten gesungen. Innige Sätze der Holzbläser wechseln ab mit Orgelfugen und das Opus verdichtet sich in einem mächtigen Finale.

Lange Zeit galt dieses frühe Werk als verschollen. Otto Jochum hatte es dem Babenhausener Dekan Michael Zott geschenkt, der es wiederum seiner Schwester im Kloster Maria Stern in Augsburg vermacht hatte. Dort wurde es erst ein halbes Jahrhundert später von Fritz Fahrenschon, dem Leiter des gemischten Chors in Babenhausen »Liedertafel«, aufgefunden und so für den Chor, Solostimmen, das Orchester und die Orgel umgearbeitet, dass es am 19.03.1978 – über 50 Jahre nach seiner Entstehung! – in Babenhausen uraufgeführt werden konnte.

In der Folgezeit wurde das Oratorium an Festtagen der Gemeinde zur Aufführung gebracht, oder wenn es Gedenktage der Jochum-Familie zu feiern gab, z. B. im November 2002, als der 100. Geburtstag des berühmten Dirigenten Eugen Jochum (der jüngere Bruder von Otto Jochum) gefeiert wurde.

Das Oratorium »Der Totentanz« von Otto Jochum gibt es zwischenzeitlich auf CD. Diese CD kann über die

Tourist-Information Babenhausen, Schrannenstr. 7, 87727 Babenhausen, Tel. 0 83 33 / 92 36 23

bezogen werden. Bei Interesse an einer Führung durch die Friedhofskapelle, die normalerweise verschlossen ist, kann man sich ebenfalls an das Touristenbüro der Gemeinde Babenhausen wenden.

*Ich bedanke mich bei Herrn Dieter Spindler, Heimatforscher aus Babenhausen, und Frau Gerda Herz von der Tourist-Information Babenhausen für die freundliche Unterstützung.*

# Der »Totentanz« im Scherenschnitt

*von Hans Wellmann*

Beim *Totentanz* verbinden sich Bild und Text zu einem Kunstwerk eigener Art: Es behandelt immer das Sterben als zentrales Lebensthema des Menschen. Von daher vermittelt es – oft indirekt – auch so etwas wie die Mahnung: Denke daran, dass du sterben musst! 'Memento mori!'
Die Verbindung von Text und Bild verstärkt oft die Unmittelbarkeit dieser Botschaft, besonders, seit der Tod sehr konkret durch ein Skelett dargestellt wird und nicht mehr nur durch ein Symbol oder eine allegorische Figur. Diese Art der Abbildung findet sich wohl zum ersten Mal 1526 bei dem Maler Hans Holbein.
Die Textgattung 'Totentanz' fand schnell Resonanz, sie verbreitete sich im mittelalterlichen Mitteleuropa – als künstlerische Antwort auf die Schrecken der Pest. Das ist auch nicht verwunderlich, da wir von einer Zeit sprechen, in der die Angst vor dem *Schwarzen Tod* allgegenwärtig war. Volkskunde, Kunstgeschichte, Geschichts-, Literatur- und auch Sprachwissenschaft haben sich wegen dieser Zusammenhänge viel mit der Kunstform beschäftigt. Ihren fernsten Ausläufer habe ich in einer Kirche von Talinn (Estland) kennengelernt.
Der Totentanz wird immer als historisches Phänomen betrachtet. Das Motiv wirkt aber bis in die Gegenwart weiter. In der Scherenschnittkunst kann man seine Spuren auch das 19. und 20. Jahrhundert hindurch verfolgen. Das hat Prof. Dr. Hans Helmut Jansen 1996 in einem Vortrag beim Kongress der Totentanzgesellschaft in Luzern dargestellt.[1]
Im ersten Band unseres Jahrbuchs 'Der Schwabenspiegel' hatten wir 2000 schon den Scherenschnitt »Der Tod und die Jungfrau«

---

[1] Mehr dazu in seinem Beitrag »Totentanzmotive in der Kunst des Scherenschnitts«, in: *Schwarz auf Weiß*. Zeitschrift des Deutschen Scherenschnittvereins e.V., Heft Nr. 3, Calw-Holzbronn 1996, S. 10 ff.

vorgestellt, der in einer Neuburger Ausstellung über die bemerkenswerten, kunstvollen Scherenschnitte der fast vergessenen Künstlerin Josy Meidinger zu sehen war. Josy Meidingers »Schnitter Tod« ist nicht weniger beeindruckend.

Im »Schwabenspiegel« Band 2/2001 hatten wir dann den Stahlstich »Tod und Teufel« abgebildet, den Meister Bobinger aus Oberschönenfeld nach einem Scherenschnitt des Schriftstellers Arthur M. Miller gefertigt hat und der zu der Wanderausstellung gehört, die wir zu Millers 100. Geburtstag zeigten.
Nach den Hinweisen Jansens ist nun zu erkennen, dass Millers Scherenschnittbild »Tod und Teufel«

*Tod und Teufel beim Wein.*

*'Du säufst die große Kanne leer,
mir soll ein Gläschen gedeihen.
Dich macht er wüst und trunken und schwer,
mich aber wird er befreien.'*

mit den dazugehörigen Versen letztlich in der Tradition der Totentanzliteratur steht: Der Tod – als Skelett dargestellt – siegt immer; er ist auch dem Teufel überlegen.

Und er erinnert auch an andere, ältere Scherenschnitte mit diesem Totentanz-Motiv, z. B. an »Der Mönch und der Tod« von Dora Polster (um 1910).

*aus: Schwarz auf weiß, Heft 3/1996, S. 12*

# »Ottobeuren, vernimm die Zukunft in einem Rätsel«

## Zu Arthur Maximilian Millers Roman »Der Herr mit den drei Ringen«

*von Iris Knöpfle*

Die Entstehung des Klosters und der Basilika von Ottobeuren beschäftigten Arthur Maximilian Miller über viele Jahre. Seine ersten Besuche dort fanden bereits während der Kindheit statt, da seine Heimatstadt Mindelheim nicht weit entfernt war. In seinen letzten Lebensjahren hatte er in der Marktgemeinde nahe Memmingen seinen Alterswohnsitz.

Der schwäbische Autor hinterließ zu diesem Themenkomplex mehrere Texte, u. a. die »Hymnen an Ottobeuren«, die Beschreibung des »Ottobeurer Chorgestühls« und den Roman »Die Abenteuer des Fuhrmanns Jeremias«, aber als wichtigstes »Ottobeuren-Werk« sicherlich den 500-seitigen historischen Roman »Der Herr mit den drei Ringen« aus dem Jahr 1959. Daneben gibt es noch einige kleinere Erzählungen, Hörbilder und Würdigungen in seinem Nachlass. Nicht veröffentlicht ist dagegen das »Ottobeurer Tagebuch«, das aus den Jahren 1951 bis 1965 stammt und Millers Beziehung zu Ottobeuren dokumentiert.

Umfangreiche Studien zu Ottobeuren nahm der Dichter im Jahr 1947 auf, als er von seiner Tätigkeit als Lehrer in Kornau dispensiert war. Seine Briefe aus jener Zeit zeigen, wie sich der Kontakt nach Ottobeuren ergeben hat und welche Früchte das Ganze trug:

Am 22. Mai 1947 schrieb er an seinen Freund Otto Jochum:
*»Mein lieber Otto!*

*Ich antworte Dir erst heute, weil ich 14 Tage weg war. Eine befreundete Lehrerin, Mathilde Bichbihler, hat mich in ihr Schulhaus nach Lachen bei Memmingen eingeladen. Dort bin ich nun also gewesen, habe aquarelliert und gezeichnet und schöne Orte der Umgegend besucht, das erste schwäbische Sommerkonzert in Buxheim angehört und mich in die Ottobeurer Kirche vertieft. Ein Heft voll stenografierter Aufzeichnungen habe ich mitgebracht und will nun eine größere Abhandlung über die Kirche schreiben. ...«*[1]

Dies ist das erste Zeugnis der Absicht Millers, ein Werk über Ottobeuren zu verfassen: ob dies eine Dokumentation oder eine poetische Arbeit werden sollte, wusste er zu dieser Zeit noch nicht. Auch einem seiner Verleger, Dr. Dietrich, kündigte er das Werk an:

*»Es freut mich, daß Sie Interesse für meine Ottobeurer Arbeit haben, da diese immer größer und lebendiger in mir aufwächst. Eben komme ich von einem neuen Studienaufenthalt in O. zurück und habe wesentliche Impulse gewonnen. Es handelt sich nicht um ein gewöhnliches kunstgeschichtliches Buch sondern um die Gestaltung einer Vision von O.«*[2]

Der befreundeten Lehrerin Mathilde, bei der er zu Gast gewesen war, berichtete er schriftlich, wie er sich das Ganze vorstellte:

*»Meine Ottobeurer Arbeit habe ich zu einem ersten Abschluß gebracht, d.h. was die Kirche anlangt, und ich bin froh darum; denn das Ganze hat sich, wie ja schon zu befürchten war, zu einem erbitterten Kampfe mit dem Barock ausgewachsen, der nun bestanden ist. [...] Die bisherigen Ausführungen betragen 42 Seiten. Sie sind indessen zu breit geraten, ich schlug mit Händen und Füßen, um in dem Barockstrudel nicht zu ersaufen, und werde mir für eine künftige wiederholte Durchschiffung dieser Gewässer ein besseres Fahrzeug zurecht machen. Wenn alles gehörig gedrängt und zusammengerafft ist, dann glaube ich, kann sich das Ding schon sehen lassen. Morgen beginne ich mit der Behandlung des Klosters. ...*

*Indem ich nun so sitze, kommt es mir vor, als würde es bei meiner Arbeit über Ottobeuren nicht sein Bewenden haben, als käme dabei auch noch etwas Poetisches heraus. Es ist gar zu verlockend, das*

---

[1] In der Mappe »Eigene Briefe 1947« in Kiste 10.
[2] Ebd.

*Entstehen dieses Baues, das ganze Künstlergetriebe, die dazwischen tretenden Kriegsereignisse, Einquartierung etc. zu verarbeiten.«*[1]

Miller trieb die Arbeit weiter und brachte sie zu einem vorläufigen Ende, mit dem er aber nicht zufrieden war. Dies vermerkte er in seinem Brief an Emma Dilger vom 27.7.:

*»So habe ich denn mit großen Pausen und vielem Ach und Krach die Arbeit über Ottobeuren gestern zuende gebracht, die leider statt eines bloßen Aufsatzes ein ganzes Buch geworden ist, und leider statt einer anmütigen Darstellung ein böser Kampf um den Barock und die Probleme von Christentum und Kultur und Genialität und Heiligkeit geworden ist. Beim einen Ende fing ich an und ganz im entgegengesetzten kam ich heraus, und so bleibt nichts anderes übrig, als es eines Tages neu zu schreiben.«*[2]

Dazu kam es aber zunächst nicht, da Miller ab September 1947 wieder die Lehrtätigkeit aufnahm. In diesem Jahr wollte er außerdem seinen Nordlandreiseroman beenden, dessen erste Version er bereits 10 Jahre zuvor verfasst hatte.

Erst 1951 ergab sich eine neue Gelegenheit für seine Studien in Ottobeuren, als er dort seine eben entstandenen »Hymnen auf Ottobeuren« vortrug. Dabei wurde er von Pater Aegidius angesprochen, ob er sich vorstellen könne, ein Buch über die Wallfahrtskirche Eldern zu schreiben, das Ottobeurer Archiv verwalte eine Eldern-Chronik, die eine Fundgrube interessanter Begebenheiten darstelle. Damit verbunden wäre ein Aufenthalt im Kloster, wozu er eingeladen würde.

Miller reizte vor allem die Aussicht, einige Wochen am Leben im Kloster teilzuhaben, und nahm daher das Angebot an. Im Sommer desselben Jahres, 1951, verbrachte er seine Ferien dort und beschäftigte sich insbesondere mit der »Eldern-Chronik«, was ihn aber weniger interessierte als das Kloster und dessen Entstehung.

In seinem Tagebuch ist Folgendes zu lesen:

*»Meine Zeit läuft ab. Ich stelle meine Benediktusstudien ein. Von der Abfassung eines Eldernbuches bin ich endgültig abgekommen. Aber eine andere Idee steigt in mir – wie ein Gebirge, von dem ich nicht*

---

[1] Ebd.
[2] Ebd.

*weiß, ob u. wie ich es bewältigen könnte: ein Roman der Baugeschichte des Klosters. Die kühne Planung, das Aufziehen der Künstlertrupps, Amigoni, Karl Stauder – vor allem aber Abt Rupert II. und sein Convent!*
*Besprechung mit Pater Aegidius.*
*Aufgetürmte Quellen: die 14 großen Foliobände der Tagebücher des Abtes Rupert, die Hauschroniken (Kretz, Schilz etc.), Feyerabend!*
[Anm.: Ottobeurer Jahrbücher]
*P. Aegidius legt mir den 2. Band der Tagebücher hin (der 1. ist verlorengegangen). Ich schlage den feingepreßten Deckel des schweren gelben Schweinslederfolianten auf:*
*Diarium actorum*
*Sub Regimine Reverendissimi Ruperty abbatis«*[1]
*»Eine kraftvolle, zügige Handschrift...«*[2]
*»Mir ward ein wenig grau vor den Augen. 14 solcher Bände, zur Hälfte Latein, und welches Latein! Wie soll ich da die causam eines Romans mit einigem Erfolg prosequieren? Wie ein jedermann fesselndes Kunstwerk gestalten. ...«*[3]

Es sollte ein großer Roman über die Entstehung des barocken Klosters werden und den großen Abt Rupert, wie ihn Peter Dörfler über die Wessobrunner verfasst hatte. Diese Aufgabe reizte den Autor und er schlug sie dem Abt vor, wofür aber weitere Aufenthalte im Ottobeurer Kloster nötig wurden. Im darauffolgenden Sommer kehrte er dann zurück und begann das Studium der Quellen.

Am Ende wurden daraus sieben längere Aufenthalte; teilweise war seine Frau Magdalena dabei, die Altphilologin war und ihn bei der Arbeit an den Chroniken, die z. T. in Latein verfasst sind, unterstützen konnte.

*»Durch sieben Sommer hindurch fraß ich mich durch die Tagebücher Abt Ruperts, durch die Hauschroniken und durch die sonstigen Quellen. [...]*
*Es galt nun, die Entwicklung des Baues auf dem bewegten Kriegshintergrund noch einmal vorüberziehen zu lassen, die Fülle der Gestalten*

---

[1] Das Ottobeurer Tagebuch, 1951 – 1965, K 36b, S. 269.
[2] Ebd., S. 270.
[3] Ebd., S. 271.

*und Ereignisse zu bewältigen. Jede von ihnen mußte ein Teil meiner selbst werden.*
*Die Wochen waren bis zur letzten Minute mit Arbeit ausgefüllt, und statt ausgeruht zu sein, kehrte ich jeweils im Herbst mit erschöpften Nerven in meine Kornauer Schulstube zurück.«*[1]
Im Herbst 1958 näherte sich die Arbeit dem Ende.
»*Nachmittags drei Uhr hatte ich das letzte Wort geschrieben und war somit an dem Ziele angelangt, das mir über sieben Jahre hin als ein fernes, kaum erreichbares vor der Seele gestanden und zu dem ich mich hindurchzuarbeiten ich mehrmals, wenn die Kräfte völlig versagten, verzweifelt war. Nun war es also erreicht, nun sank mir der Berg vom Herzen, der mich bedrängt, aber auch mit warmem Schutze umhüllt hatte, nun war ich ins Leere hinausgestoßen.«*[2]
Miller hatte dem Verlag, Herder in Freiburg, das Manuskript für Februar 1959 zugesagt.
»*Das Manuskript war bereits Mitte Januar 59 abgeliefert. Einen Monat später, kurz vor meiner Abreise nach Ägypten, erreichte mich ein Telephon aus Freiburg, in dem mir mit begeisterten Worten die Annahme des Werkes vom Verlag aus mitgeteilt wurde. Nach meiner Rückkehr geschahen die letzten Raffungen. Dann ging das Werk in Druck.«*[3]
Dass es Erfolg hatte und hat, zeigt sich daran, dass in der Zwischenzeit die 6. Auflage hergestellt wurde.
Miller wollte die Entstehung des Klosters nachzeichnen, die in die Epoche des Barocks fiel. Der verantwortliche Abt war Rupert Ness, wohl einer der herausragendsten Äbte, die das Kloster in seiner Geschichte vorzuweisen hat. Daher trug der Roman zunächst den Titel: »Der große Abt – Roman eines Klosterbaues«.
Im Roman wird das Leben dieses Abtes nachgezeichnet, von dessen Tätigkeit als Großkeller; die Wahl zum Abt, vom Anfang des Bauvorhabens bis zum Tod Ruperts. Der Abt schaffte es, das gesamte Kloster neu zu erbauen, so wie man es heute noch

---

[1] Ebd., S. 272 (»Nachträge«).
[2] Ebd., S. 278.
[3] Ebd., S. 280.

vorfindet. Auch mit dem Bau der Klosterkirche begann er, deren Vollendung er aber nicht mehr erlebte.

Der Roman beginnt mit einem Naturschauspiel:

»*Am 11. Januar des Jahres 1702, kurz vor sieben Uhr abends, geschah es, daß sich über das alte Kloster Ottobeuren ein fahles Licht ausbreitete, in dem die Dächer der weitläufigen Gebäude und die beiden Zwiebeltürme der Klosterkirche aufschimmerten. Dann raffte sich das braune Gewölk wie ein mächtiger Bausch Tuch gerade über der Kirche zusammen, wie wenn ein Vorhang geschürzt würde.*

*Die Mönche waren um diese Stunde im Chor. Plötzlich, mit dem Ausgießen des Lichtes, wurden die Kerzenflammen klein und blau und schwanden. ...*

*Dann geschah ein berstender Krach. Es war ein Donnerschlag, es war ein nie gehörter, furchtbarer, sprengender Knall. Das Gewölbe schien sich zu schütteln, die Halle dröhnte, und es war, als dröhnten auch die langen Orgelpfeifen. ...*

*Und dann kam ein heller, goldener, immer wachsender Lichtglanz zu den hohen Fenstern herein.*«[1]

Dieses Naturereignis wird von den Mönchen als Zeichen des Himmels betrachtet. Es steht im Zusammenhang mit einem der drei großen Motive des Romans, mit der Thematik der Quadratur.

Das Rätsel der Quadratur zu entdecken, ist die Lebensaufgabe Ruperts. Seit dem Mittelalter gab es folgende Prophezeiung: »*Ottobeuren, erfahre die Zukunft in einem Rätsel, und trage eilends Sorge, das dunkle Schicksalsverhängnis von dir zu stoßen! Damit, statt daß dir Nachwuchs erblühe, nicht das Härteste dich zerfleische: Denn wenn die Quadratur du fahren lässest, ganz ungeheuer wird dein Einsturz sein.*« In einer nächtlichen Vision vernimmt Rupert noch einmal die Worte von der Quadratur und erhält die Mahnung, sie nicht zu vergessen. Was aber ist die Quadratur? Rupert deutet sie als die gefallene Welt, aber auch die erlöste Welt. Die gefallene Welt sei alles Vergängliche und Verwerfliche, der aber die in Jesus Christus erlöste Welt gegenüber steht.

---

[1] Arthur Maximilian Miller: Der Herr mit den drei Ringen. Memmingen 2002, 6. Auflage, S. 7.

Diese Erklärung für die Quadratur hat er, als er eines Abends über seinem Tagebuch sitzt. Er lässt Pater Christoph und Pater Gregor zu sich kommen.

»*Si quadratura careas, nimis es ritura*« (wenn die Quadratur du fahren lässt, ungeheuer wird dein Einsturz sein), wandte sich Abt Rupert an Pater Gregor.

»*Ich verstehe diese Worte nicht*«, *entgegnete der junge Pater.* »*Davon, daß Ihr sie verstehet, hängt alles Künftige ab*«, *erwiderte der Abt.* »*Merkt gut auf!*«

*Und sich wieder gegen den Prior wendend, fuhr er fort:* »*Ihr, Pater Christoph, kennt als Architectus den Sinn der Zahlen. Drei Zahlen, Ihr wißt es, sind göttlichen Ursprungs: die Eins, das ist der Vater oder der ewige Wille, die Zwei, das ist der Sohn oder der ewige Mittler, und die Drei, das ist der Geist oder die ewige Umfassung. Die vierte Zahl aber, die über diese hochheilige Trinitas hinausgeht und gleichsam mit scharfen, tödlichen Ecken aus ihr herausbricht, ist durch das Gegendrängen des Widersachers entstanden. In dieser Zahl haben die Welt und der Mensch ihren Sündenfall getan. Und dies ist die Quadratur.*« *Die Miene des Priors begann zu erstarren. Pater Gregor aber fuhr heftig auf.*

»*Gnädigster Herr*«, *rief er*, »*wenn dies so ist, was soll das denn bedeuten, daß Ottobeuren die Quadratur bewahren müsse? Soll es sich denn an das Böse und an den Fall halten, und wie kann es durch ein solches Beginnen dem Ruin entgehen?*«

»*Sachte, mein Freund*«, *entgegnete der Abt.* »*Die Quadratur ist die gefallene Welt, die aus der göttlichen Dreiheit herausgerissene Welt. Die Quadratur ist aber auch die durch das Kreuz unseres Herrn erlöste Welt. Denn eben diese Quadratur, das Kreuz, hat unser Heiland Jesus Christus erwählt, um die Welt zu erlösen und wiederherzustellen. Von seiner göttlichen Zweiheit aus, die ja die Zweiheit des Mittlers zwischen Vater und Geist und Himmel und Erde ist, hat er die Vierheit ergriffen, hat er sich an die Quadratur des Kreuzes heften lassen, nicht einmal, sondern für ewig, und bleibt so mit ausgestreckten Armen an die Vierheit der gestürzten Welt geheftet, um diese zugleich an sich zu heften und dem Widersacher zu entreißen. Und so wie er an diesem Grunde haften bleibt, so müssen auch wir in Ottobeuren an diese Quadratur als an unser Kreuz geheftet verharren.*«

»*Wie aber ist das in concreto zu verstehen?*« *fragte Pater Christoph.*

*Der Abt wandte sich ab und durchmaß einmal bewegt den Raum. Dann blieb er nahe vor dem Fenster stehen.*
*»Wir müssen bauen, und wir werden bauen«, sprach er. ...*
*»Unser altes Kloster hat die Quadratur, es hat an die Südfront der Stiftskirche das Geviert des Konventbaues gefügt mit dem Peristyl des Klostergartens in der Mitte und dem Kreuzgang, der es auf allen Seiten begleitet. Aber diese Quadratur ist zu eng geworden und brüchig. Daß uns aber nicht einfalle, wenn wir zum Neubau schreiten, etwas anderes als eine neue Quadratur errichten zu wollen!«*[1]

Rupert hat nun den Plan, das alte Kloster, in dem er die gefallene Welt sieht, neu zu erbauen. Das neue Kloster wird an der Stelle des alten errichtet und zwar abschnittsweise, so dass jeweils vorher ein Teil der alten Gebäude abgerissen wird.

Das zweite große Motiv ist das der drei Ringe, das auch im Titel des Romans zu finden ist. Kurz nach seiner Wahl zum Abt bestimmt Rupert aus familiärer Tradition das Symbol der drei Ringe als sein Wappen. In einer nächtlichen Vision, die der Versuchung Jesu in der Wüste gleicht, werden ihm von drei gepanzerten Gestalten drei Ringe angeboten: Der Ring des Reichtums, der Ring der Macht und schließlich der Ring der unsterblichen Persönlichkeit. Rupert Ness kann diesen Versuchungen widerstehen und gelobt, den Sinn der drei Ringe auf andere Weise zu erfüllen: Im ersten Ring sieht er den Willen des Vaters, im zweiten die Liebe des Sohnes und im dritten die Klarheit des Heiligen Geistes, d.h. die Trinität. Kurz vor seinem Lebensende hat der Abt wiederum eine Erscheinung: die drei Ringe lösen sich aus ihrer Einheit. Während einer Messe fallen die Ringe von seinem Finger und er spürt, dass er sie nicht mehr braucht.

Das dritte Motiv ist das eines sehr alten Kreuzes, das zu Zeiten des alten Klosters in der Totenkapelle hing, dem sogenannten Paradies. Eines Tages kommt Bruder Teophilus vom Paulander Orden und bitten den Abt, das Kreuz restaurieren zu dürfen, da er ihm eine besondere Bedeutung zumisst. Er hätte die Gabe, besondere Heiligtümer zu erkennen. Rupert Ness stimmt dem Vorhaben zu und übergibt ihm das Kreuz auf Zeit. Nach langer

---

[1] Ebd., S. 143f.

Zeit kehrt Teophilus mit dem restaurierten Kreuz zurück, das im Kloster seinen Platz finden solle. Dieses Kreuz sei die eigentliche Quadratur, so Teophilus. Da der Bruder nichts von dem Bangen des Abtes um die mittelalterliche Vorhersage von der Quadratur wissen konnte, glaubt ihm der Abt und verspricht, das Kreuz in die neu zu erbauende Kirche aufzunehmen. Dann zieht sich Teophilus zurück, um sich auf den Tod vorzubereiten. Doch noch einmal erscheint er dem Abt: Als dieser sein Ende kommen sieht, erklärt ihm Teophilus, dass er noch in seinem Schmerz verharren müsse. Heute hängt das Kreuz am Kreuzaltar.

Im vorletzten Kapitel kommt es neuerlich zu einem Naturschauspiel, wie zu Beginn des Romans: Feuerfunken fallen vom Himmel auf das Gebäude herab. In einem Fiebertraum sieht Rupert seine neue Kirche, die von Engeln errichtet und vollendet wird. Mit diesem erneuten Naturereignis erhält der Roman einen Rahmen.

Eine wichtige Passage des Romans ist das Gespräch mit Amigoni, dem italienischen Künstler, der u. a. die Decke der Abtkapelle bemalt hat.

*»Auf diesem Bilde ist alles schön«, sprach endlich Abt Rupert nach einer Pause erneuten Betrachtens. »Keine dieser Gestalten kann man hassen, auch die Händler nicht. Vollends dies entzückende Eiermädchen! Wie es hinstürzt und das Seine zu retten sucht, man empfindet wahrhaftig Teilnahme mit ihm. Aber was tut der Fromme damit?«*

*Der Maler wandte sich mit lebhafter Gebärde von dem Gemälde ab und dem Abte zu. Einige Herzschläge lang sah er ihn mit funkelnden Augen an.*

*»Euer Gnaden zielen darauf, daß diese Malerei die Wahrheit, die das Herz bewegen soll, in dem Glanz der Schönheit ertränkt. Euer Gnaden werden sagen: Auf diesem Bild hat Christus recht, es haben aber auch die Händler recht, insofern nämlich, als sie durch ihre Schönheit dieselbe Teilnahme gewinnen wie Christus, während sie in Wirklichkeit hässliches Gelichter sind. Ich kann Euer Gnaden nicht mit theologischen Gründen kommen. Davon verstehe ich nichts. Aber Euer Gnaden müßten begreifen, daß dies alles zusammen erst das Bild ist und als solches ein Gleichnis, wie Christus auch in Gleichnissen geredet hat, und daß es im ganzen genommen werden muß. Nicht der*

*ungerechte Verwalter noch die Schuldner, noch der Herr ist das Himmelreich, sondern sie alle zusammen und was sie tun. Und weil dies alles das Himmelreich ist, darum ist Freude über dem ganzen Gleichnis und über allen seinen Gestalten. Und was ist Freude anderes als Schönheit? Und so ist auch über diesem Gleichnis Schönheit über allem ohne Unterschied.«*

[…]

*»Glauben mir Euer Gnaden«, fuhr er mit leidenschaftlicher Stimme fort, »auch die Kunst ist ein Dienst Gottes, und es gibt darin keine Willkür, es gibt nur das Gesetz des Schönen.«*

[…]

*»Vorsicht, Signore!«, rief der Abt! »Es gibt auch Blendungen, es gibt auch Verführungen. Der Herr dieses Kosmos heißt Lucifer!«*

*»Zwei Dinge gehören zusammen« sprach Amigoni langsam und sinnend, »die Schönheit und ein reines Herz. Selig sind, die ein reines Herz haben, denn sie werden Gott schauen.«*

*»In der Schönheit oder in der Wahrheit?«*

*»Ist da ein Unterschied? Ist etwas in der Tiefe wahr, was nicht in der Tiefe schön ist?«*

*»Das Schöne, das Ihr meint«, rief der Abt, »das wäre der Heilige Geist!«*

*»So sind wir Diener des Heiligen Geistes.«*[1]

Miller stellt hier also dar, wie auch die Kreativität vom Heiligen Geist inspiriert ist.

Der Roman zeichnet sich durch detaillierte Schilderungen des Klosterbaues, die Darstellung der daran beteiligten Künstler und die geschichtlichen Vorgänge aus. Sie bilden den Hintergrund, vor dem die Lebensgeschichte des Abtes Rupert aufgebaut wird. Immer wieder gibt es Naturereignisse, Erscheinungen und Vorzeichen, die auf Späteres deuten. Ein weiterer wichtiger Punkt sind die theologischen Diskussionen, die nicht zufällig in diesem Roman zu finden sind. Miller setzte sich während seines Aufenthalts im Kloster mit der benediktinischen Lebensweise und vielen ihrer theologischen Aspekte auseinander.

Die stilistische Gestaltung soll zur Authentizität beitragen: der antiquiert wirkende Satzbau, die vielen Fügungen im Genitiv,

---

[1] Der Herr mit den drei Ringen, S. 418ff.

der Wortschatz aus dem religiösen Bereich und die zitierten lateinischen Sätze und Wörter, die aus dem Tagebuch des Abtes stammen oder als Prophezeiung zu verstehen sind, unterstreichen dies. Dazu tragen auch – inhaltlich gesehen – die vielen Erscheinungen und Vorzeichen bei, mit denen der Autor wohl die Stimmung des von Aberglauben geprägten 18. Jahrhunderts wiedergeben wollte. Bedeutende Ereignisse sind im Roman immer von solchen Erscheinungen begleitet.

»Der Herr mit den drei Ringen« ist ein groß angelegtes Gemälde der Barockzeit, ein stimmungsvoller Einblick in die Zeit und die Vorgänge um den Bau des so bekannten Klosters und seiner Kirche. Begleitet wird diese Darstellung von der Frage nach Gott und seinem Wirken in der Welt – eines der wichtigsten Anliegen Millers in seinem gesamten Werk.

# Zusammenspiel von Wort und Klang: Arthur M. Miller und Otto Jochum

*von Rosmarie Mair*

Im Nachlass des 1992 im Alter von fast 91 Jahren verstorbenen schwäbischen Dichters *Arthur Maximilian Miller* finden sich eine Vielzahl von Scherenschnitten. Einige von ihnen stellen Freunde des vielseitigen Künstlers dar, so auch der hier abgebildete Scherenschnitt des Komponisten *Otto Jochum* (* 18.03.1898, † 24.10.1969). Eine jahrzehntelange, tiefe Freundschaft und die gemeinsame Liebe zum künstlerischen Schaffen verband die beiden Künstler Otto Jochum und Arthur M. Miller. Diesem »*Zusammenspiel von Wort und Klang*« widmet sich der nachfolgende Beitrag.[1]

Otto Jochum stammte aus einer hochmusikalischen Familie. Sein Großvater Andreas Jochum war Chorregent, Sänger und Organist in Boos bei Memmingen. Und sein Vater Ludwig Jochum (1868–1924) war Babenhausens »Musikpapst«; er fungierte als Chorregent, leitete die Liedertafel, die Bürgerkapelle, den Theaterverein in Babenhausen und war Gründer einer kleinen Singschule. Seine vier Kinder nahmen ganz selbstverständlich an dem vom Vater geprägten musikalischen Leben in Babenhausen teil. Sie konnten alle bereits Musiknoten lesen, bevor sie in die Schule kamen. Der älteste Sohn Otto Jochum lernte schon früh Geige, Klavier, Orgel, Cello und Schlagzeug.[2] Die beiden Söhne Eugen (1902–1987) und Georg Ludwig (1909–1970) wurden weltbekannte Dirigenten.

Otto wählte dagegen – wie schon sein Großvater und Vater – zunächst den Beruf des Lehrers und machte sich erst später als Komponist einen Namen. Nach seinem Einsatz im 1. Weltkrieg als Soldat wollte Otto Jochum zunächst den Lehrberuf zugunsten eines Musikstudiums an der Münchener Akademie aufgeben. Die schwierige wirtschaftliche und politische Lage der Inflationszeit brachte ihn von diesem Plan aber ab. Im Anschluss an erste Lehrtätigkeiten in Kirchhaslach, Babenhausen, Gundelfingen und Lauingen wurde Otto Jochum nach Augsburg versetzt, wo er 1920 nicht nur seine spätere Ehefrau Maria Scheuermann kennenlernte, sondern auch Albert Greiner, den berühmten Begründer der Augsburger Singschule. Otto Jochum übernahm schon bald neben seiner Lehrtätigkeit auch die Aufgabe eines Singschullehrers.[3] In den Jahren 1926–1931 ab-

---

[1] Alle Angaben zu Jochums Leben sind – soweit nicht anders gekennzeichnet – dem 1973 im Augsburger Böhm-Verlag erschienenen Buch »Otto Jochum – Eine Biographie« von Tosso Troll entnommen.
[2] Troll (1973), S. 8–9.
[3] Die Augsburger Singschule umfasste zur Eintrittszeit Jochums mehr als 1300 Schüler, deren Stimmen in Einzel- und Chorunterricht geschult wurden. Vgl. Heiko Bockstiegel: Biographisch-Bibliographisches Kirchenlexikon. Band XIX. (2001), Spalten 773–776.

solvierte er – bei seinem Hauptberuf als Lehrer – ein Studium an der Münchner Musikhochschule, nachdem er bereits Komposition am Augsburger Konservatorium gelernt hatte. Er komponierte in den fünf Jahren von 1927 bis 1933 ca. fünfzig Werke, darunter v. a. Messen, Motetten, geistliche Chorzyklen, Orchesterwerke und Kammermusik. 1933 wurde er auf Vorschlag Albert Greiners zu dessen Nachfolger bestimmt; er übernahm die Städtische Singschule Augsburg; zwei Jahre später wurde Jochum zum Professor ernannt und zum Oberleiter sämtlicher Augsburger Musikbildungsstätten bestimmt. Unter Jochums Führung entwickelte sich der Chor der Augsburger Singschule zu einem der Spitzenchöre in Deutschland.[1] Viele der von Jochum komponierten Lieder für Männer- und Kinderchöre sowie die von ihm so sehr geschätzten Volkslieder wurden von »seiner« Augsburger Singschule aufgeführt. Ganz im Geiste Albert Greiners wurden die Stimmbildung von Kindern und die Ausbildung junger Singschullehrer zu Jochums Lebensaufgabe. Zitat Albert Greiner:

»*Eine vernünftige Musikpflege schafft Güter hohen Wertes: Ein inneres stilles Glück, ein mächtig emporhebendes Gegengewicht in Leid und Kummer, eine selige Ablenkung von den Alltagssorgen – heute jedem doppelt zu gönnen und zu wünschen –, einen beglückenden Reichtum, den uns niemand rauben kann. So wie ich* **Kunst** *überhaupt, insbesondere edle Volkskunst in Wesen, Inhalt und Auswirkung verstehe, darf ich sie wohl in einem Atem mit* **Religion** *nennen.*«[2]

Albert Greiner war und blieb eine einflussreiche Persönlichkeit in Jochums Leben. Er war es auch, der Otto Jochum im Jahr 1926 mit dem zwei Jahre jüngeren Arthur Maximilian Miller bekanntmachte. Die Biographien dieser beiden Männer wiesen schon zu diesem Zeitpunkt zahlreiche Parallelen auf: Beide waren in Lauingen zum Lehrer ausgebildet worden, beide liebten ihren Beruf und beide suchten darüber hinaus eine weitere

---

[1] Bockstiegel (2001), Spalten 773 – 776.
[2] Zitat Albert Greiner, aus: Albert Greiner: Die Volkssingschule in Augsburg. Ein Bericht über deren inneren und äußeren Aufbau und über ein Vierteljahrhundert ihrer Arbeit. Augsburg 1933, S. 9.

Erfüllung in der Kunst: Der eine wurde Dichter, der andere Musiker und Komponist. Beide waren tief verwurzelt im christlichen Glauben und in der Liebe zu ihrer schwäbischen Heimat. Diese Gemeinsamkeiten und wohl auch eine Art Seelenverwandtschaft trugen dazu bei, dass Jochum und Miller 43 Jahre lang bis zu Jochums Tod im Jahre 1969 in engem Kontakt standen (dazu gehörten auch gemeinsam verbrachte Urlaube) und sich gegenseitig künstlerisch inspirierten.

Arthur M. Miller wurde schon bald zu Jochums »Hausdichter«. Er verstand es kongenial, sich in Jochums Musik einzufühlen. Von den ca. 50 Werken, die Jochum bis zum April 1933 komponierte, sind 18 Werke von Miller und Jochum gemeinsam erarbeitet worden. Teilweise ging der Impuls dabei auch von Miller aus, wie beispielsweise bei der Arbeit zum Oratorium »Der jüngste Tag« (Uraufführung 1932, Auszeichnung mit dem Deutschen Staatspreis für Komposition), bei der Miller erst die Dichtung vorlegte und Jochum diese anschließend vertonte.[1] Hunderte von Briefen sind noch erhalten und dokumentieren den regen Gedankenaustausch:

*»Ich muss vom Wort her beeinflusst werden«*, schrieb Jochum am 08.12.1938 an Miller.[2]

Bei Miller konnte sich Jochum rückversichern, dort suchte und fand er Trost und Rat, so auch während der NS-Zeit, als es zu Auseinandersetzungen mit Reichsjugendführung und Reichskulturkammer kam. Diese forderten ein verändertes Chorrepertoire (weniger religiöse Musikstücke) und den Auftritt der Sänger in Uniform. 1937 unternahm Jochum mit dem 300 Mitglieder starken Chor eine Konzertreise durch sechs deutsche Musikmetropolen, gekrönt von einem begeistert gefeierten Abschlusskonzert in der Berliner Philharmonie[3]. 1938 trat Jochum in die NSDAP ein. Sein Biograph, der 1925 geborene Komponist und Jochum-Schüler Tasso Troll, betont, dass Jochum dies nicht aus Überzeugung, sondern aus rein pragmatischen Gründen tat, und nicht zuletzt deshalb, weil sein Gönner, der Augsbur-

---

[1] Troll (1973), S. 31.
[2] Troll (1973), S. 59.
[3] Troll (1973), S. 44f.

ger Oberbürgermeister Mayr, ihn heftig dazu gedrängt hatte.[1] Der Ausbruch des zweiten Weltkriegs verschlechterte die Lage für Singschule, Chor und Singschullehrerseminar. Hinzu kamen in den Jahren 1940 und 1941 Jochums gesundheitliche Probleme. Doch die fast schon symbiotisch zu nennende Beziehung Jochums zur Augsburger Singschule verhinderte jede berufliche Veränderung: Jochum lehnte 1942 und 1943 zwei Angebote aus Berlin ab. Er wollte weder Leiter der Berliner Singakademie werden noch dem Ruf Wilhelm Furtwänglers folgen, den Philharmonischen Chor Berlin und die Berliner Musikschule zu übernehmen.

Nach dem Ende des NS-Regimes musste sich Jochum im Rahmen der Entnazifizierung vorwerfen lassen, »*einer Geistesrichtung nicht allzu fern gestanden zu sein, die in der Verherrlichung nur 'alles Deutschen' ihre größte Genugtuung erblickte*«.[2] Seine Komposition »Singe, mein Volk« aus dem Jahr 1937 wurde als '*nationalsozialistisch angenähert*' bewertet und Jochum selbst in die Gruppe der Mitläufer eingestuft[3]. Diese Einschätzungen und die Tatsache, dass ihm zunächst jegliche öffentliche Musikausübung verboten wurde, trafen Jochum und seine Frau Maria sehr hart. Jochum hielt sich mit dem Erteilen von Privatunterricht und Abhalten von Kursen sowie mit seinen Kompositionen über Wasser. Doch auch in der Nachfolgezeit lehnte er Angebote aus München, Berlin und Schleswig-Holstein ab; er hoffte auf seine Rehabilitierung in Augsburg.[4] 1947 wurde der Otto-Jochum-Chor mit Jochum als Dirigenten gegründet. Mehrere seiner Freunde und Fachkollegen setzten sich in dieser Zeit vehement für ihn ein, um dem Brachliegen seiner außerordentlichen musikalischen Fähigkeiten ein Ende zu bereiten. 1949 wurde er dann Leiter des wiedererrichteten Deutschen Singschullehrerseminars;[5] er musste allerdings schon zwei Jahre später wegen massiver gesundheitlicher Probleme (Bron-

---

[1] Troll (1973), S. 52f.
[2] Urteil der Spruchkammer II der Stadt Augsburg aus dem Jahr 1947, zitiert bei Troll (1973), S. 68.
[3] Troll (1973), S. 48f, 68.
[4] Troll (1973), S. 67.
[5] Troll (1973), S. 74.

chialasthma) pensioniert werden. Reisen, die ihn oft zu Aufführungen seiner Werke bzw. zu Konzertabenden seiner berühmten Brüder Eugen und Georg Ludwig führten, lenkten ihn von seinem gesundheitlichen Leiden ab und halfen ihm, die Einsamkeit nach dem Tod seiner Frau 1950 zu ertragen. Und natürlich blieb seine Arbeit enorm wichtig für ihn: Fast die Hälfte seines kompositorischen Werks schuf er in den Jahren 1952–1962. Er komponierte Melodien zu Texten von Gertrud von le Fort, Eichendorff, Storm, Rosegger, Rilke, Hesse und Hölderlin. Sein bevorzugter Dichter aber blieb Arthur M. Miller, der für Jochum ab 1926 die Texte zu ungefähr 300 (!) Einzelchören und Liedern geschrieben hat. Im Juni 1951 schrieb Jochum an seinen Freund Miller:

*»Ich, lieber Freund, danke für die vielfältigen Ströme der Anregung und Formung meines inneren Selbst, die mir durch deine Liebe und Treue zugeflossen sind und einen wesentlichen Teil auch meines künstlerischen Schaffens und Wirkens befruchtet haben.«*[1]

1958 wurde Otto Jochums 60. Geburtstag gefeiert und sein Oratorium »Cantica Sacra« im Pfalzbau zu Ludwigshafen uraufgeführt. Jochum erhielt mehrere Auszeichnungen: den Goldenen Ehrenring Babenhausens, das Bundesverdienstkreuz und zwei Vatikan-Medaillen. Im März 1962 erlitt Jochum einen Herzkollaps, von dem er sich so gut wieder erholte, dass er noch ein neues Oratorium und eine große Messe in Angriff nahm. Im Juni 1962 traf ihn eine Gehirnembolie, von der er sich ebenfalls noch einmal – wenn auch nur langsam – erholte. Im März 1968 ehrte die Stadt Augsburg Otto Jochum zu seinem 70. Geburtstag mit der Aufführung seiner »Goethe-Symphonie«. Am 24. Oktober 1969 schließlich starb Otto Jochum in Bad Reichenhall, wo er seit dem Tod seiner Frau bei Freunden gelebt hatte. Zweieinhalb Wochen zuvor hatte er ein letztes Mal seinen Heimatort Babenhausen besucht, wohin es ihn immer wieder zurückgezogen hatte. In Babenhausen befindet sich auch sein schlichtes Grab, in gerader Linie zur Friedhofskapelle gelegen, deren Totentanzfresken Jochum zu seiner ersten großen Kom-

---

[1] Troll (1973), S. 24.

position angeregt hatten (siehe Beitrag »Der Totentanz zu Babenhausen«).
Die meisten der Jochum-Kompositionen mit Texten von Miller sind heute mehr oder weniger in Vergessenheit geraten. Ein Werk, das noch aufgeführt wird, ist das an die *Liebesliederwalzer* von Brahms angelehnte *Opus 38 Liebesspiegel*. Ebenfalls noch bekannt ist das *Weihnachtssingen* der Augsburger Domsingknaben.

*Abdruck mit freundlicher Genehmigung des Musikverlags Böhm Augsburg*

# Die Freundschaft zwischen Arthur M. Miller und Gertrud von le Fort

»Volkstümliche« und »hohe« Dichtung

*von Daniel Winiger*

*Dieser Vortrag wurde anlässlich der Tagung der Gertrud-von-le-Fort-Gesellschaft am 15. März 2003 in Mooshausen gehalten und beleuchtet die Freundschaft zwischen Gertrud von le Fort und dem bayerisch-schwäbischen Volksdichter Arthur Maximilian Miller näher.*
Ich möchte Ihnen zunächst den Autor Arthur Maximilian Miller in der gebotenen Kürze vorstellen, um später auf verschiedene Aspekte dieser Freundschaft eingehen zu können, die in dem –

leider im Buchhandel nicht mehr erhältlichen – Briefband »Briefe der Freundschaft« von Arthur Maximilian Miller anschaulich dokumentiert wird (Alle Zitate, die im Folgenden verwendet werden, sind diesem Band entnommen).
Damit Sie sich ein Bild von diesem Autor machen können, möchte ich Ihnen einige Lebensdaten übermitteln:
Arthur Maximilian Miller wird am 16. Juni 1901 in Mindelheim (westlich von Augsburg) geboren und wächst dort wohlbehütet auf. Zwischen 1917 und 1920 lässt er sich in Lauingen an der Donau zum Volksschullehrer ausbilden. Bei einem einjährigen Lehramtspraktikum in Haselbach (bei Neuburg an der Donau) im Jahre 1923 sammelt er wichtige Lebenserfahrungen, die er später in einem seiner besten Romane, »Das Jahr der Reife« (veröffentlicht 1931), verwerten wird. Nach einer über ein Jahrzehnt andauernden Lehrertätigkeit in Immenstadt, während der er die Altphilologin Magdalena Kleiner heiratet (1930), lässt er sich in eine einklassige Dorfschule in Kornau bei Oberstdorf versetzen – auch um sich den Zwängen und Implikationen der NS-Herrschaft zu entziehen. Arthur Maximilian Miller war kein offener Kritiker des NS-Regimes, aber er war von Natur aus mit einem gewissen Misstrauen gegenüber allem Politischen ausgestattet – eine Eigenschaft, die ihn hier auf Distanz zu den herrschenden politischen Verhältnissen gehen ließ.
Seine Mitgliedschaft im NS-Lehrerbund zieht ein zweijähriges Unterrichtsverbot nach dem Zweiten Weltkrieg nach sich.
Nach weiteren zwölf Jahren Lehrtätigkeit tritt Miller im Jahre 1959 aus gesundheitlichen Gründen in den vorzeitigen Ruhestand ein. Es folgt eine Phase reger schriftstellerischer Tätigkeit. Seinen Lebensabend verbringt Arthur Maximilian Miller von 1989 an in Ottobeuren; im Jahre 1990 stirbt seine Ehefrau Magdalena, am 18. Februar 1992 folgt ihr der Schriftsteller.
Für die Novelle »Die Poggermühle« wird Arthur Maximilian Miller im Jahre 1956 mit dem Deutschen Jugendbuchpreis ausgezeichnet.
Arthur Maximilian Miller war ein musisch begabter Autor, der sich in den verschiedensten Gattungen und Textformen versuchte.

Ihn nur einen Heimatdichter oder gar einen Mundartdichter zu nennen, würde ihm Unrecht tun. Zwar hat er in diesem Bereich Ansehnliches geleistet (man darf beispielsweise an die »Schwäbische Weihnacht« erinnern oder an das Volksstück »Agath«) – der Hauptanteil seiner Schaffenssumme aber galt der hochsprachlichen Literatur, in der er immer auch nach überregionaler Anerkennung rang (auch wenn ihm das nicht immer gelungen ist). Den Lehrerroman »Das Jahr der Reife« und die preisgekrönte Novelle »Die Poggermühle« habe ich bereits erwähnt, hinzuzufügen wäre eine ganze Liste von wirklich lesenswerten Erzählungen und Romanen, gerade auf dem Gebiet der dokumentarischen und historischen Prosa, so der Roman »Der Herr mit den drei Ringen«, der die Entstehung des Ottobeurer Klosters unter Pater Rupert Ness im 18. Jahrhundert beschreibt (siehe den Beitrag in diesem Band), oder die Biographie der Heiligen Crescentia von Kaufbeuren sowie seine zahlreichen Hörspiel- und Schattenspiel-Produktionen.

Erst ein knappes Jahrzehnt nach dem Tod des Autors fand sein Nachlass Beachtung, als er in das »Archiv für Literatur aus Schwaben« in der Alten Universität in Augsburg aufgenommen wurde, ein Koprojekt des Bezirks Schwaben und der Universität Augsburg unter der Leitung von Professor Hans Wellmann.

*Wie kommt es zu der Freundschaft zwischen Arthur Maximilian Miller und Gertrud von le Fort?*
Zu Ende des Jahres 1940, mitten im Zweiten Weltkrieg also, liest Miller das »Schweißtuch der Veronika« von Gertrud von le Fort und ist zutiefst beeindruckt von diesem Werk. Dies sowie die Tatsache, dass sich Gertrud von le Fort in Oberstdorf, in nächster Nähe, niedergelassen hat, veranlasst ihn, der Autorin einen Brief zu schreiben, in dem er seine Begeisterung über die »Veronika« zum Ausdruck bringt und ihr seinen Wunsch vorträgt, ihr »seine Aufwartung machen zu dürfen«.

Gertrud von le Fort antwortet positiv und es kommt zu einem ersten Besuch von Miller in ihrem Hause. Darüber sind wir durch die Kommentare von Arthur Maximilian Miller zu dem in den »Briefen der Freundschaft« dokumentierten Briefwechsel mit Gertrud von le Fort informiert. Miller beschreibt zunächst ein wenig das Interieur des le-Fort'schen Hauses, dann aber seinen ersten Eindruck von der Dichterin, der mit ihrem Eintreten in ihr Wohn- und Arbeitszimmer beginnt:

»*Nach einer kleinen Weile des stummen Wartens erschien Gertrud von le Fort. Sie trat durch dieselbe Türe ein, durch die wir gekommen, und begrüßte uns mit höflicher Freundlichkeit. Eine Gestalt von kleiner Statur, in ein schlichtes, vornehmes, graues Kleid gehüllt, aus dessen leicht gebauschten Ärmeln ihre zierlichen Unterarme und Hände hervorkamen, die fast etwas Kindliches hatten. Das geistvolle Gesicht mit der adeligen Nase, der hohen Stirn, den feinen, empfindsamen Zügen zwischen den starken Brauen, von einer hochfrisierten Wolke silbernen Haares umgeben, der Mund von pretiöser Entschiedenheit. Das ganze Haupt wie das gesammelte Bildnis einer langen Reihe adeliger Geschlechter, die hier noch einmal die Essenz ihres Geistes ausgegossen hatten. Das Seltsamste aber waren die Augen, die eine graue, kristallartige Helle ausstrahlten und wie von einem lichten Ring umgeben waren. Man sah in sie hinein, ohne irgendwie darinnen Halt zu finden, sie sprühten weder von Feuer noch leuchteten sie vom wärmenden Glanz der Seele, sie hatten etwas Unberührbares und Unbegreifbares. Sie waren nicht forschend und durchdringend, wie ich geglaubt hatte, auch nicht warm entgegenkommend oder fraulich umschließend, weder kühl noch warm, sondern freundlich, höflich, von distanzierter Herzlichkeit. Sie nahm uns offen auf, als könnte sie von allen Menschen nur Gutes denken; sie hielt keinen bewußten Abstand, sie gab sich völlig ungezwungen in ihrer schlichten Vornehmheit; aber es war um sie ein Bannkreis, den man nicht überschreiten konnte, es ging eine Helle von ihr aus, zart und fast wie die eines Kristalls, die einen hinderte, in das Geheimnis ihrer Seele vorzudringen. Durch niemand war man weniger angefochten als durch sie. Sie öffnete einen Raum vor sich für ihren Gast; aber sie rührte diesen Gast nicht an. Man atmete frei vor ihr und wurde nicht befangen.*« (S. 13 f.)

Aus dieser ersten Begegnung sollte sich eine über dreißig Jahre andauernde, wenn nicht enge, so doch sehr intensive Korrespondenz entwickeln.

Die Gegenstände des Briefwechsels zwischen beiden Autoren waren so vielfältig, wie man es sich nur denken kann – sie enthielten literaturtheoretische und literaturkritische Reflexionen und Diskussionen ebenso wie die persönliche Anteilnahme an der jeweiligen Befindlichkeit des anderen oder auch ganz prosaische Aspekte wie das Dankeschön von le Fort für den Johannisbeermost vom Dichterkollegen oder für dessen Hilfe bei der Beschaffung von Ofenholz für den bevorstehenden Winter.

Ich zitiere einige Textproben aus dem Briefwechsel, die illustrieren, wie sehr sich beide um den jeweiligen Schaffensprozess des Dichterkollegen kümmerten. Keiner sparte mit Lob über das Werk des anderen. So lobt Gertrud von le Fort Millers Roman »Bist du es?« in einem Brief vom 15. Mai 1963 (S. 188):

*»Meran, Süd-Tirol, den 15.5.1963*
*Hotel Schloss Labero*

*Sie haben mir mit Ihrem Werk »Bist du es?« einen Schatz übergeben, der mich tief ergriffen hat. In vielen Stunden kam meine Sekretärin meinen sehr schonungsbedürftigen Augen zu Hilfe und las mir Ihre Dichtung vor – wir stehen beide tief unter dem Eindruck dieses erstaunlichen Dramas – hier ist Ihnen etwas gelungen, das noch nie gelang – die ergreifende Gestalt Christi aus der Sicht seiner Feinde zu begreifen, diese Feinde zu sehen, wie sie wirklich waren, als in ihrer Weise auch religiös Gebundene, und zuletzt Überwundene. Mit erstaunlicher Gewalt führen Sie uns in die Welt der jüdischen Frömmigkeit ein und führen uns zuletzt über diese hinaus. Ich glaube, mit diesem Buch haben Sie Ihr Meisterwerk geschrieben!*

*Und nun soll ich nicht nur innerlich an diesem Werk teil haben – Sie wollten es mir widmen! Ich weiß nicht, mit welchen Worten ich Ihnen für dieses große Geschenk danken soll, aber Sie werden fühlen, wie tief von Herzen dieser Dank kommt. Wenn wir uns wiedersehen, werden wir viel darüber sprechen…*

*In der Hoffnung, daß diese Zeilen Sie und Ihre liebe Frau wohlauf treffen und daß wir uns gesund wiedersehen, grüßt Sie in tiefer Dankbarkeit für das Geschenk Ihrer Widmung*
*Ihre alte Freundin Gertrud von le Fort«*

Auch Miller sparte keinesfalls mit Lob, er zeigte sich begeistert von le Forts Werken, insbesondere vom »Schweißtuch der Veronika«, und er konnte an der Fortsetzung des Werkes unter dem Titel »Kranz der Engel« in den Jahren 1941 bis 1946 durch Briefe teilnehmen. So schreibt Miller in einem Brief vom 23. Januar 1948 (S. 118):

*»Wie alle Ihre Werke und mehr als diese, darf dieses Werk weder vom bloß literarischen oder dichterischen noch vom bloß theologischen Standpunkt aus beurteilt werden – ja es kann gar nicht so beurteilt werden. Es ragt in ganz andere Dimensionen hinein. Die Entscheidung Ihrer Veronika unterliegt nicht mehr irgend einer faßlichen Beurteilung, sie ist ein reines Mysterium. Für mich liegt Veronikas Rechtfertigung in Christus selber. Denn wenn dieser sich seiner Gottheit entäußerte und bis zur Schmach des Verbrechers herabstieg, sich gleichsam aus seiner Gottheit ausstieß, damit wir aufgenommen würden, so kann in einem letzten mystischen Vertrauen auf ihn auch Veronika sich ausstoßen, damit Enzio aufgenommen würde. Denn sie bleibt ja als Ausgestoßene mit jeder Faser in der Kirche, sie geht in Wahrheit gar nicht aus ihr heraus, sondern geht nur in die Qual der Ausgestoßenheit hinein; in ihr vollzieht sich jener letzte geheimnisvolle Widerspruch, nach dem sie die ausgestoßene Getreue, die in der Trennung weilende Verbundene ist – Sie ist es in aller Wirklichkeit, die zu ihrem physischen Tode führen würde, wenn sie von oben nicht gerettet würde.«*

Die Anteilnahme an der jeweiligen literarischen Produktion des anderen ging jedoch kaum über das Lob hinaus, sie umfasste – bei einem Höchstmaß an gegenseitiger Rücksichtsnahme und Höflichkeit – nur selten ernsthafte Kritik.

Eine literarische Analyse von Gertrud von le Forts »Kranz der Engel« durch Arthur Maximilian Miller fand Eingang in den Band »Gertrud von le Fort. Werk und Bedeutung. Der Kranz der Engel im Widerstreit der Meinungen«, veröffentlicht 1950 beim Ehrenwirth-Verlag.

Seine Verehrung der großen Dichterkollegin brachte Miller auch in Gedichten zum Ausdruck, die er ihr übersandte – sowie in den »Hymnen an Gertrud von le Fort«, die unveröffentlicht blieben, aber wohl im Freundeskreis Millers vorgelesen wurden und heute noch im Nachlass des Autors vorhanden sind.

Eines der beeindruckendsten Themen in dieser Korrespondenz sind die Zeugnisse von den Erlebnissen und Erfahrungen in der Zeit des Nationalsozialismus. Hierbei möchte ich mich auf die Perspektive von Arthur Maximilian Miller beschränken.

Miller selbst beschreibt die Atmosphäre dieser Zeit aus einer Perspektive des Innern in einem Brief an Gertrud von le Fort am 23. Juli:
*»Ich spüre körperlich die dämonische Verfinsterung der Atmosphäre und den Absturz ganzer Massen von Menschen aus der Sphäre des Menschlichen.«*
Von den Tagen zu Beginn des Jahres 1944, als der Krieg die Region erreicht hat, berichtet er:
*Nachts kam das unheimliche Singen aus dem dunklen Gewölbe her, es zog über uns weg, oft waren es mehrere Züge, dann geschahen dumpfe Schläge und Feuerschein leuchtete am Horizont auf: Im Nordosten, im Norden, im Nordwesten: Kaufbeuren – Augsburg – München - Memmingen – Ulm – Stuttgart! Mit bebendem Herzen erwartete man den Morgen. Überall hatte man Geschwister, Freunde, geliebte Menschen.*
*Am 26. Februar Augsburg. Furchtbare, verworrene Nachrichten drangen zu uns, die sich im Schrecken übersteigerten, dann die telegraphischen Lebenszeichen: »Wir leben, alles vernichtet!«*
Wie würde Gertrud von le Fort diese ständigen Erschütterungen bestehen? Wohin flüchtete sie sich, wenn die Sirene, das Tier aus dem Abgrund, aufheulte?
*»Wir setzten unsere Arbeit fort. Ich unterrichtete und schrieb, entwarf und stellte Figuren fürs Schattentheater her und hielt Proben ab. Wenn wir spielten, war unsere Stube gedrängt voll. Alle verlangten nach dem Zauber und Trost dieser unversehrten Welt. […]*
*Gertrud von le Fort arbeitete am »Kranz der Engel« weiter.*
*Sie hatte mir das Manuskript ihrer Novelle »Die Consolata« zur Aufbewahrung gegeben, jener Novelle, die, in historisches Gewand verhüllt, den Untergang und Wahnsinnstod Hitlers vorausschaute. Wenn sie in die Hände der braunen Schergen fiel, war es um die Dichterin geschehen.*
*Ich staunte über die Kühnheit dieser Frau, mit der sie ohne Zögern das jeweils brennendste Thema aufgriff. In der 1931 erschienenen großen Novelle »Die Letzte am Schafott« sah man die braunen Kolonnen mit ihren blutroten Fahnen aufziehen und hörte ihren Marschtritt und ihren Gesang; in der »Magdeburger Hochzeit« erschien die Vision der vernichteten Städte, in denen der noch erhaltene Dom die Zufluchtsstätte des Elends ist; im »Kranz der Engel« wurde der inne-*

*re Kampf mit dem Dämon des neuen Heidentums ausgefochten; in der »Consolata« sah man den Wahnsinn in sich selbst zusammenbrechen. Diese Frau empfing innere Befehle und gehorchte ihnen.*
*Wir besuchten uns, so oft wir konnten, berieten, stärkten uns und lasen uns aus unseren Arbeiten vor. So habe ich aus dem Mund der Dichterin »Die Consolata« zuerst vernommen.«* (S. 66f.)
Bei den Bombardements werden Druckauflagen der beiden Autoren, die in verschiedenen Verlagen gelagert sind, vernichtet, die meisten der aktuellen Manuskripte, die aus Vorsicht zum Teil bei Freunden untergebracht werden, bleiben jedoch erhalten.
Auch das Kriegsende erleben beide Autoren gemeinsam. Miller berichtet vom 2. Mai 1945, als die Panzer der Alliierten Oberstdorf erreichen und es ohne Gegenwehr einnehmen:
*»Wir eilten in die Freibergstraße. […] Wir waren glücklich, die Freundin unversehrt wiederzusehen […] Wir saßen, wie sonst so oft – aber wie waren die Dinge verwandelt! Deutschland lag am Boden, alles, was sich so mächtig und unbezwinglich gebärdet hatte, war in sich zusammen gebrochen. Und doch, die Luft war seltsam verändert, leer und wesenlos – die Dämonen waren aus ihr entwichen. Wir redeten von dem, was eben gewesen, was hätte geschehen können und was verhütet worden war.«*
Miller lobt auch die späteren Bemühungen von le Fort, im Ausland das Bild von Deutschland wieder ein wenig zu reparieren (1946):
*»Gertrud von le Fort aber hatte sich entschlossen, der Einladung ihrer Freunde folgend, sich im Herbst dieses Jahres in die Schweiz zu begeben, nicht so sehr, um sich von den Entbehrungen der Kriegsjahre zu erholen, als um für das elende, zertretene und von allen gehaßte Deutschland einzustehen. In zahlreichen Vorträgen suchte sie dem Ausland zu zeigen, daß es auch noch ein anderes, verborgenes, unterdrücktes, in Martyrium und in den Tod geschlepptes Deutschland gab und daß es nur unter Aufopferung von Stellung und Freiheit möglich gewesen, sich der erbarmungslosen, engmaschigen Gewaltmethoden der Herrschenden zu entziehen«* (S. 95).
Von besonderem Interesse sind auch einige Gespräche literatur- und kunsttheoretischer Natur, die Miller und le Fort über ihren Briefwechsel geführt haben.

In ihrem Urteil über die Methoden der Literaturkritiker sind sich beide aufgrund eigener negativer Erfahrungen weitgehend einig (vgl. S. 136ff.), eine Diskussion über das Wesen der Kunst offenbart hingegen deutliche Unterschiede in der Anschauungsweise – dergestalt, dass es vorübergehend sogar zu Spannungen kommt.

Der Anlass ist ein im Juli 1951 als eine Art Dichtertreffen geplanter Abend bei dem gemeinsamen Freund Kurt Lange, einem bekannten Ägyptologen.

Aus dem Gespräch über eine Kunstdiskussion in Millers Roman »Der Herr mit den drei Ringen« entwickelt sich eine Kontroverse über die Rolle des Künstlers bei der Gestaltung göttlicher Wirkung in seinem Werk. Während Miller behauptet, dass das Kunstwerk durchaus in der Sphäre des Persönlich-Menschlichen und des Kosmischen verhaftet bleibe, weil der Künstler in die Natur jenes Kosmos zwangsläufig verstrickt sei und ihn jene auch wieder darauf zurückwerfe, verteidigt Gertrud von le Fort vehement die Ansicht, dass »Kunst etwas Göttliches« und der »Künstler ein Gesandter Gottes« sei.

Wenige Tage später untermalt sie diese Position in einem Brief an Miller:

*»Man spricht viel von der Persönlichkeit des Dichters und legt ihr für seine Kunst Wichtigkeit bei. Ich glaube, dies ist ein Irrtum. Die Persönlichkeit ist nicht Erklärung des dichterischen Schaffens, sondern eher dessen Schranke. Der Dichter bringt von sich selbst aus – denn das Talent ist ja Geschenk – eigentlich nur den Willen mit, sich selbst möglichst zu vergessen um geöffnet zu sein für die großen überpersönlichen Güter und für alle Wesen und Gedanken, die er darstellen soll. Dichtung ist also nicht Ausdruck der Persönlichkeit, sondern Hingabe der Persönlichkeit«* (S. 152).

Abschließend sei versucht, einige Fragen zu beantworten, die sich beim Lesen des Briefwechsels zwischen Arthur Maximilian Miller und Gertrud von le Fort stellen:

### Was war Gertrud von le Fort für Miller?

Sie war zweifellos ein großes Vorbild für ihn, sie war in gewisser Weise eine Mentorin, die ihn in seinem Schaffensprozess bestätigte. Darüber hinaus suchte Miller in ihr vielleicht ein Stück weit auch die als seelenverwandt empfundene Dichterkollegin – diesen Eindruck gewinnt man beim Lesen seiner gelegentlich etwas weitschweifigen brieflichen Reflexionen.

Eine wirkliche Seelen- oder Wesensverwandtschaft bestand jedoch meines Erachtens nicht – dazu waren die Unterschiede im Alter und auch im Charakter zu groß.

Eine gewisse Verwandtschaft in den Themen, in der literarischen Stoßrichtung ist hingegen nicht zu leugnen, zumindest, was das Religiöse bzw. die Suche nach den tieferen Gründen des Daseins, besonders nach Gottes Wirken unter den Menschen anbetrifft.

Beiden gemeinsam war die *Verortung* ihrer Literatur im Religiösen bzw. der Versuch der »*Verwortung*« von Gottes Gegenwart durch das Medium der Literatur.

## Was war Miller für Gertrud von le Fort?

Miller mag für Gertrud von le Fort kein wirklich enger Freund gewesen sein, auch hier ist das Argument des Altersunterschiedes anzuführen. Zweifellos aber war ihr Miller eine treue Stütze in schwierigen Zeiten, darüber hinaus manchmal auch einme Art »Lektor« für ihre literarische Arbeit – man denke an den »Kranz der Engel«.

Miller ermöglichte es Gertrud von le Fort, in der lokalen intellektuellen Schicht Erdung zu finden und auf diese Weise einen engeren Bezug zu dieser Wahlheimat, dem Oberallgäu, aufzubauen.

Geht man also davon aus, dass Gertrud von le Fort und Arthur Maximilian Miller keine ebenbürtigen Gesprächspartner waren und hebt man gleichzeitig den Umstand hervor, dass Gertrud von le Fort für Miller durchaus eine Vorbildfunktion wahrnahm, so könnte man mit etwas Mut behaupten, dass es sich um eine »Mutter-Sohn-Konstellation« unter Schriftstellern gehandelt hat.

Wichtig erscheint mir auch, Millers Rolle aus der historischen Perspektive zu erfassen: Er hat – insbesondere durch den vorliegenden Briefband – die Chance wahrgenommen, mehr als nur Zeitzeuge der Dichterin Gertrud von le Fort zu sein:

Er hat hier auch und vor allem die Rolle des Biographen übernommen.

Keine Stelle des Briefbandes könnte diesen Umstand besser illustrieren als die eigentümliche, ganz Miller-typische Beschreibung der letzten Phase im Dasein der Dichterin. Sie steht in einem Brief an Baronesse Eleonore von la Chevallerie am 4.11.1971, drei Tage nach dem Tod von Gertrud von le Fort (S. 202):

»*Verehrte, liebe Baronesse!*
*Wir sahen es alle voraus, wir wußten es: heute oder morgen wird es kommen, wird diese große Frau, deren Geist uns schützend überschwebte, aus unseren Augen weggenommen werden. Aber als es dann eintrat, wurde unser Herz doch davon erschüttert. Es ist wahr, wir waren uns schon lange entrückt. Das Hochalter hatte einen verhüllenden Schleier vor ihrem Wesen niedergelassen. Es hätte vielleicht noch Augenblicke gegeben, wo wir hätten in ihr Fernsein vordringen können; aber diese Augenblicke waren uns nicht mehr gegönnt.*
*Sie hat nun die immer schwerer werdende Fessel ihres Körpers von sich gestreift. Ich empfinde sie wie ein großes Licht über alles ausgegossen. Dieses Licht wird bei uns bleiben und uns trösten und uns beschützen.*
*Ihre Werke stehen wie kristallene Häuser da, aus deren innerer Kammer die göttliche Liebe strahlt. Wenn Gott einmal das Gewicht oder Ungewicht unserer Zeit auswiegt, dann wird er auf das Leben und Werk dieser Frau hinschauen, und seine Strenge wird sich mildern.*
*Der Same des Lichtes aber, den sie ausgestreut hat, wird keimen und weiterwachsen in eine apokalyptische Zukunft hinein. Man wird einmal von Deutschland sagen: es hatte eine Gertrud von le Fort.*
*Wir Zurückgebliebenen sind beraubt und beschenkt zugleich: beraubt um ihr Sterbliches, beschenkt mit ihrem Unsterblichen.*

> *Ich denke ihrer mit den Versen:*
> *Nicht entrissen hat dich der Tod uns,*
> *er hat dich geschenkt.*
> *Gesprengt sind die Bande.*
> *Über uns entfaltest die Schwingen du,*
> *Adlergleiche, auf immer.*«

Eine letzte Frage: *Wie vertragen sich »hohe« und »volkstümliche« Literatur?*
Unabhängig von der Tatsache, dass man Arthur Maximilian Miller nicht als einen lediglich »volkstümlichen« Autor klassifizieren kann, können wir aus den bisherigen Betrachtungen den Schluss ziehen, dass sich »hohe« und »volkstümliche«, insbesondere »lokal verortete« Literatur keineswegs ausschließen.
Zwar ist diese Kompabilität nicht bis ins Letzte und auch nicht auf jedem Felde realisiert – die Anzahl der gemeinsamen Nenner, die gemeinsame Schnittmenge der Interessen und Ansichten hat sich jedoch als größer erwiesen, als es zu erwarten gewesen wäre.

*Quelle:*

Arthur Maximilian Miller: Briefe der Freundschaft mit Gertrud von le Fort. Memmingen 1980.

*Einige Hintergrundinformationen*

Das Tagungsthema am 15.03.2003 lautete »Gertrud von le Fort und ... Hermann Hesse, Reinhold Schneider, Carl Zuckmayer und Arthur Maximilian Miller. Ein Versuch, die Zeitgenossenschaft der Dichterin zu erhellen.«
Die Gertrud-von-le-Fort-Gesellschaft Würzburg e.V. (gegründet 1982) widmet sich der Pflege des Werkes von Gertrud von le Fort (1876-1971), im Kontext ihres Lebens und ihrer Zeit. Dieses Werk soll durch neue Ausgaben, durch wissenschaftliche Forschung und durch Tagungen und Seminare einer größeren Öffentlichkeit bekannt gemacht werden. Insbesondere zielt diese Arbeit auf eine neue Begegnung und Auseinandersetzung der jungen Generation mit le Forts Dichtung.

AUS EINEM VORLASS UND EINEM NACHLASS

# Kayas Weihnachtswunsch

*von Robert Naegele*

Nun habe ich mich doch zu einer Putzfrau überreden lassen. Obwohl mir der Hausarzt immer wieder eingeschärft hat: »Bewegung, Bewegung! Machen Sie ihre Hausarbeiten, solange Sie können!« Gute Freunde lobten eine Zugehfrau aus Bosnien über den Schellenkönig. Ich telefonierte mit ihr, zwei Nachmittage später stand sie in der Tür. Eine gut aussehende Frau, so um die Vierzig, dunkles Haar, geknotet, und noch dunklere große Augen.
»Guten Tag, bin Kaya… haben gesprochen Telefon, will putzen!« Ich reichte ihr die Hand und küsste sie, auf südländische Art, spontan auf die Wangen. »Moment… ich Schuhe ausziehen!« Sie bückte sich und schlüpfte in Sandalen aus ihrer Tasche. »Darf ich anschauen Wohnung… oh schön!« Ich hatte schon Kaffee gekocht und bat sie an den Tisch zu einem Geplauder. Mit dem vorgeschlagenen Stundenlohn war sie einverstanden. »Gibt keine Problem«, lachte sie.
»Kaya, erzählen Sie mir bitte ein bisschen aus Ihrem Leben?«
»Geboren bin Bosnien, schön Jungsein mit Papa, Mama und Brudern und Schwester. Dann bös Krieg, Svonko, meine Mann heißen Svonko, kriegeverletzt… kann nur noch ganz leicht Arbeit machen. Jetzt, ich putzen schon drei Jahr in Deutschland, alle Monat fahr mit Bus nach Hause und bringe Geld für Leben, auch für Papa, der krank und bald muss gehen. Bitte, nix mehr fragen, will putzen, Zeit geht schnell!«
Ich zeigte ihr den Schrank mit Staubsauger und Reinigungsmitteln und verzog mich danach in die Schreibstube. Das Klappern von Tellern und Tassen klang wie Musik in meinen Ohren, und als ich sie später auf Knien den Küchenboden wischen sah, wusste ich, dass ich mit Kaya eine Trumpfkarte gezogen hatte. Aus dem Bad vernahm ich ihre Stimme: »Hier muss länger putzen, harte Dreck, auch Fenster schmutzig.« Nach einer Weile, schwitzend: »Darf ich auch in Schlafezimmer?«

»Keine Geheimnisse, Kaya!«, grinste ich.
»Weiß man bei Mann nie!«, zwinkerte sie zurück. In der Schreibstube ließ ich sie erst bei ihrem nächsten Kommen werkeln. »Meine Gott, so viel Buch! Muss alles stauben ab!« Als ich ihr sagte, dass meine Heiligtümer nur von mir behandelt werden dürfen, war sie fast beleidigt. »Sind viel Roman von Liebe?«
»Ja, Kaya, auch von Liebe!« Dabei versuchte ich ihre Hand zu streicheln, die sie schnell zurückzog.
Der Herbst hatte es eilig. Ganz regelmäßig, alle 14 Tage, erschien Kaya. Und fast nach jedem gründlichen Putz tranken wir Kaffee. Es blieb nicht aus, dass ich auch aus meinem Leben erzählen musste. Die Adventszeit hatte begonnen. Kaya bewunderte meinen Fichtenkranz 'mit schöne Band und violett Kerz'. Wieder bei einem Kaffeestündchen, kam sie auf meine Bücher zu sprechen. »Viel Roman hast du… Entschuldigung… hab du gesagt.«
»Ist schon ok, Kaya.«
»Wissen Sie… du, ich kann auch schreiben Liebesroman, aber… traurige. Hab keine gute Mann, wenn ich nicht zuhause bin, er liebt Andere. Jetzt, Weihnachtezeit, für mich ist schwer… möchte garnicht fahren Bosnien.« Ich schenkte uns einen zweiten Kognak ein und lenkte das Gespräch auf die hektische Weihnachtszeit mit Trubel, Rennen und Kaufen.
»Meine Mann mir nix kaufen… keine Geschenk!« Auf meine Frage, was sie sich denn von mir zum Fest wünsche, kam ihre Antwort wie aus der Pistole geschossen: »Du mich heiraten!« Ich lachte schallend. »Nix lachen, bitte!«
»Aber Kaya… ich habe dir gesagt, dass ich eine feste Freundin habe!«
»Ja, weiß schon!«, fuhr sie dazwischen.
»Kaya, mein Schatz würde mir die Haare ausreißen!!«
»Macht nix, ich kann lieben dich auch mit Glatzekopf!«
Meine Haare wurden und werden nicht ausgerissen. Am Neujahrstag erhielt ich einen Anruf aus Bosnien: »Komme nicht zurück, hat zu Weihnacht geschenkt mir schöne Pelz!«
»Aber Kaya, wer soll bei mir putzen?«
»Deine Schatz! Viel Glück!«

# Krippenlegende

*von Walter Fick*

Wir feiern Weihnachten im Winter, wenn die Wälder verschneit sind und der Rauhreif silbrig und blauviolett in Birken und Sträuchern glitzert, aber in dem Stall bei Bethlehem, in dem Christus geboren wurde, war es heiß und die Sonne meinte es nur allzu gut.
»Da braucht es wenigstens nicht zu frieren«, brummte der Erzengel Gabriel vor sich hin, der neben der Wiege stand und Wachdienst tat, denn Maria und Josef schliefen für ein paar Stunden und das hatten sie nach all den Aufregungen und Mühen der letzten Tage auch verdient. Und dem Erzengel Gabriel fiel ein altes Wiegenlied ein und das sang er dem Kindlein vor:

*Die Mutter wiegt ihr Kindelein,*
*das lächelt süß im Traum,*
*die Mutter wiegt ihr Kindelein*
*grad unterm Sternenbaum.*

*Sein Lächeln wie der Vögel Flug,*
*so leicht und froh im Wind,*
*die Tränen kommen früh genug,*
*die Mutter wiegt ihr Kind.*

*Sein Schicksal um die Wiege spielt,*
*noch still und unbekannt,*
*die Mutter es im Herzen fühlt*
*und gibt's in Gottes Hand.*

Im Stall war es sehr heiß und so hatte der Heilige Joseph die Wiege ins Freie und in den Schatten eines großen Baumes gestellt, neben dem eine Palme stand, während an der Hütte ein mächtiger Dornbusch sich bis ans Dach hinaufrankte.
Da aber Engel die Zukunft erkennen können, so sah der Engel Gabriel, daß einmal aus dem Stamm des Baumes das Kreuz gemacht würde, an das sie Christus schlagen würden, und aus dem Dornbusch die Dornenkrone, die, auf sein Haupt gesetzt und es blutig reißen würde und er war so erschreckt, daß er das

Kind aufweckte und zu ihm sagte: »Ich will den Baum und den Dornbusch verdorren lassen, dann können sie dir nichts mehr antun. Die Palme aber will ich segnen, daß sie zur schönsten Palme weit und breit wird, denn mit einem Palmwedel von ihr wirst du in Jerusalem einziehen.«

»Segne auch den Baum und den Dornbusch«, sagte das Kind, »denn der Baum spendet mir Schatten und der Dornbusch vertreibt die Fliegen, und sei ihnen nicht böse, denn sie sind nur ein Werkzeug in Gottes Hand. Wie könnte ich die Menschen erlösen, wenn sie nicht wären!« Der Erzengel Gabriel war damit nicht ganz einverstanden, aber er mußte dem Kind gehorchen.

Da fiel sein Blick auf die Geschenke, die die Heiligen Drei Könige aus dem Morgenland mitgebracht hatten: Gold, Weihrauch und Myrrhe. Teure Geschenke für ein Kind, das in einem Stall und auf Stroh zur Welt gekommen war und dessen Eltern nicht zu den Reichen dieser Erde zählten. Und er sah wieder die Zukunft vor sich und fragte das Kind: »Werden die Menschen nicht deine Verkündigung von der Liebe und vom Frieden zudecken mit Geschenken, Trubel und glitzerndem Tand, wenn sie dein Geburtsfest feiern und dich darüber vergessen?«

Aber das Kind lächelte: »Segne auch die Geschenke«, sagte es, »denn sie erfreuen mein Herz, weil sie von Herzen gekommen und meinetwegen gegeben worden sind!«

Und Gabriel tat, wie ihm das Kind geheißen. Und der Baum spendete Schatten und der Dornbusch wehrte den Fliegen und der Engel hielt weiter Wache an der Wiege, bis Maria erwachte und aus der Hütte trat. Und das Kind lächelte sie an.

# Das Märchen von den Schönen

*von Walter Fick*

Es war ein herrlicher Sommertag. Vor dem Café am Ludwigsplatz standen, wie immer bei schönem Wetter, Tische und Stühle im Freien. Man hatte da einen bezaubernden Ausblick auf den Perlach, das Rathaus und den Augustusbrunnen. Ich trank einen Café Royal und sah dem bunten Treiben auf dem Rathausplatz zu. Plötzlich schreckte ich auf, denn eine seltsame Gestalt hatte sich nach einem kurzen »Gestatten!« zu mir an den Tisch gesetzt. Es war ein schlanker Mann mit einem klassischen römischen Profil, kurzen Haaren und glatt rasiert. Seine Züge verrieten Humor, Willenskraft und Intelligenz.
Das Seltsame an ihm war die Kleidung. Er trug ein kurzärmeliges Hemd und darüber einen Umhang, in den ein breiter Purpurstreifen eingewoben war. Seine Füße staken in halbhohen Stiefeln, und an den Händen trug er ein paar kostbare Ringe. Er schien hier Stammgast zu sein, denn die Bedienung schien sich über ihn nicht im geringsten zu wundern, nickte ihm vielmehr freundlich zu und schien auch über seine Wünsche unterrichtet zu sein. Sie brachte ihm jedenfalls, ohne zu fragen, eine Flasche Löwenbräu und stellte sie mit einem kleinen Knicks auf den Tisch, während der Fremde artig dankte. Dann hob er sein Glas, hielt es genießerisch gegen das Licht und trank in kleinen Schlucken, wobei seine Miene sich zu einem verklärten Lächeln verzog.
»Das muß man euch Deutschen lassen«, sagte er dann plötzlich zu mir gewendet, als ob wir alte Bekannte wären, die ein Gespräch fortsetzten, das schon lange im Gange war, »im Bierbrauen seid ihr Meister, das macht euch keiner mehr nach«, und er nahm nochmals einen guten Schluck. »Ich trinke Wein auch sehr gern, bin ja zwischen Reben aufgewachsen, aber an so einem Sommertag habe ich Sehnsucht nach einem kühlen Bier. Ich glaube, wenn ich nicht Kaiser wäre, wäre ich Bierbrauer geworden.«

Ich verschluckte mich an der Rembrandttorte und bekam einen Hustenanfall, bei dem mir der Fremde hilfreich auf den Rücken klopfte.

Wen man nicht alles bei einer Tasse Kaffee traf! Anscheinend hatte ich es mit einem Irren zu tun, einem harmlosen sicher, sonst ließe man ihn ja nicht frei herumlaufen. Am besten, man ging auf seine Wahnideen ein, dann blieben solche Leute friedlich und man konnte ganz gut mit ihnen zurechtkommen. Der Fremde schien meine Gedanken erraten zu haben. »Sie zweifeln, daß ich der Kaiser Augustus bin«, sagte er lächelnd.

Ich schüttelte den Kopf und wußte nicht, was ich von allem halten sollte. Mein alter Lateinlehrer fiel mir wieder ein und ein Bild des Augustus in meinem damaligen Schulbuch, und diesem Bild glich der Fremde aufs Haar.

»Ich werde es Ihnen gerne beweisen«, fuhr der Fremde fort. »Ich bleibe zwar sonst immer inkognito, aber bei Ihnen will ich eine Ausnahme machen, nicht nur, weil Sie ein Dichter sind, sondern weil ich Ihre Hilfe in einer ganz diffizilen Angelegenheit brauche. Kommen Sie heute um Mitternacht zum Brunnen dort, auf dem mein Standbild steht, ich kann Ihnen ein seltsames Abenteuer versprechen. Sagen Sie übrigens ruhig Herr Augustus zu mir; Kaiser und Dichter waren bei uns von gleichem Range, wenn bei euch das heute auch anders geworden ist.«

Und bevor ich noch ein Wort herausbringen konnte, trank er sein Glas aus, nickte mir freundschaftlich zu, steckte der Bedienung, die wieder knickste, ein paar Geldstücke zu und war unter den Passanten verschwunden. Ich wußte noch immer nicht, was ich davon halten sollte, doch bekam die Neugier die Oberhand in mir. Ich hatte schon so viele seltsame Abenteuer erlebt, daß mir nichts mehr unmöglich erschien. Und so beschloß ich, um Mitternacht pünktlich zur Stelle zu sein.

Ich trank, was ich sonst abends nie tat, einen starken Kaffee, um mich wach zu halten, saß an meinem Schreibtisch, um ein paar Briefe zu erledigen, die schon lange darauf warteten, und hörte dann noch Musik, Wiener Walzer, zärtlich, romantisch und einschmeichelnd, eine Musik also, die sogar nicht mehr in unsere Zeit paßte und ihr doch so nötig tat, nötiger als je zuvor.

Dann war es soweit, und ich machte mich auf den Weg zum Augustusbrunnen. Der Rathausplatz lag ausgestorben, gleich als hätte einer der alten römischen Götter, der dafür zuständig war, ihn absperren lassen. Nur die sprudelnden Wasser waren zu hören, melodisch und klingend. Was mich aber am meisten verwunderte, war: das Standbild, das den Kaiser Augustus darstellte, stand nicht mehr auf seinem Platz, sondern saß auf den Brunnenstufen und erhob sich höflich bei meinem Kommen.
»Willkommen!«, sagte Augustus und gab mir seine Hand, die sich kühl und metallen anfühlte. »Ich freue mich, daß Sie Wort gehalten haben, aber das muß man ja auch von einem Dichter verlangen können.«
»Ein Märchen und ein Abenteuer«, meinte ich glücklich, »wie hätte ich da nicht kommen sollen!« Augustus lachte. »Und was für ein heikles Abenteuer! Nun, Sie werden bald sehen. Ich selbst habe wenig Hoffnung, es zu bestehen, darum habe ich mir Ihre Hilfe gesichert. Dichter haben mehr Phantasie, und ohne diese kann man schlecht einen Ausweg finden. Da, sehen Sie, das Abenteuer beginnt schon!«
Vom Perlach hatte es 12 mal geschlagen, und kaum war der letzte Schlag verhallt, als auch schon die sechs Nymphen, die malerisch und graziös den Brunnen säumten, lebendig wurden und auf die Brunnenstufen hüpften, wo sie vor dem Kaiser einen zierlichen Hofknicks machten. Der nickte gnädig, wenn auch nicht sehr glücklich. »Erlauchter Kaiser«, richtete eine von ihnen, die die Anführerin zu schein schien, das Wort an ihn, »hast du dich nun entschieden, wie du unseren Streit schlichten willst, wer die Schönste ist? Zögere nicht länger, ich bitte dich! Zwietracht und Mißgunst sind ob dieser Frage in unseren Reihen entstanden, die wir bislang ein Herz und eine Seele waren. Nach deinem erlauchten Schiedsspruch hoffen wir, wieder zu Einigkeit und Schwesterlichkeit zurückzufinden.«
»Schöne Nymphe«, lächelte der Kaiser, »bewandert in Kriegs- und Regierungskunst und mit Arbeit solchermaßen überbürdet in meinem Leben, hatte ich nie die Zeit vom Schicksal zugeteilt erhalten, mich mit dem Schönen zu beschäftigen. Mein Urteil, fürchte ich deshalb, würde unzulänglich sein. Ich habe euch deshalb«, fuhr er rasch fort, als unzufriedene Rufe laut wurden,

die geradezu revolutionär klangen, »einen Dichter mitgebracht, einen Jünger der schönen Künste, einen Fachmann also, der euer berechtigtes Verlangen wohl und zu eurer Zufriedenheit zu erfüllen wissen wird.«

Beifälliges Gemurmel erhob sich, und alle Blicke, forschend, abschätzend, verführerisch, zweifelnd, richteten sich auf mich. Mir lief es kalt über den Rücken. Da war ich ja in ein schönes Dilemma geschlittert. Wie ich auch entscheiden würde – alle schienen mir gleich hübsch, immer würde ich dann, denn entscheiden konnte ich mich ja nur für eine, die anderen gegen mich haben, und die würden mir die Augen auskratzen, das war noch das mindeste, was ich dabei zu fürchten hatte. Da hatte mir Augustus eine schöne Suppe eingebrockt! Dieser Feigling! Einen armen Dichter so in die Zwickmühle zu bringen, das war eines Kaisers nun wirklich nicht würdig.

Kaiser Augustus schien meine Gedanken erraten zu haben, denn er lächelte mir wie um Verzeihung bittend zu. Aber das half nun auch nichts mehr. Ich mußte Rede und Antwort stehen, wenn ich mich als Dichter nicht blamieren wollte, und wie ich's auch anfangen würde, es würde falsch sein. Der Apfel des Paris war mir zugespielt, und an mir lag es nun, keinen neuen Trojanischen Krieg zu entfachen. Was sollte ich tun? Augustus blickte mich befreit und ein wenig spöttisch, die Nymphen erwartungsvoll an. Tausend Gedanken rasten durch meinen Kopf, bis endlich einer Gestalt gewann. Befreit atmete ich auf. Dann erhob ich mich zu einer Rede:

»Liebliche Göttinnen«, begann ich, »Schönste der Schönen« – ein beifälliges Gemurmel begleitete meine Worte –, »gerne, ach nur zu gerne folge ich eurer Bitte, die Schönste unter euch auszuwählen, doch als Dichter muß ich euch leider eine Bedingung stellen, eine kleine, leichte und schnell zu erledigende Bedingung«, fügte ich hinzu, als unwillige Zwischenrufe sich erhoben, »gleichsam ein kleiner Dank für meine Mühe als Schiedsrichter, wie es nicht mehr als recht und billig ist, denn immerhin ist dieses Schiedsrichteramt nicht das leichteste, wie ihr zugeben müßt«. Als sie zustimmend nickten, fuhr ich erleichtert fort: »Gerne also will ich die Schönste unter euch wählen, wenn ihr zuvor unter sechs meiner Gedichte das auswählt, welches euch das schönste zu sein scheint« – und damit griff ich in meine Tasche – Gedichte habe ich immer bei mir, da ich fast jeden Tag welche schreibe, und gab jeder der sechs Nymphen eines. »Lest und dann urteilt«, sagte ich, zufrieden mit meiner List, die mir wirklich wie eine Göttergabe in den Schoß gefallen war.

**Und die erste las:**
*Abend fällt schon auf dein Haar,*
*und der Lärm verklingt,*
*deine Augen wunderbar,*
*sind ein Brunnen tief und klar,*
*der von Märchen singt.*

*Die Geschäfte sind nun leer*
*und die Fenster hell*
*und die Lichter wie ein Meer,*
*leis weht noch ein Lachen her*
*wie ein gold'ner Quell.*

*Und wir gehen Hand in Hand*
*durch die Straßen fort,*
*Wolken sind wie eine Wand,*
*Sonne zieht ein letztes Band*
*rot am Himmel dort.*

*Abend fällt schon auf dein Haar,*
*Stille kehrt nun ein,*
*lieb dein Lächeln immerdar,*
*führt mich fort von Jahr zu Jahr,*
*und das Leid schläft ein.*

**Die zweite las:**
*Hinterm alten Rathaus sind*
*ach der Stufen viel,*
*und dein leichter Schritt geschwind*
*wie ein klingend Spiel.*

*Dort die Weinstub' lädt uns ein,*

*Stimmen, Lichterglanz,*
*und im Glase glänzt der Wein*
*wie ein gold'ner Kranz.*

*Kleines Lieb, ach trinke aus,*
*laß uns wieder geh'n,*
*und uns küssen, wenn wir drauß'*
*unter Sternen steh'n.*

**Die dritte las:**
*Irgendwo scheint der Vollmond weit*
*in die träumenden Fenster hinein,*
*und all die Giebeln räkeln sich breit*
*in seinem goldenen Schein.*

*Durch die Passagen wandelt der Wind*
*und spielt in den Gassen sich müd',*
*noch lang, bis bald die Nacht verrinnt,*
*erzählt er von Sonne und Süd.*

*Der Vollmond ist wie ein Lampion groß*
*bei einem Sommerfest,*
*da sich das Herz, von allem los,*
*von ihm verzaubern läßt.*

**Die vierte las:**
*Rathausplatz im Winter*
*Wie ein Schleier fällt der Schnee*
*aus dem Dunkel weit,*
*tanzt und wirbelt in die Höh'*
*wie ein Feenkleid.*

*Tanz um Tanz so sacht im Wind,*
*Reigen in der Nacht,*
*vor dem Lichterglanz verrinnt*
*seine zarte Pracht.*

*Tanz um Tanz, fast wie ein Lied,*

*silbersaum-gewebt,*
*das dann wie ein Traum noch müd'*
*um den Perlach schwebt.*

**Die fünfte las:**
*Am Augustusbrunnen*
*spiele Wasser, denn im Spiel*
*kommt die Welt zur Ruh',*
*spiele Wasser, ohne Ziel*
*und ich seh' dir zu.*

*Träume Wasser, dort im Grund*
*in des Marmors Arm,*
*singe, singe dich gesund*
*von des Lebens Harm.*

*Glitz're Wasser, glitz're licht,*
*silb'ner Lichterstrahl,*
*spiegle, Wasser, ihr Gesicht*
*mir noch tausendmal.*

**Die sechste las:**
*Mond über Augsburg*
*Vergolde die Dächer, Mond, und singe,*
*setz' dich auf einen der Türme und scheine,*
*leuchte im Glase, im funkelnden Weine,*
*den ich dir, Mond, zu Ehren jetzt bringe.*

*Tanz mit den Schatten über den Gassen*
*spiel an den Brunnen von schimmernder Liebe*
*aus den Jahrhunderten, o daß sie bliebe,*
*bald schon die Sterne am Himmel verblassen.*

*Leuchte, o Mond, den seligen Herzen,*
*dort auf den Giebel steck' die Laterne,*
*singe von Ländern und Meeren der Ferne,*
*brenn' über Dächern Tausende Kerzen.*

*Heimliche Gassen und heimliche Schritte,
nimm deine Laute mit zärtlichem Lächeln,
Düfte im Winde den Liebenden fächeln,
leise im Morgen verklingende Tritte.*

Als sie geendet hatte, bat ich nochmals um ihre Entscheidung.
»Das Lied vom Abend ist das schönste Gedicht!« rief die erste Nymphe.
»Nein, das vom Mond über Augsburg«, »nein, das vom Augustusbrunnen«, »nein, das vom Rathausplatz«, rief es durcheinander, und jede fand das am schönsten, das sie vorgelesen hatte.
Ich atmete erleichtert auf. Meine List schien zu gelingen. Die Sprecherin mahnte zu einer Entscheidung, aber die Nymphen ließen sich nicht davon abbringen, daß gerade das das Schönste sei, das sie jeweils in Händen hatten. Seufzend wandte sich die Sprecherin an mich: »Edler Fremdling und Dichter«, begann sie, »wie du siehst, ist eine Entscheidung unmöglich. Das Urteil meiner Schwestern, die immer ein anderes Gedicht für das Beste halten, läßt nur den Schluß zu, daß alle gleich schön sind. Sei mir also nicht böse, wenn meine Entscheidung so lautet und keinem ein besonderer Rang zukommt als der, gleich allen andern in vollendetem Maße schön zu sein.« Ich atmete auf, und Augustus' Gesicht, der langsam zu begreifen begann, überzog ein überraschtes und zufriedenes Lächeln zugleich.
»Schöne unter den Schönen«, wandte ich mich an die Sprecherin – um meinen Worten mehr Würde und Nachdruck zu geben, hatte ich mich von den Brunnenstufen erhoben –, »ich nehme dein Urteil an als gerecht und billig. Doch so wie ihr unter diesen sechs Gedichten keines fandet, das den an deren an Schönheit nicht gleichkam, finde ich auch unter euch keine, die den anderen an Schönheit nicht gleichkommt, und somit erkläre ich feierlich, daß ihr alle sechs gleich schön seid, nämlich von einer Schönheit, die nicht mehr übertreffbar ist und euch allen somit der Preis der Schönheit gleichermaßen und zu gleichen Teilen zukommt, wie es rechtens und billig ist.«
Die Nymphen waren überrascht von meinem Urteilsspruch und etwas überrumpelt, wie mir schien, aber nach ihrer eigenen Entscheidung waren Einwände schlecht möglich, und ich sah,

wie sich ihre Gesichter langsam erhellten. Anscheinend erkannten auch sie die Weisheit dieses Spruchs, der Zank, Streit, Neid und Mißgunst ein für allemal begrub.

Jubelnd formten sie sich zu einer Tanzgruppe – Augustus klatschte begeistert in die Hände –, und ein wundervoller Tanz auf dem Rathausplatz begann.

Im Mondlicht glitzerten die weißen Gewänder, der Brunnen warf weite Schatten und vom Perlach schlug es laut ein Uhr. Langsam formierten sich die Tänzerinnen, und mit einem graziösen Sprung waren alle wieder auf ihrem alten Platz. Ich saß wieder neben Augustus, der mir freundschaftlich zulachte.

»Das hast du gut gemacht«, sagte er. »Ja, wenn wir euch Dichter nicht hätten … Aber umsonst sollst du es nicht getan haben. Es war eine verdammt kitzlige Situation, sonst hätte ich ja deine Hilfe nicht gebraucht. Komm morgen gegen zehn Uhr ins Café' dort drüben, es soll mir auf einen Café Royal oder eine Flasche Wein nicht ankommen.« Er nickte mir noch einmal zu, und ehe ich noch etwas antworten konnte, war er wieder an seinem alten Platz auf dem Brunnen, und nichts deutete darauf hin, daß das alles kein Märchen, sondern Wirklichkeit gewesen war.

*Quelle:*

Walter Fick: Lesezeichen. Ein Querschnitt durch Dichtung und Prosa. Augsburg 1977, S. 72–82.

Rezensionen

# Enfant perdu? Von wegen!

Hans Magnus Enzensbergers jüngster Gedichtband
»Die Geschichte der Wolken. 99 Meditationen« –
ein meisterliches Alterswerk

*Besprochen von Jürgen Eder*

Viele Namen werden erwähnt in Hans Magnus Enzensbergers neuem Gedichtband: Eichendorff, Max Sebald, Adam Zagajewski expressis verbis; Hölderlin, Hofmannsthal, Jean Paul sind in einzelnen Versen unschwer zu erkennen. Aber die eigentlichen Meister dieser Meditationen werden nicht genannt, und auch die zumeist hymnischen Rezensionen in der ZEIT oder der SZ haben es übersehen: Aristophanes und Heinrich Heine.
Der griechische Dichter, der es liebte und für nötig hielt, seinen Zeitgenossen den Spiegel vorzuhalten, schrieb eine bissige Komödie mit dem Titel »*Die Wolken*«. Dort nahm er den Kampf gegen die falschen Ideale seiner Zeit auf, für ihn verkörpert immerhin in einem Mann wie Sokrates. Der agiert und verführt uns vom luftigen Element aus, seine Welt sind die Wolken: »*Die himmlischen Wolken sind's, die Müßigen göttlicher Mächte, die Gedanken, Ideen, Begriffe, die uns Dialektik verleihen und Logik und den Zauber des Worts und den blauen Dunst, Übertölpelung, Floskeln und Blendwerk.*« Des Aristophanes Kampf gegen den Sprach- und Begriffsschwulst seiner Zeit ist ganz im Sinne Enzensbergers, dessen Gedicht immer schon die Genauigkeit gegen die Phrase setzt, jedem modischen Jargon die Stirn bietet. Zur Ahnenreihe des Aristophanes gehören also nicht nur Voltaire, Mendelssohn oder Lessing – auch Hans Magnus Enzensberger darf sich als ein »*deutscher Aristophanes*« verehren lassen.
Der letztere Titel wurde immer wieder auch Heinrich Heine verliehen – und dieser begnadete Spötter und Zeitkritiker trug ihn wahrlich gern. Selbst der späte Heine, dessen Gedichte den

realen Schmerzen in einer Matratzengruft abgerungen waren und nicht selten von panischer Heiterkeit sind – noch er beherrscht virtuos das Florett des Witzes, pariert den Biedersinn seiner Zeit so gut wie den angestrengten Tiefsinn, der sich in krauser Sprache zu erkennen gibt. Der »*Romanzero*« ist vielleicht eines der großartigsten Alterswerke, die in der deutschen Literatur geschrieben wurden und das Phänomen einer temporären Verjüngung kennen. Mit der »*Geschichte der Wolken*« hat Enzensberger ein Spiegel-Stück geschrieben, das sich unbedingt vergleichen lässt – en detail wie im Ganzen. Verse wie »*Nun mein Leben geht zu End, Mach ich auch mein Testament; Christlich will ich drin bedenken Meine Feinde mit Geschenken*« aus Heines Gedicht »*Vermächtnis*« treffen den Ton der ganz schwerelosen, doch nie jupitermäßigen Gedichte des dreiundsiebzigjährigen Enzensberger so gut wie die letzte Strophe aus Heines »*Der Abgekühlte*«: »*Unjung und nicht mehr ganz gesund, Wie ich es bin zu dieser Stund, Möchte ich noch einmal lieben, schwärmen Und glücklich sein – doch ohne Lärmen*«. Wolken stellen bei Heine schon seit den frühen Gedichten nicht nur romantische Kulisse dar, sondern sind Seelenlandschaften, so flüchtig wie bedeutsam, und wer es versteht, der kann aus ihnen lesen. In den »*Nordsee*«–Gedichten beispielsweise sind sie der Hintergrund für Fragen nach dem Menschen, seiner Stellung in der Schöpfung, seinem Woher und Wohin… und schon der junge Heine trifft jenen Ton, der Enzensbergers Wolken–Lyrik zu Denk–Gedichten macht: »*Es murmeln die Wogen ihr ewges Gemurmel, Es wehet der Wind, Es fliehen die Wolken, Es blinken die Sterne, gleichgültig und kalt, Und ein Narr wartet auf Antwort.*« Im »*Romanzero*« dann ist Heine ein wenig milder gestimmt – aber menschliche Überhebung und Dummheit bekommen auch dort die nötigen Streiche und Hiebe. Und jede Behauptung von »*Altersheiterkeit*« in den Enzensbergerschen Gedichten darf nicht unterschlagen, dass hier einer immer noch auszuteilen versteht, sein Nicht–Einverständnis keineswegs in irgendeiner klischeehaften »*heiteren Gelassenheit*« ausklingen lässt.

Dem Titelmotiv nur angemessen ist die Leichtigkeit dieser Texte, die das Schwere nicht durch Schwere der Form und Sprache, sondern durch Transparenz und Anschauung hervorbringt –

wäre der Begriff nicht so verbraucht, dürfte man von Ding–Gedichten sprechen. Denn immer wieder beharrt Enzensberger auf dem Recht auch der kleinen Dinge, die im Gewitter der Groß–Metaphern, der Welterklärungen verlorenzugehen drohen – und sie sind doch das, woran wir uns zu halten haben. Vielleicht ist gerade auch das ein Resultat von zeitlicher Distanz, die zum inneren Raum werden kann, die nicht mehr jenem »*in die Ferne schweifen*« huldigt, die den romantischen wie den jungen Menschen charakterisieren soll. Aber natürlich ist es auch der poetische Widerstand und Einspruch gegen die Welt der Superlative aus Politik und Werbung, die sich immer mehr einander angleichen.

Diese Gedichte – und ich lasse jetzt alle germanistischen Konventionen und Regeln einmal beiseite – sind autobiographisch durch und durch. Hier spricht kein mystifiziertes Lyrisches Ich, auch kein im Text verschollener Autor, der gar dort gestorben sein sollte… wer hier immer wieder erkennbar und hörbar ist, ist ein kritischer Zeitgenosse und sein inzwischen langer Kampf gegen die Institutionen: ob der Politik, der Ästhetik oder des Alltags. Hier achtet einer nicht mehr sozialverträglich auf Versöhnung und Nachsicht, weniger als je zuvor. Der Platz im Sozialen wird nicht nur von Außen vergeben, sondern auch durch das eigene Ich: das ist der Sinn der Jean-Paul-Perspektive von unten, wie sie sich in »*Arbeitsteilung*« offenbart – das fragende »*und du?*« nach all der Übermacht an Kompetenz und Qualifikation ist ein durchaus trotziges. Wie eine Reminiszenz an die Titanic–Fahrt mutet das Gedicht »*Bessere Aussichten*« an – auch hier ist es die Perspektive des Alters, der Erfahrung, die den Bildern ihre Intensität, ihre »*Sättigung*« gibt. Die Position der Entfernung und Zurückgezogenheit hat eben auch eine erkenntnistheoretische Qualität und bedeutet nicht verbitterte Rechthaberei des Alten. »*Mit dem Rücken zur Gegenwart*« »*sieht man weiter, sogar im Dunkeln*« – und diese Bescheidenheit aus Erfahrung wird in den letzten Versen des gleichen Gedichts zu einem Programm, das seine Herkunft aus der europäischen Moralistik nicht leugnen will: »*So bemerkt man manches, erwartet wenig, versäumt nichts.*« Wie wohltuend ist solcher Lakonismus, der gelegentlich auch so maximenhaft daher kommen kann wie beim alten Goethe, zum Glück aber nur gelegentlich etwas zu pointenhaft, didaktisch wird. »*Maximen und Reflexionen*« sind diese Gedichte sicher auch – ob aus einem beschädigten Leben – davon schweigt des Sängers Höflichkeit... aber aus einer beschädigten Welt allemal. Gelegentlich freilich scheint auch die Trauer, die Melancholie des unzeitgemäßen Dichters in Enzensbergers Timbre durchzuklingen, scheint er den permanenten Widerstand gegen die Hysterie einer Welt aufgeben zu wollen, die einem Goldenen Kalb opfert: »*O Wissenschaft! Ecstasy! Euthanasie!*«; überall hat sich in den »*Diskursen*« die Frage nach dem Menschen und Menschlichen erledigt, es herrscht das Genom, die Festplatte. Was bleibt? »*Manchmal ist man froh, dass manche der Ewiggestrigen unter den Jüngeren noch ein paar Fragen haben.*« Wie »*Ein Verblichener*« scheint dann der Dichter auf die eigene Beerdigungsparty zurückzublicken und zu dem nicht einfachen Resultat zu kommen: Ausgerichtet habe ich nichts, nur geduldig habt ihr meine Witze und meine Wut ausgehalten – und nun auch überstanden. Der Gestus der Bescheidenheit, in dem das menschliche Schicksal mit dem Blatt verglichen wird, das vom Wind verweht wird, verwelkt und am Ende die Erdfarbe annimmt ... der Tod ist durchaus präsent in diesem Werk, aber man kann ihm »*erdfarbene Liedchen*« singen, und so ist er nicht der grässliche Alleszermalmer, vor dem so manches literarische Alterswerk kapituliert.

Es gibt eine kleine Reihe von Liebesgedichten, die es wert sind, dass man auf sie eingeht. Auch sie sind fern jeder Rührung, jedem Kitsch – aber auch fern dem Zynismus, der Abgeklärtheit, der Welt- und Liebesverachtung, die so oft den alternden Schriftsteller verrät. Es handelt sich hier zum Glück nicht um jene aufgeregte Alters-Erotik, die so mancher Schriftsteller oder auch Kritiker verfolgt und seinen Zeitgenossen unbedingt vorbuchstabieren will. Die Gedichte »*Vorzüge meiner Frau*«, »*Im Halbschatten*«, »*Aktaufnahme*« und »*Durst*« variieren Intimität und erotische Vertrautheit, die in Versen wie den Folgenden aus »*Temperaturen*« zum Ausdruck kommt, wo die Maßeinheiten der lebendigen menschlichen Haut unzugänglich jeder künstlich-technischen Messung, von humaner Einzigartigkeit sind: »*und was nie und nirgends sonst vorkommt in unserer Galaxie: die beiden*

*Wärmen der im Bett aneinander sich schmiegenden Schläfer.«* Die Erotik dieser Gedichte ist einerseits dem Augenblick verhaftet, denn es sind Momentaufnahmen von großer Intensität – andererseits bekommen sie ihre spezifische Wärme durch die Dauer dieser Verbundenheiten, die auf Erfahrung und Vertrauen beruht und jeder These von der Liebe als bloß Zeitlichem und Begrenztem widersteht.

Auffallend ist in der *»Geschichte der Wolken«* ein anderes Leitmotiv: die Skepsis eines Schriftstellers, eines Sprachkünstlers gegenüber der Sprache. Natürlich und plausibel erscheint dies dort, wo man auf eine durch das permanente Geschwätz der Medien grund- und sinnlos gewordene Sprache reflektiert – und auch das findet sich in Enzensbergers Meditationen, die ja qua dieser Bezeichnung auch an die Wortsucher der Mystik, aber auch eines Musilschen *»Mann ohne Eigenschaften«* erinnern können. Jedenfalls ist die hier artikulierte Skepsis in der Tradition eines Hofmannsthal oder Karl Kraus signifikant und könnte die Sorge erwecken, dass danach nun bald nichts mehr könnte gesagt werden. *»All die Sprachen, die du nie sprechen wirst«* – denn *»Jetzt ist es etwas spät geworden, um damit anzufangen«* verbindet in dem Gedicht *»Soviel zur Völkerverständigung«* das Alters-Thema mit dem der Sprachskepsis. Am eindringlichsten ist diese wiederkehrende Figur der bedauernden Rede in *»Mir fehlen die Worte«* ausgeführt. Es gibt Worte auch als Heimsuchung, die den Schlaf raubt wie in *»Die Wörter, die Wörter«*: *»Du schlägst um dich, vergebens, an Schlaf ist nimmer zu denken. Mach Licht, steh auf und erschrick vor der Stille!«* Diese Stille gilt es auszuhalten und nicht durch *»Wortanfälle«* (Canetti) gleich wieder aufzugeben. Der Mensch, auch als Dichter, sollte sich immer bewusst halten, dass die Welt, ihre Dinge auch ohne ihn sind, zumal ohne seine Benennungsansprüche. Die Poesie kann allerdings auch zeigen, dass es die Festigkeit des Begriffes nicht gibt, nicht geben soll, indem sie in immer neuen Bildern und Worten die Nähe und die Verbindung zu den Dingen sucht: *»Als wüssten wir, was Babylon war, wenn wir Babylon Babylon nennen«* heißt es im Gedicht *»Namenkunde«.* Diese Bescheidenheit geht dann auch über in die Erkenntnis, dass der Mensch entgegen seiner permanenten Selbstermächtigung und Größenphantasie zum Historiker schlecht taugt: »*Wichtiges entgeht uns, verdunstet rasch*« – »*Das allermeiste kommt und geht unbemerkt, spur- und folgenlos wie ein Neutrino.*« Natürlich ist solche Reflexion weit entfernt von einer Bennschen Feier des »*Klümpchen Urschleims*«, aus dem doch alles herkomme und dem der Geist nie entrinne. Denn Enzensberger pointiert in seinen Einsichten die Forderung an den Dichter, mit der Sprache verantwortlich umzugehen – und dass ihm dies selbst fernab jeder Mystifikation und steiler Gebärde gelingt, zeigt ganz wunderbar ein witziges Gedicht wie »*Parlamentarisch*«, worin die Entstehung eines Textes als demokratische Willensbildung erscheint, in der die Instanzen, »*Vermittlungsausschuß*«, »*Kampfabstimmung*« usw. alle in einer Hand vereint sind, nämlich in der des Autors – aber am Ende tritt das Gedicht seinen Weg in die demokratische Öffentlichkeit doch an: »*Die Auflage ist gering, das Publikum exquisit.*« Enzensberger setzt ja schon länger nicht mehr auf die »*Massen*«, aber auf die Bedeutung und Kraft der widerspenstigen Minderheiten, z. B. derer, die noch Gedichte lesen in diesem Land.

Und die Politik, Herr Enzensberger? Noch immer und vielleicht für immer stellt sich die Frage gerade bei diesem Dichter. Es gibt nicht viele eindeutig politische Gedichte in diesem Band, wenn man den Begriff enger fassen will; es gibt das Entsetzen vor den »*Kindersoldaten*«, den Ärger über die Jammerer von heute, die die Härte der Nachkriegszeit vergessen zu haben scheinen (»*Auch ein Grund zur Klage*«). Wie persönlich und gewissermaßen »*privatisiert*« diese Blicke respektive Rückblicke werden können, zeigt das gerade in seiner scheinbar unspektakulären Gegenüberstellung von »*Stern*« als Bestandteil eines Wort- und Bildfeldes, das sich beliebig fortspinnen ließe – und einer Kindheitserinnerung, die dann plötzlich dem Wort die Unschuld nimmt: »*Als ich klein war, gab es noch andere, krumm und zerdrückt, und es muß sie jemand genäht haben an abgetragene, graue Mäntel. Meine Tante Therese war es nicht, andere Tanten saßen da, den Faden im Mund, weitsichtig das Nadelöhr suchend. So viele Sterne. Sprich nicht davon. Nur dass sie gelb waren, gelb. Und dann waren sie verschwunden.*« In solchen Gedichten kristallisiert sich Geschichte zu jenen Momenten, die über alle Zeitfallen hinweg ihre Wirkung nicht verfehlen werden.

Das Titelgedicht und seine Themen sind bereits durch die anderen fünf Abteilungen des Bandes vorbereitet, indem dort Gedanken zur Relativität menschlicher Erkenntnis, vertreten durch die Ansprüche der Astronomie, Philosophie und Kosmologie auf Wissen der gesamten Welt, verfolgt werden. Dem Menschen will man in solcher »*Wissenschaft*« alles nehmen, was er zu seinem Menschsein braucht: »*Liebschaft, Bewusstsein, Materie*« – eine traurige Wissenschaft, die blind geworden ist für ihre humane Dimension. Enzensberger greift ein scheinbar banales Thema – das der Wettervorhersagen, eines der liebsten Medien–Kinder der Deutschen! – auf, um die Hochstapelei solcher Unternehmungen zu kennzeichnen: denn dort werde von Wissen geredet, wo allenfalls nachträgliche Beobachtungen zu verzeichnen sind. Die kollektiv gewordene Rede davon, dass der Wetterbericht sowieso wieder nicht stimme, ist Ausdruck berechtigter Skepsis – nur zeigt sich im Zeitalter der Medienmacht zugleich, dass solcher Widerstand angesichts der allmächtigen Bildschirmpräsenz ins Unterbewusste abgeglitten ist. Die Wolken werden dem Dichter zum Symbol menschlicher Vergeblichkeit, denn ihre Vergänglichkeit ist durch keine Messung zu fassen – dies gelingt in ganz anderem Sinne allenfalls der Poesie, der die Verwandlung ja das Elixier ihrer Existenz ist, und sie bekennt aufrichtig ihre Schwierigkeiten, gelegentlich auch die Unmöglichkeit der Bezeichnung. Das Unterfangen eines Howard, die Wolken zu klassifizieren, ist Sinnbild wissenschaftlicher Hoffnungen – »*doch auch lateinisch getauft fahren sie fort, zu tun, was sie wollen, die Wolken*«. Nicht nur über den Wolken, wie einst Reinhard Mey sang, ist die Freiheit grenzenlos – die Wolken sind selbst Zeichen dieser Freiheit und Grenzenlosigkeit. Hier greift Enzensberger gelegentlich durchaus zum Pathos, das uns aber gar nicht lachen macht, sondern Bilder von Klopstock oder auch Brecht ins Gedächtnis ruft, die dem Naturschönen ihren eigenen Wert für den Menschen belassen. Enzensberger: »*Ja, es empfiehlt sich, bei Müdigkeit, Wut und Verzweiflung, die Augen gen Himmel zu wenden.*« Hier mag man ein Bild des Religiösen eingeschrieben sehen – es wirkt auch ohne solche Transzendenz tröstlich ohne allen Quietismus. Denn das Schicksal des Luftschiffers Giannozzo von Jean Paul bleibt als Gefahr präsent: »*Wir, die wir uns ängstlich fragen, wie wir wieder runterkommen mit unseren lachhaften Luftschiffen«.* Zuletzt verschränkt sich das Alters- und Vergänglichkeitsmotiv in dieser Meditation über die Wolken, wenn Enzensberger schreibt: »*Eine Spezies, vergänglich, doch älter als unsereiner. Nur daß sie uns überleben wird um ein paar Millionen Jahre hin oder her steht fest.*«

»*Er war geboren, um der »alte Fontane« zu werden, der leben wird*«, schrieb Thomas Mann über Theodor Fontane – man sollte so weit wohl nicht gehen im Falle Enzensberger – denn seine Werke der frühen Jahre wird niemand in ihrer Bedeutung, in ihrer Eigenständigkeit abwerten können und wollen. Allein, es ist doch ein Erlebnis, hier ein Alterswerk in solcher Frische und Elastizität zu entdecken, wie man es in der Gegenwartsliteratur Deutschlands jedenfalls kaum finden wird. »*Milde, Güte, Gerechtigkeit, Humor und verschlagene Weisheit*« liest Thomas Mann aus den späten Werken Fontanes – und es sind auch die hervorragenden Qualitäten dieser Meditationen von Hans Magnus Enzensberger. Man wünscht sich noch viele von dieser Art.

# Hans Pörnbacher: Schwäbische Literaturgeschichte. Tausend Jahre Literatur aus Bayerisch Schwaben

## Anton Konrad Verlag Weißenhorn (2002), 320 S., € 22,80

*Besprochen von Jürgen Eder und Klaus Vogelgsang*

## Rezension zur neueren Literaturgeschichte der Region

*von Jürgen Eder*

Im Jahre 1839 richtete Heinrich Heine über eine Literatur, die er glaubte, am besten unter dem Sammeltitel »Schwäbische Schule« zusammenfassen zu können. In seinem »Schwabenspiegel« kämpfte er freilich zunächst einmal mit dem Problem, wer oder was einer solchen »Schule« eigentlich angehören solle, und warum: »*Was ist das, die schwäbische Schule?*« Zunächst habe er geglaubt, es handle sich dabei um »*jenen blühenden Wald großer*

# Schwäbische Literaturgeschichte

Hans Pörnbacher

Anton H. Konrad Verlag

*Männer, die dem Boden Schwabens entsprossen, jene Rieseneichen, die bis in den Mittelpunkt der Erde wurzeln, und deren Wipfel hinaufragt bis an die Sterne...«* Dann zählt er sie auf, die Schiller, Schelling, Hegel, Strauß – um zu hören, dass die nun gerade nicht dazu gehörten, weil sie *»mehr europäisch als schwäbisch«* seien, *»statt dass die Renommeen der schwäbischen Schule jenen Kosmopolitismus verachten und hübsch patriotisch und gemütlich zu Hause bleiben bei den Gelbveiglein und Metzelsuppen des teuren Schwabenlandes.«* Für Heine hatte das Konzept einer Literaturgeschichte nach Regionen und Stämmen wenig Attraktivität; rasch war er mit dem Verdikt des Provinzialismus bei der Hand. Allerdings haben sich im Verlauf der deutschen Literaturgeschichtsschreibung immer wieder solche Versuche eingestellt, mit dem fatalen Höhepunkt in Josef Nadlers *Literaturgeschichte der deutschen Stämme und Landschaften* (1912-1918). Noch heute steht deshalb Regionalliteratur häufig im Ruch von »Stammesdenken«, man assoziiert »rückwärtsgewandt«, »volkstümlich« usw. In Zeiten, in denen Literaturgeschichtsschreibung insgesamt im Verdacht steht, an der »großen Erzählung« kultureller Kontinuitäten festzuhalten, erscheint solche kleinräumige Historie je nach Standort die einzig verbliebene Möglichkeit – oder aber als besonders absurd. Auf der anderen Seite, zuletzt wieder in den Diskussionen um den Nobelpreis für Elfriede Jelinek, wird festgestellt, dass auch Weltliteratur ohne regionale Wurzeln nicht denkbar sei – und dann zählt man sie auf, die Keller, Fontane, Thomas Mann und Grass. Nicht zuletzt angesichts einer immer unübersichtlicheren Globalisierung, die kulturell oft als Gleichförmigkeit erscheint, könnte regionale Identität neue Aufwertung, auch Interesse finden. Nicht nur in der Politik spricht man von einem »Europa der Regionen«, sondern auch die Kultur erinnert sich daran.

Freilich gilt auch hier wie überall: in Zeiten leerer Kassen bleibt vieles nur Lippenbekenntnis – der Plan der bayerischen Staatsregierung, die Lehrstühle für bayerische Landesgeschichte und Literatur aufzulösen, ist eines von vielen Zeichen dafür.

»Region« ist, will man nicht einem naiven Biologismus folgen, immer ein politisches, kulturelles, auch wissenschaftliches Konstrukt. Soll man sich bei einer regionalen Literaturgeschichte an der Herkunft der Autoren ausschließlich orientieren? Oder an der literarischen Auseinandersetzung mit der Region? Nimmt man die historische Tiefendimension oder die je aktuelle politische Verwaltungseinheit? Man erkennt an solchen Fragen schon, dass eine Begriffs-Reflexion, eine ungefähre Definition der Kriterien für solche Zuordnungen unerlässlich ist.

Hans Pörnbachers *Schwäbische Literaturgeschichte* stellt sich dieser Bedingung, wenn er zunächst einmal über »Sinn und Zweck dieses Buches« nachdenkt. Er fixiert regional (S. 14f.: »der südwestliche Teil des Freistaates Bayern«), wählt die »heutigen Grenzen, also ganz sachliche Gegebenheiten« als Kriterium. Die möglichen Schwächen einer solchen Sichtweise werden zwar angedeutet, aber nicht weiter erörtert. Stattdessen bietet uns der Verfasser fröhliche Zuversicht, »geistigen Gewinn« und »Freude« mit seinem Buch zu schaffen, sich selbst wie dem Leser. »Genaueres Hinsehen« erlaube es dem Regional-Historiker, die Literatur insgesamt besser zu verstehen (S. 17) – was auch eine Revision von »überheblichen« oder »kurzsichtigen« Urteilen über bayerisch-schwäbische Literatur durch »den Norden« bringen könnte. Wer oder was damit gemeint ist, wird nicht gesagt, nur, dass es mal »gesagt werden dürfen« muss. Insgesamt wird man mit den »Antworten« auf die selbst gestellte Frage nach »Sinn und Zweck« des Projektes nicht recht zufrieden sein können. Für den methodischen Hinweis (S. 19), es könne hier nur um »Aufzeigen«, nicht »ausführliches Behandeln oder Interpretieren« gehen, gilt dasselbe – erstens erwartet man dann eine Art regionale Literaturgeschichte in Tabellen, andererseits hält sich der Verfasser (teils zum Glück, aber – um es vorwegzunehmen – leider auch zum Unglück) durchaus nicht strikt daran. Dennoch sollten diese kritischen

Prolegomena einer »seriösen Rezension«, wie sie der Verfasser fordert, nicht im Wege stehen.

Hans Pörnbacher bringt wie kaum ein anderer die Voraussetzungen mit, eine solche Darstellung zu schreiben. Der Eichendorff-Kenner hat seit langem immer wieder Bücher über die Region und ihre Geschichte vorgelegt. Festschriften für Orte, Ausstellungen, die Herausgabe der Schriften Christoph von Schmids – kaum ein regional applizierbares Genre fehlt in diesem Lebenswerk. Freilich reiht sich der vorliegende Prachtband repräsentativ in diese Vorgeschichte ein – in der Regel wird hier eine Region und ihre Literatur gefeiert, jedenfalls spricht immer wieder glückliche Zustimmung aus dem Text; ein Schelm, der das gelegentlich »affirmativ« nennen wollte. Ein Prachtband aber auch in dem Sinne, dass hier auf bestem Papier mit zahlreichen Abbildungen ein Buch zum Lesen und Schauen entstanden ist, so recht etwas zum Verschenken.

Das Interesse des Neugermanisten richtet sich naturgemäß v. a. auf die Darstellung der Zeit seit Aufklärung und Klassik (S. 210ff.) – nicht, ohne ein großes Lob auszusprechen für den umfangreichen Teil über die Barockliteratur, die hier bis »weit ins 18. Jahrhundert hinein« reicht. Höfische und bürgerliche Dichtung finden dort ihre Erwähnung, allerdings gehört das Interesse des Verfassers entschieden der religiös ausgerichteten und inspirierten Literatur in den Städten wie den Klöstern, deutlich zu sehen auch in einem Exkurs wie dem über »Die Welt der Mirakelbücher, der Gebetbücher und des geistlichen Volkslieds«. Was hier von der Sache her durchaus geboten ist, irritiert den Leser gelegentlich ein wenig im Bereich der neueren Literatur: die christliche Perspektive dominiert hie und da doch etwas zu sehr, und wo Autoren dezidiert eine andere Optik haben, haben sie es nicht leicht bei ihrem Historiker. Ob dabei die »gewisse Objektivität« (S. 18) immer eingehalten ist, wird jeder wohl für sich entscheiden – der Rezensent hatte gelegentlich seine Nöte. Das Kapitel über die »Zeit der Aufklärung und der Klassik«, so Pörnbacher, spiegelt die Annäherung an die Entwicklungen der norddeutschen Literatur. Glänzende, weit über die Region hinaus illustre Namen wie der von Sophie von La Roche, erfolgreiche Autorin der *Geschichte des Fräulein*

*von Sternheim*, Freundin keines Geringeren als Wieland, begegnen hier dem Leser. Freilich bleibt wieder die Frage, was daran nun spezifisch »Geschenk dieses Landes an die literarische Welt« (S. 212) sein soll – die zitierten Urteile eines Goethe oder Eichendorff in Ehren – mit der Herkunft der Schriftstellerin lassen sie sich schwerlich verbinden. Natürlich ist der Zusammenhang im Falle eines Paul von Stetten d. J. hingegen evident, wo Lokalgeschichte Augsburgs und »Erweckung bürgerlicher Tugend« eine erfolgreiche und durchaus auch überregional wahrgenommene Synthese eingehen. Es folgen Auflistungen von Autorinnen und Autoren, leider nicht selten mehr der Kategorie »Erwähnung« (S. 218) gehorchend denn einer kritischen Würdigung entsprechend. Vielleicht hätte der Verfasser hier besser eine Variante gewählt, in der einige Dichter ausgiebiger, dafür andere wirklich nur tabellarisch verzeichnet stünden?
Pörnbacher überblickt die Epoche nach Gattungen, verfolgt die lyrische Dichtung und das Theater im 18. Jahrhundert ebenso, wie er die Wochenblätter und Satiren aufgreift, mündend in eine »Literatur und Bildung für das Volk«. An dieser Stelle ist ein Lob auf die vielgeschmähten Fußnoten zu singen – jedenfalls, wenn sie so gebraucht werden, wie in diesem Band. Sie zeugen nicht nur von der stupenden Vertrautheit des Verfassers mit seinem Stoff, sondern bieten dem Spezialisten das, was er allenfalls im Haupttext noch vermissen mag. Schade nur, dass gelegentlich der Verweis im Text und die entsprechende Anmerkung nicht geradezu korrespondieren (vgl. S. 235, 286 usf.).
Das 19. Jahrhundert, mit dem poetischen Titel »Reiche Ernte einer stillen Zeit« eingeführt, liefert hier ein dialektisches Kabinettstück: Eigentlich habe die Literatur in Schwaben »wenig Aufregendes zu bieten« in dieser immerhin aufgeregten Zeit – doch sei sie »reich […] an Persönlichkeiten und an guter Literatur, guter Literatur im Kleinen« (S. 232). Offensichtlich ist dieses Urteil auch wieder durch Pörnbachers religiöse Perspektive motiviert, denn er geißelt entschieden den »unsinnigen Kahlschlag auf dem Gebiet der religiösen Einrichtungen« – was die historischen Urteile wohl nicht ohne weiteres konzedieren würden. Daneben ist immer wieder auch der pädagogische Furor des Autors zu erkennen – etwa in der Würdigung eines

Christoph von Schmid, einer der gründlichsten, umfassendsten des Bandes: Sitten und Anstand, die dessen Literatur zu bessern vermochte, wird die Fernseh- und Computerwelt gegenübergestellt, mit ihrer »Freude an Gewalt und derber Sprache« (S. 239). Man ist ohne weiteres versucht, dem zuzustimmen – aber auf den zweiten Blick kommen einem dann doch Zweifel, ob es ganz so einfach war und ist. Die Geschichte der »Schwabenkinder«, erst jüngst wieder dokumentiert und auch filmisch erzählt, macht deutlich, welche Gewaltverhältnisse »die gute alte Zeit« prägten, gegen die alle »Sittlichkeit« einen schweren Stand hatte. Von »Liebe«, »Achtung«, »Hingebung« ist immer wieder die Rede, wenn es um Autoren-Urteile geht, und auch im Gefolge einer »Entdeckung der Heimat und der Geschichte« sind es immer wieder Pfarrer und Lehrer, die Vorzügliches leisten, so Pörnbacher. Man wundert sich dann nicht, dass unter dem Kapitel »Antwort auf soziale Not« der Kommunist und Anarchist Johann Joseph Most zwar erwähnt wird – freilich mit einer halben Seite durchaus dürftig. Fast möchte man es symptomatisch nennen, dass hier auch einer der äußerst seltenen Datierungsfehler unterläuft (1783 statt 1883, S. 255). Eine regionale Literaturgeschichte ohne Blick auf die Mundartdichtung würde ein wesentliches Element vermissen lassen – das wird man dieser Literaturgeschichte nicht vorhalten können. Im Gegenteil: zwar verwahrt sich Pörnbacher gegen die These einer »besonders wichtigen Rolle« dieser Literatur (S. 256) – andererseits gelingt es ihm eindringlich und anschaulich, einige repräsentative Beispiele zu würdigen: Kähn, Jakob, Miller, Weitnauer u. a. m. – hier gibt es viele Anregungen, nicht zuletzt durch gut gewählte Beispiele.

Nach dem »schwächeren« 19. Jahrhundert, so Pörnbacher, habe sich die Literatur Bayerisch Schwabens erst im 20. Jahrhundert wieder »selbst gefunden« (S. 264). Ein forciertes Urteil – auf dessen Begründung der Neugermanist natürlich besonders neugierig ist. Etwas verwundert, dass ihm da zunächst Ludwig Ganghofer präsentiert wird, wenngleich in einem der seltenen wirklich kritischen Porträts (»ohne Blick auf die Realität des Lebens«), findet er Ferdinand Bonn doch etwas lieblos in 9 Zeilen abgetan; immerhin wird dieser sogar bei Thomas Mann erwähnt. Mit Gewinn liest man über die Wissenschaftler und Essayisten; »Fachprosa« als Teil einer Literaturgeschichte ist längst nicht selbstverständlich – hier ist Pörnbachers Ansatz recht liberal. Die »großen Erzähler« Dörfler, in einer Bildunterschrift als »Priester und epischer Gestalter geschichtlicher Stoffe« eingeführt (S. 275), und wiederum Miller, legitimieren sich vor Pörnbacher offenbar vor allem durch ihre »Wertschätzung von Familie und Heimat«, sie werden deshalb auch empfohlen als Remedium gegen »egoistische Selbstverwirklichung« heute (S. 273). Weniger stört den Kritiker der gelegentlich etwas oberlehrerhafte Ton darin, sondern vielmehr der weitgehend vermisste Versuch, großes Erzählen auch ästhetisch zu begründen: »Schönheit der Sprache, Macht der Bilder«, »alles harmonisch einander zugeordnet« mag so gedacht sein – allein, es bleibt doch recht vage und allgemein. So richtig widerspenstig wurde der Rezensent freilich nur einmal – das aber gründlich. Die beiden abschließenden Kapitel über Brecht und Rainer Werner Fassbinder halte ich für vollständig misslungen. Der Autor, der in seinem Buch das deutliche Wort nicht scheut, wird es an dieser Stelle nicht übel nehmen. Brecht zeichnet aus: ein »verblüffendes [???] Geschick für kollektive Arbeitsweise«, »ungehemmtes Ausleben«, »Nihilismus« – selbst für das Frühwerk wird man eine solche Sicht zumindest als »einseitig« bezeichnen dürfen! Ob das mit dem »falschen Argumentieren in seinen Lehrstücken oder in *Fragen eines lesenden Arbeiters*« wirklich so einfach zu entscheiden ist? Immerhin: Brechts »künstlerische Leistung« wird trotz »charakterlicher Blößen« und »fragwürdiger politischer Haltung« anerkannt. Inwieweit *alles* das vielleicht auch mit Brechts Herkunft zu tun hat – man fragt es nicht, auch weil es Pörnbacher nicht tut ... eigentlich erstaunlich. Noch weniger die Gnade des Literaturhistorikers findet der Bad Wörishofener Fassbinder: »formale Unzulänglichkeiten«, »Vorliebe fürs Ordinäre«, außerdem erliegt er dem »damaligen Trend [gemeint ist »68«] und schreibt politisierte Literatur, die, wie im Dritten Reich und im kommunistischen Osten, wieder mitgeholfen hat, eine 'Jugend ohne Gott' heranzuziehen« (S. 291); ein »Werkzeug einer verbrecherischen Ideologie, nicht ahnend, dass sie vom Osten aus gesteuert wurde, um die

Demokratie im Westen zu zerstören«. Solche Attacken, Erledigungen sind mit Maßstäben einer Literaturkritik nicht mehr zu fassen – am besten sieht man wohl einfach darüber hinweg. Wäre Fassbinder nicht schon so jung gestorben, wäre er von solcher Abkanzelung verschont geblieben – denn ausdrücklich schloss der Verfasser noch lebende Autoren von seiner Rückschau aus... man mag sich nur schwer vorstellen, was er zu einem Hans Magnus Enzensberger oder Gerhard Köpf gesagt hätte.

Wäre Heine nach diesem Buch schlauer? Sicher, er wüsste nunmehr, dass eine bayerisch-schwäbische Literatur mehr zu bieten hat denn »Gelbveiglein und Metzelsuppen«. Aber eine literarische Moderne, wie sie Heine im Schwabenland erkannte, sie hat auch in dieser Literaturgeschichte einen schweren Stand. Je näher sie der Gegenwartsliteratur kommt, desto einspruchsfähiger scheint sie mir auch. Aber das mag in der Natur der Sache liegen. Jedenfalls gilt, was der Verfasser in seinem abschließenden Dank formuliert: »*sorgfältige Aufmachung*«, »*schöner Druck und gute Bebilderung laden [...] zum Lesen, Betrachten und Nachdenken ein*«. (S. 293)

Letzteres insbesondere, immer wieder...

## Hinweise zur Darstellung der älteren Literaturgeschichte der Region

*von Klaus Vogelgsang*

Zunächst einmal freut es einen Altgermanisten, wenn Hans Pörnbacher von den im Titel genannten »tausend Jahren Literatur in Bayerisch Schwaben« der älteren Abteilung, lässt man diese bis ins 16. Jahrhundert reichen, immerhin gut hundert Seiten der 300-seitigen Darstellung widmet. Die dem kollektiven Gedächtnis weithin entfallenen Texte des Mittelalters und der frühen Neuzeit würden von anderen Literaturhistorikern in wenigen Sätzen abgetan, und sie würden als konturlos in Unleserlichkeit und Unverständlichkeit wabernde Vorgeschichte bewertet oder sie würden ganz ausgelassen – etwa in Ignoranz – als für alle folgenden Entwicklungen eigentlich irrelevantes Vorgeplänkel. Die Freude über das neue Buch von Pörnbacher ist deshalb groß, umso mehr, als er diese Gewichtung einem

Werk zu Grunde legt, das sich vornehmlich an den »interessierten Laien« (S. 13) richtet: Werden so doch dem Nichtfachmann, der einen Bert Brecht natürlich kennt, dem ein Christoph von Schmid noch ein Begriff ist und der sogar von einem Jacob Bidermann schon gehört zu haben meint, hier frühere Gestalten wie Heinrich von Augsburg, Margareta Ebnerin, Ulrich von Türheim oder Sebastian Wild ins Bewusstsein gerufen.

Für die Literaturwissenschaft, die mit den älteren Epochen befasst ist, hat auch ein regionaler Ansatz nicht sofort den Geruch des fragwürdig Rückwärtsgewandten: Die mittelalterliche Literatur entstand in viel konkreteren Zusammenhängen als die neuzeitliche: die Autoren hatten bestimmte Auftraggeber, kannten das Publikum ihrer Werke und den Rahmen, in dem diese rezipiert werden sollten. So ist eine an Regionalität ausgerichtete Literaturgeschichtsschreibung ein gerade in jüngster Zeit intensiv verfolgter Forschungsansatz der Altgermanistik. Auch ist dem Altgermanisten ein weiterer, nicht auf Spitzenwerke eingeengter Literaturbegriff, wie ihn Pörnbacher verfolgt, geläufig. Und sein Fach verpflichtet ihn ebenfalls nicht darauf, zu meinen, für die Produktion ernstzunehmender Literatur gehöre die Lösung aus kirchlicher Bindung einfach zum guten Ton, sei wohl sogar unabdingbar. Nein, eine Literaturgeschichte, die mittelalterliche und frühneuzeitliche Texte unter dem Gesichtspunkt der Zuordenbarkeit etwa zum Bistum Augsburg als einer historisch fassbaren Bezugsgröße gruppiert, erscheint unter dieser Fachperspektive durchaus sinnvoll – der Haupttitel »Schwäbische Literaturgeschichte« freilich dürfte außerhalb des Freistaats an ein viel größeres Gebiet denken lassen.

Im Frontispiz begrüßt den Leser eine als »Grammatica« gedeutete gotische Holzskulptur, »als mütterliche Wegweiserin zur Welt des Buches und der Literatur« (so die Bildlegende auf S. 4 oben). Das korrespondiert gut mit der väterlichen Haltung des Autors, wie auch die Ausstattung des Buches und v. a. die Gestaltung des Schutzumschlags dem Buch irgendwie die Aura eines aus dem Antiquariat gezogenen Schatzes verleiht. Pörnbacher steckt sich, wie bereits erwähnt, das Ziel, eine Literaturgeschichte für den »interessierten Laien« zu schreiben. Daran (und nicht an der Berücksichtigung des aktuellen Forschungsstandes oder der Originalität des Zugriffs oder irgendwelchen Vorstellungen von Vollständigkeit) sollte das Werk also in erster Linie gemessen werden. Denn der Autor macht tatsächlich ernst mit seinem Ansatz und wird so dem Anspruch gerecht: Er präsentiert die Texte und Autoren nicht isoliert, sondern stellt sie in den Kontext der Epoche; er ist sich nie zu schade, die nötigen Dinge anschaulich und grundlegend zu erklären. Die zahlreichen Abbildungen sind auf den Text bezogen, die Textauszüge gut ausgewählt und kommentiert, die Darstellung eher erzählerisch als argumentativ angelegt.

Kurz: Herausgekommen ist für die ältere Literaturgeschichte ein echtes Lesebuch.

# Erste Berührung – Bleibende Begegnung

Josy Meidinger. Scherenschnitte und Grafik (2001)
Hrsg. Stadt Neuburg (Donau), Bildband, 264 S. € 50,--[1]

*Besprochen von Eleonore Lorenz*

Kinderzeit: Ein Mann mit einer lächerlich kleinen Schere in den viel zu großen Händen, ein quadratisches Blatt Papier, tiefschwarz. Ringsum lauter Jahrmarkttrubel. Und dann, schnipp-schnapp, schneidet die lächerlich kleine Schere in das schwarze Papier. Einfach so. Aber schon ist eine Form zu erkennen. Erstaunlich! Das ist ja ein Kopf mit ringsum abstehenden Haaren, einer frechen Stupsnase, einem runden Kinn. Ein Gesicht also

---

[1] zu erwerben über das Tourismusbüro der Stadt Neuburg (Donau), Ottheinrichplatz A 118, 86633 Neuburg (Donau), Tel. 08431 - 55240

von der Seite. Das Wort Profil lerne ich erst später. Aber als der Mann mir den ausgeschnittenen schwarzen Kopf vorsichtig in die flache Hand legt und lachend sagt: »Na, erkennst du dich nicht? Schau nur genau hin, das bist du!«, da wird mir ganz feierlich zumute und erst allmählich kommt Verstehen in mir auf und jubelnde Freude: Das erste erlebte Scheren-schnittbild! Plötzlich finde ich die schwarzen Konterfeis in den ovalen Goldrahmen über Großmutters Kanapee nicht mehr komisch, sondern wunderschön.

Jahre später das erste Poesiealbum. Unter uns Kindern werden Scherenschnittbildchen, die es jetzt in Schreibwarengeschäften zu kaufen gibt, für fünf Pfennig den kleineren Bogen, große Mode. Da gibt es Blumenranken und Märchenfiguren, alles in schwarzer Farbe und aufzukleben auf das weiße Albumpapier. Ich bin neu begeistert und meine Liebe für den Schattenriss ist nun endgültig in mir festgeschrieben. Dann aber doch wieder ein wenig in den Hintergrund geraten, vor allem auch deshalb, weil eigene Versuche nicht befriedigen. Klar: ich habe ja nicht so eine lächerlich kleine Schere.

Viel später ein Fernseherlebnis mit bizarr bewegten Scherenschnittfiguren aus der Märchenwelt: Dornröschen, Schneewittchen, Froschkönig. Und wieder helle Begeisterung. Der Versuch, mit Kindern ein Schattentheater zu basteln und zu spielen, bringt Freude.

Die Begegnung mit den Scherenschnitten von Arthur Maximilian Miller weckt mein Interesse neu und ich besinne mich in diesem Zusammenhang auch wieder der Namen v. Schwind und v. Pocci. Die Ausstellung der Werke und Werkzeuge der

Künstlerin Josy Meidinger im Rathausfletz der schönen Donaustadt Neuburg lässt meine Vorliebe für den Scherenschnitt weiter wachsen. Und die etwas spätere Präsentation in Schloss Grünau zieht mich dann auch endgültig in ihren Bann und ich bedauere es sehr, dass ich die Künstlerin nicht mehr persönlich kennen lernen kann.

Das große Erlebnis aber bringt das Buch. So gesammelt lassen sich all die so fein und grazil als zarte Silhouetten zu Papier gebrachten Gedanken immer tiefer erahnen und mehr und mehr verstehen. Und wenn man zunächst von der unglaublichen Zartheit dieser schwarzen Bilder tief beeindruckt ist, so sehr, dass man kaum wagt, Blatt für Blatt zu wenden, so ist man doch gleichzeitig hineingenommen und fasziniert von der starken Aussagekraft jeder in sich geschlossenen Szene und Einzeldarstellung. Ob es sich um einen der wundervollen Bäume oder nur um ein einzelnes Blatt, ob es sich um eine kleine Blume, einen winzigen Vogel, ein feingliederiges Reh oder einen dicken Frosch handelt, bis ins kleinste Detail hat Josy Meidinger jedes Bild gestaltet und später sogar mit Farbe unterlegt, was die zarten, schwarzen Bilder besonders belebt.

Bis ins kleinste Detail aber auch ist das großartige Buch über das Lebenswerk der Künstlerin zu einer Kostbarkeit gestaltet, von Dr. Elmar Gernert verfasst und der Öffentlichkeit übergeben. Es ist Ausdruck der Verehrung und des Respekts für die Künstlerpersönlichkeit einer feinsinnigen Frau; aber auch nicht weniger Achtung vor der Kunst des Scherenschnitts, der feinen Silhouette. Ein Bilderbuch, das man nicht nur anschauen, sondern auch mit dem Herzen erleben muss. Ein Geschenk der Kunst an die Menschen, entstanden aus Verantwortungsbewusstsein und Traditionsverbundenheit, aber auch aus der spürbaren Freude am Gestalten. Ein wundervolles Buch. Ein Kleinod für jede Bibliothek.

*Zur Person der Autorin:*
Eleonore Lorenz (Augsburg) ist Schriftstellerin und hat 2002 beim Wißner-Verlag einen Erzählband mit dem Titel »Lady Rose« publiziert.

# Peter Dempf. Mir ist so federleicht ums Herz
Ein Mozart-Roman. Eichborn (2004), € 19,90

*Besprochen von Marion Hahn*

»*Ein Hereingebete wurde es, ein Betteln und Dienern, wie man es nur bei ihnen in Schwaben kannte. Da zierte sich die eine und wollte nicht stören. Da bat die andere und entschuldigte sich dafür, dass alles so unaufgeräumt und unsauber sei in der blitzblanken Wohnung.*«

Oktober 1777: Auf ihrem Weg von Salzburg nach Paris machen der junge Wolfgang Amadé Mozart und seine Frau Mama Zwischenstation in Augsburg, wo sie im Gasthof *Zum Weißen Lamm* absteigen und gleich am nächsten Tag der Familie des Oheims, dem geachteten Buchbinder Franz Alois Mozart, ihre Aufwartung machen. Wolfgang weilt nicht zum erstenmal in der Geburtsstadt seines Vaters, doch diesmal ist alles anders.

Der Vater Leopold und Wolfgangs Schwester Nannerl bleiben in Salzburg zurück, der Sohn muss sich diesmal selbst um die Finanzierung der Reise kümmern, bei den Honoratioren der Stadt vorsprechen, eine Akademie, also ein öffentliches Vorspielen, organisieren. Ihm, dem Hochberühmten, sind diese Bettelgänge zuwider, erwartet er doch, dass ihm alle Pforten offen stehen.

Die Augsburger zeigen sich aber wenig beeindruckt, behandeln ihn wie einen beliebigen fahrenden Musikus und von seinem Wunderkind-Bonus kann der 21-Jährige nicht mehr profitieren. Demütigungen, die ihm vonseiten des Stadtpflegersohns Langenmantel widerfahren, dem *Longotabarro*, wie er ihn spöttisch nennt, pariert er zwar mit Schlagfertigkeit, doch tatsächlich ist er tief getroffen von der schmählichen und knausrigen Behandlung durch die Stadtoberen, die er allesamt als Krämerseelen empfindet. – Kenner der (Augsburger) Kulturszene werden hier übrigens leicht Parallelen zur heutigen Kulturpolitik und deren Sparbeschlüssen herauslesen können, die dem Buch eine zusätzliche spannende Note verleihen.

Wenn der junge Mozart auch angenehme Bekanntschaften macht, allen voran die des berühmten Orgel- und Klavierbauers Johann Andreas Stein, hat er dem Vater doch wenig Erfreuliches zu berichten, und so schiebt er den schon längst fälligen Brief an ihn immer wieder auf. Diplomatisches Geschick und Geschäftssinn, die Leopold auszeichnen, gehen dem anarchischen und stolzen Sohn völlig ab, so dass nach der enttäuschenden Reise nach München, wo er vergeblich auf eine Stelle gehofft hatte, nun auch der Aufenthalt in Augsburg zu einem finanziellen Desaster zu werden droht.

Am liebsten würde Wolfgang sofort wieder abreisen, wenn da nicht seine 19-jährige Cousine Maria Anna wäre. »Gehört hatte er von ihr, hinter vorgehaltener Hand, dass sie etwas lebhaft, dass sie umgänglich sei, mehr als zuträglich. Gefragt hatte er sich immer, was das bedeuten mochte, mehr als zuträglich?« Jetzt also findet er in ihr eine Vertraute, eine Verbündete. Zum Missfallen des Oheims – die junge Maria Anna hat schließlich einen Ruf zu verlieren – durchstreifen sie Arm in Arm die Stadt, sind übermütig, zu derben Scherzen aufgelegt, machen sich lauthals lustig über den Pater von St. Ulrich und verspotten kaum verhohlen das Patriziat, das Mozarts erstes Konzert in der Geschlechterstube besucht. Äußerlich wenig anziehend – klein, pockennarbig, dickfingrig ... außerdem ein Possenreißer und Kindskopf, gelingt es Wolfgang dennoch, in Maria Anna Saiten zum Klingen zu bringen, die bald Heimlichkeiten zur Folge haben. Ein Besuch im Komödienstadel an der Barfüßerbrücke und ein abendlicher Spaziergang im Lueginsland werden zur erotischen Erfahrung. Ihm, dem Ohrenmenschen, dem alles zu Tönen, zu Musik wird, vom Rhythmus der Kutschenräder bis zur Stimme der Mutter, einem Timbre in Moll, gelingen nun Improvisationen und Variationen auf der Barfüßerorgel, dem berühmtesten Werk Steins, die zarte Berührungen der Cousine zum Thema haben. Auf der Fugger-Orgel in St. Ulrich und Afra und auf dem Stein'schen Hammerklavier werden die Akkorde schließlich zu einer Liebeserklärung an Maria Anna. In seiner Musik legt er seine Gefühle bloß, umschmeichelt und streichelt er das »Bäsle-Häsle«, entkleidet es musikalisch, – und Maria Anna versteht.

Ein zweites Konzert wird angesetzt, das zwar wieder nur zu einem mäßigen finanziellen Erfolg wird, doch die Zuhörer sind von der Intensität seines Spiels hingerissen und Mozart feiert einen persönlichen Triumph. Aber »Augsburg ist nicht die Welt« und nach zweiwöchigem Aufenthalt verlassen die Mozarts die Stadt in Richtung Wallerstein; innerlich abgeschlossen hatte Wolfgang mit ihr schon vorher.

Der Augsburger Peter Dempf hat sich nach seinen Romanen *Das Geheimnis des Hieronymus Bosch* und *Das Vermächtnis des Caravaggio*, die sich beide mit Malerei beschäftigen, der »Erweckung des größten musikalischen Wunders der Geschichte« (Klappentext) angenommen. Basierend auf den 19 erhaltenen, launigen Briefen Mozarts an seine Cousine, die gespickt sind mit Schlüpfrigkeiten, entwirft der Autor ein Szenario fiktiver und tatsächlicher Geschehnisse während der 15 Tage, die Wolfgang in Augsburg verbracht hat.

Spätestens seit Miloš Formans' Film *Amadeus* ist uns das Bild des Komponisten als Tausendsassa, Tunichtgut und Hanswurst zwar vertraut; und auch die Charakterisierung des übermächti-

gen Vaters, vor dem Wolfgang fast Furcht empfindet, gegen den er sich auflehnt und von dem er sich lösen will, ist nicht neu.
Aber wie der Erzähler das Innenleben des genialen Komponisten wie auch die Gefühle des Bäsle ergründet, ist äußerst sensibel und mitreißend geschrieben. Humorvoll schildert er die derb-zotige, spottlustige Art Wolfgangs, auf die bürgerliche Mittelmäßigkeit und Kleingeisterei, die ihm in Augsburg begegnet, zu reagieren. In Dempfs Roman sind Erotik und Musikalität eng miteinander verwoben, bestimmt Mozarts »Herzrhythmus« nicht nur seine Musik, sondern auch den Fortgang der Erzählung.

SPRACHE

# Zweierlei Füß'

Über Hochdeutsch und Dialekt (1977)

*von Martin Walser*

## 1. Referenzen

Es ist, als würde ich eingeladen, an einem Trachtenfest teilzunehmen, hundertfünfzig Kilometer von daheim. Ich werde eingeladen, weil man gehört hat, ich sei noch im Besitz einer ererbten Tracht. Wenn das stimmt, nützt es doch nicht viel, weil ich, wo ich wohne und wie ich dort eingeführt bin, das Haus nicht in der Tracht verlassen könnte. Etwa zum Bahnhof zu gehen in ihr, wäre unmöglich. Im Citroen zu fahren in der Tracht, wäre grotesk. Die einzige Möglichkeit wäre, wenn ich in Normalkleidung zu Hause wegfahren und mich unterwegs umziehen würde. Hinter einer Mühle vielleicht.

Ich kann ja nicht im Hotel in Normalkleidung ankommen und mich dann zur Teilnahme am Treffen kostümieren. Das wäre lächerlich und würde sofort beweisen, daß das ganze Treffen eine aussichtslose, nichts als künstlich bemühte Veranstaltung wäre. Aber kann ich in der Tracht im Hotel ankommen? Mit meiner Reisetasche? Unmöglich. Also bleibt nur: Ich muß das Trachten-Treffen in Normalkleidung besuchen. Egal ob ich zu Hause eine Tracht habe oder nicht, ich kann auf dem Trachten-Treffen nur von ihr erzählen. Vorführen kann ich sie nicht. Ich bin kein Dressman für Vergangenheit.

## 2. Distanzen

Wie ist es, wenn man in hochdeutscher Sprache über den Dialekt redet? Ist es so, wie wenn man mit Handschuhen einen nackten Körper betastet? Oder ist es, wie wenn man das Fernrohr umdreht, um große Dinge klein und entfernt erscheinen zu lassen? Die Mundart würde, egal worüber man in ihr spräche, alles unverschämt groß erscheinen lassen. Wenn man in ihr über sie selbst spräche, das wäre maßlos. Meine Zweifel sind in der Mundart nicht auszudrücken. Sie sind ja dadurch entstanden, daß ich mich von der Mundart entfernte. Seitdem ist alles zweifelhaft. Ich könnte auch sagen: wählbarer. Oder: abstrakter. Die Mundart ist die Sprache mit der größten Notwendigkeit. Das Bedürfnis, dem sie entspricht, ist unanzweifelbar. Deshalb ist sie konkret. Wo sie nicht mehr mitkommt, beginnt die Beliebigkeit. Die Möglichkeit. Auch die Möglichkeit der Emanzipation. Die Möglichkeit der Vorstellung der Freiheit.

Ich hoffe, daß ich irgend etwas bekommen habe für die Vertreibung aus dem Paradies, in dem alle Wörter stimmten. Ich bin nicht sicher, ob ich etwas bekommen habe. Außer Zweifel. Ich weiß immer noch nicht, ob es sich lohnte. Ich habe die Emanzipation nicht gewählt.

In der Mundart zu bleiben, das hätte in meiner Generation und Lage bedeutet, auf den Hof zurückzugehen, den die Eltern schon verlassen hatten. Man kann den Dialekt nicht bewahren, wenn man die Gesellschaft, die ihn entstehen ließ, zerstört. Das Alemannische hat in meiner Gegend keine Gesellschaft mehr, nur noch Refugien. Selbst Baden, seine letzte deutsche politische Fassung, ist seit mehr als zwanzig Jahren dabei, von Stuttgart aufgetrocknet zu werden; das seinerseits aufgetrocknet wird von einer Export-Import-Mentalität, deren reales Heil und Selbstbewußtsein von dem Grad internationaler Konkurrenzfähigkeit bestimmt wird. Kapitalismus, das heißt Ausbeutung der Ressourcen bis zum letzten, das heißt bis zu ihrer Erschöpfung.

In diesen Jahren ist man daran, die Provinz zu vermarkten. Provinz und Dialekt. Der *Spiegel,* zum Beispiel, der, in einer lächerlichen Gleichsetzung von *Franz Josef Strauß* und *bayrisch*, jahrelang das Bayrische als eine unablegbare Rückständigkeits- und Dümmlichkeitstracht behandelte, läßt jetzt eine Dialekt-Story schreiben. Ein Trend soll ausgedrückt und dadurch verstärkt werden.

*Man* ist in diesem Jahr *für* den Dialekt. Das ist ganz genau dasselbe, wie wenn *man dagegen* wäre. Es gibt Themen, die in den Medien wirklich erscheinen können. Der Dialekt ist kein solches Thema. Er kann in den Medien nur vermarktet werden, solange die Medien im Dienst einer Ideologie stehen, in der der höchste Aggregatzustand der Materie die Ware ist. Jetzt ist gerade der Dialekt als Ware dran. Nach welchen Wechselgesetzen das so ist, was da was hervorruft, erzeugt und wieder zum Verschwinden bringt, scheint mir nicht durchschauenswert zu sein. Das ist ein Gesetz von der Art dessen, nach dem die Rocklängen wechseln.

Eine Gesellschaft, die unter dem Zwang zum möglichst raschen Kapitalumschlag steht, steht unterm Zwang zur hemmungslosen Innovation, und Innovation ist der Schwamm, der den Dialekt am gründlichsten auftrocknet. Nichts ist dem Dialekt schädlicher, als Ware zu sein in einer immer monopolistischer, also zentralistischer operierenden Gesellschaft. Die Chancen von Dialekten zeigen an die Chancen föderalistischen Denkens; die Chancen föderalistischen Denkens sind der Gradmesser für die Chancen der Demokratie. Demnach hat Demokratie bei uns zur Zeit einen hohen Wert auf dem Meinungsmarkt und einen geringeren Wert in der alltäglichen Praxis. Das heißt, Demokratie und Dialekt werden zur Zeit als Ideologie gepflegt und in Wirklichkeit abgebaut. Ich sage nicht, sie werden als Ideologie gehätschelt, *um* real abgebaut werden zu können. So einfach ist es nicht. Es ist vermutenswerter, daß der Abbau von Demokratie und Dialekt eine fast unwillkürliche Folge des Prozesses ist, dem wir die höchste Wichtigkeit eingeräumt haben: des auf kapitalistischer Grundlage betriebenen Wirtschaftsprozesses, der prinzipiell oder einfach von selbst zentralistisch-monopolistisch tendiert.

Monopol ... das macht nicht Halt bei Benzin, Auto, Stahl und Kunststoff. Das greift spürbar um sich im Presse- und Verlagswesen. Das ergreift das Denken, moduliert das Bewußtsein, also die Sprache. *Freiheitlich-demokratische Grundordnung,* zum Beispiel, aus dieser fast ehrwürdigsten Errungenschaft unserer Geschichte ist eine ideologische Verfolgungsformel geworden, die groteskerweise vor allem in den Kultusministerien angewendet wird. In Kultusministerien, die einst föderalistisch gedacht waren. Die jetzt aber sofort zur Verfügung stehen, wenn es gilt, die in der Ideologie-Zentrale ersonnene militante und inhaltlich total negative »Solidarität der Demokraten« zu praktizieren. Das ist nichts als eine ideologische Formel zur Verfolgung Andersdenkender. Das heißt: Demokratie, Föderalismus, Dialekt ... das sind jetzt Masken und Trachten der Biederkeit zur Durchsetzung von Herrschaftsinteressen. Wer den letzten baden-württembergischen Wahlkampf verfolgt hat und gesehen hat, wie ein Filbinger in der Biedermannsmaske die Diffamierungsformel *Freiheit* ODER *Sozialismus* durchsetzte, um wieder jene Macht zu bekommen, die dann der Löwenthalfreund Hahn als *unser* Kultusminister gegen das Grundgesetz praktizieren kann, der muß endgültig mißtrauisch werden gegen alles Volkstümliche, wenn es von Herrschaften gebraucht wird.

Ich frage mich, ob ich je etwas Obszöneres erlebt habe als das: den Betrug des Volkes in der Maske des Volkstümlichen. Und dieser schamlose Betrug wurde verübt vor unser aller Augen mit der Formel *Freiheit* ODER *Sozialismus*. Betrug, weil die Filbinger-Leute genau wissen, daß der Sozialdemokratische Sozialismus genau *die* Gefahr nicht enthält, mit der hier gewirtschaftet wird. Schamlos: weil von den Herren, die das wagen, einige einmal Handlanger der Unfreiheit waren, während Sozialdemokraten im KZ saßen.

So etwas geschehen, einen solchen Betrug sich auswirken lassen wie eine Wahrheit, heißt, sich an einem Attentat auf unsere Geschichte, ja auf unsere Geschichts*fähigkeit* beteiligen. Es sei denn, man spiele den Anspruch an den Ernst einer Wahlkampfformel auf die Ebene der Zigarettenreklame herab. Womit unsere Demokratie einfach erledigt wäre.

3. Potenzen

Ich habe die Ohren voll von früher. Die Riesenklänge hängen in mir hörbar herum. Ich kann sie aber nicht herausbringen. Es fehlt mir an Gesellschaft dazu. Die Generation und Umgebung meiner Mutter, das ist der natürliche Ort meines Dialekts. Ein reines Totenreich also. Eine vergangene Zeit in Form einer Sprache. Eine Sprache, für die es weniger Anwendungsmöglichkeit gibt als für das Lateinisch!

Mein Dialekt wird unter Verschluß gehalten. Ich spreche natür-

lich nicht hochdeutsch zu Hause, im Alltag. Aber dieser alltägliche Landläufigkeitsmischmasch ist von meinem Dialekt fast so weit weg wie vom Hochdeutschen. Ich kann die volle Intonation der alten Sprache nicht mehr wagen. Sie klingt zu groß, zu voll, zu hörenswert. Ich würde mich genieren, andauernd so ausdrucksvoll zu sprechen. Das hat der Dialekt also doch mit der Tracht gemein. Ich wäre mir zu sehr dieser Ausdrucksfülle bewußt. Und ich habe keinen Partner mehr dafür. Ein Trachtenträger unter lauter Knagge- und Peitz-Bekleideten ist lächerlich. Also ist mein Dialekt eine Sprache, an die ich nur noch denke.
Ich kann stundenlang sitzen und alle Genauigkeitsgewohnheiten bewundern, die in diesem Alemannischen zu Hause sind. Ich kann mich freuen an der systematischen Empfindlichkeit dieser Sprache gegenüber verschiedenen Realitätsgraden innerhalb eines Zusammenhangs. Gegen die Konjunktiv-Filigrane des Alemannischen kommt das Hochdeutsche ein bißchen straßenwalzig daher. Wenn ich mich nicht täusche, sind auch andere deutsche Dialekte nicht so empfindlich wie das Alemannische, wenn es darum geht, die Abhängigkeit der Nebensätze vom Hauptsatz durch eine Verminderung des Realitätsgrades auszudrücken. Jeder Alemanne zuckt zusammen, wenn er auswärts hört: Er hat uns gefragt, ob wir kommen. Wir wollen hören: *Er hot is g'frogat, ob mir kumme deien* oder *kämen*. Im Hochdeutschen ist das der Klang, der für den Irrealis reserviert ist. Das Alemannische hat für einen Irrealis ein weitertreibendes »t« bereit. Hochdeutsch: Wenn ihr wolltet, kämen wir. Dialekt: *Wenn ihr wedden, kamten mir.* Wie dieses »kämten« die Abhängigkeit von einer Unwirklichkeit durch eine Unwirklichkeit ausdrückt, empfinde ich als eine Art doppelten Rückwärts-Salto. In der ersten Person Einzahl ist dieses Irrealis schon am Sterben. *Wenn du gingsch, gingt i au*: wenn ich das noch hören will, muß ich schon zu meinen ältesten Verwandten fahren. Ich finde es erstaunlich, daß dieser Dialekt einen solchen exzessiven Gebrauch von einer Form der ersten Vergangenheit macht, weil er doch diese Vergangenheitsform, da wo sie hingehört, mit geradezu angstvoller Empfindlichkeit meidet und für alles das umständliche Perfekt braucht. Könnte es sein, daß wir uns das Imperfekt für den Normalgebrauch verbieten, weil wir es

ganz und gar für unsere Konjunktiv-Filigrane haben wollen? Es gibt den Dialekt nicht nur als geheimen und scharfen Anspruch an die Hochdeutsch-Grammatik, sondern auch als eigenen Sprach- beziehungsweise Gedächtnis-Frequenzbereich. Da hängen die ursprünglichen Wörter und Sätze in ihrem Schwingkreis von damals. Da gibt es keine Interferenz. Natürlich sterben auch da andauernd Wörter und Sätze. Aber der Vorrat ist fast noch homerisch. Troja und Belagerer: das ist hier ein Dorf, das mehr Höfe und Häuser namhaft machen kann als die Achaier Völker. Und diese Höfe und Häuser sind so charakterreich wie die Helden aus Argos, Lemnos, Lesbos, Kreta, Sparta und so weiter. Und die Gegenstände und Gewohnheiten dieser Sprachhöfe und ihrer Bewohner, ihr Leben und Sterben ist sagenhaft. Aber sie existieren in einer Sprache, die Vergangenheit ist wie sie selbst. Sie sind aus dieser Sprache, wie der Baum aus Holz ist. Mir jedenfalls scheinen sie mit allen ihren Lustig- und Traurigkeiten, mit ihrem Achselzucken und Faustmachen, mit ihren schweren und leichten Schritten, mit ihren Stadeltüren, Dengelstöcken, ihren Vieh-, Flur- und Hausnamen (beziehungsweise *nämen)* immer noch unablösbar zu sein von der Sprache, in der sie existierten. Und diese Sprache ist so verloren wie Böhmen und Schlesien. Das heißt: jeden Tag ein bißchen mehr.

Ich, ein höchst hinfälliger Aufenthaltsort dieser aus Gedächtnisfrequenz bestehenden Damals-Welt, verlustiere mich immer öfter damit, daß ich mich bequem setze und die alten Frequenzen aufreize und sie mir durch den Kopf schwingen lasse. Was entsteht, ist: eine schlingernde, keinen Augenblick gleichbleibende, empfindliche Körpergeisterwelt *vor* dem hochdeutschen Sündenfall. Lauter Dialektfiguren. Auch die Hereingeschmeckten, Eingeheirateten, Versprengten, Hergespülten tragen in der Lautwelt dieses Dorfs ihre Dialekte wie Hausfarben, Wappen und Standarten. Dieses Dorf ist eine einzige Lautlandschaft, die zu nichts taugt als zur Phänomenalisierung der Wirkung der Zeit.

Nicht wiederzufindende, gänzlich verlorene, zukunftslose Zeit. Jeder Laut dieses Sprachendorfs weist auf seinen langen Herweg zurück und, in mir, auf sein baldiges Ende voraus. Er kann so wenig überleben wie der Hof mit zehn Tier- und fünfzehn

Apfelsorten. Also gut, in Ermangelung von Königs- oder Kaufmannsgeschlechtern demonstriert das Dorf die hinreißende Zeit am Versiegen, Vertrocknen, Versterben der Wörter, der Höfe, der Wörterhöfe und Hofwörter. Warum auch nicht. Nein, das Dorf demonstriert nicht und nichts. Es geht lautlos unter. Nicht nur in meinem Kopf, sondern in vielen Köpfen gleichzeitig. Ein Dialekt braucht Gesellschaft, eine Gesellschaft Staat, sonst ist es aus. Das Alemannische in Österreich und Deutschland hat nicht mehr Chancen als irgendeine Tracht. Es ist ein Pflegefall. Also pflegen wir es wenigstens. Wenn ich irgendwo hinkomme, wo das Alemannische noch lebt, komme ich mir vor wie der Amputierte auf dem Tanzboden. Ich bleibe sitzen mit meinen zweierlei Füß', beneide die Tanzenden und wünsche *Viel Vergnügen!*

Nachdruck aus: Martin Walser: Heilige Brocken. Aufsätze – Prosa – Gedichte, Drumlin-Verlag, 1986, S. 28-35.

# Der schwierige Stand des Schwäbisch-Alemannischen in Bayern

## Dringend gefragt: Mehr Selbstbewusstsein
*von Manfred Renn*

### Emanzipiert sich der Süden?

Seit langem herrscht im Süden des deutschen Sprachraumes ein starkes Unbehagen gegenüber der einseitig norddeutschen Ausrichtung der deutschen Hochsprache. Sowohl die von Siebs und Nachfolgern festgelegten Aussprachenormen als auch die von den bekannten Wörterbuchredaktionen akzeptierte Lexik-Auswahl waren immer tendenziell nordlastig. Dies hat im Laufe der Zeit, vor allem in Bayern, eine breite Bewegung von Vereinen und Einzelpersonen aktiviert, die sich als Förderer und Verteidiger der heimischen Sprachkultur sehen und sich im Kampf gegen eine sprachliche »Überfremdung« aus dem Norden, gegen eine »Verpreußung« engagieren. Sie können mit einer großen Zustimmung bei der Bevölkerung rechnen.

In den letzten Jahren gibt es auch von sprachwissenschaftlicher Seite Bemühungen, dieses regionale Ungleichgewicht in der Standardsprache auszugleichen.[1] Man kann sich daher berechtigt Hoffnungen machen, dass diese Bemühungen langfristig Erfolge zeitigen werden. Hilfreich könnten dabei auch die zunehmende wirtschaftliche Prosperität und damit einhergehend das gestiegene politische Gewicht des Südens sein, stärken sie doch nicht unerheblich das allgemeine Selbstbewusstsein der Süddeutschen. Das einstige Unterlegenheitsgefühl ist bereits weitgehend überwunden oder hat sich gar schon ins Gegenteil verkehrt, letzteres vor allem in Bayern, wo sich inzwischen eine ostentative »*mia-san-mia*-Haltung« breit gemacht hat, die mitunter auf andere befremdlich wirkt.

Im Hinblick auf die Sprache kommt es jetzt darauf an, dass die Süddeutschen ihr neu gewonnenes Selbstbewusstsein auch in diesem Punkt umsetzen, indem sie beispielsweise die ihnen vertrauten Varianten der Hochsprache in Lautung, Wortschatz und Satzbau auch selbstbewusst gebrauchen. Das könnte beispielsweise dazu führen, dass die in Süddeutschland übliche stimmlose Realisierung von *s* in allen Positionen oder die *g*-Aussprache in der Endung *-ig* (z. B. in Wörtern wie *König*, *wenig*) als standarddeutsche Varianten akzeptiert würden; ebenso könnte die Dativ-Rektion der Präpositionen *wegen*, *während* und *statt* schon sehr bald als gleichwertig mit der Genitiv-Konstruktion eingestuft werden, wie heute schon in der Schweiz und teilweise in Österreich, wo die Eigenstaatlichkeit schon seit langem regelhafte Abweichungen vom (bisher) nördlich geprägten Standarddeutschen ermöglicht hat.

Es ist aber fraglich, ob in einer Zeit, in der weitreichende Kommunikation, vernetzte Information und die Globalisierung aller Aktivitäten so bestimmend geworden sind, eine gegenüber den

---

[1] Siehe dazu unter anderem: Werner König: Phonetisch-phonologische Regionalismen in der deutschen Standardsprache. Konsequenzen für den Unterricht 'Deutsch als Fremdsprache'? – In: Gerhard Stickel (Hg.): Varietäten des Deutschen. Regional- und Umgangssprache. Berlin. S. 246-270.

vielen regionalen Varianten tolerantere Hochsprache allein schon genügt, um die Menschen in ihrem Bedürfnis nach Vertrautheit, nach Verbundenheit mit ihrem Raum, nach unverwechselbarer Eigenart, nach Identität zufrieden zu stellen. Viele Menschen, vor allem im Süden des deutschen Sprachgebietes, werden wohl auch in Zukunft in ihrer engeren Umgebung den Dialekt oder eine dialektnahe Umgangssprache als Kommunikationsmedium bevorzugen und werden sich nur darin wohl fühlen. Die Pflege und Hochschätzung der bodenständigen Mundarten wird also auch weiterhin eine gesellschaftliche Aufgabe sein.

Wie aber ist es derzeit um die Dialekte bestellt; welche Zukunftsperspektiven haben sie? Diese Frage stellt sich speziell bei uns im bayerischen Schwaben.

## Bayern und bairisch – eine unheilvolle Gleichsetzung

Zu Beginn des 19. Jahrhunderts hat das alte »Baiern« durch eine massive Einverleibung fremdstämmiger Territorien sein Staatsgebiet schlagartig verdoppelt. Dennoch hat sich dieses neue, zum Königreich aufgestiegene Staatsgebilde in der Folgezeit nie konsequent als das begriffen, was es ab diesem Zeitpunkt in Wirklichkeit war, nämlich eine Zusammenfügung von kulturell und sprachlich äußerst unterschiedlichen Gebieten mit je einer eigenen Geschichte und eigenen Traditionen; es hat sich vielmehr immer primär als ein stark vergrößertes Altbayern verstanden, in dem weiterhin alle Fäden in der alten Residenzstadt München zusammenliefen. Und so manifestierte sich dieses Staatsgebilde auch immer nach außen, was besonders in der Weiterführung des alten Namens deutlich wird; der Wechsel in der Schreibung von -ai- zu -ay- war bekanntlich nur von der Hellenenbegeisterung des Monarchen motiviert und ist erst nachträglich zur Differenzierung der Bedeutung eingesetzt worden.[1] Subsidiarität und Föderalismus wurden und werden zwar als hehre Prinzipien von München aus regelmäßig beschworen und werden heutzutage gegenüber Berlin und Brüs-

---

[1] »bairisch« bezieht sich auf den Stamm und auf die Sprache, »bay(e)risch« ist hingegen auf das heutige Staatswesen bezogen.

sel auch mit Vehemenz eingefordert, ihre Umsetzung im Inneren ist jedoch nie sehr weit vorangekommen.

Diese zentralistische Struktur findet sich auch in wichtigen staatsnahen Institutionen, etwa bei den öffentlich-rechtlichen Medien, die ganz stark nach München und damit nach Altbayern ausgerichtet sind. Man denkt dort zwar über weitere Programmangebote nach, für ein selbständiges Studio in Schwaben reicht das Geld aber nicht.[1] In unregelmäßigen Abständen nimmt sich der (Gesamt-)Bayerische Rundfunk des Themas der aussterbenden Dialekte an, wobei er aber entsprechende freistaatsweit ausgestrahlte Sendungen etwa folgendermaßen betitelt: »Stirbt das Bayrische aus?« oder »Habe de Ehre – Bayrisch!« Welche (nicht hörbare) Schreibweise da auch immer gedacht ist, diskriminierend sind solche Titel für die nichtbairischen Bayern allemal.[2] Denn es führt nun einmal kein Weg an der Tatsache vorbei, dass etwa die Hälfte der Einheimischen in Bayern von diesen Sendungen eigentlich gar nicht angesprochen ist. Es ist andererseits aber auch sicher nicht zu erwarten, dass die Programmgestalter im BR je auf die Idee kommen könnten, sich in einer ausführlichen landesweiten Sendung einmal ausnahmsweise mit dem Zustand des Fränkischen oder des Schwäbischen zu beschäftigen. In den Medien im Freistaat, und zwar nicht nur beim BR, genießt das Bairische in allen seinen Ebenen, vom echten Dialekt bis zur dialektal gefärbten Münchner Umgangssprache, eine absolut privilegierte Stellung, wohingegen die anderen in Bayern bodenständigen Dialekte und Regionalsprachen entweder ignoriert oder stillschweigend unter »bayrisch« subsumiert werden. So betitelt der BR seine Gute-Nacht-Geschichten für Kinder bezeichnenderweise *Bett-*

---

[1] Man vergleiche, dass der ORF in allen österreichischen Bundesländern, die teilweise wesentlich kleiner als Schwaben sind, voll ausgebaute Landesstudios unterhält, aus denen an Werktagen auch regionale Fernsehprogramme von 30 Minuten ausgestrahlt werden.

[2] Siehe dazu: Stefan Kleiner: Was haben Sapir-Whorf, feministische Linguistik und »bay(e)risch« vs. »bairisch« miteinander zu tun? [Vortrag anlässlich der bayerisch-österreichischen Dialektologentagung im September 2004 in Wildbad Kreuth. Erscheint im entsprechenden Tagungsband]

*hupferl*, und lange Zeit präsentierte er diese auch noch alternativ in hochdeutsch oder bairisch, niemals jedoch in einer anderen in Bayern beheimateten Regionalsprache. Auf diese Weise muss ein Kind in Aschaffenburg, Coburg oder Lindau ja zu der Überzeugung gelangen, dass es zwei öffentlich akzeptierte Sprachformen gebe, nämlich Bairisch und Hochdeutsch, dass aber die Sprache seiner Eltern nicht medienwürdig und damit irgendwie minderwertig sei.

In der Kultur- und Medienmetropole München blüht die Produktion von Filmen und Fernsehserien mit lokalem oder regionalem Bezug. Es würde den hier gesetzten Rahmen deutlich sprengen, wollte man alle erfolgreichen Produkte dieser Art aus den letzten Jahrzehnten aufzählen, angefangen bei den liebenswerten Verfilmungen von G. Lohmeiers »Königlich Bayerischem Amtsgericht« über die vielen für den Massenkonsum bestimmten Krimi- und Fernsehserien (»Isar 12«, »Polizeiinspektion 1«, »Der Bulle von Tölz«, »Die Rosenheim Cops«; »Kir Royal«, »Monaco Franze«, »Ein Bayer auf Rügen«) bis zur seriösen Familiensaga »Die Löwengrube«. Dem steht buchstäblich nichts aus Schwaben gegenüber. Wenn tatsächlich einmal eine Serie in Augsburg oder in den Allgäuer Bergen spielt, dann wird darin entweder hochdeutsch oder ebenfalls bairisch gesprochen. Denn in diesem Münchner Medien-Umfeld hat sich eine ganze Gemeinde von Schauspielern konzentriert, die sich mit ihrer volksnahen bairischen oder bairisch gefärbten Sprache in die Herzen der Zuschauer spielen konnten. Nicht von ungefähr verbinden Außenstehende mit dem »liebenswerten« Bayern auch immer das Bairische münchnerischer Prägung.

Das Bairische mit allen seinen Ebenen ist heute mit Sicherheit die am häufigsten in den Medien des deutschen Sprachraums vernehmbare regional geprägte Sprache, was ihm in der Folge auch ein ungewöhnlich hohes Prestige beschert hat. So ist es auch nicht verwunderlich, wenn sich auf der Skala der Beliebtheit der deutschen Dialekte »das Bayerische« innerhalb der letzten Jahrzehnte mit deutlichem Abstand an die Spitze setzen konnte, was durch eine Allensbach-Umfrage eindrucksvoll bestätigt wurde.[1]

## Und wo bleibt das Schwäbische?

Die dominierende Stellung des Bairischen, ob als Dialekt oder als bairisch geprägte Hochsprache, übt auch in den nichtbairischen Landesteilen eine stark sprachnormierende Wirkung aus. Dies betrifft natürlich besonders den Wortschatz; so wird beispielsweise der medienübliche *Fasching* inzwischen überall in Bayern als standarddeutsch empfunden, während das grunddialektal mit Abstand am weitesten verbreitete Wort *Fas(e)nacht* ohne Grund ganz in die Ebene der Dialekte abgedrängt wurde. Betroffen ist auch die Wortbildung. Das Element *-s* in der 2. Person Plural (z. B. *habt's ihr? geht's ihr?*) hat inzwischen schon die Gestade des »Schwäbischen Meeres« voll erreicht, um Augsburg halten es die meisten Dialektsprecher bereits für bodenständig. Als besonders expansiv erweisen sich beispielsweise auch die bairischen Diminutivendungen *-erl* und *-l* und die schwache Flexionsendung auf *-n* bei weiblichen Substantiven wie »Wiese« oder »Stube«. Dies ist kein Wunder, wenn man etwa zur Oktoberfestzeit in den Medien von der Früh bis auf die Nacht zum Gang auf *d' Wies'n* animiert wird oder wenn im BR allabendlich Volksmusik unter dem Titel *Åm Åmd in da Stubn* geboten wird, selbst dann, wenn schwerpunktmäßig Lieder aus dem Allgäu die Sendung füllen dürfen. Mit den Wörtern bzw. Wortformen werden so auch bairische Lautungen nach Westen exportiert, wie *a* statt *ä* beim Sekundärumlaut (*Radl, Wadl, Markl, Bandl, Standl, Fassl, Haferl, Packerl*).

Weitgehend verbaiert scheint inzwischen auch das sogenannte Volkstheater in Bayerisch-Schwaben. Vielerorts, wo geprobt wird, quälen sich die Laiendarsteller mit der schier unlösbaren Aufgabe herum, den oberbayerischen Dialekt, in dem offensichtlich diese Stücke überwiegend geschrieben sind, bis zu den Aufführungen einigermaßen in den Griff (sprich: in den Mund) zu kriegen. Und an dieser Praxis ist nicht zu rütteln, wie ein begeisterter Schauspieler aus einer südwestlichen Augsburger

---

[1] Laut »Augsburger Allgemeine« vom 5. 12. 1998.

Vorstadt erklärte, denn »die Leute wollen das so«. Die jahrzehntelang über TV betriebene Massenerheiterung aus Volksbühnen, vom »Komödienstadel« bis zum »Chiemgauer Volkstheater«, hat hier offensichtlich einen weit über Altbayern hinaus verbindlichen Standard für eine Art »Volksbühnen-Sprache« vorgelegt. Die klischeehaft derben Handlungen wollen die Zuschauer inzwischen offensichtlich in der dazu passenden Sprache geboten bekommen.

Eine wahre Fundgrube für importierte Bajuwarismen bietet die Gastronomie. Als sich erklärte Kämpfer für eine bayerische Hochsprache darüber beschwerten, dass die flachgedrückten Hackfleischbrätlinge von Berliner oder Brüsseler Bürokraten nur als *Buletten* oder *Frikadellen* geführt würden, stimmten sogar bayerische Parlamentarier in das Klagegeschrei ein und forderten *Fleischpflanzerln* als offizielle Schreibform. Was Schwaben betrifft können sich diese »Volksvertreter« beruhigen, denn hierzulande tauchen *Buletten* oder *Frikadellen* auf Speisekarten höchst selten auf; umso mehr gibt es Veranlassung, sich darüber zu ärgern, dass einem diese Speise schon fast überall in Schwaben nach altbayerischem Vorbild als *Fleischpflanzerl* angeboten wird. Die einheimische Bezeichnung *Fleischküchle* halten nur noch wenige schwäbische Gastronomen für salonfähig bzw. speisekartenwürdig. Ganz ähnlich verhält es sich mit einer großen Anzahl von Gerichten und Getränken, die sich, so scheinen die Gastwirte ganz offensichtlich zu vermuten, im bairischen Gewande besser verkaufen lassen: *O'batzter*, *Ripperl*, *Hax'n*, *Hendl*, *Würstl*, *Lüngerl*, *Schwammerl*, *Radi*, *Bratling*, *Jagatee*. Man scheut sich auch nicht, die Gerichte aus der lokalen Küche unter der in sich widersprüchlichen Kombination *Allgäuer Schmankerln* zusammenzufassen. Auch bezüglich der Trinkgefäße zeigt man sich höherwertig eingeschätzten Regionalformen gegenüber durchaus anpassungsfähig. In den letzten Jahren haben sich besonders die bairischen *Haferl* (für Kaffee) und *Stamperl* (für Schnaps) als Importschlager in Schwaben erwiesen. Aber auch *Glasl* und *Glaserl* haben sich bereits einen Platz im Wortschatz schwäbischer Gaststätten erobert.

Ein besonders seltsames Dialektbewusstsein muss man der um

folkloristischen Touch bemühten Volksfest-Gastronomie mit der dazugehörigen Unterhaltungsmaschinerie bescheinigen. Von den wahrhaft (un)originellen Benennungen der angebotenen *Schmankerl'n* einmal abgesehen, ist es schon erstaunlich, zu welchen Sprachverrenkungen sich Musiker und Unterhaltungskünstler aus dem Schwäbischen hinreißen lassen, um dem ebenfalls schwäbischen Publikum im Bierzelt ein Gefühl von echter bayrischer Gemütlichkeit zu vermitteln. Schon längst ist das *oans, zwoa, drei – g'suffa* auch überall im Schwäbischen das ritualisierte Kommando zum gemeinschaftlichen Trinkerlebnis. Während in ganz Schwaben die Gastronomie jetzt die *Stüble* in *Stüberl* umbenennt und das besonders Heimelige an der bairischen *Stub'n* entdeckt hat, ist man im alpinen Allgäu außerdem dabei, einen besonders erfolgreichen bairischen Exportschlager sprachlich zu integrieren: die Assimilationsform *Alm*, die der bodenständigen *Alp(e)* kaum mehr eine Chance lässt. Dieser Sprachimport wird jetzt häufig auch in den Tälern verwendet, etwa wenn ein Geschäft für Kleidung im alpinen Look als *Trachten-Alm* firmiert oder wenn Sennereien ihr bisheriges Verkaufs-*Lädele* zur *Kas-Alm* aufwerten.

*Fazit*

Die Beispiele für das Vordringen bairischer Sprachformen ließen sich beliebig ergänzen und auf weitere Vorkommensbereiche ausdehnen. Der Befund bliebe in der Tendenz gleich: das Bairische in all seinen Ausprägungen und Ebenen ist auf dem Vormarsch; die schwäbisch-alemannischen Randgebiete Bayerns verlieren zunehmend an regionalsprachlicher Eigenheit und damit ein wichtiges Stück ihrer Identität.

Manche mögen die sprachliche Normierung auf Landesebene und den damit verbundenen Identitätsverlust unserer Randregion für einen normalen Vorgang halten und als Ausdruck dafür werten, dass diese Gebietsteile voll in das Land Bayern integriert sind. Man mag darin auch ein Indiz dafür sehen, wie zufrieden die Bewohner Schwabens mit der ihnen vom Geschichtsverlauf bestimmten Zuordnung nach Bayern sind.

Ich für meinen Teil habe mich jedoch – obwohl auch ich mich als loyaler Bürger im Freistaat Bayern sehe – noch nicht damit abgefunden, dass meine Allgäuer Heimat Stück für Stück auch noch ihre sprachliche und kulturelle Eigenart aufgibt, um sich zunehmend als westliches Anhängsel des oberbayerischen Alpenrandes zu präsentieren.

Ich bin mir aber voll bewusst, dass es, um den Trend zur Verbaierung in Schwaben zu beenden und umzudrehen, eines wesentlich stärkeren Selbstbewusstseins bei den Schwaben und Alemannen in Bayern bedürfte; und es täte ihnen ein schärferes Dialektbewusstsein Not, das ihnen zu unterscheiden erlaubt zwischen Dialekt als Ausdruck einer echten sprachlichen Verwurzelung im eigenen Raum einerseits und einer uniformen, folkloristischen Mundart-Imitation andererseits.

Zugegeben, sehr viel Grund für Optimismus sehe ich momentan nicht.

# Das Forschungsprojekt: Wörterbuch von Bayerisch-Schwaben

*von Brigitte Schwarz*

## Mundartforschung in Bayerisch-Schwaben

Wie jeder andere Dialekt hat auch der Dialekt in Bayerisch-Schwaben schon immer seine Sprecher beschäftigt. Viele interessierte Laien erstellten umfangreiche Wortlisten, hielten Bräuche und Gebräuche fest oder beschäftigten sich mit spezifischen Arbeitsvorgängen und Handwerken. Viele Heimatdichter drückten ihr Lebensgefühl in der Sprache aus, mit der sie aufgewachsen waren, die ihnen nahe stand.

Auch Sprachwissenschaftler fanden Gefallen an unserer Mundart. Zum Gegenstand ihrer Forschung machten z. B. Anton Birlinger (für Gesamtschwaben) oder Anton Gruber (für das Westallgäu) die Mundart.

Seit zwei Jahrzehnten steht Prof. Dr. Werner König einem großen Forschungsprojekt voran, das zum Ziel hat, die Sprache von Bayerisch-Schwaben umfassend zu erforschen und dessen

Ergebnisse in Sprachkarten vorzulegen. Der dreizehn Bände umfassende »Sprachatlas von Bayerisch-Schwaben« liegt nun fast vollständig vor. Die letzten beiden Bände stehen kurz vor ihrer Publikation. Wie bestimmte lautliche oder grammatische Phänomene sich über das Untersuchungsgebiet verteilen, welches Wort in welcher Gegend gesprochen wird, all das kann man im Sprachatlas von Bayerisch-Schwaben finden. Berücksichtigt wurde die bäuerliche Alltagssprache.

Jedoch sind hier nur sprachliche Dinge aufgenommen worden, die eine räumliche Verteilung aufweisen. Lautungen, grammatikalische Erscheinungen oder Wörter, die nur in einem Gebiet anzutreffen sind oder die nicht als allgemeines Sprachgut der Mehrheit der Sprecher bekannt waren/sind, fanden keine Berücksichtigung im Sprachatlas.

Hier soll das Wörterbuch von Bayerisch-Schwaben ansetzen. Nicht wo ein Wort gesprochen wird, steht hier im Mittelpunkt des Interesses, sondern vor allem welche Bedeutungen und Bedeutungsnuancen es besitzt.

## Notwendigkeit eines neuen Wörterbuches für unsere Region

### *Unzulänglichkeit bereits bestehender Wörterbücher*

In Hermann Fischers *»Schwäbisches Wörterbuch«* liegt uns bereits ein sieben Bände umfassendes, grundlegendes Werk zur schwäbischen Sprache vor. Es entstand in Tübingen und beinhaltet den gesamtschwäbischen Wortschatz. Seine Forschungsgrenze im Osten sieht Fischer am Lech und an der Wörnitz. Somit würde er die Region Bayerisch-Schwaben mitberücksichtigen.

Immer wieder musste jedoch festgestellt werden, dass Dialektwörter aus unserem Raum gar nicht oder nur unzureichend darin erfasst sind. Wörter wie *ronkat ond bonkat* (rundlich und dick), *härtenfest* (geradewegs), *Irenbleiche* (Pottasche), *Klaute* (pej. Hände; Fänge), *heimgrünen* (als Grünfutter nach Hause bringen und verfüttern) sucht man darin vergeblich.

Fischer hat zwar das Allgäu stark berücksichtigt, weil er hier auf das umfangreiche Werk von Karl Reiser »*Sagen, Gebräuche, Sprichwörter des Allgäus*« zurückgreifen konnte. Im mittelschwäbischen und nordschwäbischen Raum jedoch stellt man fest, dass Fischers Belegdichte umso dünner wird, je weiter man von der Iller weg in Richtung Osten vorankommt.
Anton Birlingers »*Schwäbisch-Augsburgisches Wörterbuch*« aus dem Jahre 1864 legt zwar dem Titel nach genau unsere Region zu Grunde, berücksichtigt aber in Wirklichkeit auch »Oberschwaben«, wie Birlinger es nennt, ein größeres Gebiet um Ravensburg. Da Birlinger stark historisch ausgerichtet ist und da oft auch grundlegende Angaben zu einem Stichwort fehlen, kann sein Wörterbuch eher selten Auskunft über ein Dialektwort aus unserer Region geben.
Mit dem Wörterbuch von Bayerisch-Schwaben soll eine Lücke geschlossen werden, die durch die Randlage der Region hervorgerufen wird. Zum einen gehört sie, was den Dialekt anbelangt, zum Schwäbischen. Zum anderen verweisen zahlreiche Dialektmerkmale auf die Nähe des Bairischen. Die Württemberger Schwaben meinen: »*Ihr schwätzat doch Boirisch*!«; aus dem Osten, dem Bayerischen, klingt es herüber: »*Es Schwom Daifi!*« (Ihr Schwaben Teufel!), womit eine eindeutige Kategorisierung getroffen wird.

## *Verlust der Dialektvielfalt*

Gesellschaftliche Umwälzungen wirken sich auch auf unsere heimatliche Sprache aus. Das Auflösen alter dörflicher Strukturen, der dramatische Rückgang der handwerklichen und bäuerlichen Berufe, die früher ein Dorf prägten, tragen entscheidend zum Dialektverlust bei. Besonders der Umbruch, der sich in den letzten 50 Jahren in der Landwirtschaft vollzogen hat, führt zu einem allmählichen Verlust von wertvollem Sprachgut. Das Wissen darum stirbt mit den Personen. Wörter, die man nicht mehr anwendet, weil es die Sache nicht mehr gibt, werden auch nicht mehr weitertradiert.
Dass es allerhöchste Zeit ist, will man das Kulturgut »mundartliche Sprache« festhalten, zeigt sich besonders im starken Rückgang unserer Ortsdialekte (dies ist nicht nur im bayerisch-

schwäbischen Raum zu beobachten). Mit der erhöhten Mobilität des Einzelnen geht der Verlust von kleinräumigen Dialektvarianten einher. Man sieht sich ständig mit anderen Ortsdialekten konfrontiert, was zur Folge hat, dass die Eigenheiten der eigenen Mundart aufgegeben werden. Regional verbreitete Dialektmerkmale bleiben dagegen erhalten.

Auch der Einfluss der Medien spielt beim Rückgang des Dialektes eine nicht zu unterschätzende Rolle. Sie begünstigen die Aufnahme schriftdeutscher Wörter, die noch durch die Tatsache verstärkt wird, dass häufig der Dialekt (hier speziell der schwäbische Dialekt) als eine Sprachform angesehen wird, die nur von geistig wenig beweglichen oder rückständigen Personen gesprochen wird.

*Das Wörterbuch von Bayerisch-Schwaben*

Gerade den für unsere Region typischen Dialekt mit all seinen Facetten zu bewahren, ist das Ziel des Wörterbuchs von Bayerisch-Schwaben.

Das zu erforschende Gebiet liegt zwischen Iller und Lech und zwischen Ries und Allgäu. Dies entspricht in etwa den Grenzen des bayerischen Regierungsbezirkes Bayerisch-Schwaben.

Das an der Universität Augsburg angesiedelte Forschungsprojekt »Wörterbuch von Bayerisch-Schwaben« begann auf Initiative von Prof. Dr. Werner König im Februar 1998. Im Mittelpunkt der Arbeit soll der Dialekt des 19. und vor allem des 20. Jahrhunderts stehen. Das dazu notwendige Sprachmaterial wurde aus bereits veröffentlichten Wortsammlungen, dialektalen Prosatexten und Dialektgedichten, aus Spruchsammlungen und Texten über alte Handwerke, über Brauchtum in Bayerisch-Schwaben usw. zusammengetragen. Aber auch unveröffentlichtes Sprachmaterial fand Aufnahme. Hier leisteten besonders Laien hervorragende Arbeit. Sie stellten Wortlisten über ihren Ortsdialekt zusammen, deren Umfang von einigen wenigen Dialektwörtern bis hin zu Sammlungen mit über 2500 Wörtern reicht.

Neben typischen Lautungen, wie »*Aubet*« oder »*Obet*« für »Abend« sollen auch Angaben zur Grammatik eines Wortes

gemacht werden. Beispiel: *schneia/gschniia* (schneien/geschneit), *Heft/Hefter* (Heft/Hefte), *das Teller* (der Teller).
Besonderes Augenmerk soll aber auf eine umfassende Bedeutungsangabe gelegt werden, die allgemein verständlich sein muss, eine Forderung, die man bei den bereits für unser Gebiet vorhandenen Wörterbüchern nicht immer erfüllt sieht. Deren Entstehungszeit liegt 140 (das *»Schwäbisch-Augsburgische Wörterbuch«* von Anton Birlinger stammt aus dem Jahre 1864) bzw. ca. 80–100 Jahre (das *»Schwäbische Wörterbuch«* von Hermann Fischer entstand in den Jahren 1901–1936) zurück. Die damals übliche Sprache bei den Bedeutungsangaben mutet uns heute bisweilen archaisch an. So findet man etwa bei Anton Birlinger unter dem Stichwort *Borzen* die Bedeutungsangabe »virgulta, Reissachbündel und Reisach überhaupt« (S. 71). Ein heute Zwanzigjähriger wird wohl damit seine Schwierigkeiten haben. Wörterbuchbearbeiter müssen bei der Abfassung von Wörterbuchartikeln vom Wissensstand ihrer Zeit ausgehen. Dieser lässt sich bisweilen nicht auf nachfolgende Generationen so ohne weiteres übertragen. Wenn es heute bereits Studenten gibt, die den Unterschied von Heu und Stroh nicht mehr kennen, so muss dieser Tatsache bei der Bearbeitung eines Dialektwörterbuches Rechnung getragen werden. Die Bedeutungsangabe sollte deshalb so gehalten werden, dass sie dem Wissensstand eines interessierten Benutzers entspricht. Viele Dinge oder Tätigkeiten und der dazugehörige Dialektausdruck waren den Menschen noch bis in die Mitte des vorigen Jahrhunderts aus dem täglichen Leben geläufig; Dinge und Tätigkeiten, die heute aufgrund der veränderten Lebensbedingungen der jüngeren Generation vollkommen unbekannt sind. Wer kennt noch die Ausdrücke *»Bausten, Borzen Buschel, Büschel, Bürzel, Welle«* für ein Reisigbündel? Für einen Menschen, der nur mit einer öl- oder gasbetriebenen Heizung vertraut ist, wird darüber hinaus die kurze Bedeutungsangabe »Reisigbündel« nicht genügen. Hier muss der Wörterbuchbearbeiter den unterschiedlichen Wohnkulturen Rechnung tragen und Zusatzinformationen zu »Reisigbündel« geben, wie etwa »Dürres Reisig wurde auf eine ofengerechte Länge zerhackt, gebündelt und getrocknet und diente zum Anheizen des Holzofens«.

Zahlreiche Abbildungen sollen im Bereich der Sachkunde zudem die genaue Beschreibung von Gegenständen unterstützen, denn Fotografien und Zeichnungen beschreiben einen Gegenstand häufig viel besser, als dies mit Worten geschehen kann.

Neben Wetterregeln, Kinderreimen und Interessantem zum Brauchtum werden Angaben zur Herkunft eines Wortes gemacht.

Ausblick

Das Wörterbuch von Bayerisch-Schwaben befindet sich im siebten Jahr seines Entstehens. Das Sammeln des Sprachmaterials ist abgeschlossen; die eigentliche Wörterbucharbeit, nämlich die Bearbeitung jedes einzelnen Stichworts, kann beginnen. Das Material muss gesichtet werden und letztlich liegt es immer im Ermessen des Bearbeiters, wie ein Wörterbuchartikel aussieht. Doch soll er so gefasst sein, dass es sowohl für einen sprachinteressierten Laien, wie auch für einen Sprachwissenschaftler interessante Informationen enthält.

Im Wörterbuch von Bayerisch-Schwaben soll eines unserer wichtigsten Kulturgüter, unsere bayerisch-schwäbische Mundart, bewahrt werden. Es bleibt zu wünschen, dass das Wörterbuch einen Beitrag zum Erhalt unseres Dialekts leistet, denn der Umgang und die aktive Auseinandersetzung mit der Mundart bewahrt sie vor dem Vergessen.

*Tradition heißt nicht Asche verwahren, sondern die Flamme am Brennen erhalten.*

Jean Jaures (französischer Philosoph)

Ausstellungen des Archivs

# Arthur Maximilian Miller in der Literaturlandschaft Bayerns

*Rede des Bezirkstagspräsidenten Jürgen Reichert zur Eröffnung der 17. Station der Wanderausstellung »Arthur Maximilian Miller« am Mittwoch, 21. April 2004 in Bobingen*

Es gibt drei besondere Gründe, weshalb wir heute diese Ausstellung zum Lehrer und Dichter Arthur Maximilian Miller in Bobingen eröffnen. Den Rahmen dazu bildet das Projekt »Literaturlandschaften Bayerns«, das übermorgen beginnen wird und für das Bobingen schwabenweit die Koordinationsstadt ist. Ein zweiter Anlass ist die langjährige Freundschaft zwischen den beiden Lehrern Arthur Maximilian Miller und Josef Dilger, der im nahen Reinhartshausen tätig war. Dass es diese Ausstellung überhaupt gibt, aber liegt daran, dass der Volksschriftsteller Miller am 16. Juni 2001 seinen 100. Geburtstag gefeiert hätte. Wie würdigt der Bezirk Schwaben diesen hundertsten Geburtstag? Diese Frage stellte sich – und fand die Antwort in der Konzeption einer Wanderausstellung.

Der Bezirk Schwaben pflegt das dichterische Erbe Arthur Maximilian Millers und vollzieht damit dessen ausdrücklichen Willen. Die eigens zu diesem Zwecke ins Leben gerufene Stiftung trägt den Namen des Dichters. Es war ein Glücksfall für den Bezirk Schwaben, dass sich der angesehene Germanist Herr Professor Dr. Hans Wellmann von der Universität Augsburg für die Idee der Nachlasspflege Millers und gleichzeitig für die Errichtung eines bayerisch-schwäbischen Literaturarchivs so nachhaltig erwärmen konnte.

Miller war Bildungsdichter, Heimatpoet, Lehrer aus Leidenschaft und hinterließ zudem ein umfangreiches bildnerisches Werk, insbesondere künstlerisch sehr anspruchsvolle Scherenschnitte und Schattentheaterfiguren.

Die Arthur-Maximilian-Miller-Stiftung pflegt nicht nur die Hinterlassenschaft des Dichters, sondern dient gleichzeitig als Ansatzpunkt für moderne gegenwartsnahe Literaturförderung in Bayerisch-Schwaben. Die Vielzahl der Veranstaltungen in Schwaben anlässlich der »Literarischen Landschaften« zeigt uns, dass diese Region bezüglich der Literatur sehr aktiv ist, auch wenn es nach außen auf den ersten Blick nicht so wirkt. Besonders erfreulich ist es, dass sich unser Literaturarchiv in Augsburg immer mehr als Ansprechpartner für derartige Literaturprojekte etabliert. Im Rahmen der »Literarischen Landschaften« präsentiert das Archiv neben den Veranstaltungen zu Miller eine Ausstellung zu Hans Magnus Enzensberger, einem der bedeutendsten deutschen Autoren der Gegenwart, der übrigens in Kaufbeuren geboren ist und in Nördlingen zur Schule ging. Ein weiterer Höhepunkt des Literaturprojekts in diesem Frühjahr ist auch der Wettbewerb des Bezirks Schwaben um den Bayerisch-Schwäbischen Literaturpreis. Es ist uns eine besondere Freude, dass der Preis heuer zum dritten Mal in Folge vergeben werden kann. Das Preisgeld wird aus Stiftungsmitteln finanziert. Arthur Maximilian Miller hätte sich sicher sehr gefreut, hätte er erfahren, welche Früchte sein Erbe bereits getragen hat.

Dies hier ist bereits die 17. Station der Wanderausstellung. In allen Landkreisen des Regierungsbezirks Schwaben wurde die Ausstellung bisher gezeigt, in einigen Landkreisen sogar mehr als einmal (z. B. Horgau im Dezember 2002 und Neusäß im August 2003). Es ist gelungen, Arthur Maximilian Miller als einen der bedeutendsten schwäbischen Volksschriftsteller des vergangenen Jahrhunderts einer großen Anzahl von Menschen näher zu bringen.

Ich möchte daher zum Schluss sehr herzlich unserer rührigen Referentin für Bezirksmarketing und Leiterin der Ausstellungsorganisation beim Bezirk Schwaben, Frau Mathilde Wehrle, danken, die unermüdlich die Ausstellungen organisiert und bei einem breiten Publikum dafür um Interesse wirbt. Ein herzliches »Danke« gilt auch ihrem Team, das sie dabei unterstützt.

Lassen Sie mich zum Schluss noch etwas politisch werden und ein paar Eckdaten nennen:

Vom Gesamt-Etat des Verwaltungshaushaltes des Bezirks Schwaben in Höhe von über 450 Mio. € fließen 92,35 % in die Sozialhilfe und gerade mal 1,30 % in die Kulturpflege, die immerhin ebenfalls zu den Kernaufgaben des Bezirks gehört. Wir versuchen, auch hier mit wenig finanziellen Mitteln viel zu erreichen und ich denke, es ist gelungen.

## Die Wanderausstellung A. M. Miller

Memminger Kurier vom 10.12.2003:

*Aus dem Leben eines Volksschriftstellers*

**Memmingen (MK/sol):**
Am Montag, 15. Dezember um 20 Uhr wird die anlässlich seines 100. Geburtstages konzipierte Wanderausstellung des schwäbischen Dichters und »Lehrers aus Leidenschaft« Arthur Maximilian Miller (1901 bis 1992) von Bezirkstagsvizepräsident Alfons Weber und Oberbürgermeister Dr. Ivo Holzinger im Antoniersaal eröffnet. Iris Knöpfle von der Universität Augsburg gibt eine Einführung in Leben und Werk des Autors.
Der in Mindelheim geborene Miller gilt als einer der bedeutendsten schwäbischen Volksschriftsteller des vergangenen Jahrhunderts. Mit seinen Romanen und Erzählungen, Theaterstücken und biographischen Erinnerungen, die zum Teil in Mundart verfasst sind, wurde er weit über die Grenzen der heimatlichen Region hinaus bekannt, sein Werk mehrfach ausgezeichnet. Weniger bekannt ist, dass der musisch vielseitig Begabte ein umfangreiches bildnerisches Werk hinterließ, insbesondere künstlerisch sehr anspruchsvolle, Scherenschnitte und Schattentheaterfiguren. Als Lehrer an der einklassigen Volksschule in Kornau setzte er das Schattentheater als kunstpädagogisches Mittel ein und führte mit seinen Schülerinnen Märchen und eigens verfasste Stücke auf.
Die Wanderausstellung bietet einen Abriss zum Leben des seiner Heimat tief verbundenen Schwaben und will mit Kostproben seines Schaffens auf Person und künstlerisches Werk neugierig machen. Ein Videofilm über eines seiner bekanntesten Spielstücke »Die Purpurlampe« kann während der Ausstellung angesehen werden.

Memminger Zeitung vom 18.12.2003:

## *Arthur Maximilian Miller – Dichter aus Leidenschaft*
**Wanderausstellung zum 100. Geburtstag des schwäbischen Dichters im Antonierhaus eröffnet**

Memmingen (kd).
Anlässlich des 100. Geburtstages des schwäbischen Dichters und Lehrers Arthur Maximilian Miller konzipierte das Augsburger Archiv für Schwäbische Literatur eine Wanderausstellung, die kürzlich feierlich eröffnet wurde und noch bis zum Sonntag, 11. Januar, im Memminger Antonierhaus zu sehen ist.
Oberbürgermeister Dr. Ivo Holzinger begrüßte im gut besuchten Antoniersaal Gäste aus Politik, Kultur und Wirtschaft zur Eröffnung der vom Bezirk Schwaben und der Arthur-Maximilian-Miller-Stiftung veranstalteten Wanderausstellung. Miller habe eine besondere Bedeutung für die Stadt, so Holzinger. Nicht nur durch familiäre Bindungen, sondern auch durch Theaterstücke, die auf der Schwäbischen Landesbühne inszeniert wurden. Außerdem finde man im Werk Millers sehr häufig Bezüge zur Maustadt.
In ihrem Vortrag ging Iris Knöpfle, Mitarbeiterin am Lehrstuhl für deutsche Sprachwissenschaft an der Universität Augsburg, auf die literaturwissenschaftliche Bedeutung Millers ein. Über 60 Werke umfasse das Werk des Dichters und Lehrers, der seinen gesamten Nachlass dem Bezirk Schwaben vermacht habe. »Er hat fast alles aufgehoben – Manuskripte, Tagebücher, Briefe, Skizzen.« Rund 45 verschiedene Textarten seien bei ihm zu finden, für jeden Sprachwissenschaftler eine wahre Fundgrube. Könne man doch so die Entstehungsgeschichte der Werke sehr genau zurückverfolgen. Dies zeigte sie exemplarisch an dem Roman »Der Herr der drei Ringe«, der sich mit der Erbauung der Klosteranlage in Ottobeuren beschäftigt. Hier werde besonders gut das Hauptmotiv seines Schaffens sichtbar, die Frage nach Gott und seinem Wirken in dieser Welt. Miller habe einmal gesagt, dass er Kunst in Religion verwandeln wolle. Dies sei ihm mit diesem Buch bestimmt gelungen.
Nach der offiziellen Eröffnung durch den Vizepräsidenten des Bezirkstages, Alfons Weber, verschafften sich die Besucher einen ersten Eindruck dieser sehenswerten Ausstellung. Die Veranstaltung wurde musikalisch sehr gekonnt vom Klarinettenquartett der Musikschule Memmingen umrahmt.

Memminger Zeitung vom 20.12.2003:

## »Du säufst die große Kanne leer«
### In einer Ausstellung im Antonierhaus ist Arthur Maximilian als Pädagoge zu sehen
*von Anna Köhl*

**Memmingen**
»Ich bin ein Ritter von der Schere, und hab auch meine Ritterehre. Des Schwarzen blindes Einerlei, trenn ich mit scharfem Biss entzwei.« An eine Zeit, in der es noch die Wanderbühnen, die Puppenspieler und die Märchenerzähler gab, erinnern die Scherenschnitte von Arthur Maximilian Miller (1901 bis 1992). Die Wanderausstellung, die anlässlich des 100. Geburtstages des schwäbischen Dichters und Lehrers im Memminger Antonierhaus gastiert, präsentiert Schmuckstücke aus einem reichen Schaffen.

Zunächst wird mit Arthur M. Miller die »Schwäbische Weihnacht« in Verbindung gebracht, das wohl bekannteste Werk des Künstlers. Neben einem reichen literarischen Werk, neben Dichtungen, Zeichnungen und Malereien haben aber auch seine Inszenierungen Bekanntheit erlangt, vor allem die Schattenspiele des Lehrers Miller. Über 30 Jahre seines Lebens unterrichtete er, inszenierte mit seinen Schülern aus Immenstadt und Kornau Theaterstücke, Puppen- und Schattenspiele: »Wolln wir tanzen, wolln wir tanzen, meine gute alte Kuh? Der Herr Spatz und die Frau Henne, und die Geiß, die schaun uns zu!« Voller Heiterkeit und sehr feinem Humor sind seine Dichtungen zu den Bildern und über 30 Schattenspielen.

**Ein ganzes Leben**
In Memmingen sind sie nun zu sehen: Die Scherenschnitte nach den Motiven der Spiele. Da gibt es zum Beispiel die Purpurlampe von 1943 mit dem Schmetterling, dem Grashüpfer, oder den kleinen Igel. Meisterhaft gearbeitet und in kleinem Format dargestellt, eröffnen die Bilder eine ganze Welt, oder besser gesagt, ein ganzes Leben. Denn auf feinsinnige Weise und bis zur Karikatur neigend, reizt der Künstler das Thema Leben und Tod aus.

»Tod und Teufel beim Wein«, von 1925, nennt er einen Scherenschnitt, auf dem das Glas erhoben wird: »Du säufst die große Kanne leer, mir soll ein Gläschen gedeihen. Dich macht er wüst und trunken und schwer, mich aber wird er befreien.«

Es ist schon eine besondere Komposition, der Scherenschnitt. Auf die »Nichtfarben« schwarz und weiß beschränkt gelang es dem extrem vielseitigen Künstler, seinen Bildern eine besondere Leichtigkeit, Beweglichkeit und Erzählkraft zu geben.

Natürlich prägt ihn seine Lehrtätigkeit und viele seiner Arbeiten beziehen sich auf dieses Thema. Aber auch hier überwiegt sein Humor. Und der Betrachter ahnt, mit welch künstlerischer Inspiration der damalige Lehrer seinen Schülern begegnet ist. Ein Lehrer, der mit seinen Schützlingen Theater spielte, sie zum Malen und Zeichnen anhielt, ihnen Unterricht zuteil werden ließ, der ganz aus der Kunst geprägt war.

Schwabmünchener Allgemeine vom 24.04.04:

## A.M. Miller: Dichter und Dorfschullehrer

**Ausstellung beleuchtet auch Freundschaft zu Josef Dilger**

Bobingen (inge.)

Zahlreiche Gäste waren der Einladung des Bezirks Schwaben und der Stadt Bobingen zur Eröffnung der Ausstellung »Arthur Maximilian Miller – Dichter und Lehrer aus Leidenschaft« im Bobinger Rathaus gefolgt. Die Schau, die aus Anlass des 100. Geburtstages des Volksschriftstellers zusammengestellt wurde, steht im Kontext der Veranstaltungsreihe »Literaturlandschaft Schwaben«, die am Welttag des Buches am gestrigen Freitag in der Singoldhalle startete.

Tafeln mit Fotografien und biographischen Erläuterungen, Handschriftliches und Typoskripte, Millers lebendige, kunstreiche Scherenschnitte, seine Veröffentlichungen und ein Video geben Einblick in Leben und Werk des Dichters. Ergänzend dazu werden im oberen Stockwerk des Rathauses Gemälde seines Freundes und Lehrerkollegen Josef Dilger aus Reinhartshausen gezeigt.

**Eine gewisse Zeitlosigkeit**

Arthur Maximilian Miller, der als Person den literarischen Typus des Dorfschullehrers aus dem 19. Jahrhundert verkörperte, lebte von 1901 bis 1992 im Allgäuer Raum. Abseits der politischen Themen galt sein Interesse der genauen und liebevollen Beobachtung seiner Landsleute – was seinem Werk eine gewisse Zeitlosigkeit im Volkstümlichen verleiht.

**Mittler und Förderer von Kultur**

Als Lehrer sah er sich als Mittler und Förderer von Bildung und Kultur mit ausgeprägtem Wertbewusstsein und tiefer religiöser Verwurzelung. Während seines langen Lebens schuf er Gedichte und Stücke, sowohl in schwäbischer Mundart, als auch in hochdeutscher Sprache.

Er schrieb lustige Stücke für Schulaufführungen, Romane und Geschichten, wie »Der Sternenbaum« oder »Die Abenteuer des Fuhrmanns Jeremias«. Denken und Arbeitsweise Millers sind durch seinen Nachlass im von der Universität Augsburg und dem Bezirk Schwaben gemeinsam gehegten »Archiv für Literatur

aus Schwaben« ausführlich dokumentiert.
Prof. Dr. Hans Wellmann von der Universität Augsburg wies in seiner Würdigung des Volksschriftstellers auf die Heimatverbundenheit des Dichters und seiner Figuren hin, auf die von Miller gelebte »Identität im Kleinraum einer Landschaft«, die auch heute noch von den Menschen als Sicherheitsfaktor empfunden werde. In diesem Sinne stimmig war auch der musikalische Rahmen des Abends: Texte des Dichters in der Vertonung durch seinen Bruder Robert M. Miller wurden dargebracht von Marie Schmalhofer (Sopran), Birgit und Anna Abe (Violine), Ludwig und Andreas Schmalhofer (Viola und Violoncello) und Diana Seitz (Flöte).

Die prominenten Redner – Bezirkstagspräsident Jürgen Reichert, stellvertretender Landrat Fritz Stölzl und Bobingens Zweiter Bürgermeister Hans-Peter Dangl – würdigten Person und Werk Arthur Maximilian Millers und Dr. Mechthild Müller-Henning sprach über die Verbindung Millers zu seinem Lehrerkollegen und Maler Josef Dilger.

# Die Ausstellung über Hans Magnus Enzensberger:

Augsburger Allgemeine vom 06.07.04:

## Die Stimme der kritischen Vernunft
Hans Magnus Enzensberger, von der Uni Augsburg und dem Literaturarchiv Schwaben in einer Ausstellung gewürdigt

*Von Angela Bachmair*

Ein Schwabe, der Norwegen liebt. Ein katholischer Bürgersohn, der zum scharfzüngigen Kritiker des restaurativen Nachkriegsdeutschland wird. Ein politischer Linker, der Gedicht und Kinderbücher schreibt. All das und noch mehr ist Hans Magnus Enzensberger. Vier Monate vor seinem 75. Geburtstag im November versuchen Studierende und Wissenschaftler der Augsburger Universität und des Literaturarchivs Schwaben, dem Autor und Herausgeber in seiner Vielfalt gerecht zu werden.

Vermutlich wird die Begegnung den Studenten unvergesslich bleiben, die sie jüngst mit Enzensberger im Schloss Edelstetten hatten. Ihr Professor Hans Wellmann, der auch das Archiv für Literatur in Schwaben betreut, hatte den Schriftsteller eingeladen. Von dem »zornigen jungen Mann« (Alfred Andersch) entdeckten die jungen Leute nichts; sie erlebten Enzensberger als freundlich, zurückhaltend und mit »neugierigen Augen«, registrieren auch, dass er ihre intensive Beschäftigung mit seinem Werk zu schätzen wusste.

Ein Semester lang hatten sich die Studenten im Proseminar des Privatdozenten Jürgen Eder mit Gedichtbänden wie »verteidigung der wölfe«, »landessprache« oder »blindenschrift«, mit den Fortschritts-Balladen »Mausoleum«, den Essays »Mittelmaß und Wahn« und »Die große Wanderung«, mit den von HME, so das Kürzel des Autors, herausgegebenen Kursbüchern und der »Anderen Bibliothek« befasst. Die Ergebnisse dieser Arbeit sind in der Augsburger Universitätsbibliothek in die Ausstellung eingeflossen, welche die Germanistin Nicoline Hortzitz mit Zuarbeit der Studierenden im didaktischen Doppelschritt von Literatur und Politik konzipiert.

Familien- und Kindheitsfotos (zum Gutteil aus Enzensbergers Privatbesitz) zeigen den schmalen, blonden Buben, der am 11. November 1929 in Kaufbeuren geboren wurde, der mit Eltern und Brüdern den Krieg überstand, danach in Nördlingen sein Abitur machte. In Erlangen,

Freiburg, Hamburg und Paris studierte HME Literaturwissenschaft und promovierte – nicht über »Hitlers Rhetorik«, wie er wollte, sondern über Brentano.
Die Mitarbeit an Alfred Anderschs »Radio-Essay« beim Süddeutschen Rundfunk und die Kontakt zur Gruppe 47 schärfen den kritischen Geist, der Position bezieht gegen Wiederaufrüstung, Verdrängung der NS-Zeit (auch in der Germanistik) und spießiges Wirtschaftswunder. »was habe ich hier verloren / in diesem land / ... / ansässig im gemütlichen elend...« schreibt er in den Fünfzigern.
Nobilitiert durch den Büchner-Preis 1963, versucht Enzensberger mit der 1965 gegründeten Zeitschrift *kursbuch* eine »politische Alphabetisierung« der Deutschen, prägt so eine ganze Generation. Eine kleine Sammlung von Kursbüchern, aber auch Seiten aus der Bildzeitung erinnern in der Ausstellung aus diesen kontroversen Zeiten. Ein Foto zeigt HME mit Willy Brandt und dessen Wahlkämpfer Günter Grass, aber da steht er längst links von der SPD, fürchtet den Notstand der Demokratie und marschiert mit der Studentenbewegung.

Literarisch versucht er der Gefahr affirmativen Schreibens durch dokumentarische Arbeiten wie »Das Verhör von Habana« zu begegnen.
Enzensbergers unter dem Pseudonym Andreas Thalmayr herausgegebenes »Wasserzeichen der Poesie« wird zum Vademecum für Gedicht-Fans. Der Band »Die Furie des Verschwindens« reflektiert das Scheitern seiner politischen Utopien. Den Eskapismus, den ihm manche vorwerfen, gönnt er sich (»Was denn sonst, bei diesem Sauwetter!«), aber der politische Mahner, der für Erinnerung und Freiheitsrechte eintritt, äußert sich weiter – in Essays, Gedichten, sogar in Kinderbüchern. Auch davon gibt die Ausstellung Zeugnis.
Der frühere Bürgerschreck, der in München lebt, wird heute selbst von politischen Gegnern als Stimme einer kritischen Vernunft geachtet. Der literarische Aufklärer bleibt im Gespräch. Zusammen mit dem Nördlinger Verleger Franz Greno, mit dem er schon die andere Bibliothek herausbrachte (die Ausstellung zeigt eine Auswahl dieser schönen Bücher) will HME jetzt das Werk Alexander von Humboldts publizieren.

*Presseschau*

# Allmende

*von Iris Knöpfle*

»Allmende«, die Zeitschrift für Literatur aus Karlsruhe, stand im Frühjahr 2002 vor dem Aus. Dank eines neuen Trägers jedoch, der Literarischen Gesellschaft Karlsruhe, und einem engagierten Verlag, dem Karlsruher Info Verlag, ist die Existenz trotz Widrigkeiten gesichert.
»Allmende« hat seit der Ausgabe 72 ein neues Gesicht bekommen – das einer modernen Literaturzeitschrift im ansprechenden Format und mit neuem Layout. Geblieben ist der Anspruch, literarisches Selbstbewusstsein im alemannischen Raum darzustellen.
Das Heft 73 vom Januar 2004 hatte als Leitthema das »autobiographische Schreiben«, auf das der Leitfaden von Hermann Kinder stetig zurückführt. Dem Thema wird Leben eingehaucht durch besondere Zugänge zu den Prosa-Schriftstücken oder der Lyrik, aus ganz unterschiedlicher Blickrichtung, von ganz jungen Autoren wie Freddy Hansmann bis zu solchen, die wahrlich ihre Autobiographie erzählen können, wie beispielsweise André Weckmann. Aufsehen erweckt die Rezension von Matthias Spranger über Martina Zöllners Roman »Bleibtreu« allein schon durch ihren Titel »Ziemliche Walsereien« – sie macht den Leser neugierig, deckt auf und deckt auch zu.
Die Texte des Heftes zeigen, was Jagoda Marinic im Eingangstext »Ist das nun autobiographisch?« schreibt: eigentlich ist alles, was man schreibt, irgendwie autobiographisch, auch wenn man es so nicht explizit erlebt hat.

# Peter Dörfler in Waal

Buchloer Zeitung vom 26.04.2003:

## Wenn »Herr Onkel« auf Besuch kam ...
### Geburtstag von Prälat Peter Dörfler jährt sich zum 125. Mal
*von Karin Hehl*

### Waalhaupten
Er war groß gewachsen und soll eine Respekt einflößende Persönlichkeit gewesen sein – sich seines Ruhms, den er bereits zu Lebzeiten erworben hatte, durchaus bewusst. Das Andenken an den in Waalhaupten aufgewachsenen Dichter und Prälaten Dr. Peter Dörfler in dessen Heimatdorf ist noch immer sehr lebendig.
Kein Wunder: Es leben noch immer rund 50 Frauen, Männer und Kinder, die zur Großfamilie Dörfler gehören, in dem kleinen Ort, dessen Umgebung Peter Dörfler einst als »schwäbisches Himmelreich« bezeichnet hatte. Am 29. April jährt sich der Geburtstag des Waalhaupter Ehrenbürgers zum 125. Mal. Anlass genug, sich auf Spurensuche des berühmten Sohnes der Gemeinde zu begeben. Als steinernes Zeugnis seines Wirkens hängt im Vorraum zur Bergkirche St. Michael – nach Angaben alteingesessener Waalhaupter einer der Lieblingsplätze Dörflers – eine Gedenktafel. Die Gemeinde ließ sie anlässlich des 100. Geburtstages Dörflers im Jahr 1978 anbringen. Gleich neben dem Kirchlein erhebt sich auf dem Friedhof der mächtige, schmucke Grabstein des Elterngrabes von Maria und Matthias Dörfler.

### Keine Messe gehalten
Auch ein Blick ins Innere der Kirche weckt die Erinnerung an den päpstlichen Prälaten: Denn es war Peter Dörfler, der Anfang des 20. Jahrhunderts durch einfaches Kratzen an den Wänden die alten, übertünchten, gotischen Fresken der Kirche wiederentdeckte und schließlich freilegen ließ, berichtet der langjährige Waalhauptener Kirchenpfleger Ludwig Grondinger. Als Pfarrer sei Dörfler in seinem Heimatdorf jedoch nie in Erscheinung getreten. »Ich kann mich nicht erinnern, dass er hier einmal eine Messe gehalten hat«, so Edeltraud Grondinger. Wohl aber habe die Dorfgemeinschaft sein Goldenes Priesterjubiläum zu feiern gewusst: Mit einem offenen Landauer kutschierte man im Sommer 1953 den Prälaten durch den Ort, die Blechmusik spielte auf, es gab einen Festgottesdienst und sogar ein Laienschauspiel wurde aufgeführt: »Die Kinder der Eva«, stellten die Bürger auf

der Waldbühne bei der Bergkirche »mit großem Engagement« (so die damalige »Eva«, Edeltraud Grondinger) dar. An das Priesterjubiläum erinnert auch eine Gedenktafel am Elternhaus Peter Dörflers. Dort wohnt heute sein Großneffe Max Dörfler mit seiner Familie. »Immer wenn der ‚Herr Onkel' auf Besuch kam, mussten wir Kinder die mittlere Kammer räumen und auswandern«, erinnert sich Max Dörfler. Die »mittlere Kammer« im ersten Stock des Bauernhofes besaß einen eigenen Wasseranschluss sowie einen Kamin, der den Raum beheizte.

**Eigene Köchin**
Auch ansonsten genoss der »Herr Onkel«, wie er von seinen Verwandten ehrfurchtsvoll genannt wurde, einige Vorrechte: »Er hatte immer seine eigene Köchin dabei und bekam anderes Essen als wir. An seinem Tisch hatten wir Kinder nichts zu suchen«, weiß Max Dörfler. Lange sei der Onkel allerdings nie in Waalhaupten geblieben. Sobald er seine Verwandten besucht hatte, zog es ihn wieder nach München. »In der damaligen schlechten Zeit nahm er immer einige Lebensmittel vom Land mit in die Stadt«, so Ludwig Grondinger. Gebrauchen konnte er sie gut, leitete er doch das St. Marien Ludwig-Ferdinand-Kinderheim in der Landeshauptstadt von 1915 bis zu seinem Tod am 10. November 1955. Auf dem Münchener Friedhof an der Winthirstraße im Stadtteil Neuhausen fand Peter Dörfler auch seine letzte Ruhestätte – und das obwohl der damalige Waalhaupter Lehrer bereits das Requiem für den Ehrenbürger vom Kirchenchor einstudieren ließ. Dem Heimatdichter könnte neben einer Straße in Waalhaupten demnächst noch ein weiteres »Denkmal« gesetzt werden: Im Waaler Gemeinderat wurden Überlegungen laut, die Grundschule nach Peter Dörfler zu benennen. Entschieden ist bislang noch nichts; doch dem Vernehmen nach stehen die Chancen dafür nicht schlecht.

Buchloer Zeitung vom 16.05.2003:

## *Christentum und Heimat*
**Rudolf Holzmann gestaltet Lesung und Ausstellung zu Peter Dörfler im Waaler Rathaus**

**Waal**
Das umfangreiche literarische Schaffen des Heimatdichters Peter Dörfler ist derzeit Thema einer Ausstellung im Sitzungssaal des Waaler Rathauses. Rudolf Holzmann, ein bekennender Dörfler-Fan, hat in aufwändiger und liebevoller Kleinarbeit aus Eigenbesitz eine umfangreiche Schau zusammenge-

stellt und das ganze Werk Dörflers so dem interessierten Publikum zugänglich gemacht.

In einer Lesung hatte Holzmann bereits Ausschnitte aus den Werken vorgetragen und auch die Person des Dichters vorgestellt. Rund 50 Werke sind in der Zeit von 1912 bis 1955 aus der Feder Peter Dörflers entstanden und in einer Stückzahl von über einer Million Exemplaren erschienen. Dörflers 125. Geburtstag war Anlass, Werk und Leben des berühmten Waalhauptener Sohnes, der unter den schwäbischen Erzählern des 20. Jahrhunderts an vorderster Stelle zu nennen ist, mit einer Ausstellung zu würdigen. Ein Grundtenor in Dörflers Werk ist die Heimat, in der er lebte. Zur Heimat gehörte bei ihm Religion und Geschichte, vor allem die Geschichte der engeren Umgebung. Zu Dörflers großen Erfolgen gehörte sein Erstling »Als Mutter noch lebte« – Exemplare von sieben Auflagen sind zu besichtigen. In die Rubrik der Heimatliteratur gehören auch die »Auferstehung«, »Die Papstfahrt durch Schwaben«, »Der Urmeier«, »Die Wessobrunner« und »Der ungerechte Heller«. Schwerpunkte und Höhepunkte bilden die »Apollonia«- und die »Allgäu-Trilogie« mit der Entwicklung der Milch- und Käsewirtschaft. Dörflers Beschäftigung mit der Geschichte greift zeitlich aber auch weit zurück. Der Roman »Neue Götter« führt ins frühe Christentum. »Severin, der Seher von Noricum« erzählt von den Wirren der Völkerwanderung und »Die Schmach des Kreuzes« vom aufkommenden Islam. Ein weiterer Schwerpunkt der Ausstellung sind die Lebensbilder großer Heiliger wie zum Beispiel des Bischofs Ulrich von Augsburg. Dörfler beschrieb Heilige der Frühzeit (Severin und Magnus), des hohen Mittelalters (Albertus Magnus) und des Barock (Philipp Neri) und schilderte das Leben eines Klaus von der Flüe, von Vinzenz von Paul und eines Don Bosco. In einer Feier in der Waaler Grundschule hatte Holzmann die Person und das Schaffen Peter Dörflers vorgestellt. Anschließend spannte er in einer Lesung aus den Werken des Dichters den Bogen von den Urahnen (»Auferstehung«) über den Großvater (»Der ungerechte Heller«) und den Vater (»Des Vaters Hände«) bis zum Kind Peter Dörfler aus seinem großen Anfangswerk »Als Mutter noch lebte«. Den Abschluss bildete die tiefsinnige Predigt »Ich gehe zum Vater«, die Dörfler kurz vor seinem 70. Geburtstag gehalten hatte. Die Lesung, die einen erfreulichen Zuspruch fand, wurde von der Stubenmusik Lehner aus Bronnen musikalisch umrahmt. An den Sonntagen im Mai haben Literaturbegeisterte nach dem vormittäglichen Gottesdienst bis um 12 Uhr noch die Möglichkeit, die Ausstellung im Rathaus zu besichtigen.

# Irseer Pegasus 2003

Augsburger Allgemeine vom 07.01.2003:

## Vom Eros und von den Düften
Das Pegasus–Autorentreffen im Kloster Irsee und seine drei selbstgewählten Preisträger
*von Stefan Dosch*

Keineswegs vermag der Irseer Pegasus allein mit seinem Preisgeld zu verlocken. Nicht wenig fühlen sich Schriftsteller bei diesem literarischen Dreikönigstreffen im Kloster Irsee auch davon angezogen, dass sie selbst es sind – und nicht etwa eine externe Jury–, die die besten unter sich für preiswürdig befinden. Und diese Wahl nicht etwa nach einmaligem Hören der Texte vornehmen, sondern über die von jedem Teilnehmer eingereichte Prosa oder Lyrik ein Wochenende lang zur Beratung sitzen können.

Damit ist auch schon benannt, was diesen Irseer Pegasus so besonders macht im Kalender literarischer Veranstaltungen: Dass er eben Workshop und Literaturpreis in einem ist. Zum fünften Mal nun hatten die Veranstalter, Irsees Schwabenakademie und die Regionalgruppe Schwaben des Verbandes Deutscher Schriftsteller, zu diesem Kombiprojekt geladen, und von den 53 Bewerbern waren letztlich 21 nach Irsee gebeten worden. Die literarische Werkstatt, die den größten Teil des Pegasus einnimmt, war wie schon in den letzten Jahren von Augsburgs Kulturreferentin Eva Leipprand und dem Stuttgarter Autor Rainer Wochele moderiert worden.

Drei Preise waren zu vergeben, dotiert mit 1500, 750 und 250 Euro. Als erster auf den Schild gehoben wurde Hellmut Seiler aus dem württembergischen Remseck, der mit einer Reihe von Gedichten gekommen war. Zur vordringlichsten Charakteristik seiner Lyrik gehört die völlig unprätentiöse Sprachgestaltung, ihre Unmittelbarkeit und die Plastizität ihrer Bilder. Eros ist ein Motiv, das Seiler auf vielfache Art und Weise, dabei immer originell und geschmackssicher variiert.

Auch Volker Demuth, Träger des zweiten Preises, umkreist den Eros in seiner Erzählung »Hilde«, einem mit detaillierten Schilderungen unterschiedlichster sensitiver Wahrnehmungen prall gefüllten Text, worin die Titelgestalt den unerfahrenen Erzähler mit einer Sinfonie weiblicher Gerüche betäubt. Drastisch kontert Demuth, der nahe dem oberschwäbischen Zwiefalten lebt, diese ländlich-sommerliche Initiationsgeschichte mit einer Besamung im Stall. Der dritte Preis ging an den Bregenzer Jürgen–Thomas Emst für seine »Venedig–Toiletten–Tragödie«, worin der Autor, weidlich die vom Sujet gegebenen komischen Effekte ausbreitend, von einer durch Notdurft ausgelösten Lächerlichkeit erzählt.

Geschichten, wie das Leben sie schreibt, oder alles nur gedichtet? Am Vorabend der Preisvergabe diskutierte eine Expertenrunde im Rahmen des Pegasus die Frage, ob denn »Alle Schriftsteller lügen?« Ein tückisches Thema, das, wie sich zeigte, auf den verschiedensten Ebenen sich diskutieren lässt, weshalb die Runde dann auch rasch in argumentative Kakophonie zerfiel. Der Überzeugung der Schriftstellerin Angela Krauß, jeder Autor könne nur von seiner ganz eigenen Wahrheit berichten, widersprach Kollege Marcus Hammerschmitt heftig und insofern, als er für die Wahrheit reklamierte, sie dürfe nicht bloß individuelle Geltung besitzen, sondern müsse bitteschön kommunizierbar bleiben. Der Literaturwissenschaftler Helmut Bachmaier sprang der Schriftstellerin Krauß mit dem Hinweis bei, dass allgemein verbindliche Wahrheiten zur »Verlustgeschichte« der Moderne gerechnet werden müssten. Der weiter mit Angela Bachmair (Augsburger Allgemeine), Suhrkamp–Lektor Thorsten Ahrend, Bibliothekar Karl Krieg und dem Sprachwissenschaftler Hans Wellmann besetzten Runde gelang es aber doch noch einen gemeinsamen Nenner zu finden: in der Ablehnung des Wortes Lüge im Zusammenhang mit der Literatur.

## Wunder in Worte gefasst

### Bayerisch-Schwäbischer Literaturpreis in Augsburg vergeben

*Von Markus Lechler (AZ)*

**Beim Bayerisch-Schwäbischen Literaturpreis entscheidet das Publikum. In seiner Gunst stand am Dienstagabend der 23-jährige Thomas Reiner aus München/Diedorf bei Augsburg. Der Chemiestudent erhielt die Auszeichnung (2500 Euro) mit 47 von 126 Stimmen für seine Novelle »Betrachtungen einer Leuchtstoffröhre«.**

Eine Fachjury hatte im Vorfeld fünf Kandidaten aus 52 Bewerbern ausgewählt, die an der Endrunde des vom Archiv für Literatur aus Schwaben (Leitung: Prof. Hans Wellmann) und vom Bezirk Schwaben zum dritten Mal ausgerichteten Wettbewerbs teilnehmen durften. Sie stellten sich bei einer Lesung dem Publikum im voll besetzten Augsburger Rokokosaal der Regierung von Schwaben.

Zu den Kandidaten gehörte der bekannte Schriftsteller Peter

Dempf aus Stadtbergen, dessen Beitrag der Jury ohne Namensnennung vorlag. Er schilderte in einem Auszug aus seinem historischen Roman »Burenkasper« die Geschichte eines Augsburgers, der an der Seite der Buren im südafrikanischen Transvaal für deren Unabhängigkeit kämpfte. Sowohl die freie Autorin und Journalistin Caroline Rusch (Augsburg), die mit ihrer autobiografisch geprägten Kindheitserinnerung »Stadt – Land – Fluss« bei der Publikumsabstimmung den zweiten Platz erreichte (36 Stimmen), als auch der Lehrer Roland Scheerer (Pfaffenhofen/Ilm) nahmen zum zweiten Mal an dem Wettbewerb teil.

Scheerer, der Preisträger 2003, stellte seine nüchtern-präzise Erzählung »Nubers Mithräum« über die Entdeckung einer römischen Kultstätte (Mithräum) mitten in Augsburg vor. Er war unter dem Pseudonym »Leo R. Andrescher« angetreten, um nur die Qualität seines Textes auf die Fachjury wirken zu lassen. Der 28-jährige freie Journalist Bernhard Hampp (Palma de Mallorca) widmete sich in den Riesgeschichten seiner Heimatstadt Nördlingen, der er mit liebevollversponnenen Sagen und Märchen eine neue Historie schuf. Er errang beim Publikum Platz Drei (20 Stimmen).

In ihrer Laudatio auf den Sieger Thomas Reiner hob Jurymitglied Nicole Zöller dessen Fähigkeit hervor, die Welt mit einer gewissen Neugier zu betrachten. Er könne Begeisterung und alltägliche Wunder in Worte fassen.
*(Artikel vom 08.07.2004)*

# Christoph von Schmid in Augsburg: Zum 150. Todestag

Augsburger Allgemeine 03.05.2004:

*Ihr Kinderlein kommet doch all*

**Vor 150 Jahren starb der Kinder- und Jugendbuchautor Christoph von Schmid in Augsburg**

*(loi)* Weit über seinen Tod vor 150 Jahren hinaus war er der erfolgreichste deutsche Kinder- und Jugendschriftsteller. Christoph von Schmid, zuletzt Domherr in Augsburg, traf mit Gefühlsinnigkeit und Erzählstil genau die Bedürfnisse seiner Leserschaft. Auch der junge Marcel Proust, Papst Paul VI. in seiner Jugendzeit und Golo Mann haben seine Geschichten gelesen. In seinem Todesjahr eröffnen drei Ausstellungen in Augsburg, im oberschwäbischen Oberstadion und in Thannhau-

sen. Ein Buch würdigt den Autor.
Die Staats- und Stadtbibliothek in Augsburg besitzt eine beachtliche Sammlung von Werken Schmids. Sie verwahrt rund 700 Ausgaben und Übersetzungen. Schmids Erzählungen wurden in 24 Sprachen übertragen und fanden Verbreitung bis in die USA und nach Japan. »Er hat die Jugend der Welt 100 Jahre lang noch viel mehr als Karl May geprägt«, sagt Bibliotheksdirektor Helmut Gier. Besonders in Frankreich schätzte man seine Literatur; die »Bibliothèque Nationale« von Paris hütet davon mehr als 2500 Editionen.

Dabei war Christoph von Schmid zeitlebens ein Kind der Region. Im mittelfränkischen Dinkelsbühl wurde er am 15. August 1768 geboren. Er studierte in Dillingen, wo der »bayerische Kirchenvater« Johann Michael Sailer, ein Wegbereiter der Romantik, ihn maßgeblich beeinflusste. Nach der Priesterweihe 1791 war Schmid Kaplan in Nassenbeuren an der Mindel, dann in Seeg im Ostallgäu. 1796 übernahm er da Amt des Benefiziaten und Distrikt-Schulinspektors in Thannhausen.

Hier begann der die Schriftstellerei mit »Biblischer Geschichte für Kinder«, die 200 Auflagen erfuhr. 1810 erschien seine erste große erfolgreiche Erzählung »Genofeva«, es folgten »Ostereier«, »Rosa von Tannenburg« und »Der Weihnachtsabend« – Texte, die noch bis nach 1945 jugendliche Leser fanden. Die meisten dieser Werke schrieb er in Oberstadion, wo er 1816 Pfarrer wurde. 1827 holte ihn König Ludwig I. nach Bayern zurück und ernannte ihn zum Domkapitular in Augsburg mit dem Referat für Schulangelegenheiten.

**Titelkupfer und Biografie**
Von Schmid starb hochbetagt am 3. September 1854 als Opfer einer Choleraepidemie. Zuvor hatte der Achtzigjährige noch seine »Erinnerungen« in vier Bänden niedergeschrieben. Zwei Tafeln auf dem katholischen Hermanfriedhof in Augsburg erinnern ebenso an ihn wie ein Schild an seinem Domherrnhaus in der Karmelitengasse 2. Unsterblich wurde der geistlich-pädagogische Autor durch Kirchenlieder wie »Ihr Kinderlein kommet« oder »Beim letzten Abendmahle«. In Augsburg, wo am 4. September ein Empfang im Rathaus und ein Gedenkgottesdienst stattfinden, zeigt die Staats- und Stadtbibliothek Schmids Werke mit schönen Titelkupfern (6. September bis Anfang Januar; werktags 10 bis 12.30 und 13.30 bis 17 Uhr). Ab 26. September folgt eine historische Ausstellung in Oberstadion, ab 10. Oktober eine Schau in Thannhausen. Die Region Augsburg Tourismus und die Stadt Dinkelsbühl veranstalten Führungen auf Schmids Spuren.

Der Wießenhorner Konrad-Verlag gibt eine bebilderte Biografie heraus, die die hochbetagte Germanistin Ursula Creutz nach Sichtung des Nachlasses verfasste (»Christoph von Schmid – Leben,

Werk und Zeitgenossen«, 442 S., 24,90 €). Das Akademische Forum der Diözese hält am 24. September die Tagung »Ästhetik des Erzählens« über den »unbequemen Kinderfreund« – so der Titel eines Beitrags – ab; Näheres unter Tel. 0821/3152-298.

Auch in Seeg und Mindelheim gab es bereits Gedenkveranstaltungen mit Stadtführungen und Schulspiel. Und dem Dichter des neben »Stille Nacht« wohl berühmtesten deutschen Weihnachtslieds sind an allen seinen Wirkungsorten ab Mitte November Krippen-Ausstellungen und weihnachtliche Lesungen gewidmet. Ein gemeinsamer Prospekt bietet hierzu eine umfassende Übersicht.

## LITERARISCHE RÄTSEL

Senden Sie uns schnell Ihre Lösung ein! Die *ersten drei richtigen Einsendungen für jedes der beiden folgenden Rätsel*, die uns erreichen, werden mit je einem Schwabenspiegel-Paket Band I-III belohnt.

*Archiv für Literatur aus Schwaben*
*Eichleitnerstraße 30*
*86159 Augsburg*

## (1) Wie heißt die junge Fürstäbtissin im Roman »Der liebe Augustin« von H. W. Geißler?

### Das literarische Rätsel I

»*Der hübscheste Erdenfleck und der lächelndste Himmelsspiegel ist dort, wo ein halbes Dutzend Länder aneinandergrenzen. Man sollte meinen, ein solcher Winkel sei gefährlich und ein rechtes Wetterloch für Streitigkeiten und Krieg. Aber es war schon gesorgt, daß der Friede erhalten blieb, denn eben diesen Grenzwinkel hatte der liebe Gott sozusagen mit seinem nassen Finger betupft, vorsichtshalber, damit er sich nicht erhitzen könnte – und nun lag da ein wundervolles Wasser – der Bodensee. O du gläserner, grünblauer, zehntausendjähriger See.*«

Mit diesen Worten charakterisiert Horst Wolfram Geißler in seinem 1921 erschienenen Roman »Der liebe Augustin« die Bodenseegegend. Wir fragen nun nicht nach lokalen Gegebenheiten, sondern nach einer historischen Persönlichkeit, die H. W. Geißler zu einer der Hauptfiguren des Romans macht. Wie heißt die junge Fürstäbtissin, in die sich die männliche Hauptfigur Augustin Sumser verliebt?

## (2) Welcher Roman der Autorin Irma Krauß wird hier gesucht?

## Das literarische Rätsel II

Der »Frau Ava Literaturpreis 2003«, benannt nach der Mittelalter-Dichterin namens Frau Ava (um 1060-1127), die im Frauenkloster Göttweig in Niederösterreich Themen aus der Bibel in mittelhochdeutsche Verse fasste, wurde an die 1949 in Unterthürheim (Landkreis Dillingen) geborene Autorin Irma Krauß verliehen. Der preisgekrönte Text »Der Verdiener« ist eine Erzählung für Erwachsene. Überwiegend hat Irma Krauß, die als bedeutendste Auszeichnung bereits den Peter-Härtling-Preis 1998 erhalten hat, allerdings Kinder- und Jugendbücher verfasst.

Aus einem ihrer Jugendromane stammt folgende Textpassage:
*»Lauf bloß nicht weg! Sag, hab ich eigentlich keine Chance?«*
*»Chance?« Ich wusste genau, was er meinte. Ich bin ja nicht vom Mond und bewege mich auch schon lange genug unter den Leuten an dieser Schule, sodass ich meistens gut verstehe, wovon die Rede ist.*
*»Bei dir!«*
*Ich drehte das Heft in meinen Händen zu einer Röhre, ließ sie aufspringen und drehte von neuem. Ein endloses Spiel, das es mir ermöglichte, Gilberts Blick auszuweichen. Es zog mich zu ihm hin wie nie zuvor. Seit er sich in der Stunde neben mich gesetzt hatte, war ich nicht mehr zurechnungsfähig. Ich wusste weder aus noch ein.*
*»Ich darf mich nur mit einem anfreunden, der in der Wahrheit ist«, sagte ich stockend.*
*»Mach keine Witze!«*
*Wenn das ein Witz war, dann war es mit Sicherheit der kläglichste, den man je gehört hat. Ich spürte nämlich in einer Aufwallung, dass es viel schlimmer um mich steht, als ich bisher vor mir selber zugegeben hatte. Ich will Gilbert. Ihn und keinen sonst.*

*Auf sämtlichen Zeugenkongressen, die ich erlebt habe, war unter Tausenden nicht einer, der mich angezogen hätte. Die Kongresse sind die Highlights in unserem Leben. Nicht nur, weil man da die Gemeinschaft der Zeugen und die Liebe zu Jehova Gott viel begeisternder empfindet, sondern auch, weil man endlich neue Gesichter sieht. Unsere Versammlung im Raum Pettenstein besteht aus gerade mal hundert Leuten, die man jede Woche mehrmals trifft. Das ist echt ein wenig öde. Und abgesehen von der Schule haben wir ja mit niemandem sonst Umgang. (…)*
*Ich aber, ich habe mich in einen Ungläubigen verliebt.*
*Gilbert gehört zu Satans böser Welt. Und so, wie Jesus kein Teil dieser Welt war, dürfen auch wir kein Teil dieser Welt sein, wenn wir für immer im Paradies auf Erden leben wollen.*
*Gilbert wird in der großen Drangsal umkommen.«*
Wie heißt der Jugendroman, aus dem die Textpassage entnommen ist, und wann ist er erschienen?

Senden Sie uns schnell Ihre Lösung ein! Die *ersten drei richtigen Einsendungen für jedes der vorstehenden Rätsel*, die uns erreichen, werden mit je einem Schwabenspiegel-Paket Band I-III belohnt.

*Archiv für Literatur aus Schwaben*
*Eichleitnerstraße 30*
*86159 Augsburg*

# Auflösung des literarischen Rätsels aus dem Jahrbuch 3 (2002)

Die Stadt, die Franz R. Miller in »Der Lech und seine Abenteuer« beschreibt, heißt SCHONGAU.

RÜCKBLICK

# Schwerpunkte des Schwabenspiegels 1/2000, 2/2001 und 3/2002

**Schwerpunkte im Heft 1/2000** (155 Seiten):
Günter Herburger
Arthur Maximilian Miller
Literarischer Führer durch Schwaben (I)
Das Laienschauspiel in Schwaben (I)
Wettbewerb »Schüler schreiben Geschichten«
ISBN 3-89639-244-1, € 7,60

**Schwerpunkte im Heft 2/2001** (225 Seiten):
Gertrud von le Fort
Joseph Bernhart
Das Augsburger Literaturprojekt
Dichter der Bukowina
Dialekt und Identität

ISBN 3-89639-321-9, € 7,60

**Schwerpunkte im Heft 3/2002** (216 Seiten):
Über Walsers »Tod eines Kritikers«
Ulrich von Türheim: Ein schwäbischer Ritter und Dichter
Peter Dörfler
Die Gruppe 47 am Bannwaldsee
Der erste Bayerisch-Schwäbische Literaturpreis

ISBN 3-89639-360-X, € 7,60

## Haben Sie Interesse an einer Mitarbeit am kommenden Schwabenspiegel?

Im Herbst 2005 wird der »Schwabenspiegel, Band 6« erscheinen. Sollten Sie sich mit einem Beitrag daran beteiligen wollen, nehmen Sie bitte Kontakt mit uns auf:

Rosmarie.Mair@phil.uni-augsburg.de oder Tel. 0821 – 598 5791. Die Beiträge sollten dann – nach Rücksprache mit uns – bis spätestens 30.06.2005 vorliegen.

## Möchten Sie den »Schwabenspiegel« abonnieren?

Wenn Sie sich für ein Abonnement des Schwabenspiels interessieren, nehmen Sie bitte Kontakt mit uns auf.

*Archiv für Literatur aus Schwaben*
*Eichleitnerstraße 30*
*86159 Augsburg*

oder

*Rosmarie Mair, wissenschaftliche Mitarbeiterin*
*am Lehrstuhl für Deutsche Sprachwissenschaft*
*Universität Augsburg*
*86135 Augsburg*
*Rosmarie.Mair@phil.uni-augsburg.de*

# LITERATUR IM WISSNER-VERLAG

*Jürgen Bruggey*
## Kurths Geschichten und Kurzgeschichten
aus diesem und einem anderen Leben
144 Seiten, Paperback, ISBN 3-89639-449-5, € 9,80


*Thomas Reiner*
## Der Weiher
Für diese Novelle wurde Thomas Reiner mit dem Kunstförderpreis Augsburg 2003 ausgezeichnet.

86 Seiten, Paperback, ISBN 3-89639-391-X, € 7,80


*Annegret Lamey*
## Marie ist zu ausgelassen
Aus dem Tagebuch einer Stetten-Schülerin 1871-72
148 Seiten, Paperback, ISBN 3-89639-458-4, € 9,80


*Armin Strohmeyr (Hrsg.)*
## Hedwig Lachmann:
## Vertraut und fremd und immer doch noch ich
Gedichte, Nachdichtungen und Essays

Die immer noch wenig bekannte Lyrik von Hedwig Lachmann (1865-1918) ist von einer sprachlichen Intensität, die ihresgleichen sucht. Die Dichterin, als Tochter eines Kantors in Krumbach nahe Augsburg aufgewachsen, hat mit großer geistiger Selbstständigkeit ihren eigenen Lebensweg gefunden, u. a. geprägt durch die Freundschaft mit Richard Dehmel und die Ehe mit Gustav Landauer. Heute ist sie vor allem als Übersetzerin bekannt, u. a. des Librettos zu Richard Strauss' Salome. Ihre eigene Stimme als Lyrikerin ist immer noch zu entdecken.

192 Seiten, gebunden, ISBN 3-89639-415-0, € 22,00